愛しき、この大地よ

続 浦河百話

小野寺信子・河村和美・高田則雄❖著

編集❖続 浦河百話 編集委員会

共同文化社

続編によせて

前編の浦河百話を出してすでに二十年もの歳月が流れている。あらためて考えてみると、取材する側もされる側もまったく別の時代に生きていることに気づく。年々歳々人同じからずというのが世の常としたら、歳々年々、同じくする花もあるはずである。続編の編集を終えた今、そのふたつながらをともに実感できたことに満足している。

続編は昭和といわれる時代を編集の時代区分としている。一部前編に書ききれなかった戦前の時代相をあらわすものを入れているが、基本的には太平洋戦争終了後の浦河の姿約四十年間を写すことを心がけた。

対象となった話者は年齢的に前編と違いはない。しかし二十年前のように年寄り然とした話者がいなかった。当然といえば当然だが、しかし戦争体験の有無がその違いの決め手になったようには思えない。たしかに記憶の一部、人生の一端だが、それだけでしかないようなのだ。いずれも表情も声音も若く、みだしなみも爽やかで行動的だった。どのような人間も、自分が生きた時代を負って生きていることからすれば、その人間はそうした時代を生きてきたということだ。活動的で、社交的で、多面的な日常生活があることは、昭和という時代が一個の人間として、少し複雑な内面を生きて来ざるを得なかったということだろう。

時代を描くということは、出来事の起承転結を書くということだ。したがって、個人、個性というものがどうしても幾分後退してゆく。それが心残りだった。前回、今回の取材をとおして強く気づかされたことは、だれもが自分史をもっており、語りたいこと語るべきことを持っている。一人一話にしても、一万五千の人がいれば一万五千のきらめくような話がある。躍動する町民すべてが登場する百話が編まれることになってもいい。この度の浦河百話でも話者はおそらく数百人に上ることだろう。年齢制限を設ければできない話ではない、などと妄想をふくらませることとなった。

こうした思いを抱く一方で、時代はたしかに代わっていくものだとの実感を強くしている。日常に埋没しているときには考えもしなかったが、本書を編むにあたって最初にしたことは、時間の流れのなかで立ち止まることだった。さまざまな事象を時間の配列の中にならべると、生まれてくるもの、消え去っていくものがくっきりと見えてくる。すべてを網羅できないまでも、いくつかの状況が同時進行しながら、かつ消えかつ結びて久しくとどまっていないことを知るのである。そのなかに咲く花のように登場人物＝人々がいる。

取材・執筆するなかで願っていることは、英雄が現れないことだ。一個の偉人が快刀乱麻で状況を打開し、その功績が金科玉条のように語りつづけられる歴史など、面白くもなんともない。その功績をささえ意義のあるものにしていった人々をこそ本書ではとりあげてきた。

時代を一歩でも半歩でもリードする選択がおこなわれ、それを推進する運動体を生みだしてゆく母胎が、この町にあることを信じたい。大胆、野心、異端を生む自由がそこにあることを望みたい。

百話という形式は、ひとつの時代を書くにあたって、優秀な史家にとっては胡乱なものだが、素人の書き手が取り組むには当たらずとも遠からず的に有効なものと確信している。話し手と同列にいる読者、両者の共通な体験のうえに書かれているから、読者がその残欠を補って読んでくれる。自分も知っているぞ、という共有の感覚が町民全体のものになることが、この企画の目的だ。

どんな国にも年代記作者という存在がある。あるひとつの時代が終わると、次の時代の人が前の時代をふりかえってそれを記録するという習慣である。国レベルなら国史となるが、一地方レベルなら郷土史といわれるのだろう。時代の気分、雰囲気、想いが写されてこそ百話なのであるが。

こうしたわがままな編集を支持し、さまざまな補助・便宜を与えてくれた浦河町に感謝申し上げたい。またたくさんの話者、協力者、写真提供者などにお礼申し上げるとともに、これまでの期間に亡くなられた話者の方々のご冥福を心からお祈りする。

なお本書は新旧の浦河町史、荻伏百年史を底本とした。また本文中の人名は敬称を省略させていただいた。謝してお礼申し上げる。

続 浦河百話編集委員会

代表　高田　則雄

平成二十五年三月

目　次

第二編　貧しさと戦後処理から始まった再出発［昭和二十年代前半］

第六編　百花繚乱から停滞への移行〔昭和五十年代から終章へ〕

第一編

残したかった戦前のいくつかの挿話

［昭和二十年以前］

編集会議の基本的な方針では戦前の話は入れないということだったが、取材を進めるなかでどうしても書いておきたいことが出てきた。戦争に関わる話は誰にとっても重く、前の百話だけではとても書ききれなかった。このため空襲以外の戦争の実際に触れるようにした。また戦後につながる話として〝種牡馬セフト〟〝ミッチャムハッカ〟などの項目を入れた。「エルム講座」「浦河音楽夜話」は戦争前の、オアシスのような静穏で清冽なエピソード。ただこの時期は束の間だったが、明治の入植以来浦河が迎えた初めての黄金時代だった気がする。

第一話 エルム講座

第一號
修了證
濱口光輝
右者本校研究科ノ課程ヲ修了シタルコトヲ證ス

——近代化六十年、町に咲いた仇花

古きよき時代の思い出は、記憶の海でいつまでも瑞々しく虹色に輝いている。大正四年生まれの濱口光輝にとって、エルム講座とはそのようなものであった。

昭和十年四月、政府は『青年学校令』を公布し、地方自治体が尋常小学校しか卒業していない青年のために、さらに上級の学習の機会をつくることを推奨した。こうした流れは地方でも痛感されていて、浦河でも実業補修学校、青年訓練所他の名称で、さまざまな青年教育の機会をつくりだしていた。

浦河青年学校は法律に基づいて青年訓練所と統合され、尋常小学校教育の補完、発展の形として、地理、歴史、国語、漢文、英語、修身、そして軍事教練などがカリキュラムとして設定されていた。浦河実科高等女学校教頭の奥山徳三郎が校長に就任し英語を、同じ高女の北島英一が国語漢文をという具合に、高女や小学校の教員が科目を兼務した。尋常小学校卒のための普通科、尋常小学校高等科卒・青年学校普通科卒のための本科（高等科・部とも）、さらに本科卒のための研究科などと、通算すると六年から八年かけて全課程を修了するシステムとなっていた。時間帯は午後五時から九時三十分。現在の定時制高校と同じである。場所は浦小の教室が利用された。

エルム講座はこの青年学校活動の一環として、課外授業として定着していた。その名前が示すように、北海道帝国大学の卒業生が中心となって運営された。明治三十六年、札幌で新渡戸稲造等がはじめた青年たちのための《遠友夜学校》のひそみに倣ったものと思われる。

言い出しっぺが誰であったか今ではもう調べようが無いが、濱口は日高電灯株式会社の手塚信吉と、当時の北海タイムス（現北海道新聞）浦河支局長片上喬雄のラインだったと見ている。後に無一物から幌満ダムを建設し、日本電工㈱を起こした手塚の実業家としての在り方と、慶応出の知識人・記者としての片山は妙に馬が合い生涯の友情を結んだが、二人は積極的に青年たちに語りかける必要を痛感していた。この二人は、昭和六年に浦河町に赴任してきた荻丹栄町長とともに、エルム講座の運営に深く関わっていった。また日高電灯の技師長だった湊清が北大工学部出身であったことから、日高支庁の北大グループに働きかけたものと思われる。

青年学校の正規の授業でなかったエルム講座は、青年学校のように町や町内企業からの拠出で賄われるわけにいかず、すべてが講師たちの手弁当だった。そのかわりカリキュラムの

後の青年団体（「日高電燈十五年史」より　浦河町立図書館 蔵）

定めは無く、講師は自由にテーマを選んで講義を行った。その内容は憲法からトマトの栽培まであったという。ちなみに、濱口が記憶している講義は次のようなものである。

森本　正雄　日高支庁長　公民、憲法（天皇機関説など）

湊　清　日高電灯技師長　電気工学、電気化学

上野　亮太　日高支庁技師　農業技術、イチゴ栽培、ジャム製造

池田鹿之助　日高支庁技師　農業技術、哲学

高橋　賢郎　日高支庁技師　農林技術、土地改良、草地改良

奥山徳三郎　浦河実科高等女学校　教頭、英語

山中　広　日高支庁　行政法

これらのほかにも、名を思い出せないが、営

林署署長や日高種畜牧場の技師たち、日高電灯の手塚自身など、当時浦河に在住していたいわば高度の知識や技術を持つ人々から浦河の青年たちに伝習が行われた。全国的な近代化の機運と、知識と技術を自分だけのものとしない上質のエリート意識の発露と言えるであろうか。

エルム講座がいつから始まったかについて確証がない。公式的な青年学校設立以前の昭和六年にはすでに浦河町では青年学校は始まっており、濱口はその年に本科に入学している。そのときには課外授業も始まっていた。森本支庁長が〝北海道開拓精神と日高の開発〟という訓話を三回に分けて行ったときには、まだエルム講座の名は行われておらず、森本が離任した後でその名称が使われるようになったという。

濱口の正直な述懐によれば、講義は専門的に過ぎて半分以上はチンプンカンプンだった。しかしなにか自分の知らない世界のことが、新しい知識のことが語られている、意欲的に熱っぽく。これを目にしていた仲間はすでに誰もいないが、記憶では伊藤清隆、赤塚弘夫、三室肇などがいた。もっといたはずだが、今はもう思い出せない。

たしかに青年学校の授業に比べ専門色も強く、難易度も高かった。しかし講義の場には、伝えようとする意欲と学ぼうとする熱意が満ちていて、正規の授業がいわば全体主義国家の少国民を純粋培養しようとしていたのに対し、エルム講座は森本日高支庁長が東京帝大吉野作造門下の新人会の一人であったことに着目すれば、大正期の自由闊達な理想主義の気風を享《う》けてのものであったように思われる。町民からみればまったくの雲の上のエリートが熱弁をふるったのも、五・一五事件、満州事変、二・二六事件など、来るべき日中戦争直前の時代的風潮に無縁でなかったかもしれない。

こうして昭和十一年三月、濱口は卒業生総代として答辞を読み青年学校を卒業していった。この後十四年五月、かれが札幌二十五連隊に入営したとき、この青年学校は男子に対しては義務教育となっていた。

［文責　高田］

【話者】

濱口　光輝　　浦河町昌平町　大正四年生まれ（平成二十二年没）

第二話　貴公子セフトの生涯

――育馬政策の歴史的な転換

日高種馬牧場は日露戦争以後、より良質な軍馬の生産を担う中心施設としてその役割を果たしてきた。軽種、中間種、重種と、戦場における労役に応じて改良が重ねられてきたが、昭和に入って地域別の役割がいよいよ明確になり、日高は軽種・中間種の生産が奨励された。その手法とは、欧米のギドラン、アラブ、サラブレッド、ノルマンなど軽・中間種の種牡馬を輸入し、これを国内の繁殖牝馬に種付けさせて、改良された生産馬を得るというもの。よりよい種牡馬が得られたら、これを元馬としてさらに生産を続けて、全体の能力底上げを図っていく。このため絶えず良馬を輸入によって補充していく必要があった。農林省馬政局は世界の馬の市場に目を配りながら輸入をつづけ、輸入した種牡馬を全国に配置された種馬牧場に送り込む。

セフト号(「牧場五十年のあゆみ」より　浦河町立図書館 蔵)

セフトが輸入されたのは昭和十三年、英国の大馬産家アーガ・ハーンの所有馬だった。牝馬のシルバーフォード、エアータイトなど三頭一緒に輸入され、総額十八万円。当時としては眼ん玉が飛び出るような高額だった。戦闘機一機が十万円といわれた時代である。

日高種馬牧場に入ったセフトは早速種馬として活躍を始め、十四年産のハヤタケが京都農林省賞典四歳呼馬(現菊花賞)、十五年産のミスセフトが中山四歳牝馬特別(現桜花賞)、十九年産のシーマが天皇賞を獲り、セフテス、アスカマヤもそれぞれ活躍した。また二十年産のヤシマヒメも優駿牝馬(現オークス)、二十一年産のキングナイト、コマオーも活躍。

この時期、種馬牧場で身近にセフトを見ていた小笠原敏雄は、牧場の庶務係だった。癇症の強い馬で、機嫌の悪いときにはいつも乗り役を振り落とした。それがかれには誇り高い英国貴族のように思えたという。

当時の種付けの方法はいまほど厳密ではなく、事情によっては人工受精も認められていた。頭数は原則として五〇。五、六頭の余精は認められていた。種付け予定数と期間は公表され、申込書により選定を行った。選ばれた牝馬は各地から二日も三日もかけて歩いて種馬牧場までやってきて、西舎の岡本馬宿に投宿して順番を待った。種付け終了後、窓口で生産者の二十円の領収証にスタンプを押すのがかれの仕事だった。

終戦となり事情は一変する。財閥解体と軍事体制の廃絶は、馬産業界にあっては政府系の下総御料牧場、奥羽種馬牧場、日高種馬牧場などの数千頭に達する所有馬の払い下げとなった。三菱グループである小岩井牧場も財閥解体の標的になり、これに歩調を合わせて所有馬を売り払った。

ただ日高種馬牧場は家畜全般の改良事業を行うとして種畜牧場と名称を変え、乳牛、綿羊などを導入するだけでなく、主だった種牡馬を浦河、荻伏、三石、静内、門別に開設した種馬所に配備することで確保し、新設されたばかりの「日本サラブレッド協会(後の軽種馬農協)北海道日高支部」(通称日高サラ協)に貸し付けた。同支部はこれらの馬群を引き受け、各種馬所で交配事業を行った。この事業はできたての日高サラ協の黒字化に大きく貢献し、同所の主要な事業となってゆく。初代の組合長には浦河の鎌田三郎が就任するが、かれは買い取りという日高種畜牧場の要請を断り、借り受けるだけとして交配事業を行った。〝種馬は買っちゃダメだ。償還しないうちに投げてしまうことになる〟と所員たちに説いたという。

また残された繁殖牝馬は各地の競走馬生産者に安く売却された。このときに日高をはじめ日本各地の民間の馬産家が、いい牝馬をどれだけ抱えたかで戦後の競馬界をリードする役割をそれぞれ担ってゆくこととなる。

さてこのように昭和二十三年には、日高種畜牧場で種馬として活躍していた貴公子セフトは静内の種馬所に、また他の優駿たち、クモハタは浦河、レイモンド、月友は萩伏の各種馬所にそれぞれ繋留された。

以下は戦後のセフトの産駒の活躍をクラシック、準クラシック以上に限り記す。

二十二年産　タカクラヤマ　天皇賞(春)
　　　　　　ハイレコード　菊花賞
　　　　　　コマミノル　オークス
　　　　　　トサミツル　桜花賞
二十三年産　トキノミノル　皐月賞　東京優駿(ダービー)
二十四年産　スウヰイスー　桜花賞　オークス
二十五年産　ボストニアン　皐月賞　東京優駿(ダービー)

見ても分かるとおり、いずれも時代を代表する名馬である。セフトの産駒は二十四年、二十五年には当時の史上最多勝になる年間一五三勝を挙げている。しかもこれらの産駒の孫にあたる第二世代、第三世代を通観するとその血脈が現在にまで及んでいることを知ることができる。しかし惜しむらくは昭和二十五年、セフトは十九歳で息を引き取っている。

【話者】
小笠原敏雄　浦河町堺町東　大正十二年生まれ
伊東　三郎　浦河町西舎　明治四十二年生まれ（平成十年没）
磯野　　始　浦河町西幌別　明治三十九年生まれ（平成四年没）

【参考】
蹄跡　一九九三　農林水産省家畜改良センター日高牧場
優駿のふるさと日高　昭和四十五年版　日高軽種馬農業協同組合

［文責　髙田］

第三話　産婆さんの時代

――自宅分娩と女達

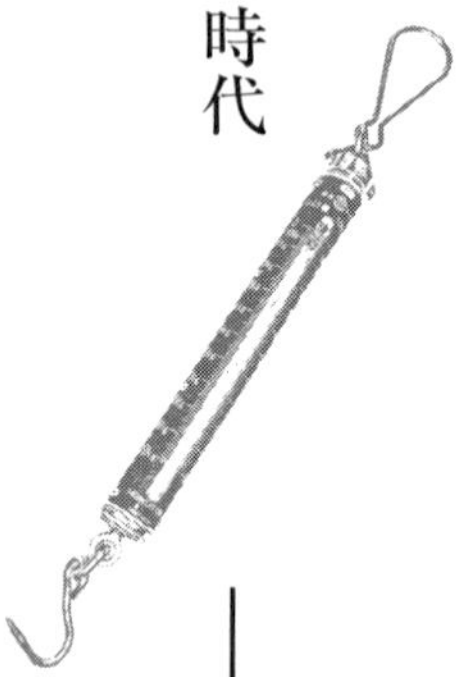

　高木アサの姉タケが四人目の子どもを生んだのは、大正の初めのことだった。子どもは無事に生まれたが、母親のタケが高熱を出した。ただごとではない。それは素人目にもわかることだった。すぐに山田先生に往診を頼んだが、医者はひと目見るなり首を振った。これは裾かぜ（産褥熱）だからもうだめだ、と言うのである。だめだと言われたからといって、あきらめられるものではない。あとは神仏にすがるしかないと、タケのすぐ下の妹は、五丁目のお稲荷さんに願をかけた。家からお稲荷さんまで、道中たとえ誰に会っても決して口をきかないと心に決めて、毎朝暗いうちに起きて通いつめたが、願いは届かず、タケは幼子四人を残して二十九歳の命を終えた。お産のときに使った古いぼろきれから感染したということだった。高木アサが語った話である。

伊野チヨは、自分が三男を出産(昭和十三年)した時のことを、こんなふうに話している。当時伊野家は豆腐屋をやっていたから、盆は忙しかった。盆を過ぎてから生みたいものだと思っていたら、すぐに祭りが来た。祭りはまたまた豆腐屋のかきいれ時で、今度はなんとか祭りが済むまで、と思っているうちに、足がポンポンに腫れてこごまることもできなくなった。その日は、人を頼んで芋掘りをすることになっていたが、腹病みもするしどうやら生まれそうな予感がするので、畑には出ずに家にいた。この茶碗だけ洗ったら横になろうとがんばったが、痛みが急にひどくなって布団も敷けなくなってしまった。姑は出かけていたし、夫は氷蔵に勤めていて鮪漁の最盛期。突きん棒が日も暮れてから戻ってくるので、食事に帰る暇もないほどなのだ。長男を隣家に走らせて産婆さんを呼んでもらったら、ひと月も遅れたお産は手に負えないとのことで、急きょ板倉先生が呼ばれた。注射を一本打ってもらってなんとか無事出産したが、子どもは仮死状態。逆さにして叩いたり振り回したりして、ようやく産声を上げた。長引いたお産で頭は瓢箪《ひょうたん》のようになっていたが、五体満足なのを確認したら七円もした注射代がいたましくて、いたましくて……。「どうしよう」と情けない声を出すと、夫に「馬鹿野郎！　命がけの時に何を言ってる。七円くらい俺が何とかする！」と怒鳴られた。

これらは特別な話ではない。明治、大正は言うに及ばず、昭和も半ばになるまで、ほとんどの女達が自宅で出産したのである。その手助けをしたのが産婆であり、手慣れた取り上げばあさん達だった。昭和十年代の産婆の相場は、浦河で五円。中には三円に、ネルやメリンスの腰巻を添えて色をつけるという者もいたが、人々にとっては痛い出費で、隣のばあさんでも頼んで、酒の一升も持たせれば、と考える家も多かったという。またまれにだが、一人で生む者もあったという。一人で生んで、自分でへその緒を切ると、その端は後産が上がらないようにと太股にくくりつけておくというのだ。お産は病気ではない、という考えが常に根底にあった。至れり尽せりの現代からは考えられぬ話である。

それではその時代のお産がどのような状態で行われていたかといえば、こんなふうだった。

昭和十年代の幌満での話だが、産婆の免許取立ての山内キミヱが、まだ聴診器やバネ秤はおろか消毒薬の準備さえ整っていなかった頃、用意はすべてできているというので駆けつけると、そこにあった物は洗面器に握り鋏とへその緒を結ぶ麻糸だけ。妊婦が寝ていたのは畳を上げた部屋で、灰汁《あく》を撒いた上に藁《わら》を敷き、新聞紙にぼろきれを敷いた床だった。梁には産綱がぶら下がり、妊婦はそれに力を借りて坐って生もうとしていた。またあるところでは、布団の上に稲の苗床に使った油紙を敷いて、その上にぼろきれ。油紙の替わりにセメント袋を代用している家もあった。学校で習った事とはことごとく違うが、そこにあるもので出産させなければならない。経済状態の違い、妊婦の置かれている状況を考え合わせれば、教科書通りにはいかなかった。

幌満と荻伏で、五十年間に千人ちかい子どもを取り上げた山内は、様々なお産に立ち会ってきたが、たとえばこんなこともあった。戦時中、空襲警報の出た真っ暗な中でお産が始まったのである。懐中電灯も用意されておらず、その時は妊婦の夫に自転車を漕がせ、ライトの明かりの中で出産させた。またある時は妊婦二人のお産が重なり、後産の始末だけして自転車に飛び乗り、もう一人の出産を済ませてから再び戻って、赤んぼうに産湯をつかわせたこともあった。山内自身のお産さえ患者と重なって、床の中で、前日出産させた産婦の証明書を書いたくらいである。

出産中に妊婦がひどい痙攣を起こしたこともあった。医学用語でいう子癇《しかん》である。男が三人がかりで押さえても止められないほどの痙攣で、このままでは命にかかわると、無理やり生ませて正木先生の往診を頼んだ。その家で食事を勧められ、味噌汁を飲んで驚いた。そのしょっぱいのしょっぱくないのって……。これでは子癇も起きるはずだった。同様な状態で、アイヌの家へ呼ばれたこともある。駆けつけると、囲炉裏端にたくさんのイナウを立てて、身内の男達が一心にお祈りしていた。妊婦の枕もとにはおまじないの札が並べてあった。何日もかかった挙句の出産は、残念ながら死産だった。

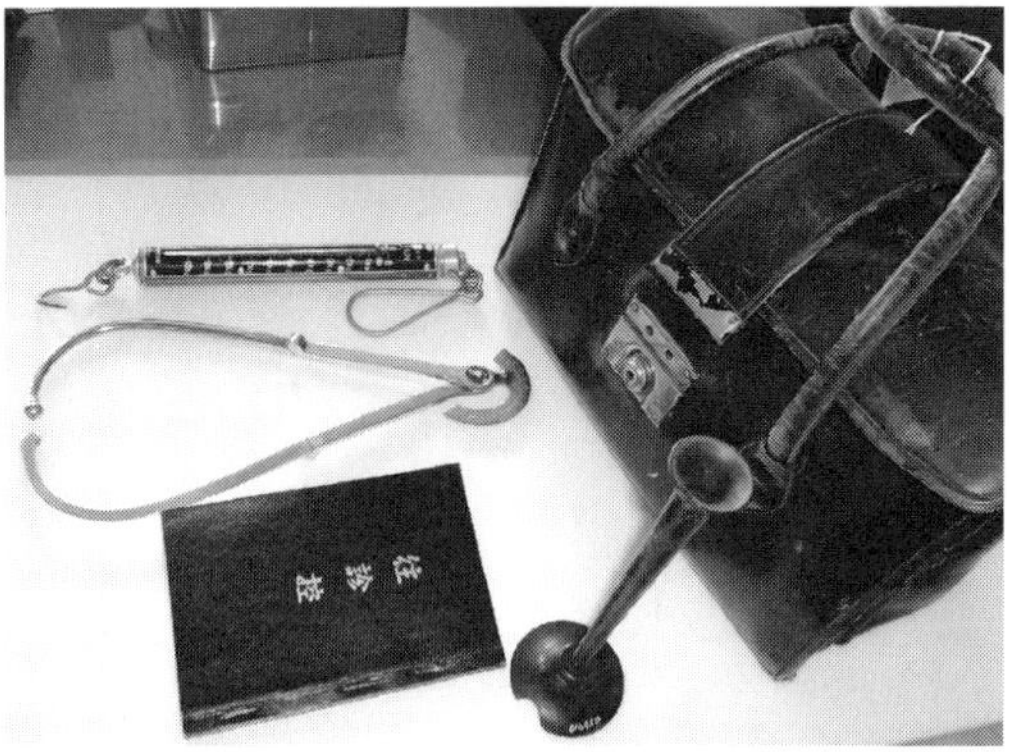

産婆の診察セット（浦河町立郷土博物館 蔵）

また当時は、いろいろな言い習わしもたくさん残っていた。たとえば後産は桟俵《さんだわら》の上に半紙を敷いて載せ、生きたら困るからと針を打って止め、さらに桟俵で蓋をしてから埋める。子どもの赤い痣《あざ》は、母親の後産で拭けば取れる。お産のときに使った水は、床を上げて縁の下に捨てなければならない。お天道様にあたるとバチがあたるから、外便所に行くときは手ぬぐいをかぶらなければいけない等、様々だった。特に問題がないものは長年の習慣を尊重したが、お産にかかわった者は一週間川を渡ってはならず、食事の支度をしてはいけないだとか、産婦は産後一週間、味噌か焼き塩だけをおかずに過ごさなくてはならない等という、健康に害の出そうなものについては根気よく指導した。時には、肉も食べていいのかい、とびっくりされたこともあったという。

産婆の良否は母子の生死にかかわるとして、道内で初めて産婆の養成が行われたのが明治十一年。各地に産婆組合ができ活動が活発になるのは、大正から昭和にかけてである。その後妊婦は助産所、病院で出産するようになり、自宅分娩一辺倒の時代は終わりを告げた。だが〝棺桶に片足掛けて生む女の大役〟とも言われた妊産婦の苦労と、それを支えた産婆の歴史を忘れるわけにはいかない。

［文責　河村］

【話者】

山内キミヱ　浦河町荻伏　明治四十三年生まれ（平成十七年没）
高木　アサ　浦河町堺町西　明治二十七年生まれ（平成四年没）
伊野　チヨ　浦河町堺町西　明治四十三年生まれ（平成二十年没）

第四話　浦河音楽夜話

――小林卯三郎を中心として

大正生まれの濱口光輝が、いわゆるクラシック音楽に出会ったのは昭和七年のことである。ミッチャムハッカの委託栽培を進めるため浦河に在住していた小林卯三郎が、一年に二、三度、趣味としてやっていたフルートの演奏を大衆館で聴いたことであった。

「これは天上の音楽だ……」

多感な青年期に達していた光輝の心をゆさぶるほど感動させた音色は、これまで聴いたブンチャ　ブンチャ　ブンチャッチャッの軍楽隊や鼓笛隊の演奏とはまったく別次元のものに思えた。九十二歳になった今でもその清澄な音色を思い出すことがあるという。これに加え、その人となりが青年たちを魅了した。穏やかな声と優雅な立ち居振る舞い、光輝はかれほどの紳士を北海道で探すことはできないだろうと思ったという。

この小林卯三郎という人物は、ライオン株式会社創業者一族の一員で、明治四十五年生まれの、事業家としてはまだ駆け出しだった。滞欧中に見出した植物系香料のミント、ラベンダーなどの根株を持ち帰り、その栽培適地を北海道に探そうとしていた。北見地方はさておき、ミッチャムハッカの原産国であるイギリスに似た気候条件の、霧深き日高が適地と考えられたからである。

小林卯三郎(1988 年 9 月、前川公美夫 撮影)

こうした事業家としての展開は別として、当時の浦河青年の心を捉えたのはその生活スタイルにあった。近所に住んでいた梶田光之の記憶では、卯三郎は事業を行うに当たって、旭町の谷萬吉の屋敷のそばに、塀に囲まれた薄いグレーの、庭にブランコのある浦河ではじめてのハイカラな洋風住居を新築し、畳の一枚も無い本格的な洋風生活を始めていた。そこを拠点にアメリカから買って帰った小豆色のフォードのクーペに、口髭をたくわえた長身を颯爽と押し込んで契約栽培の農家を回っていた。当時、同じように事業家として注目されていた日高電灯の手塚信吉の苦学力行型とは、あまりにもかけ離れた雲上人ぶりに驚きもし、憧れもしたのである。

娘の依田恵美によれば、家は今の三浦酒店の並び、旭町通りに面した角だったとしている。母は今風にいえばデンマーク人とのハーフで、恵美もデンマーク生まれ、弟の小林潔は浦河生まれだった。彼女も梶田光之と遊んだことははっきり覚えていて、頭をぼさぼさにした田舎の少年で、ポケットから突然カラス蛇を出すなど、驚かされたという。

濱口光輝の記憶によれば、当時同じように大衆館でリサイタルを開いた人物に、日高種馬牧場の上級技術者でギドランクラブに住んでいた郷古潔がいた。この人はヴァイオリンを良くする人だった。小林卯三郎と同様一年に数回町民にその調べを聴かせた。また原美智子というソプラノ歌手が来町してその歌声を響かせたという。その後浦河町民が声楽家を眼にするのは戦後になってからのことである。

《北海道音楽史》で描かれた小林卯三郎は、浦河在住当時から札幌にしかなかったオーケストラに演奏者として参加しており、北大交響楽団、札幌シンフォニーなどと関わりを深め、ハッカの委託栽培が軌道に乗り始めてからは居を札幌に移し、一層音楽生活にのめりこんだ。昭和十三年新札幌シンフォニーの設立にも参加し、そのマネジメントを引き受けたりしている。当時の仲間の評価は〝できる人〟で、本格的にフルートの奏法を学んだ人間はまだ札幌には皆無だった。

後年、卯三郎は東京で半世紀も前の北海道生活をなつかしんで、〝できるのであれば、北海道のあの十年を取り戻したい〟と語っている。事業家としてスタートを切ったということだけでなく、その音楽生活もまた印象深く心に残っていたに違いない。ライオン株式会社からいただいた資料によれば、卯三郎は昭和十年前後地元新聞が募集していた《日高行進曲》の作曲家としてその名をわずかに日高にとどめている。

こうしたエピソードのほかに、音楽に関する浦河についての記録は、明治二十年、岡山に石井十次が岡山孤児院を開設、運営資金造成のために孤児院音楽隊をつくり、全国を興行して回った記録《石井十次日誌》のなかに、孤児院音楽隊が浦河で鼓笛隊程度の演奏を行い、他の日高の町村のなかではずば抜けた二百円からの寄付を集めた記録があるという。また明治二十三年に発刊された《音楽雑誌》に北海道の地方の音楽状況を点描して、〝矯正音楽隊を、この機に軍楽隊に編成替しおれり〟とあり、日露戦争に先んじて、これまで活動してきた矯正音楽隊を、高まる日露の戦争機運に迎合するように編成をかえていこうというもので、後に出征兵士を送ることになる軍楽隊にすがたを変えてゆく局面を捉えている。同誌二十九年四月号には

〈北海道浦河軍楽隊の項〉

北海道は泰西音楽の盛んに行なわる事、他国に比して最も其高所を占むるハ音楽雑誌読者の多きを以ってすら之を証するところなるが、今度浦河矯風会を浦河軍楽隊と改称し、益々盛大を謀らんとして楽器の購入方を本社に託せられたり。

この二つの資料だけから明治期の浦河の音楽事情を概観できるとは思えないが、その一端はうかがえる。

結成された軍楽隊は時代を背景にして発展をつづけたと思われ、濱口の記憶によれば、昭

日高行進曲楽譜（ライオン㈱史料センター 蔵）

和三、四年、浦小の奥田豊という音楽教師が、とある音楽コンクールで優勝したことがあったというし、同校の柴田小助が校長時代に父兄を説いて吹奏楽団を結成し、たびたびの演奏会や出征兵士を送る行進のとき町民にその演奏を披露していたという。

［文責　高田］

【話者】

濱口　光輝　浦河町昌平町　大正四年生まれ（平成二十二年没）

梶田　光之　浦河町常盤町　大正十五年生まれ

【参考】

北海道音楽史　前川公美夫著　一九九五　大空社

洋種ハッカに青春をかけた小林卯三郎　年史センター編　平成五年　ライオン株式会社

札幌新交響楽団を語る　小林卯三郎・前川公美夫対談集　一九八八年

第五話　浦河駅発、日赤行き

――鈴を鳴らして馬動車が行く

かつて浦河駅と日赤病院の間を往復する客馬車があった。

正確な開始時期は不明だが、古くから大通五丁目にあった浦河町立病院を移管して、日本赤十字社北海道支部浦河療院(日赤)が開院したのが、昭和十四年十二月。日高の医療充実を図るため、荻丹栄町長が嘆願書を出して、ようやく開院にこぎつけた日赤の診療科目は、当初、内科・小児科・外科・産婦人科・耳鼻咽喉科の五科。ベッド数はわずか四十二床だったが、診療が始まると日高全域から患者が押しかけ、翌十五年の入院患者は述べ一万三九八二人、外来患者は四万三三六人を数えたという。客馬車は、この通院者の足を確保するために始まったものと思われる。戦時中の統制経済が進められていく中で、ガソリンを使わない馬車が再び脚光を浴びることになった。

復活した客馬車を、人びとは「馬動車」と呼んだ。それは昔の金輪《かなわ》をはめたガタ馬車と違い、ゴムタイヤを使っているところが、多少自動車に似ていた。荷台の長さは二間(一間は一八〇(チセン)ほどで、両側には長い座席があり、客が向かい合って座れるようになっている。詰めれば二十人は優に座れた。御者台は庇がついているだけの吹きさらしだが、客席は屋根・壁で覆われ、ちゃんと窓もついていた。

日赤浦河療院—昭和14年(浦河町立郷土博物館 蔵)

最初にこの仕事を始めたのは、馬宿もやっていた馬喰《ばくろう》の岡本長三郎で、静内の川村権太郎がその後を継いだのだという。川村が浦河へ移ったのは昭和十六年のことだった。御者台に座るのは、権太郎か娘のシズエ。シズエが満州へ嫁に行った後は、妹の京子が代わりを務めた。若い男性はみんな兵隊にとられ、たとえ男の仕事でも、女性が引き受けざるを得なかったのだ。

首の下に付けられた鈴を鳴らして走るのは、ペルシュロンのアオ。アオはどうも人を見るらしく、権太郎の時はおとなしいのに、京子が座ると暴走したり蹴ったりした。ある時は、駅で止めるところを、腹に下げている馬糞受けがじゃまをして止めきれず、シベリア街道をすっ飛んで行ったし、背中に乗って蹄鉄打ちに行けば、月寒あたりで汽車の汽笛に驚いて暴れ、振り落とされたこともあった。幸いけがはなかったが、京子は一人で馬に乗れず、そのままアオを引いて幌別まで歩いた。また戦時中は騎兵隊に会うと、兵隊さんが止って敬礼してくれたものだった。京子は二十一年に若林清と結婚するが、その後も夫とともに馬動車の仕事を続けた。

さて馬車は、汽車の到着に合わせて駅につける。日赤へ通う人だけでなく、たくさんの荷物を持った行商人や、役場や支庁へ出張の人、旅行者、日赤が東町に移ってからは(十九年)、浦高へ通う学生が乗ることもあった。乗降場所は、終点以外決まっておらず、降りる時は御者台の後ろについている窓ガラスをトントンと叩けば、それでオーケー。これは客にはありがたく、後にバスが走ってからも、この点だけは〝馬動車のほうがいい〟と好評だった。頼まれれば荷物も運んだ。引越し荷物や大型荷物はみんな駅に着くから、それを指定された場所へ配達するのだ。大衆館に芝居がかかる時は、運ぶ舞台衣装で、当日の出し物がわかったという。

学校の行き帰りに子ども達に会うと、馬車のあとを子どもがついて走った。危なくて仕方ないが、子どもにすれば寒い時は風除けになるし、うまくいけば御者台に座るおじさんやお姉さんの目を掠めて、足を引っ掛けられる。五丁目に住んでいた上杉睦子も、冬は竹スキーを履いてよく後ろにつかまった。時々バランスを崩して転びながら、一丁目まで琴を習いに通ったのだという。

日赤までの所要時間は、途中の乗り降りを含めておよそ三十分。運賃は戦時中が十銭。戦後の新円切り替え後は十円。大型荷物は三十円ほどだった。母は、毎日寝る前に、くしゃくしゃになったお札を広げて、ていねいにアイロンを当てていたものだった。

だが馬車の時代も終わりの時が近づいていた。清は、先を見越して早くからバス事業への進出を考えていたが、その許可がなかなか下りない。そのうち浦河までの路線延長を検討していた道南バスが、需要を知って参入し、先に運行を始めてしまった(昭和二十五年八月)。道南バスに太刀打ちはできず、様似から来た大井松太郎に権利を譲って、まもなく清は馬動車を離れた。

昭和二十八年十二月二十五日の日高新聞に〝三年間、駅から東町の町立病院(日赤は、十勝沖地震により一時期町立に移管)まで往復して、患者の便宜を図っていた松太郎が病気で倒れたため、馬動車の運行をしばらく休止する〟という旨の記事が載っている。だがその後馬動車が復活した様子はない。

〔文責　河村〕

【話者】

若林　清　浦河町東町うしお　大正十三年生まれ
若林　京子　浦河町東町うしお　大正十四年生まれ
上杉　睦子　札幌市中央区　昭和十一年生まれ

第六話

ミッチャムハッカその盛衰

――明日は夢見るハッカ大尽

向別川の土手や川原を散歩していて、なにげなく手にとった野草が、思わず惹き込まれるような良い香りをはなっているのに気づくことがある。六十歳以上の人なら、記憶のどこかに、秋のある日、町じゅうがこの香りに満たされる日があったことを思い出すかもしれない。その野草がすなわちミッチャムハッカにほかならない。

昭和七年春、浦河の町にみるからに都会人ふうのひとりの男が下り立った。男は精力的に浦河から荻伏にかけての農村地帯をまわり、持参したハッカの試験栽培の相手先を探していた。手許には一反七畝分の根株しかなかった。杵臼の本巣若松との話し合いがまとまり本巣の畑地一反、残りの七畝分については荻伏の赤心社に試作を頼んだ。これにより、これまで日本で栽培経験のなかった洋種ハッカの試験栽培が始まった。男とはライオン歯磨で有名な株式会社小林商店（後のライオン㈱）の二代目小林富次郎の三男卯三郎だった。

かれは自社の歯磨き粉やその他の製品に香料としてつかわれるハッカを、より芳香性のよいスペアミント系に切り替えるために、栽培適地を探していた。浦河が選ばれたのは、日高地方が寒冷地ながら英国によく似た霧の多い気候条件に着目したからだと言われる。その年の秋、試作は大成功だった。翌年にはこれを根分けして同地区の福岡、笹地をはじめ、西舎、向別、荻伏などに委託栽培を申し入れ、農家がこれに応じた。

昭和四年の世界恐慌、これに続いた六年、七年の凶作、農村はあえいでいた。ハッカは換金作物である。日高の町村はどこもがこの話に飛びついた。一方卯三郎は一定の契約面積を確保できた地区から次々と蒸留工場を建設していった。日高支庁もこれを奨励した。技師を派遣し作柄を詳細に調査させ、〈日高ミッチャム薄荷栽培法〉などというパンフレットも発行した。契約地は様似や門別にもひろがり、皆がこの割のいい換金作物にとびついた。

爆発的な栽培面積の広がりを見て、今は卯三郎も浦河町旭町に洋館風の住まいを建て、小林薄荷蒸留所の経営者として獅子奮迅の働きだった。昭和七年にはたった二反の作付けだったものが、十四年には荻伏だけで五十九町、浦河全部ではおそらく百町を越えていただろう。最盛期の十六年には日高管内全域で三五二町の作付面積となっていた（後の卯三郎の回想によれば日高全地域で四百町）。

操業の状況は、幌別川流域で西舎、オロマップ、下杵臼に、向別地区では上向別と下向別、荻伏地区では野深と元浦川下流域などに卯三郎直轄のものをふくめて七カ所からの蒸留工場

ハッカ工場（浦河町立郷土博物館 蔵）

があり、九月、十月の収穫期には昼夜兼行のフル操業の状況であった。五年後この趨勢をみて、小林卯三郎は設置した蒸留工場を地区々々の個人や耕作者組合に譲り渡し、本拠を札幌の南二十七条に移して本格的なエッセンシャルオイルの精製事業を開始する。昭和十一年のことであった。

特記すべきことに、かれはハッカの栽培とともに同じく海外から持ち帰ったラベンダーの栽培を南区石山、富良野などで栽培を始めていたことである。曾田香料㈱が十二年に仏系ラベンダーの試験栽培を始めたとしているが、小林卯三郎の方が一足早かったか、曾田香料に委託したものかもしれない。

野深の農家の三男永田国夫は、ハッカの生産が軌道に乗った十一年から横須賀の海兵団にはいる十七年まで取卸油（一次蒸留油）の生産にたずさわった。生家は大正のなかばすぎに親戚の伝《つて》で野深に入植した農家だが、主力の農産物は馬鈴薯、燕麦《えんばく》、ビートなどであった。当時これらの中でハッカは貴重な現金収入の中心だったという。

かれの勤めた工場は約十八坪、現在の高昭牧場の事務所のところにあった。工場に隣接して事務所もあり、見知らぬ人が来て生産指導に当たっていた。誰に雇われたか今では覚えていないが、二十四時間操業で収穫期の二カ月間の臨時採用だった。

刈り取りの後、七日から十日畑でミオにつくり乾燥させる。湿ると香味がぬける。生産者を一日の処理能力に合わせて調整し、数軒分をひとまとめに運び込ませた。これを永田たち四、五人がトロッコにつんで四立方メートルもある蒸留釜まで運び、釜のなかで固く踏み込んだ。電気式の蓋で完全に密閉し、低圧ボイラーで四、五時間蒸す。ハッカの原草をとおった蒸気は冷却筒で冷やされ外部の水槽に貯められる。一定量の蒸留水が溜まったところで上部に集まった油分をぬきとり、別容器に保管する。これが取卸《とりおろし》油である。小林薄荷店はこれをさらに札幌の別工場で精製して、エッセンシャルオイルとして製品化するのである。廃油はそのまま川に流した。冒頭で記した町中のハッカの匂いの原因である。

しかし順風万帆に見えたこの事業にも戦争の影が着実に忍び寄っていた。昭和十六年二月、ときの近衛内閣は《臨時農地等管理令》を出し、不要不急作物の作付けを制限することとした。これによりハッカはその対象とされ、全国一円、米、大豆、馬鈴薯、亜麻(リネン)、燕麦、甜菜(ビート)などへの転作が強要され、日米開戦を挟んで、十七年にはついに日高のハッカも壊滅状態に陥った。小林薄荷店も東京へ引き上げた。

しかしこれで途絶えたかにみえたミッチャムハッカは、実は密かに生き延びていた。再び栽培できる日の来るのを信じて、根株を絶やさず更新しつづけた人々がいたのである。

北海道統計書(昭和二十四年版)によれば、昭和二十年、全道で三一六三町の畑でハッカが生産されている。二十一年には件の臨時農地等管理令が廃されたが、それでも一八六四町で生産が続けられている。このなかには少量ながら日高産のミッチャムハッカも含まれているはずである。二十四年の項に初めて日高で五十二町の生産面積がこの統計に記録されているからだ。浦河町史では二十三年の統計として十五町の作付けを記録している。

昭和二十五年、まだ戦後の混乱期にあった吉田内閣は国の経済力を回復させる有力な手段として、輸出の振興奨励の旗を振った。このころから道内各地の生産地はその底を脱し、再び上昇カーブを描きはじめる。これに呼応したかのように、日高地域でもハッカの作付けが増加に転じ、最盛期の三十五年の作付けは二十四年の五十二町から三五八町に拡大している。

荻伏の真下《まっか》春夫は勇太郎の長男として上野深の高台で農業を継ぎ、戦後の農地改革で赤心社の小作を脱し、約十町の自作農となっていた。三十年代、作付け作物はハッカ、燕麦、大豆、稗《ひえ》などであった。この頃この地区から七、八人の人間が北見、遠軽へハッカ栽培の視察に出かけている。また三十二年には浦河町の補助で改良された蒸留工場がかれの家の敷地内に建てられている。電力は自家発電装置だった。真下の記憶では本格的にハッカの栽培に取り組んだのは三十三年からで、このときには東様似の松田から根株を譲り受けたのを覚えている。高台の農家三十二戸が中心となってハッカ栽培組合(白銀幸太郎組合長)をつくり、約二十町が作付けられていた。工場の操業も組合が行うことになっており、とくに収穫期の操業については組合員の中から若手が引き受け、真下をはじめ四、五人が駆り出された。製造の過程は前述と変わらないが、製品である取卸油は一斗缶(十八㍑《リットル》)に詰められ、後日農協が引き取りにきていた。
換金作物としておおいに期待されたハッカであったが、三十五、六年、栽培は最盛期を迎えていた。にもかかわらず、三十七年、ブラジルなどの発展途上国からの追い上げに加え、合成ハッカが開発され、栽培ハッカの国際価格は大暴落した。栽培熱は一気に凋《しぼ》んだ。高台のハッカ組合は三十九年に解散となった。当時高台には四十二軒の農家があったが、現在残っているのは一軒だけである。

［文責　高田］

【話者】
濱口　光輝　浦河町昌平町　大正四年生まれ（平成二十二年没）
依田　恵美　東京都港区　昭和五年生まれ
澤　恒明　浦河町荻伏　昭和九年生まれ
永田　国夫　浦河町野深　大正十二年生まれ
久保　時夫　浦河町向別　昭和七年生まれ
真下　春夫　浦河町荻伏　昭和七年生まれ

【参考】
北海道音楽史　前川公美夫　平成七年　大空社
ピュリタン開拓　本多貢　昭和五十四年　赤心㈱
洋種ハッカに青春をかけた小林卯三郎　年史センター編　平成五年　ライオン株式会社

第七話　潜水艦を見た話

——子どもたちが出会った戦争

昭和二十年八月一日、良く晴れた暑い日だった。池田章は友達と一緒にションベンプールにいた。学校は昼までで、昼飯のあと仲間と泳ぎに行くことを決めていたのだ。

ションベンプールというのは通称で、日高造船の施設として南防波堤の基部の一部を実験水域としてコンクリートで囲ってあった場所だ。どのような必要があってそうした場所があるのか分からないが、五十メートルプールのようにコの字型に区画された最深部三メートルの水域は、小学生、とくに泳ぎの未熟な子どもにとっては安全このうえない場所で、街場の子どもの大半はここで泳ぎを覚え、外洋へと巣立っていった。水質がいいとは言えない場所だったが、そのかわりどんなに波が出てもここまで打ち寄せてくることは無かった。

章たちは四年生にもなっていたし、そろそろ潜りの訓練を始めてもいい頃だった。握り拳大の石を投げては、それを潜って取ってくる遊びに興じていた。そのうち体が冷え切ってきたので、熱い防波堤に上がって甲羅干しをしていた。胸や腹が温まってくる。陽焼けした背中で水滴が夏の陽にきらめいている。眠くなるような幸福な時間だ。眠りに落ちそうになったその瞬間、ドドドッ、ドドドッと、低く力強いくぐもった振動が体を震わせた。〃ん、船か？〃

「潜水艦が来たぁ！」

仲間の誰かが声を上げた。みると、黒い巨大な丸い船のようなものが、防波堤めがけて近づいて来ていた。

「撃ってこないんだから、味方のだべや」

「戦闘機も来ないし」

目前の沖合を潜水艦が動いていた。攻撃するでもなく東へ動いていた。章たちはその動きにしたがって、防波堤の上を小走りに後を追った。五丁目の下の浜まで来ると、潜水艦はまっすぐ東を向いて去って行った。

同じ時刻、すでに高等科の二年だった杉田弥太郎は、学校での作業を終えて浜通りの自宅へ昼飯を食べに帰ろうと、山懸かりで灯台の所まで来ていた。丘の上にあった海軍通信隊の兵隊が出て口々に何かを叫んでいた。

「アメリカだ！　敵艦だ！」

「すぐに知らせろ……」

沖を見ると確かに一隻の潜水艦が浮上していた。艦船なら船型を見ただけで、敵味方の区別は付く。しかし潜水艦は教わっていなかった。国籍不明の潜水艦。海軍軍人はそれでも敵艦だと認識していた。

塚田(旧姓中村)圭子はそのとき、浦河神社の上にあった防空監視哨の下でイタドリの葉を妹と二人で集めていた。学校の夏休みの宿題だった。乾燥させたそれを煙草の原料にして、戦地に送るのだという。

「飛行機みたいな音がするね」

「うん、そうだね」

ドドドッ、ドドドッという重苦しい低い音が響いていた。二週間ほどまえの七月中旬、この町にも艦載機による空襲があったばかりなのだ。海がピカピカだった。黒い船が二隻、防波堤のすぐ沖に浮上していた。見ていると、二隻の黒い船は次第に東町の方へ移動しはじめた。

潜水艦が現れた前浜(浦河町立郷土博物館 蔵)

様似町冬似の千葉一夫はこの時刻、一級下の隣の川越重行を誘って塩釜の浜へ遊びに行くところだった。午後一時三十分頃、泳いでいた二人が水の中から顔を出したとき、目の前に三隻の潜水艦がいた。大きい船だねえと話しながら見ていると、花火のようなものがシュルシュルと上がってパーンと音を立てて弾けた。するとそれが合図であったかのように、潜水艦の機関砲がガンガンガンと音を立て始めた。

「艦砲射撃だ！」

二人は水の中で思わず首を竦めた。ズドーン、重々しい音がしてブリッヂの前部にある砲口が火を噴いた。音を立てて飛んだ弾丸は冬似の沢の畑に落ちて爆発した。二発目は波打ち際に落ちて高く水煙をあげた。そして三発目が鵜苫国民学校の校長室に命中した。爆発音とともに屋根がボワッと浮き上がった。ウワッ、声にならない声が二人から上がった。体が竦んで動かなかった。

「おまえたち、ホラ早く上がれ、上がれ」

たまたま浜で磯舟の板の継目に檜皮を詰めていた田口倉蔵に声をかけられ、ようやく我に返ったように体が動いた。水から上がるや否や道路に這い上がり、そこから山を越して家に逃げ帰った。重行がどうやって逃げたのか、衣服をどうしたのかまるで覚えが無い。

このときの攻撃で鵜苫国民学校の桜田校長が殉職し、一夫たちと同じように、学校下の浜辺で遊んでいた二年生の中村茂が爆発物の破片で負傷した。この後、三隻の潜水艦は沖を移動しながら様似の町を攻撃し立ち去ったという。

ただ問題が残っている。現れた潜水艦の数と日本軍の飛行機の問題である。浦河町の目撃者のあいだで一隻だったというグループと複数だったというグループである。塚田圭子は二隻としているが、夫である塚田福宏は浜通りの自宅のそばで見たのだが一隻だったという。また自宅前の浜で遊んでいた高田勲は二隻以上で、ブリッジも潜望鏡もはっきり見えたといい、味方飛行機の到来が翌日にあったとしている。

［文責　高田］

【話者】

池田　章　浦河町荻伏　昭和十年生まれ
杉田弥太郎　浦河町大通二　昭和六年生まれ（平成二十五年没）
塚田　圭子　浦河町東町かしわ　昭和九年生まれ
千葉　一夫　新ひだか町静内　昭和八年生まれ
高田　勲　浦河町大通五　昭和十一年生まれ

【参考】

改訂様似町史　様似町史編さん委員会　平成四年　様似町

第八話　配給

——戦中戦後の暮らし

ここに一通の米穀通帳がある。発行は昭和四十三年。髙木家のたんすの引き出しに、長くしまいこまれていたものだ。

経済統制が強まった戦時中、生活必需品は極度に不足し、商品の購入は通帳制、切符制となった。それは衣料、食料、燃料、学用品の果てまで、ありとあらゆる物に及んだ。中でも命の綱といわれた米穀通帳は、太平洋戦争突入前年の昭和十五年から五十年代まで発行されたという。

昭和十七年に食糧管理法が制定され、米や麦など主要食料が政府の統制下に入ると、浦河にも大通三丁目に食糧営団が設けられ、いくつかの商店が配給所に指定された。配給日には、営団の職員が、荷馬車に台秤と三日から一週間分くらいの配給品を積んでやってきて、そこで一、二時間店開きする。集落にある配給所では、一里も遠くから受け取りに来る者もあったし、食べる物がなくなって、荷馬車の着くのを待ちわびている人もいた。

米穀通帳には家族全員の名前が記されていて、その家族構成によって配給量が決められる。

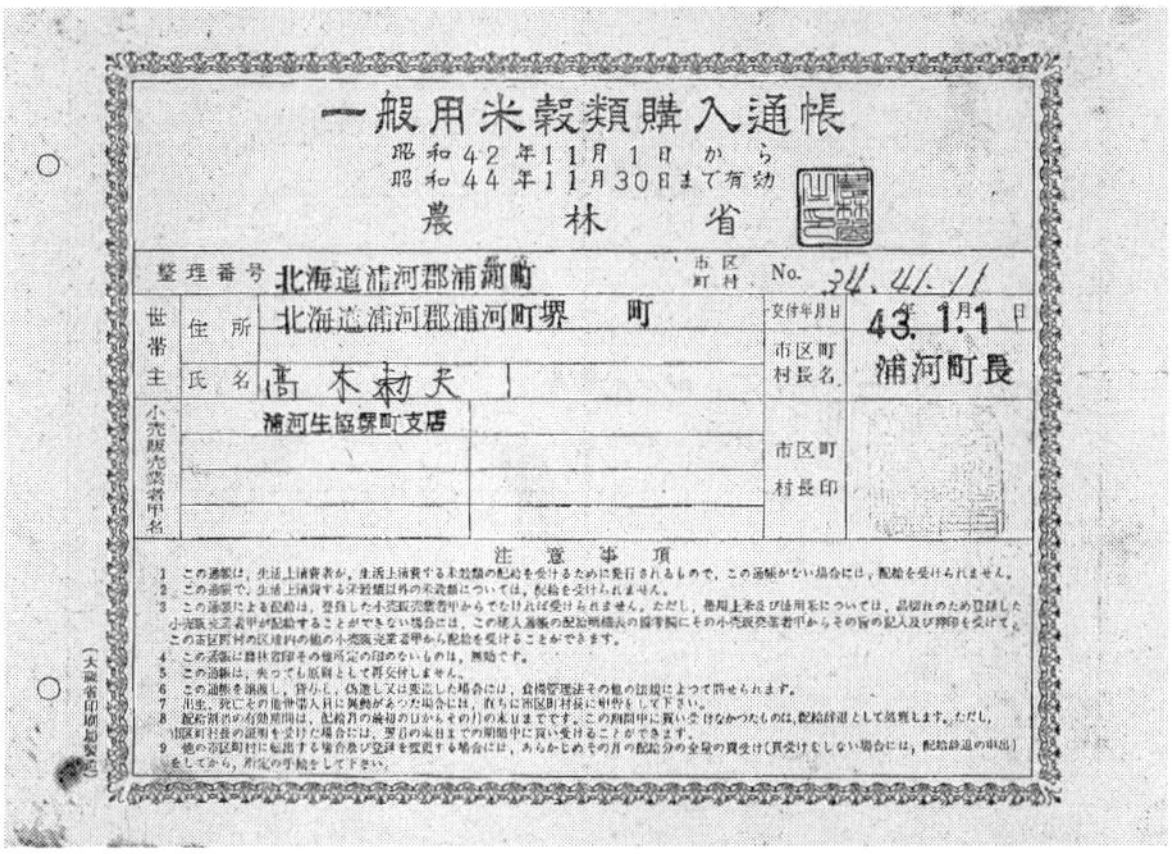

一般用米穀類購入通帳
昭和42年11月1日から
昭和44年11月30日まで有効
農林省

整理番号 北海道浦河郡浦河町 市区町村 No. 34. 41. 11
世帯主 住所 北海道浦河郡浦河町堺　町
交付年月日 43. 1. 1
市区町村長名 浦河町長
小売販売業者甲名 浦河生協堺町支店
市区町村長印
注意事項

米穀通帳（髙木冨子 蔵）

不足する米の代わりに、ザラメのような砂糖、でんぷん、うどん粉、コーリャン等も支給されたが、配給は始終滞り、粗悪品も多かった。石油臭いにおいのする粉が配給になって、食べた家族や近所の人がそのあと枕を並べて寝込んだこともあったという。もちろん、そんな粉もタダではない。荻伏百年史には「雑穀、でんぷん、刻み昆布、泥つきでんぷんカスまで配給されたが、それでも五十日もの欠配があった」と記されている。

配給だけに頼っていては飢え死にしかねない。だからどこの家でも花畑をつぶして軒先までイモやカボチャを植え、農家の畑を借りたり、鶏を飼ったりしていた。米のご飯を食べられるのは盆と正月くらいで、普段はイモなどの混じるカテ飯だった。イモと米を一緒に炊くと米は下に沈むから、先によそわれるとイモばかりになる。小関幸秀は、自分の茶碗と、こそげ落としたおこげの入る姉の茶碗を見比べて、思ったものだ。

「どうせ下っ端はイモだけだ……」

秋祭りの頃、兄と西幌別の親戚まで歩いて栗拾いに行くのが、本当に楽しみだったという。伝《つて》を頼って農家に買出しに出る者も多かった。小関家では岩見沢に知り合いがいて、父がリュックを背負って米を買いに行った。大沢美和子の家は時計屋だったので、修理代の代わりに米等を貰うこともあったが、父が自転車に蓄音機を積んで向別へ行き、その中に米を隠して戻ったこともある。闇米の買出しを摘発するために、向別の入り口(現べてるの家あたり)に警官が立っていたのだ。笠原静子は、小さい子どものいる家へ行く時は、少しでも多く分けてもらえるように、手作りの人形等をお土産にしたという。お金より物が重宝される時代で、たんすの着物はみんな食べ物に変わった。

農家には、厳しい供出が課せられていたとはいえ、そこは生産者、やはり多少の余裕がある。石突トシの家には、時々兄がトウキビやカボチャを届けてくれた。その兄の自転車が着く頃になると、まるでそれを知っているかのように、不思議と親戚の子どもが集まってきたものだ。また、終戦の年の暮れ、もち米が一人二合五勺ずつ配給になったことがあったが、弟、妹も帰って来るし、これだけでは餅もつけない。

「仕方ない。おはぎにでもしよう」

そんな話をしているところに、姉の嫁ぎ先から伸し餅が届いた。忘れもしない、二十八日のことだった。

　米類に限らず日用品ももちろん配給。これらもやはり受け取り場所が決まっていた。トシの記憶では、百戸以上になると配給品を分けるのが大変なので、最初は町内を十八くらい、後には三十くらいに分けていたという。たとえば石突家は二十四町内会で、指定店は品田商店だった。西口商店は、米の配給所だったが、木炭、塩、味噌、醤油、油等も扱っていた。当時は枡を使った量《はか》り売りで、味噌は経木で包み、醤油や油は客が瓶を持って買いに来た。少ない量を公平に分けることは難しい。下着や靴下が配給になり、昇月旅館で分配した時は、みんなの見ている前でくじ引きをしたという。

はかり売り（浦河町立郷土博物館 蔵）

　昭和二十一年九月六日付の日高新聞に〝浦河町では、八、九月分の味噌、醤油が近く入荷するので、近日配給する見込み〟とあるが、なかなか手に入らない調味料を、人々がどうやって工面していたかというと、トシの家では、砂糖の代わりにビートを薄く切って煮詰めて使った。親戚が留辺蘂から種を取り寄せて育てていたのを貰ったのだという。美和子の家では、イタヤの樹液。夜一升瓶と縄を持って山へ行き、木に傷をつけて瓶を縛り付けておくと、朝には一杯になった。それを煮詰めて使ったという。塩も海水を煮詰めて使った。煮詰めるといっても燃料不足で、濃い砂糖水、塩水にしかならなかった。専門に塩を作る人には、支庁が奨励金を出していたという。

酒、たばこは、わずかながら成人に一律に配給された。物々交換に使えるから、飲まなくても誰も辞退する者はいなかった。昭和二十五年頃だったか、町内マラソン大会の一等の景品が、酒三升という時があった。茂信夫はそれで一等になり、父が大喜びしたことを覚えている。また正月用の酒を買うために、朝まで並んだこともあったという。怪しげな合成酒が出まわり、メチルアルコールを使った酒が売られて、失明者、死者が出るという事件も起きた。たばこは浦河でも栽培されていて、ある時それが手に入り姑が大喜びしたことを、石突トシも思い出すという。

［文責　河村］

【話者】

石突　トシ	北広島市大曲	大正三年生まれ
小関　幸秀	札幌市手稲区	昭和八年生まれ
茂　信夫	浦河町大通三	昭和十年生まれ
大沢美和子	浦河町大通四	昭和十三年生まれ
笠原　静子	浦河町堺町東	大正十四年生まれ
西口　ぬい	東京都杉並区	昭和十二年生まれ
坂本　雄平	浦河町東町うしお	昭和四年生まれ
沼　行男	浦河町東町かしわ	昭和十二年生まれ

第九話　足手まといあり

——援農学徒動員

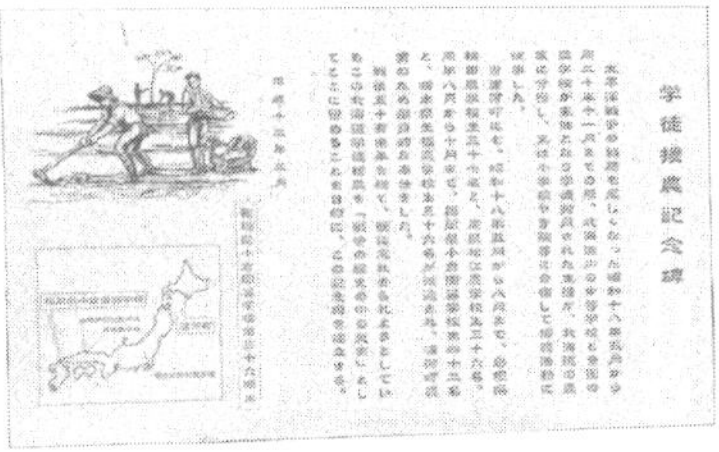

太平洋戦争の戦局も厳しくなった昭和十八年五月から二十年十一月まで、北海道内の中学校と全国の農業学校が主体となって学徒動員された生徒が、北海道の農家に分宿、あるいは小学校や寺、集会所に合宿して、援農活動に従事した。つまり兵隊として出征した農家では人手が足りなかったため学生が狩り出され、大切な食糧生産を助けるため農作業を手伝ったのだった。

荻伏にも昭和十八年五月から八月まで島根県横田農学校生三十七名と、同県松江農学校生三十六名、同年八月から十月まで栃木県矢板農学校生三十六名と福岡県小倉園芸学校生四十二名とがやって来た。九州の小倉園芸学校からは、まず小倉駅で汽車に乗って乗り換えをしながら上野駅へいき、そこで背嚢《はいのう》(ものを入れて背負うかばん)を枕にして野宿をして次の日また汽車を乗り継ぎ、連絡船に乗ってまた汽車に乗って……五日かけてやっと日高の地にやって来たという。

学生たちは姉茶神社下にあった〝クラブ〟に寝泊りし、ご飯炊きに荻伏の種とトシという若い女性が雇われていた。二人は近くの民家の八畳間を借り、毎朝四時には起きてクラブへ行き、四十人ほどのご飯仕度をした。昼飯は行った先で食べさせてもらうから、朝晩だけでよかったし、米や食材は農協や近所の世話役から届けられた。

55年ぶりの訪問。もと小倉園芸学校援農隊の皆さん（浦河町立郷土博物館 蔵）

学生たちは見ず知らずの地にやってきて稲刈りや馬の世話などの奉仕をして浦河の農業を支えてくれたが、〝腹一杯食べさせてもらえる〟というのが一番の喜びだった。彼らは二、三カ月働いてまた別のグループと交代したが、時々家に米を送るため郵便局へ持ち込んだ。白米が貴重だった時代、農家で貰ったり買ったりしたのだろうが、大切な米を遠くにいる家族に食べさせたいのだ。当時穀物を送ることは禁じられていたにも関わらず、局員は知らん振りしてそれを受け取った。そしてせっかく送っても届かないと気の毒だからと、穀物と分からないよう包みなおして送ってやった。その心遣いが功を奏し、学生たちの荷物はほとんど無事に届いたという。

小倉園芸学校の山下光男は、荻伏での援農経験が忘れられず、平成十年と十二年の二回、仲間と共に荻伏を訪れ農家の人々と感激の再会を果たした。そして「戦後五十有余年を経て、既に忘れ去られようとしているこの北海道学徒動員援農を『戦争の歴史の中の史実』としてここに留める」と記し、小倉園芸学校三十六期生の名前で、赤心社記念館前に石碑を建てた。

しかし農学校生は仕事もできて有難かったが、都会の中等学校生たちの援農は足手まといになることも多かった。あるとき小樽の中等学校の一隊が先生に引率されてやってきた。姉茶の宿泊所に入ったあと、各農家に割り振られ、農家の指示通りに働くことになった。

富里で田んぼを作る小野寺兵治の家にやって来たのは、小樽の呉服屋の息子春夫(仮名十四歳)だった。春夫は「馬おっかない」「綿羊《めんよう》おっかない」と言っては家人の後ろに隠れ、おっとりして何日来ても仕事を覚えなかった。か弱いこの子に何をさせたらいいのか、下手なことして怪我をされたら取り返しが付かないと兵治は頭を抱えた。ついに娘の安野を呼んで「ヤス、おまえこの子と一緒に仕事すれ」と言った。安野は春夫より一つ年下だった。

稲刈りをする田んぼに出ると、安野は「こうして稲を抑えて、一番下に鎌の刃を当てて力入れて引っ張るの」と春夫に教えた。しかし彼にはその力がなかった。「腰を低くしてやらないと転ぶよ」というと、「腰を低くするってどうやるの?」と聞く。一人でやったほうが進む!　と安野がさっさと稲を刈ると「上手だねぇ」と感心する。「あったり前でしょ、ここに生まれ住んでるんだもの。だからあんたに教えてやるんだよ」と言って手ほどきする。春夫が稲束をつかみ、鎌で何度もしごいてやっと切った、と思ったらその弾みで転んでしまう。「もういいから畦《あぜ》に座ってれ」と安野は言い、一人で稲を刈った。「ヤスちゃん上手！」「当たり前でしょ、これでメシ食ってんだから」「メシ食ってるってなあに？」答えていたら仕事にならない。安野は、どうしてこんな働けない子を寄こすのかと腹がたった。刈った稲束をハサに掛けるのはできたが、それものろくて、家の人たちの仕事のリズムを崩した。「腰痛くない？」と春夫に聞くと「ヤスちゃん、オレ腰痛い。明日どうなるべ。寝てるわけにいかないかなぁ」という。

それでも白米の握り飯が出されると美味しいと喜んで食べた。体を動かしてるんだからたくさん食べるだろうと思ったら少ししか食べない。あれじゃあ力出ないと安野は思った。

ほかの農家でもひょろひょろと青白い学生が来ると、あまりにも可哀そうで畑作業に使えないと思ったという。それでも折角来てくれたのだから自分ちの子と一緒にしたり、出来そうな仕事を探してやってもらった。しかし好奇心の旺盛な子どもたちは、すべてが珍しい田舎を楽しんでいた。蛙の大合唱や虫の多さに驚き、川ではウナギやウグイをとり、初めて田んぼに入っては足を泥にとられてキャアキャア騒いでいた。しかしそのうち苦情が届いたのか、三人ひとグループでやって来るようになった。言われた仕事をこなしては次の家に廻るよう変わっていったという。

小樽の中等学生グループは二カ月ほどで帰った。最後の日、春夫は住所を書いた紙を安野に渡し「こんど遊びに来て」と言った。あれからもう七十年近い月日が流れている。春夫はその後どうしているか、どうやってメシを食っているだろうと安野は案じたが、住所の紙切れは早くに紛失してしまい会ったことはない。

なお昭和三十年代、食料増産が言われたころ、自衛隊千歳駐屯第一特科団の三十名が十日間ほど浦河の稲作農家に分散して稲刈りの援農に来ているが、日高ではそれが最後の援農だった。

［文責　小野寺］

【話者】

白石　安野　浦河町荻伏　昭和五年生まれ

工藤　種　浦河町堺町西　大正十一年生まれ

中田　久子　浦河町荻伏　昭和二年生まれ

第一〇話　英人捕虜を護送

――小笠原敏雄の二度とない体験

この話を語るには、はじめに小笠原敏雄なる人物について少し書かなければならない。小笠原敏雄は大正十二年九月西舎生まれ。日高種馬牧場（後の日高種畜牧場）で働いていた昭和十八年の初め、荻丹栄町長の勧めで自治講習所に学び一年後に帰ったが、役場でもと勧められるがこれを断り、日高種馬牧場に残った。馬が好きだったし、同年代としては給与の高い職場だった。しかしその年、かれは兵隊検査を受けていた。

あくる十九年二月、役場兵事係の荒木が赤紙（召集令状）を持ってきた。三月三日牧場の橇で送られ幌別駅へ。一旦浦河駅で下車し、あらためて浦河駅頭で愛国婦人会の見送りを受けて稚内へ出発した。同地で全道から千人が集合。宗谷丸で氷の宗谷海峡をわたり、三月十日任地上敷香に到着、任務に就いた。同地で軍務中、〝おまえは内地勤務希望だったな。それなら憲兵受けろ〟という上官の指示で現地で一次審査、次いで豊原で二次審査を受験。これらをパスして十二月二日、東京の中野にあった陸軍憲兵学校で本試験受験、めでたく合格となり、そのまま速成科に入隊した。

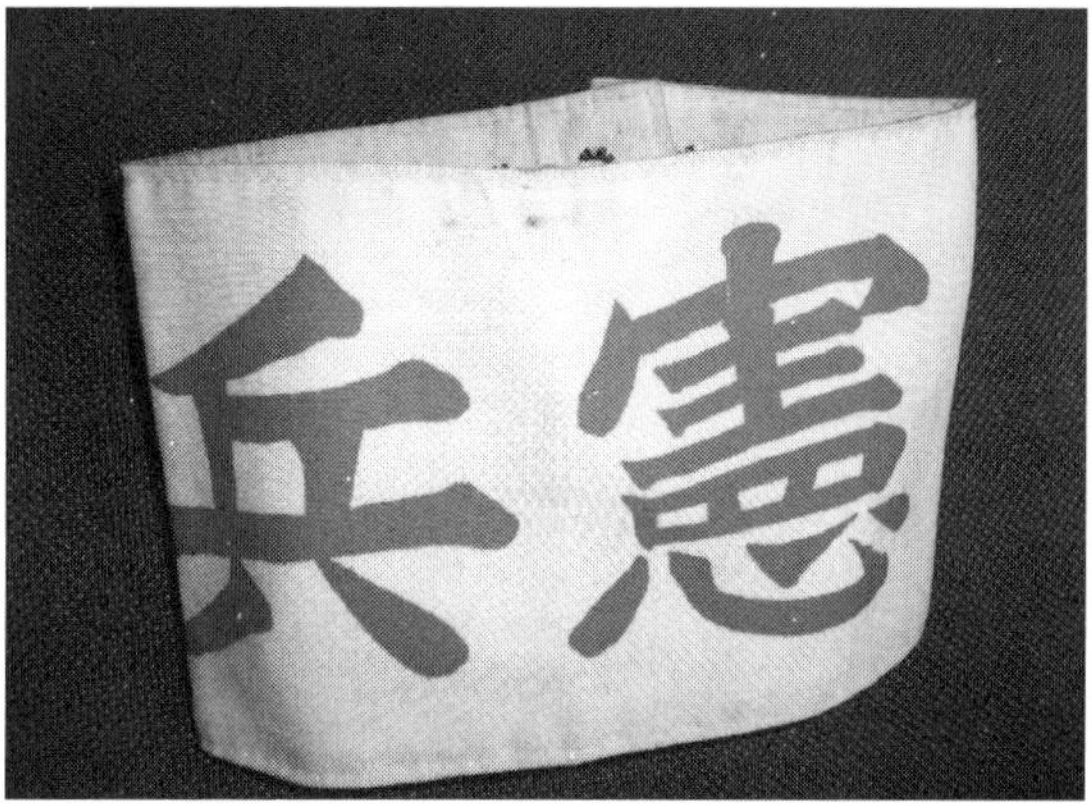

憲兵腕章（小笠原敏雄 蔵、小野寺信子 撮影）

憲兵とは通常軍隊において司法を担当する部署。憲兵隊の教育機関は六カ月で国際法をふくむ法務だけでなく、一般教養として社会や外国語、武道、乗馬の習得などがある。速成科はこれを三カ月で仕上げた。二十年三月三十一日卒業。同期生は満州から九州まで一二〇〇名だった。このうち三〇〇名が内地勤務、残り九〇〇名が外地。かれは成績優秀で助教官としてそのまま憲兵学校に残ることとなる。

六月になってかれが受けた命令が英国人捕虜の護送であった。北京で収監されていた英国人捕虜一二〇名が内地移送となり、舞鶴、上野と輸送されてくる。これを車両ごと受け取り、輸送指揮官として通訳をふくめ十名の部下とともに列車に乗り込み、青森、北海道へ送り届けることがその任務だった。期間は五月二十八日から六月二日までの六日間。

五月二十八日、客車二両に閉じ込められた一団を受け取り出発。窓という窓にはすべて黒い覆いがかけられ、外景は一切見えないようになっている。最初の指定は青森県の乙供《おっとも》鉱山。ここで約三分の一を降ろす。駅頭には捕虜受け取りのための警察官と兵隊がトラックを寄せてすでに待機している。次は北海道だ。

津軽海峡は連絡船に乗るが、捕虜たちを降ろしたりはしなかった。貨物に連結して直接船内に入れた。函館からは小樽回りで赤平炭鉱まで運んだ。駅には民間人の姿はなく、緊張にこわばった警察官と兵員が幌つきのトラックを用意して待機していた。無事に引渡しを終了し、安堵の胸をなでおろした。

旅程中の面倒は排泄と食事である。排泄は車両の中に便器を入れれば足りたが、食事は日に三度三度駅弁を支給した。当時の食糧事情を考えれば信じられない厚遇だが、小笠原敏雄によればきちんと支給したという。それなのに口に合わないのか食欲がないのか、大半が半分以上を残していた。

特記すべきはかれが捕虜たちといささかなりとも交流を持ったことだ。というと大袈裟だが、一団の士官クラスとは必要にせまられ意思の疎通を図ったが、それ以上に一部の士官とは名前の交換さえした。かれの知識にある英国とは、ふるさと浦河の日高種馬牧場にいた馬たちだった。かれが奉職した時期に相前後して入厩してきた英国産の馬群があった。

「セフトというサラブレットを知っているか」

「知っているとも。父馬はテトラテマだ」

短いやりとりだったが、英国軍の士官というものの資質を見た気がした。セフトは英国の馬産家アーガ・ハーンの持ち馬で、種馬牧場が昭和十三年輸入したものだった。

しかしこの英国人捕虜との関係はこれで終わったのではなかった。任務を終えて東京へ戻った後、七月末になってまだ卒業前の兵一二〇名を引率して札幌中の島臨時憲兵隊教育隊に赴任した。しかし八月十五日、この地で終戦を迎えることになった。ところがその直後、二カ月前に赤平炭鉱に送り込んだ捕虜を、今度はあらためて無事に英国に帰還させるため、千歳飛行場まで護衛せよという命令が下った。

戦争が終わっても憲兵隊の組織は生きていて、戦後処理を行っていたのである。八月二十日過ぎ、思いがけずかの一団と顔を合わせることとなった。かれらは戦勝国とはいえ居丈高になったり威張りくさったりする事もなく、来たときと同じ表情を浮かべ、淡々と米軍の差し向けたダグラスに乗り込んで行った。

その後中の島分隊に戻ったところ、全道の憲兵隊が集まりMP(米軍憲兵)の腕章を巻いていた。〝どうしたのか〟と問うと、GHQ(連合国軍総司令部)の命令で治安維持の任務につかされたという。かれの隊が解除命令を受けたのは十月十五日になってからであった。

浦河の種馬牧場で世話をしたセフトをなかだちとして結べた捕虜との交感といい、護送する側とされる側の八月十五日をはさんだ立場の逆転といい、六十五年を経た今でもその光景が鮮やかに蘇るほど、深くかれの記憶に刻みつけられている。

［文責　髙田］

【話者】

小笠原敏雄　浦河町堺町東　大正十二年生まれ

第一一話　学童疎開

――空襲下の子どもたち

浦河空襲直後、〃夜には潜水艦から敵上陸部隊が来るぞ〃といった流言が町中に流れた。堺町に住んでいた六年生の黒澤信之は、その日のうちに姉と妹の三人で絵笛の父の知人宅に避難した。常会の班長工藤岩蔵が〃伝《つて》の有る者はすぐにでも避難しろ〃と触れまわっていたのである。翌朝には何十台もの荷馬車やリヤカーが杵臼、西舎、向別、絵笛、富里、野深へと列をなしていた。それぞれが伝を頼って、取りあえず女・子ども・年寄りを中心とした避難行だった。

小学校三年だった塚田福宏の話によれば、空襲警報が出されたのは午後一時過ぎ。しかしかれは午前中に霧で隠れていた浦河の上空を、数機の飛行機の編隊が通過するのに気づいていたという。七月十五日(日曜日)午後、かれは防波堤にエビすくいに行っていて、空襲警報を聞いた。自宅にとって帰し、灯台下にあった防空壕に逃げ込んだ。そのなかで、衝撃で体の浮き上がるような爆撃を体験した。

翌十六日早朝、福宏は他の兄弟とともに常盤町の奥、水源地の沢に逃げたが、大袈裟ではなく、すくなくとも町場の半分以上の人間が水源地の沢にひしめき合っていたという。

翌々十七日、大通二丁目の浜通りにあったかれの家ヰ塚田商店では、祖父母三之助・ナミ、次男真人以下四人の兄弟が、リヤカーに布団・食料・衣類を積み込んで乳呑《チノミ》山道を通って杵臼の本巣三郎の家に向かった。一見なんのつながりも無さそうな両家だが、塚田商店は水産加工業をやっていたために統制品である塩が大量に支給される。これを農家である本巣家の米と交換していた関係だという。そもそもは、祖母ナミが菩提寺正信寺の婦人部総代のとき、本巣三郎の母ヤエが同寺の杵臼方面婦人部長という同朋だったことによる。かれはそこで終戦をはさんで二カ月間を過ごし、杵臼小学校にも通った。

一方で、後に福宏の妻になる中村圭子は、塚田の二軒ほどの東隣の水産加工をする家だったが、家族や従業員の食事仕度のため、家に残されたという。

また大通四丁目に住んでいた四年生の伏木田光夫は、親戚のあった荻伏の姉茶に他の親戚の子とともに預けられ、野深小学校にも通ったが、ときどき実家に帰ったときには浦小にも出席した。転校の手続きなど何もなかったように記憶している。かれもまた、終戦をはさんで三カ月間を姉茶で過ごしたが、この間、鮮明に記憶していることは、叔父が八月十五日姉茶小学校に玉音放送を聴きに行ったことと、敗戦を知って手伝いに来ていた勤労学生の安藤

昭和 20 年代の浦河小学校（浦河町立郷土博物館 蔵）

という人物に、〝日本は負けた。一緒に死のう〟と誘われたという。

また堺町の国道筋に住んでいた六年生の工藤悟は空襲当日、暁部隊の手で掘られた堺町砂山のトーチカ跡に避難していた。このときすでに守備兵はいなかったが、粗末な丸太造りで、屋根は丸太を組んだ上に谷地《やち》で掘り起した泥炭を載せ、その上に砂を被せただけの代物だった。銃眼もあった。部隊宿舎を狙ってか機銃掃射の音が断続的に響き、その薬莢がバラバラとトーチカの上にも降ってきた。あとでそれを拾おうと思っていたところ、役場が来て回収してしまったという。

話はそれたが、悟の一家が避難を始めたのは、翌十六日の午後一時過ぎになってからだった。母と姉、弟、妹、甥など都合八名で、父の親友だった目名太の木村貞次の紹介で、同地区に住む坂本きよみの家に世話になることになっていた。父と木村貞次は浜で上がる魚介と米・豆などを日常的に交換する関係だったという。日頃から用意してあった非常袋（僅かばかりの大豆と塩、血液型カード在中）と、身のまわりのものを持っただけだった。

ただこのとき、かれは西舎に敵の落下傘部隊が降りたという噂を耳にしていたし、夜になって現地に着いてから、木村貞次が鎌を研いでいる姿を見ている。近日中に米軍の上陸がはじまるとの思いがあり、いよいよ本土決戦を覚悟してのものだった。またこのたびの避難・疎開は児童・女性・老人に限られており、事前に徹底されていた感がある。町に残っていた人間は男女を問わず次の攻撃、敵の上陸を意識してのものだった。高等科や青年学校の生徒、男の大人は現場で防衛と消火をになうよう義務づけられていた。

学童疎開という言葉から、子どもたちの集団避難を連想しがちだが、浦河においてそのような形はなかった。浦河小学校の古い記録のなかにもそうした記載はない。逆に東京や他の都会から縁故疎開してきたらしい書き込みが散見されるだけである。戦時中、町内会に替わるものとして〝常会〟と呼ばれる強制力のある組織が町民の生活全般を統制していた。女、子ども、年寄りの避難は想定のうちのことだった。しかし町民は、十五年から堺町西地区にずっと駐留していた一二〇〇人もの軍が二十年一月、数えるだけの留守番を残して全員居なくなってしまったとき、〝もう軍は浦河を守ってくれないんだな〟と実感したという。

政府が一般・学童の促進要綱を決定し、東京都が学童集団疎開を開始したのが十九年八月、北海道が札幌・小樽・函館・室蘭の四市に人員疎開勧奨を出したのは北海道空襲の直後だったという。

［文責　髙田］

【話者】

黒澤　信之　浦河町堺町東　昭和八年生まれ

塚田　福宏　浦河町東町かしわ　昭和十年生まれ

工藤　悟　浦河町絵笛　昭和八年生まれ

第一二話　浦河学徒援農隊の実際

——ピアノが好きだった少女の話

大谷律子がピアノに出会ったのは荻伏小学校にはいった一年のときだ。講堂にあったグランドピアノの音に圧倒された。触らせてもらえなかったものの、掃除当番のときにはオルガンをブカブカと鳴らして楽しむことができた。

日高種畜牧場で働いていた祖父平野浅太郎がまだ同所で働いていた時分、蓄音機を買ってきてレコードを家族みんなで聴いたときから音楽が大好きだった。まもなく祖父は同所を辞めて東栄に牧場を開いた。いまの大島牧場の隣である。しかしその土地は昭和十二年頃、陸軍に強制的に買い上げられてしまったため、一家は馬をあきらめ浦河の大通一丁目に引っ越してきた。ピアノに触れることができたのは、十九年に浦河高等女学校(以後高女)に入学してからのことだった。

高女は数学、理科、国語といった通常の授業のほかに、当時の女性として求められるすべて、行儀作法、茶道、華道、裁縫、算盤などがあった。高学年では小学校に教育実習にでかけて理科・国語・音楽・書道を教えて代用教員の資格を得ることもできた。日高各地から来ていたいわば思春期の少女たちだけの、太平洋戦争のさなかとはいえ、明るい華やかな一時期を過ごしたという思いが律子にはある。

二十年の春、浦河高女も国の指導に従って産業督励に生徒を出すことになった。浦河高女の作業先には町内の日本冷蔵などもあったが、多くは援農隊として農村に入った。律子も幌別川流域に行くことになり、五月の田植えから九月の刈り取りまでということになった。

五月の上旬、学徒援農隊は勉強道具と着替えをもって全員が西舎小学校に集められ、結団式のようなことが行われた。当時三年の担任は一組が賀集先生、二組は谷口巌先生だった。どれほどの人数だったかはっきりした記憶はないが、浦河高女全部で十五人程度だった覚えがある。西舎小学校の講堂に百人近い学徒が集まっていた。地元からは浦河高女だけというのは当然として、札幌や本州各地からきた旧制の中学や高等学校の学生たちのほうがはるかに多かった。そこで宿舎が割り当てられ、出身学校ごとに出発していった。浦河高女は二組に分かれ一組は杵臼地区、二組は幌別地区に派遣された。

律子たち二組に割り当てられた宿舎は、現在のイーストスタッドのあたりにあったヤシマ牧場で、若い従業員が出征してしまってがら空きになった従業員寮である。ここから二名一組となって幌別・西舎の農家に出向いた。援農に入って何をしたかといえばなにかの種を畑

熊本から来た援農隊(浦河町立郷土博物館 蔵)

に蒔いたことだけは覚えているが、田植えをやったかどうかの記憶はない。草取り、豆・燕《えん》麦《ばく》の刈り取りが印象に残っている。

ただこのとき農家の人は本当によく働くものだと思ったという。西幌別の中島の別家に派遣されたとき、中島亘が本家から手伝いにきていて、まだ小学生だった亘の仕事ぶりは早くてまじめで、草刈りにしろ燕麦刈りにしろ勝てた試しがなかった。昼食は派遣先が提供する取り決めになっていて、ヒエは混じっていたが米の飯だったというし、秋には三時にトウモロコシも出され、町の食事事情からすれば随分豊かに思えた。

仕事が終わって寮に帰れば、風呂。わらくずの浮かぶお湯だったが、毎日入ることができた。風呂と食事だけはヤシマ牧場の母屋でとったが、当時牧場の責任者は大井守雄で、居間兼食堂もモダンな造りになっていて、シャンデリアさえついていたという。なによりも律子を喜ばせたのは、女学校から憧れのグランドピアノがこの家の応接間に疎開してきていたことである。さらに寮にもアップライトピアノがあった。

食後、教科授業のほかに、谷口先生に律子ともうひとりがピアノのレッスンを受けた。そのとき以外はみんなで合唱をした。音楽の授業で律子が気づいたことは、先生が決して軍歌を歌わなかったことだという。谷口は東京芸大を中断して浦河に戻ってきていたのだが、戦後いち早く浦河混声合唱団を立ち上げた人物である。ほかの日には読書や、先生が小説の朗読をしてくれたこともあった。

またこんなこともあった。草刈りをしていて、律子が指を切ってしまったことがある。そのとき先生は、〝君が怪我をしてどうするの。そんな一生懸命やらなくていいから、自分の体を大事にしなさい〟そう言われた。援農は国が決めたこと、自分が決めたわけではない。ほどほどにというのが谷口の本音であったのだろう。しかも低いとはいいながらも女学生の仕事には一定の賃金が支給されていて、それはまとめて学校のほうに支払われることになっていたという。

毎週日曜日は仕事は休みだった。そんな日には仲間でつれだって幌別川に洗濯にいった。また月に一度は実家に戻ることができた。七月十五日、帰ったその日に浦河空襲に遭遇してしまったなどということもあった。

どういう形の約束になっていたのか、空襲や終戦をはさみ九月の刈り取りまで援農は続けられた。律子は農村にきて、農家の人々にも大事にされ食事も待遇もよかった。なんでも食べられるようになったし、ものごとに我慢ができるようになった。自分にとってはいい修練になったなという述懐がいまでもある。女学校卒業後、律子は日高ドレスメーカー女学院に通ったが、そこにピアノがあって、高女時代に続き谷口先生に継続的に出張レッスンを受けることができ、子ども時代からの夢をかなえることができた。浦河混声合唱団ができたとき、律子はピアノ伴奏者としてそれに参加している。

［文責　高田］

【話者】

大谷　律子　　浦河町大通一　昭和五年生まれ

第一三話　脱出

——樺太引揚者の記録

昭和二十年八月九日、日ソ中立条約を破棄してソ連が参戦。当時日本の領土だった樺太に、突然ソ連軍が侵入してきた。終戦間際のことである。樺太庁は、十二日付けで樺太同胞四十三万人（除軍人、含朝鮮人）に引揚げを命令。婦女子、老幼者に重点を置き、翌日より引揚げを開始した。樺太鉄道局がフル運行で、大泊、本斗、その他の港湾施設への輸送にあたった。鉄道局の試算では、対象者は十六万人。その内老齢者を除く乳幼児、妊産婦、一般婦女子約十二万人を目途とし、そこから連絡船、漁船、軍艦、艀等あらゆる船を総動員して、本道へ送る。しかし短期間にこれだけの人数を疎開させるのは無謀というもので、その結果ほんの紙一重の差が、彼らの運命を変えたのである。

明治四十五年に浦河から移住していた遠藤家（浦河百話三一話「一獲千金の夢」参照）では、大泊から出る疎開船に乗船できたのは、子ども二人だけだった。我先にとごった返す乗船場で、人数を区切る綱が家族の間を分けたのだ。祖母と残りの子どもは荷物と共に後に残され、二人の子どもは着のみ着のまま生まれ故郷を離れた。稚内から汽車に乗り、浦河の親戚宅にたどり着いたのは、終戦の翌々日だったという。

川島家はその遠藤家の親戚にあたる。やはり浦河から渡島していて、当時は落合で下駄屋を営んでいた。出発は遠藤家より遅れた。トロッコのような無天蓋車に乗り、大泊へ着いたのは二十一日。乗船できることになったのは泰東丸という貨物船で、本国へ米を緊急輸送するための船だった。だが船底は積み込んだ物資ですでにいっぱい。そのため甲板に板が敷かれ、疎開者はそこに乗せられたという。川島喜恵は、大きなおなかをかかえて七人の子どもを連れ、母親、兄弟の家族と共に甲板に上がった。高知にある夫の実家を頼るつもりだった。夫、父、弟、妹の夫は落合に残った。その夜遅く岸壁を離れた船は、喜恵ら十四人を含め七百八十人の乗客を乗せ、闇にまぎれて小樽を目指した。船は翌朝留萌沖まで進んだ。だがそこで国籍不明

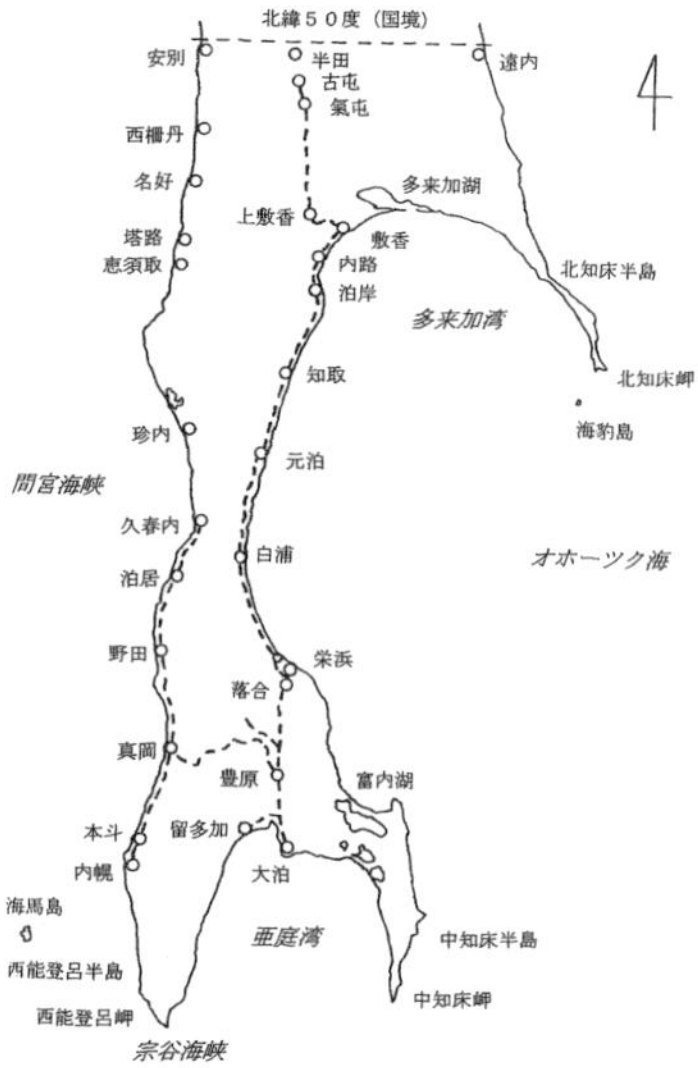

当時のカラフト地図

の潜水艦（後に旧ソ連のものと判明）に撃沈され、乗客六百六十余名が亡くなったのである。奇跡的に助かった喜恵は、孝子以外の六人の子どもを失った。

同じ頃、岩佐（現斉藤）鮎子も、母と二人で乗船の時を待っていた。船は泰東丸か小笠原丸だという。だが見送りに来ていた父がトイレに立ったとき、「岩佐殿！　岩佐殿！」と、大声で人を探している兵隊に出会った。父には見覚えのない人だった。同名の別人かと思いながらも名乗り出ると、兵隊は直立不動で敬礼して、自分は大沢憲兵に岩佐殿を探すよう命ぜられた。彼は大きい船に乗るのは危ないと言っている。そう伝えたのだという。大沢さんなら知っている。彼には、向かいのお嬢さんを紹介したことがあった。父からその話を聞いた鮎子と母は、行列を離れ、真っ暗な中を兵隊について行った。かまぼこ兵舎で、乾パンと金平糖の入った袋を肩に掛けてもらうと、二人は急きょ石炭船に乗り換えた。父とはそこで別れた。成人男性は船に乗れない。だが出港してみると、乗客の中に白い手袋をはめ軍刀を持った軍人が紛れ込んでいた。もしあの時、あの兵隊との出会いがなかったら、二人は泰東丸か小笠原丸かのどちらかに乗っていた。そしてそれらの船は、共に撃沈され、多くの犠牲者を出したのである。その後間もなく引揚船の運航も打ち切られた。

国境にほど近い内路に住んでいた高瀬家では、祖母、母、子どもの六人が、木材を運ぶ大泊行きの無天蓋車に乗ることができた。貨車とはいえ乗車できたのは幸いで、塔路に住む親戚は、戦火の中を歩いて逃げた。利幸は、当時小学四年生。夏だというのにオーバー、長靴など身に付けられる物はすべて身に付け、山ほどの荷物を詰めたリュックサックを背負っていた。誰も彼も持てるだけの物を持っていた。大泊の岸壁には、そうやって持ち出したおびただしい荷物が、乗船を拒否されて残されていたという。逃げのびる途中で命を落とした者も大勢いた。またようやくたどり着いた後、病人らしい者が岸壁から突き落とされるのも見た。利幸らは大泊で一晩か二晩船待ちをし、軍艦のような船に乗せられ、無事稚内へ着いた。そこから士別の旅館に一時収容された後、登別の苛性ソーダ工場の住宅に移されたという。

八月二十二日、樺太ではようやく停戦協定が結ばれるが、上陸部隊の略奪、暴行行為は収まらなかった。また本国との連絡が途絶え、先に引揚げた家族の情報も手に入らない。そのため引揚げが中止されたにもかかわらず、密航する者が後を絶たなかった。国鉄バスの運転手だった利幸の父は、漁船にバスのエンジンを取り付け、たとえ死んでもいいという者ばかり十人ほどを乗せ、夜を待って海峡を越えた。また泰東丸で子ども達を亡くした川島只造も、知り合い十人ばかりで船を買い取り、密航して家族の行方を捜しまわった。

正規のルートによる引揚げが再び開始されるのは、二十一年十二月二日のことだが、樺太に残された一般の

大泊にあった樺太庁(「樺太写真帖」より　浦河町立図書館 蔵)

人々は、職場復帰させせられ、ソ連のための生産活動に従事させられた。また樺太庁の官吏、警察官、その他重要な職に就いていた者は逮捕された。そのため治安が悪く、ソ連人家族を間借りさせる家が多かった。彼らは何も持っていなかったから、押入れひとつあればどこの家でも住まわせることができたという。

前述の遠藤家でも、二階の八畳間を上級中尉の家族に明け渡した。親子三人の家族で、同じ年の子どもがいた。やがて混乱が収まってくると、彼らとの間にも交流が生まれるようになり、大水が出て家が水に浸かった時には、下から荷物を上げると二階の家族が受け取るというように、協力しあった。また引揚げが決まった時には、子どもに着る物をくれたりもしたという。人情には変わりがないんだ、と遠藤一郎はいう。昭和二十三年、彼らは落合から汽車に乗せられ、途中西海岸の真岡で十日くらい足止めされてから、迎えにきていた日本の連絡船に乗せられて、ようやく家族との再会をはたした。

「三十七年の樺太生活の中には、商売がうまくいって面白いこともたくさんあったけど、ずっと浦河にいて柾屋をやっていた方が良かったたな」

晩年、遠藤一郎はそうつぶやいた。

［文責　河村］

【話者】

遠藤　一郎　　浦河町ちのみ　　明治三十二年生まれ(平成三年没)
三田村ゆき　　浦河町昌平町東　大正元年生まれ(平成十八年没)

石突　トシ　　北広島市大曲　　大正三年生まれ
能津　孝子　　高知県宿毛市　　昭和十年生まれ
高瀬　利幸　　札幌市白石区　　昭和十年生まれ
斉藤　鮎子　　浦河町堺町西　　昭和十四年生まれ

【参考】

樺太引揚げ同胞の現状(昭和二十年十月二十五日現在)　財団法人樺太協会
残留同胞と南樺太(昭和二十一年一月二十日現在)　財団法人在外同胞援護会・財団法人樺太協会北海道支部
置き去り　サハリン残留日本女性たちの六十年　吉武輝子　平成十七年　海竜社

第二編

貧しさと戦後処理から始まった再出発

［昭和二十年代前半］

東京裁判に象徴されるように、首都東京の戦後は戦争責任追求から始まったが、地方ではどうだったのか。浦河では二十一年に昭和六年からの町長荻丹栄が公職追放となり、五月に浦河で初めてのメーデーが行なわれ、いかにも戦後的な出発となった。兵士たちの復員や多くの引揚者の処理と学制改革、つまり中学校・高等学校の新設がこの町にとって大きな問題だった。戦前からの教員にとってはひとしお思い入れが強く、二十年代、三十年代を通してエピソードがある。

軽種馬生産で、日高・浦河の戦後的な出発の契機となったのが、二十三年ミハルオーのダービー制覇だった。一方、混乱と生活苦のなかで、毎日をいきいきと生き抜く少年たちの姿もある。異色な挿話として、連合軍総司令官のホリディ・イン日高が採録されている。

第一四話　浦河ではじめてのメーデー

――小雨降る日のデモ行進

いまなら、五月一日が働く者の祭典、メーデーであることは誰でも知っている。浦河の記録すべき第一回メーデーは昭和二十一年のことであったが、それ以前、一地方都市浦河で労働者のデモ行進など滅相も無いことだった。

堀田秀作はまだ二十歳前、昭和十七年に父菊次郎の強い勧めで陸軍幼年学校を受験する環境にあったが、病を得てこれを断念。戦後療養の後、浦河農業会（農業協同組合の前身）に職を得ている。昭和二十一年の春、かれは大通三丁目の十字路（通称支庁前）で、馬糞紙とよばれた粗末な紙に大きく書かれた〝来たれ浦河民主講座〟の文字を見た。戦中戦後の鬱勃《うっぼっ》とした気分のなかで、在郷軍人会浦河分会長であった父への反発からか、新時代の革新の気風を感じてか、吸い寄せられるようにその講座に参加していった。

講座はまだ発足したばかりの日本共産党浦河地区委員会が主催したものであった。場所は大通三丁目にあった小樽無尽(後の北洋銀行)の事務所二階、講師陣は次のとおりだった。

市原喜代雄　浦河保健所長　フォイエルバッハ論
岡田　晋一　小樽無尽社員　共産党宣言
加藤　久太　浦河日赤病院医師　賃労働と資本

後年のメーデー会場　労働会館前(浦河町立郷土博物館 蔵)

講座は一週間にわたって行われた。講座のタイトルからも分かるように思想・哲学関係の用語が分からなければ理解は難しい。集まったのは青年たちで五、六十人いたという。それが一人減り二人減りして、最終日に残ったのは幾人かの青年と一人の女学生であった。当時十八歳の秀作もこのなかにいた。

二十年十月、マッカーサーによる政治・思想犯の解放、十一月共産党再建大会、十二月徳田球一の手で同党の北海道大会(原田了介参加)があり、その暮れには原田は、通称ダッタンこと村岸利助(大衆館館主)、岡田晋一などとともに浦河地区委員会の核となる浦河細胞をつくっていた。この原田に誘われるままにかれの自宅を訪れたこの講座の青年たちが〝青年共産同盟

〈後の民主青年同盟〉〃浦河支部を結成していく。

　こうしたいきさつを経て、秀作は浦河ではじめて実施されたメーデーの現場に立ち会うこととなる。集合地点は現在の北洋銀行と手取菓子舗の間の路上で、背後には砂浜と太平洋が広がっていた。

　このメーデーの主催者がどこの団体・組合であったかはかれも覚えていない。中央のメーデーに連動していたことは確かなのだが、中央で準備を進めていた官公労系の人間では無かった。中心となっていたのは産別労組、とくに大工や職人たちの組合である〈一般建設労組〉だったという。大会議長を務めたのはそのリーダーだった仁木忠という人物だった。形としてはこの労組の仁木や田中某（大工）が浦河地区労働組合協議会に加盟している各単産に働きかけた。これに呼応するかたちで、浦河町、日高支庁、教職員労組、国鉄、電信電話局、郵便局、土木現業所、開発局、営林署、林務署、保健所、測候所などの官公労の関係、それと民間部門で銀行や建設労組、農協、漁協、電力など単産の組合が参加した。総勢で五百名近い人数に膨れ上がり、そのなかには都市部から疎開、避難してきた人々や樺太などからの引揚者も含まれていた。

　当日は曇り空で、天気のくずれが心配だった。各界から祝辞やスローガンが発表され、次々と採択されていった。堀田のいた農業会からは鈴木章委員長が壇上に立った。それら訴えの大半は、食料の配給さえ滞るという前年の凶作が追い討ちをかけた絶対的な食料不足、物の値段が毎日上がっていくという超インフレに対するものだった。政治的スローガンもあったが、国民の生活苦を眼前にした叫びが迸りでたものだった。何本かの幟《のぼり》や赤旗もあったが、スローガンを書きつける紙や布にさえ事欠いていた。

後年このメーデーは、同年五月十九日、東京でおこなわれたデモ〈食糧メーデー〉と混同され、〝朕はタラフク食っているぞ、汝臣民飢えて死ね〟というコピーだけが広く世間に知れわたっていた。国民の食の状況はそれほど深刻だった。

集会に参加した人々はこの後、デモ行進に移った。雨が降り出していた。参加者たちは濡れながら組合で教わったばかりのメーデー歌をうたった。岡田晋一がその声に合わせて、首からぶら下げた大太鼓をどーんどーんと打ち鳴らしていた。

聞け　万国の労働者
とどろきわたるメーデーの
示威者《しいしゃ》に起こる足どりと
未来をつぐる鬨《とき》の声

汝の部署を放棄せよ
汝の価値に目ざむべし
全一日の休業は
社会の虚偽をうつものぞ

作詞　大場勇作(池貝鉄工労組)　作曲　栗林宇一

行進の隊列は国道に出て、ゆっくりと西に向けて進んだ。浦河で五百人からのデモ行進といえば壮観なものである。先頭が支庁前を通過しても最後尾はまだ出発点を出ていない。三丁目の十字路では日高支庁や浦河役場が建ちならんでいる。シュプレヒコールの声は一段と高くなる。そこを過ぎて上埜金物店の角を浜に折れたら、後は流れ解散だった。秀作もずぶぬれとなりそそくさと家に戻った。

翌日出勤すると、かれは上司に呼ばれ注意を受けた。メーデー当日、農業会は二階で職員会の花見をやっていた。そちらに出るべきではなかったのかというのであった。

［文責　高田］

【話者】

堀田　秀作　　浦河町東町ちのみ　昭和二年生まれ（平成二十四年没）

【参考】

ともに生きて　原田了介の生涯　原田シゲ・克　一九八三発行

第一五話　木炭車

——客が押した上り坂

石田将郎が〝浦河タクシー〟（田中清三経営）に運転手見習いとして入社したのは、昭和十六年。十六歳のときだった。当時は浦河に自動車教習所などなく、みんなこうした見習いをしながら、運転技術や車の構造、法規などを覚えて、試験だけ札幌へ受けにいったものだった。将郎は兵隊にとられる十八年十月まで浦河タクシーに勤め、その年に免許を取得した。だがこの頃は、戦争で外国からの輸入がストップし、ガソリンがほとんど手に入らない状態だった。

そのためガソリンに代わる燃料がいろいろと試され、トラックにはカーバイトを使ったこともあったという。十八年に様似に営業所を置いて管内の運行を始めた省営バス（運輸通信省経営、ＪＲバスの前身）は、当初トラック八台に薪、バスは二台に薪、八台に石炭を使用した。石炭は日本で始めての試みだったが、これはうまくいかなかったらしい。タクシーには木炭が使われた。これらは今までのガソリンエンジンがそのまま利用できて、比較的簡単に改造することができたのだという。薪用バス、木炭車などと呼ばれた。

木炭車には、後方にガス発生用の釜が取りつけてある。その釜の中に木炭を入れて火をつけ、ガスを発生させてエンジンを回すという仕組みだった。炭は小さく割ってふるいにかけ、干してから良いところだけ使うのだが、それでも詰まるため、ガスの通る管の途中に清浄機(フィルター)が付いていた。バスやトラックには薪をマッチ箱くらいに細かくしたものを使ったが、仕組みは同じである。釜の横についている風車(送風機)を回すと、やがて釜の煙突からもくもくと煙が出てきて、その煙の出方が少なくなると準備完了。クランク棒を力いっぱいまわしてエンジンをかける。

薪を使ったバス(「新浦河町史」より)

だがこの炭をおこすまでがひと苦労だった。戦後、田中のあとを受け継いだ菜畑光雄の家では、子ども達が交代で風車を回したものだった。そんなわけで予約がきても、エンジンがかかるまでに三十分。その上道は悪いし、車は遠出したらちょっとやそっとでは戻ってこない。客に一時間や一時間半待ってもらうのは当たり前だった。当時は国産車が出回っていないので、タクシーもみんな外車。一九三五年製シボレー、一九三六年製フォード、一九三六年製ダッヂといった米国車だ。故障すると部品も手に入らない。幌泉(現えりも町)で終戦を迎え、運転手として戦後処理の仕事をしていた将郎は、二十二年に菜畑から家に来ないかと誘われたが、その時は車が一台しかなく、入社しても自分の運転する車がない。それでしばらくの間就職を見合わせたのだという。あの頃浦河にあったのは㊂(日本通運株式会社)のトラックぐらいだったろう、と将郎はいう。また石川紹三は五人乗りのフォード車を馬が曳いて、浦河駅から五丁目まで往復していたのを見ている。十七年頃ではなかったかという。そうした時代だった。

冬になるとエンジンオイルが固まって回らなくなるから、夜は一斗缶に炭を起こし、エンジンの下に入れて暖めておかなければならないし、運転すれば荻伏の坂など急なところは、馬力がなくて上れない。それで客に降りて歩いてもらったり、押してもらったり。動かなくなるとまた風車を回してエンジンのかけなおしだ。バスも上り坂でしょっちゅう立ち往生していた。時には救援に行ったバスまで動かなくなって、ミイラ取りがミイラになったと揶揄される始末だった。木炭、薪用車は燃料に火を使うため常に危険がつきまとう。細心の注意が払われてはいたが、二十年三月には、バスに積んでいた映画のフィルムに火がつき、その上バスが転倒して、十三人が亡くなり、十九人ものけが人が出る大惨事も起きた。様似の平宇というところでだった。

薪用バスは、ガソリンが出回るようになり、新しいディーゼルバスが登場して、昭和二十七年頃姿を消した。また木炭タクシーも、同じ頃にお役ごめんとなるが、ガソリンは相変わらずの貴重品で、運転手は燃料節約のため、下り坂ではエンジンを切り、車庫の手前でもエンジンを止めて、ブレーキを踏まないようそろそろと車庫に入れたものだという。

［文責　河村］

【話者】

石田　将郎　浦河町東町かしわ　大正十五年生まれ

菜畑　晃悦　浦河町東町かしわ　昭和十四年生まれ

石川　紹三　札幌市北区　昭和六年生まれ

第一六話　昌平町マーケット

――引揚者問題のひとつの解決

築地と呼ばれる地域がまだ海だった頃、現在海浜公園となっているところから出光高津石油スタンドのあたりにかけて、みすぼらしい商店街があった。国道はこの商店街の端で直角に折れて、遮断機のある踏切を渡り浦河駅に続いている。終戦の頃、このあたりは軍の舟艇庫と、幾つかの水産倉庫があるだけのいわば町はずれの風景をなしていた。

終戦にともなう引揚者の受け入れは、昭和二十一年から政府指令となり、浦河町はこの要請に応じて引揚者や移住者の受け入れを始めたが、かれらは農業希望者だけでは無かった。町はとりあえず堺町にあった軍の住宅や厩舎を改造する形で四十数戸の引揚者の受入れを決めていた。しかし引揚者自身もここに定住することを決しかねて、食糧確保のために開拓地に入る者もいたし別の町に流れていく者もいた。

かつてＮＨＫのラジオ番組に〈尋ね人の時間〉という番組があった。淡々と読み上げられるその文面は、中国、樺太をはじめ東南アジア全域にひろがっていた在外日本人が、混乱のなかでの引き揚げでバラバラになってしまった肉親や隣近所、同期生をたがいに探しあう切ない呼子鳥の啼き声のように聞こえた。一億総漂流の時代の象徴的な番組であった。

続々と引揚者が流入して来る。受け入れについては国からの指令の都度、外地引揚者対策委員会(引揚者擁護会とも)が検討をおこなった。その委員長に東町に住んでいた堀田菊次郎が就任していた。

堀田菊次郎はかつて在郷軍人会浦河分会長であったことから分かるように、当時の町サイドには外地からの引揚者といえば、まず復員軍人というのが念頭にあった。しかし、実際にやってきたのは圧倒的に民間人で、とりあえずの落ち着き先として浦河に振り分けられたのが樺太や満州からの身寄りのない引揚者だった。対策委員会は農業部会と商業部会に分けられた。事業の一環として、商売を希望する者たちの要請を受けて商店街用の土地が整備されようとしていた。これらの準備を進めたのは公職追放直前の浦河町長荻丹栄だった。後日、昭和二十一年十一月四日にはかれは職を辞することになる。

「三田村さんからマーケットを作りたいという申し入れがあるんだ」

ある日のこと、荻町長が菊次郎のもとにやってきた。町長が言うには予定地が高津弥三吉の地所でその筋がウンと言わないのだという。「分かりました。私がやってみます」ということで菊次郎がその説得を引き受けた。場所は昌平川(旧名ポンナイブト川)下流域で河川敷ながら海岸地ということで国の管理下に属している。私有地ではない筈、国難のこの時期、引揚者という難民を救済するのは国民の義務とかれは考えていた。

「ポンナイブト川の河口域はオレの工場がある。あの川の水も土地も戦争前からオレが干場として国から借りている。今後利用する予定もある」

弥三吉は当時としては中型底引漁船弥栄丸を操業させていたし、なにせ浦河港完成の功労者でもある。その発言は重い。

「食うや食わずで外地から引き揚げて来る人たちのためです。協力して欲しい」

両者の意見は平行線だった。激しいやり取りが高津弥三吉の事務所で三日ほど続いたという。しかし弥三吉は折れてくれた。

ポンナイブト川の河川敷にマーケットが建つことになった。間口二間、奥行二間の四坪という小さなものが十二棟。荻丹栄はこの直後に辞任を控えていてかなり気弱にはなっていたが、治世十七年の総決算として十二棟の平屋のバラック店舗の建設に力を注いだ。

ちなみに三田村栄四郎とは樺太から引き揚げてきた水産技術者で公務員だった人、商業部会のリーダーだった。三田村は同じ樺太からの引揚者で警察官だった島田某とともに、フィッシュミール工場、魚肉ソーセージ製造工場などの設立要望書も出しており、とくにフィッシュミールについてはすでにクッカーなど設備の一部が来ていたにもかかわらず、イワシやサバといった予定の魚種が激減したために断念したプロジェクトもあった。

中村吉光は二十七年に樺太からの引揚者である従弟がやっていた一画を借りて、一杯呑み屋を始めた。そのときにすでに十店舗になっていた。かれの記憶にあるのは大島（惣菜・食品）、管野（食品・菓子）、天狗食堂（堤田・飲食）、佐藤（板金）、三田村（惣菜・食品）など。管野、三田村などは隣家が空いた時期にこれを借りて店を拡張している。三田村の隣家は雨宮だったが、当主が自殺したのを機にこれを譲り受けて増設したという。この頃には入居者はすべて自力で二階を上げて住宅つき店舗としていたし、背後に流れていたポンナイブト川に橋を渡し、対岸に物置を作るなどして活用していた。

開店３周年記念のスナップ（浦河町立郷土博物館 蔵）

この時期、役場の助役だった濱口光輝によれば、ポンナイブト川修築を公共事業として堰堤を石積みにするなど補強を行った。また工事主体は不明だが、この補強により両岸（二〜三㍍）に梁を渡し、これに一寸板を打ちつけ全面暗渠のような通路にし、これを利用して対岸に物置を作り店から行けるようになっていた。トイレは共同で、全体で四カ所ほどあった。さすがに風呂をつけている家などは一軒もなく、皆浜町のえびす湯まで出かけた。しかし入居者は次から次へと変わり、当初から残っていたものは五軒ほどだった。

いわば町の新市街を形成するかにみえた昌平町マーケットも、昭和四十三年、浦河駅の浜側に新国道を取り付けることになり、移転を余儀なくされた。中村吉光もこのとき町から百万円に少し切れる立ち退き料を貰って移転したが、この頃が浦河の戦後の終わりであったのかもしれない。

［文責　高田］

【話者】

堀田　秀作　浦河町東町　昭和二年生まれ(平成二十四年没)
中村　吉光　浦河町築地　大正十二年生まれ
濱口　光輝　浦河町昌平町　大正四年生まれ(平成二十二年没)
三田村栄一　浦河町昌平町　昭和十二年生まれ

第一七話　子ども預かります

——浦河に保育所のできた頃

昭和二十年八月、長く続いた戦争は終わった。だが配給は滞り、住む家、衣服、食べる物さえままならない。終戦直後の暮らしは戦時中より悪化したという。そんな中、疎開者、樺太等からの引揚者、戦地から帰らない夫を待つ妻達が、浦河にも大勢暮らしていた。幼い子どもを抱えた彼らの生活はより厳しく、仕事に出る時は、ゾロゾロと子どもを引き連れて行く。この状況を何とかしなくてはならない、と日高支庁ではすでに保育所を作る準備を始めていた。支庁に勤めていた管野みさ子と本間オリエは、保母の免許を取るため二カ月ほど天使女子大へ通わされたという。免許の取得後は保育の指導者として管内をまわることになっていた。

同じ頃、正信寺住職前田昶の頭の中にも、保育所経営の計画があった。昶の息子紘陽は、父はもともと子どもが好きだったし、普段寺で年寄りばかりに囲まれているから、きっと若い人、子どもにかかわる仕事がしたかったのだろうという。その後間もなく、すすきのから戦争で親を亡くした子ども達を連れ帰り、暁星学院（第二四話「暁星学院」参照）を始めること等を考え合せても、彼には当初から、単に子どもを預かるという点に留まらない、幼児教育の理念があったように思われる。

樺太大泊の幼稚園で保母をしていた笠原静子が、おじを頼って浦河へ引き揚げてきたのは、ちょうどそんな頃だった。前田は当時若い娘達に洋裁や書道、お花を教える学校（日高芸能学院）を経営していたが、お花を習いに来ていた静子の経歴を聞くと、早速協力してくれるよう頼み込んだ。女学校を卒業したばかりの前田の娘亮子と武中某が静子を助けた。子ども達はうれしそうに、お寺の本堂を走り回って遊んだ。これが浦河で最初の保育所「光華幼稚園」の始まりだった。浦河町史によれば、設立は二十一年七月で、定員は六十人。翌年には正式認可を受けて「雛菊《ひなぎく》保育所」とし、定員を百名に増やしたという。

一方で、住人が協力して子どもの世話を始めた堺町引揚者住宅の託児所にも、ようやく二十三年十月「外地引揚者収容所付属保育所」としての正式な認可が下りた。最初は文字通り引揚者の子どもだけが対象だったが、やがてその範囲が広げられ、「町立堺町保育所」と呼ばれることになる。建物は引揚者住宅として使われていた旧兵舎の一棟が充てられ、設立資金は、引揚対策援助費として支出されたという。開設時には、管野みさ子と本間オリエに保母の要請があったが、諸事情で実現せず、雛菊《ひなぎく》保育所を寿退職していた笠原静子が引き受け

保育所での昼食風景（浦河町立郷土博物館 蔵）

ることになった。

開設当初の様子を静子はこんなふうに記憶している。

玄関脇の板切れに墨で書かれた保育所の名前が、北風に揺すぶられカタカタと音を立てている。隙間だらけの保育室には手製の飯台が二つと水飲みやかんが一つ。そしてそこにだけ光があたった様な一台のオルガン。めぼしい物はそれだけだった。保母は二人。そこに六十人ほどの子どもが通ってきた。

母親達はかつぎ屋をし、日雇いをして生活を支えていた。田植えの出面《でめん》にも出た。そこでお米を一升、せめて五合でも、と貰って帰ってくる。朝早く出かける時は、出勤前の保母の家に子どもを置いて行ったし、仕事が長引いて迎えが間に合わない時は、保母が自宅へ連れて帰った。夕方六時頃になると、子ども達はガラス窓に顔をくっつけるようにして迎えを待ち、母親の姿が見えると飛びついていったものだという。

弁当を持って来られない子もいた。イカの耳を焼いたのだけ持ってきた子もいた。

「それ、先生のおにぎりと取りかえてくれるかなぁ」

「いいよぉ」

子どもは無邪気に喜んだ。おなかのすく四時頃になると、材料を工夫して、イモだんごやデンプンかきを作って食べさせた。気の利いたおもちゃなど何もなかったが、子ども達は紙芝居の続きを楽しみにし、手作りの人形や端材で作った積み木、砂山のトンネル等で遊んだ。浜辺で貝を拾ったり、はまなすの実を採ったりもした。

また前記二つとは別に、十勝沖地震で甚大な被害を受けた二十七年春には、光照寺の境内を仮宿に、災害時緊急保育所が開設された。震災からわずか二カ月後のことで、四十余人を受け入れたという(同時期、荻伏に同様の保育所開設)。翌年四月には旧記念館、絵笛小学校体育館の廃材を使って園舎が完成。正式認可を受けて本格的保育を開始した。これが浦河で二つ目の私立保育所「くるみ保育所」(初代所長、藏野耕雲)となる。

こうした中で、二十六年頃から各農漁村にも町の季節保育所が開かれるようになった。繁忙期の四月から十二月、会館や集会所を利用して町内十五カ所に設置されたが、通年保育を望む声は強く、後に東町保育所(四十八年)、荻伏保育所(五十五年)、東部保育所(五十六年)の誕生をみた。

なお余談であるが、保育所開設当初は、保母に特別な資格は不用だったが、児童福祉法が制定(昭和二十二年)されると、国家試験が義務付けられるようになった。保母として働きながら試験を受ける者は、二百時間の実習を積まなければならない。それが受験の条件とされた。笠原静子は働きながら藤女子大へ通って免許を取り、その後有資格者を増やすため、管内の保育所を回って指導にあたった。ちなみに昭和三十年度の管内有資格者は十八人、無資格者三十三人で、この年合格者した者はわずか二人だったという。

［文責　河村］

【話者】

笠原　静子　浦河町堺町東　大正十四年生まれ
管野みさ子　浦河町堺町西　大正十三年生まれ
石突　トシ　北広島市大曲　大正三年生まれ
前田　紘陽　札幌市中央区　昭和十五年生まれ（平成二十四年没）

【参考】

日高報知新聞　昭和三十一年二月九日

第一八話　物価統制令の話

——北洋漁業再開をめざして

　戦後、戦中と比べ物にならない未曾有の食糧危機が日本を襲った。二十年、二十一年と凶作が続き、そこへ数百万の海外からの引揚者が加わった。大都市を中心に〝米よこせデモ〟が頻発し、政府は大都市への人口流入を防ぐ一方、引揚者をできるだけ地方の農業生産に振り向けた。

　一方、浜では戦時徴発されるほどの大型船も無く、戦地から帰った親兄弟が生産の現場に復帰して戦前に迫る水揚げを上げていた。全国的には北洋をふくめ漁場が五分の一に激減するなかで、木箱、漁具、油などの資材さえそろえば、水揚げを倍増させることも可能という勢いであった。

　しかしこうした勢いに水を差したのが、二十一年三月に公布された〈物価統制令〉であった。物価の高騰は日を追うごとに進み、国民の窮乏は日増しに高まるなか、政府は終戦とともに執行停止の状態だった価格統制令を復活させ、物価の安定と食糧を中心とする物資の都市流入を図った。とくに食料については流通をきびしく監視した。

浦河の浜で具体的にあらわれた大きな影響は、鮮魚の仲買行為の中止で、仲買人が指定都市の取引市場へ直接鮮魚を送り込むことが禁止され、生産者、すなわち漁業組合だけが鮮魚の販売を認められたのである。当時ｷﾄ塚田商店の二代目だった塚田吉隆によれば、これまで流通を担ってきた仲買人たちは漁業組合の下請けに甘んずるか、わずかに魚油、魚粕、するめ、粕漬け、酢漬け、塩干物などの加工品製造に従事するよりなかった。

スケソウダラ加工風景（浦河町立郷土博物館 蔵）

ただ、昭和十八年に漁業会（漁業協同組合の前身）と共同出資の形で製氷工場をつくった大手の食品会社日本冷蔵㈱は、十九、二十年、漁業会がスケソウダラの蒲鉾製造で失敗し財政危機に陥ったときに、この出資金を漁業会に戻し、単独で日本冷蔵（通称日冷）浦河支店として二十年に加工事業を開始していた。

日冷の平野源一所長の指導のもとに、製造部門を担ったのが三協水産から分かれた小林民雄で、物価統制で売上を極端に落としていた他の仲買人を尻目に、かれは三友水産を設立して下請けとして日冷に入り、復員などで乗組員を拡充できた浦河の漁業者の水揚げの伸びを引き受ける形で、イカ、サンマ、サバ、サメ、スケソウダラなどの多獲性魚種の冷凍品づくりに従事した。当時復員して三友で働いていた栗田三雄、大石ミエなどによれば、〃魚ってこんなにいるの〃と、恨めしくなるほどの豊漁だったという。

それらの製品も出荷する場合には出荷証明書を添付する義務があり、その証明書を発行できるのが警察だった。どの市場でもこれがついてなければ販売できなかったのである。

国は出口と入口で流通を監視するかたちで流通を誘導しようとしたが、逆効果だった。流通は国の意図とはうらはらに逆にギクシャクして、一層規則違反の闇物資、闇屋が横行した。食料の配給制度はあったものの、米に至っては五十日も六十日も遅配が続き、そのまま欠配となる場合が多々あったという(第八話「配給」参照)。その上これに追い討ちをかけるように新円切り替えと預金封鎖(当初一カ月三〇〇〇円限定)も行われており、勤め人や零細の事業者にとってはまことに四面楚歌の状態にあったのである。

一方、この法律は漁業組合にとっては又とないチャンスとなった。水揚げのすべてを組合が販売することとなったが、国が決めた公定価格どおり売れていれば黙っていても収入は膨らんだ。この利益をもとにかつてのかまぼこ製造の失敗による借金を返し、さらに組合員の持ち船の改善に資金を投入。船の大型化、機械化をすすめた。これがさらに漁獲の増加をもたらし、さらに機械化・大型化をすすめるといった好循環を生んだ。このことが後に本格的に北洋漁業が再開されたとき、函館、釧路に伍して浦河が小港ながら七隻からの出漁を確保できるという栄誉を担ったのである。

この時期の好況ぶりを伝えるエピソードがある。二十三年か四年のことだというが、ある船が流し網で揚げた鮭を沖合で青森の漁船に積み替え、これを青森の漁業組合名義で本州で販売した。浦河漁業組合にとっては出荷証明のない販売である。そうした闇の販売が何度かくりかえされ、販売総額が相当なものになった。通常の送金ではすぐ足がつくということで、漁業組合の専務がその金を青森まで受け取りに出かけた。まだまだ混乱のさなか、専務は七百万円の現金を二重に編んだ腹巻で体に巻きつけて、満員列車の混雑の中を帰って来たのだという。一万円札など無い時代の七百万円、しかも新円である。現在の金額に直せばどれほどの金額になるのだろうか。

こうした社会情勢が二十五年ころまで続いた。生活感とはなれた政策は長続きせず、二十三年ころから統制品目を次々と外していくという修正が行われ、鮮魚が統制品目からはずされたのは二十五年で、最終的には二十七年に米と銭湯を除くすべての公定価格が廃止されたが、このころからようやく生産と流通が機能しはじめ、国民全体がホッと一息つけるようになったのである。ただ逆に濱口光輝などは、豊富な漁獲を前にしながら指をくわえて眺めざるを得なかった仲買人にとって、大きな飛躍のチャンスを失っただけでなく、浦河に本格的な加工業者が育たなかった遠因としている。

【話者】

塚田　吉隆　浦河町大通二　昭和四年生まれ
栗田　三雄　浦河町堺町東　大正六年生まれ
大石　ミエ　浦河町築地　大正十三年生まれ
平野　伸一　千葉県松戸市　昭和二十七年生まれ

［文責　高田］

第一九話　湯治場で拾われた人生

――戦争に翻弄されて

荻伏に住むハルは、牧場の一人娘に生まれ男兄弟のなかで甘やかされて育った。そのため水田農家の政治に嫁ぎ、七人の子をもうけたあとも自分勝手でおきゃんな性格は変わらなかった。ハルは田畑が雪に覆われると、農作業でこわばった足腰を温泉で揉みほぐすため、湯治に出かけた。お湯に入りながらそこで出会った人たちと他愛無いおしゃべりをするのは、最高の贅沢であり楽しみだった。

昭和二十二年冬、ハルは荻伏の年寄りたちと連れ立って登別の温泉宿へ出かけた。湯治場にはたくさんの人が集まり、湯に入ったり持参の米や野菜でご飯支度をしたりと賑やかだった。ところがそこには湯治が目的ではなく、行き場が見つからないまま長逗留している三家族がいた。みな戦争で生活の場を失い、ここに辿り着いた人たちだった。暇にまかせてハルはその家族たちの話を何度も聞き、涙を流して彼等の行く末を案じた。

さて湯治を終えて荻伏に帰宅したハルの後ろには、その三家族十数人がぞろぞろ連なっていた。政治は言った「お前がいいふりこいて、連れてきたんだべ」。荻伏から一緒に行った人は他にもいた。ハルより裕福な人もいた。どうやって三家族も面倒を見るんだと政治は夕メ息ついた。ハルは「なにさ、あんただって困ってる人は助けようって、いつも言ってるっしょ！」と言ったものの、弾みで三家族も連れてきたことに自分でも困惑していた。ハルは息子の幸助に頼んだ。何とかこの人たちの身の置き所を探してくれと。

ハルの息子幸助は農作業のかたわら趣味の会に入ったり、民生委員等を引き受けてあちこちに出入りしていたので人脈があった。母親の頼みに猶予はない。一刻も早く三家族の働き先を探さねば、農家の納屋の仮住まいではあずましくなかった。幸助は荻伏村を奔走し、一人は土功組合へ、一人は赤心社へ、一人は郵便局へと働き口を探してきた。二家族は職場近くの借家に越して行き、ひと家族は幸助の近くの家に住んだ。

土功組合で働いたのは京都から家を焼かれて逃げ出してきた野本だった。測量技術を持っていた彼はそこに落ち着き、妻のキノは子どもを産んで家庭を築いた。しかし何年か後、野本は仕事に行き詰まり、誰にも告げず一人で荻伏を去った。残されたキノはそこで子どもを育て嫁がせた。晩年は浦河に嫁いだ娘と近所の人たちに助けられて独りで暮らしていたが、キノのもの静かで上品な物腰と柔らかな京ことばは終生変わることがなかった。

四国出身の松田と由紀が出会ったのは横浜だった。小学生の娘をかかえる由紀は戦争で何もかも失い、松田に身を任せて一緒に北海道へやってきたものの、由紀と松田は姓が違ったし、頼る親戚も居なかった。幸助は二人を入籍させひと家族として落ち着かせた。真面目で温厚な性格だった松田は、赤心社で味噌づくりの仕事につき妻子を養った。由紀は家にいて近くの娘たちに編み物を教え、家計を助けた。近所づきあいもまめで地域に溶け込んでいた二人だったが、元来社交好きだった由紀は徐々に周りに波紋を広げ出した。居酒屋で働いていた楽しさが忘れられず、よく若い男たちを家に呼んでは飲んで歌って騒いだ。好みの男がいれば近寄ってチャチャを入れ、新婚家庭の男性を遅くまで帰さず、妻に「実家に帰ります！」と逃げ出された人もいた。そのたびに幸助の家族や近所の者たちは走り回った。荻伏へ来て二十年たった冬の日。由紀は男に捨てられたと自殺未遂を起こした。周囲のひんしゅくを買い、荻伏にいられなくなった由紀は、松田とともに横浜へ越して行った。

それから二十数年、松田と由紀は荻伏への郷愁がつのり、北海道への観光旅行の途中二人で幸助の家にやってきた。由紀は到着後すぐにトイレへ駆け込んで血を吐いた。胃潰瘍だった。そのまま救急車で日赤病院に運ばれ入院した。「由紀を絶対許さない！」と言っていた荻伏の知人たちとは病床での再会となった。由紀は知人たちの顔を見たとたん「ウワーッ！」と大声をあげて泣き出した。その涙で二十数年のわだかまりは流れていき、皆は交流を取り戻した。

横浜で家庭菜園を楽しみながら娘一家と静かに暮らしていた松田は亡くなり、由紀もディサービスで社交的な性格を発揮して楽しんでいたが、平成二十三年の暮れに亡くなった。

残るひと家族は、京都で事業をしていたが戦争で焼け出され、貨車いっぱいに家財道具を詰め込み、それを売りながら北海道へやって来たという伝説がある小池だった。小池は幸助に郵便局の配達員の仕事を世話してもらった。妻は家で近所の娘たちに和裁を教えて三人の子を育て、さらにそこで二人を産んだ。小池には地味な配達の仕事は性に合わなかった。そこで一年後には荻伏の精米所に勤めたり、夫婦で三石に住み込みで働きに行くなどしたが、しまいには水道掘削の仕事を始めた。しかしうまくいかずに六年後には苫小牧に移り、その二年後には京都へと戻っていった。

さて小池には五人（二男三女）の子どもがいて、上の三人は学齢になると荻伏小学校へ通った。家から学校までは六キロもあった。雪の通学道は長男の潔が長靴で雪を踏み固めてくれてそこを歩いた。長女の三香子には北国の寒くそまつな家での生活が辛かった。両親が下の二人だけを連れて住み込みで働きに行った時は、三香子が弟妹の面倒を見なければならなかった。今でも荻伏には辛い思い出しかないと三香子は言う。

ところが潔は違った。寒さは裏の池を凍らせスケートリンクにしてくれた。雪は長靴で踏みつけるのが面白かった。粗末な作りの家は、窓辺に特大のツララを下げてくれた。往復十二キロの通学路は遊び歩いて楽しかった。草木や元浦川の流れや夕日の美しさなど荻伏の自然が潔の原風景として心に刻まれて行った。

潔は京都でろうけつ染めの職人になった。着物の模様を描きながらも、荻伏の豊かな自然の光景が脳裏にあふれ出し、六十歳を前にしてろうけつ染で荻伏の自然を八枚の屏風に描きあげた。豊かな稔りの秋、池に広がる波紋、窓下の大きなツララ、遠足に行った浜辺、元浦川の流れなど。荻伏にはたった六年しか住んでいなかったのに、五十年もの間、潔のなかに刻み込まれ熟成された荻伏は、美しい色彩をもって表現された。

潔は言う。「世界中どこへ一番行きたいかと聞かれたら僕は迷わず荻伏と答える。荻伏が一番なんや。僕が死んだら荻伏に骨を埋めてくれって嫁はんに頼んでるんや」と。潔の八枚の屏風は京都や浦河の個展で多くの人の目にふれた。

戦争がなければこの三家族が浦河へ来ることはなかった。潔の八枚の屏風も生まれなかった。戦争は、人々を生活の場から引き離し、見知らぬ地へと追いやり、そこで出会った人たちと様々なドラマを生み出した。海の波が小石を巻き込んで押し寄せ、勝手に石を動かすように、人や家庭が戦争によってゆり動かされていた時代がついこの間まであったのだ。

［文責　小野寺］

＊　文中の人物は仮名

第二〇話　大志を抱け

――新制浦河高等学校

昭和二十三年四月、新制浦河高校が誕生した。

伏木田照澄はその一期生である。前年の三月、照澄は国民学校の高等科を終えていた。高等科卒業は今の中学二年終了にあたるが、当時はそれで学業を終える者が多かった。中学校や女学校に進学できるのは、一握りの恵まれた家庭の子どもだけだ。特に男子は中学校が管内になく、進学するには札幌、小樽、室蘭、苫小牧などへ出なければならない。そのため能力が高くても、多くの者が進学をあきらめざるを得なかったのだ。

だが照澄達には新たな道が開かれた。彼らの高等科卒業に歩を合わせて、新制中学が発足し、希望者はその三年生に進級できることになったのだ。新たな中学は、旧兵舎を改造して堺町に作られた。そして翌年、念願の新制高校誕生である。校舎は東町にあった女学校がそ

昭和25年10月　グランドを整備する浦高生（「さっぽろ浦高会」会報第7号より）

のまま利用されることになった。地元に高校ができることで、志の高い多くの者に受験の機会が与えられたのだ。日高の最高学府浦河高校に入学することは、確固たる将来が約束されること、そう考える彼らは競って受験し、失敗した者は浪人して再チャレンジした。こうして照澄ら浦河第一中学校の卒業生七十一人の内、三割ほどの者(女子は二名)が進学した。

照澄に遅れること三年、幌泉(現えりも町)から進学する高橋陽一は、たとえ合格しても一年限り、という約束で受験している。〝家庭の事情を考えると一年が限度。それでも一年あれば学ぶことはある！〟入学時に彼はそう考えた。結果的には親や教師の後押しもあり、一時期は幌泉にあった定時制に通って無事卒業。大学にも進むことができたが、もし通学可能な場所に高校がなかったら、彼に進学の機会はなかったという。幌泉中の進学率は当時一割ほどで、彼は父の後を継ぎ地元で大工になるはずだったのだ。

さて照澄入学の時に話を戻す。

一年生は二学級だったが、その顔ぶれは実に多彩だった。

照澄ら新制中の卒業生の他、女学校、各地旧制中学等からの編入生。道外や満州、中国、樺太などからの引き揚げ転校生もいたし、諸事情で一年遅れの者もいた。食糧難の時代に育った彼らは、栄養失調気味ではあるものの、みんな希望と誇りに輝いていた。二、三年生は一クラスずつ。他に学内には女学校の三年生が併置中学三年生として残っていた。

二、三年生は男子生徒が幅を利かせ、足駄にマントを着て硬派を気取り、旧制中学のにおいをぷんぷんと振りまいていた。女生徒と話などすると〝お前は軟派か〟とばかにされたもんだ、と一級上だった森川慶宣はいう。バンカラ学生達が、机に将棋盤を刻んで対戦に熱くなったり、壁に穴を開けたり、さまざまな蛮行奇行も繰り広げたが、校風は自由でおおらかだった。教師陣も個性的。京大、医学部出身者、疎開してきた画家。そうかと思えば生徒に白紙答案を出されて辞職した者もある。こうした雑多な人間関係の中で彼らは多感な三年間を過ごした。そこには忘れられない数々の思い出が残された。

授業はこんな風だった。開校時はまともな教科書もないため、一年生の教科書は、旧制中学四年のものをアレンジして使ったという。また「社会科」はそれまで「修身」と呼ばれていたものが変わったために、教師もどう教えていいのかわからず、石川紹三が家から経済関係の辞書を持っていくと、それをもとに〝経済とは何か〟と討論したり、新聞の時事問題を語り合ったりした。一年生の授業がまるで大学生並みだった。

英語は能力の差が大きかった。新制中学からの移行組は、中三で初めて英語にお目にかかったのだから、それもむべなるかなだ。みんな辞書を片手に、必死で単語を覚えたものだ。

その英語の試験でのこと。照澄の手元に手違いで解答用紙が二枚きた。英語は得意だからサラサラッと書き上げて、頭を上げると、前の女生徒が悪戦苦闘している。かわいそうに……。残った用紙に答えを書いてそのまま前へまわしてやった。ちゃんと名前まで書いてやったのに、パニックを起こした彼女が自分の答案を重ねて出してしまったから、あせった。監督の先生が不問に付してくれたため事なきを得たが、思い出せばまったく冷や汗が出る。

グランドは自分達で造った。これは計画から整備まですべてが生徒の手で行われた。教師は見ているだけ。指揮は、後に土建会社を手掛ける南正《ただし》が執った。早坂組からトロッコをレール付きで借りてきて、ツルハシ、スコップで山を崩し、モッコを担いで土を運んだ。生徒大会の決定に従い、十日間授業返上でドロだらけになって働いたが、誰も文句を言わなかった。いや一人だけ〝私は勉強をするために学校に来ている〟といって泣いた子がいたが、グランド整備は彼らの最大の思い出になった。早速ここで、定時制と合同の体育祭を行った。紹三は木田恒夫とピエロの格好で仮装行列の先頭に立ったことを、昨日のことのように思い出す。

クラブ活動も最初の頃は応援歌もなければ応援旗もない。格好がつかないから大漁旗を担いでいったクラブもあった。応援歌は校内公募で決めた。一年生の照澄の詩が選ばれ、それに音楽教師の谷口巌が曲をつけた。「ダイナマイトドン」など、他校の応援歌をアレンジしたものも歌われたが、これが由緒正しい第一応援歌だ。〝黒雲去りし北海の風も輝くこの大地……〟照澄はそれを今も口ずさむことができる。

ないものずくしの中で無から有を生み出すため、彼らは知恵を絞り精力的に動いた。紹三は、照澄らと札幌東高校まで図書室の視察に出かけ、図書を買うために、大衆館、大黒座に頼み込んで映画を買い取り、切符を売って購入資金に充てたこともある。部員が手分けして切符売りからモギリまでこなし、数万円の利益を上げたのだという。野球部と図書部をかけもちで紹三は走り回った。そこには苦労もあったが、新たな歴史を刻んでいく喜びがあった。

通学区域は三石から、様似、幌泉まで。汽車通生は東町に停留場がなかったため、浦河駅で降りて二キロ半の砂利道を歩く。絵笛からの自転車組は、近道をするために時々線路を通った。トンネル内で汽車にぶつかって、自転車を待避所に押し込み壁にへばりついたこともあった。幌泉からは木炭バス。四十キロの道のりを二時間かけて通学した。そんな彼らの通学の利便を考えて、寄宿舎健生寮も作られた。

［文責　河村］

＊昭和二十四年一月、浦高に定時制併設(六十二年閉課)。この年の在籍数百十六名。同年三石、様似、幌泉にも分校設置。

【話者】

森川　慶宣　浦河町浜町　昭和六年生まれ
石川　紹三　札幌市北区　昭和六年生まれ
伏木田照澄　石狩市花川　昭和七年生まれ
高橋　陽一　札幌市豊平区　昭和十年生まれ

【参考】

ちのみ　一九六六　開校三十周年・工業科校舎落成記念　一九六六年浦河高等学校同窓会

新墾　一九四九　創刊号　浦河第一中学校校友会雑誌

第二一話　切手の記憶

――ミハルオーにまつわる話

富岡哲子には忘れられない切手がある。亡夫清己がまだ結婚する以前にさりげなく静内の彼女のもとに届けてくれたものだ。昭和二十三年のことである。

室蘭の女学校を繰り上げ卒業した後、一時勤労奉仕で室蘭で働いていたものの、父の高橋勝蔵が手配をしてくれ、〝静内で仕事がある〟と偽って、ようように静内の親元で暮らすことができるようになったというもの、あきれるほど縁談が舞い込んできた。戦争が終わって、臨時で静内町役場に勤めるようになっても、父の取引先や兄弟縁者が縁談を持ち込んでくる。

その中に機会あるごとに顔を出していたのが、浦河から来ていた鎌田三郎だった。かれは哲子を甥である富岡清己の嫁にしたがっていた。清己の父である富岡清もすでにＯＫを出し、乗り気になっているようだった。話が進んできて鎌田は夫婦でやって来るようになり、さらには清己を連れて挨拶にやってきた。

「せっかくご当人がやって来たんだ。台所にいるくらいだったら一目会ったらどうだ」

父が哲子に水を向ける。仕方なしに同席すると
「自分はお嬢さんにつりあうほどの教育もありません。無理に結婚してくれとは言えませんが……」

と、立派な挨拶を述べて、次のような話を語ったのを覚えている。

学校に入れてもらえなかったので家出をしたとき、連絡船で刑事に尋問されて、小岩井農場に勉強に行きますといったら放免してくれた。すでに父の手がまわっていたのである。小岩井に着いて、〝荻伏から来た富岡清己です。馬の勉強に来ました〟と言ったら、服を全部脱ぎなさいと言われて衣類は消毒されました。ああ名門の牧場はこんなに違うんだと思った。三カ月勉強したら帰るかいと聞かれ、はい帰りますというようなことがありました。また、祖父や父は百姓は学校で覚えるもんじゃないという人間で、後に内緒で農校（現静内農業高校）受けて、合格してはじめて談判して農校に行ったものです。

見合いの後も縁談話はいくつもあったが、今ひとつ乗り気になれなかった。逆に富岡清己がとつとつと語っていた姿が思い出された。そうしたときに清己が件の切手二シートを届けてくれたのだった。

彼女の手元には第十五回ダービーで優勝した富岡牧場生産のミハルオーとおぼしき肖像の描かれた五円切手がある。このときには彼女はミハルオーがダービーを取ったことを知らな

い。清己はひとこともそんなことを言わず、ただ黙って置いて行ったのである。

結婚は二十四年四月二十九日だった。嫁に行って早々にミハルオーは春の天皇賞を獲った。そのときには近所や同業の人々が祝いを述べるのに、〝いやあ、天皇賞もってきた嫁さん見にきたじゃ〟と玄関を入ってきたものだった。

戦後間もない二十三、二十四年、あの混乱期にもかかわらずきちっと競馬が行われていたことも不思議だ。とくにダービーは東京優駿競走と呼ばれた時代の非公開のレースも含め戦時中もきっちり実施されており、他のどのレースよりも長い歴史をもっていて、いまでも競走馬の関係者であれば一度は取りたいレースだとしている。

当時の事情を知っている古い関係者によれば、ミハルオーのダービー制覇は北海道の競馬関係者にとって悲願の達成だったとする。明治以降の軍馬政策のなかで、浦河にあった日高種馬牧場は乗用馬産地の拠点として指定され、そのためにサラブレッド原種の配置を受け、その余精を有利にうけていたにもかかわらず、一度として東京優駿競走で優勝したことがなかった。優勝するのはつねに内地の、とくに千葉の下総御料牧場（宮内省）と岩手の小岩井農場（三菱財閥系）の余精を享けた産駒がその双璧だった。富岡清己が家出してまで研修に出かけたのが小岩井農場だったこともこれで頷ける。

これを機に、浦河・荻伏を中心とする日高の駿馬が中央や地方の競馬場を席巻してゆくが、その魁《さきがけ》となったのがミハルオーだった。資料には父馬が月友、母馬が小岩井農場が放出した繁殖牝馬第三フラッシングラスとある。とくに月友は下総御料牧場の種牡馬だったもので、このときには荻伏種場所繋養の種牡馬として働いていた。

第十三回ダービー（昭十九年東京能力検定競走）で、ミハルオーと父を同じくするカイソウという苫小牧の錦多峯《キンタップ》牧場産の馬が優勝したことがあったが、後に母馬第二ベバウが純血サラブレッドでないことが判明。カイソウはサラ系ということで種牡馬から外され、一軍馬となって名古屋に配属され、折からの名古屋大空襲で行方不明となった。

浦河空襲の翌月に生まれたミハルオーは、種牡馬となってキタノイズミなど幾多の産駒を残してゆくことになるが、富岡哲子が見たサラブレッドの情景は、清己が届けてくれた切手の記憶とともに、戦前からの競走馬生産の情景が大きく北海道に舵を切ることになった光景だったのである。

［文責　高田］

＊　逓信省（現日本郵便株）昭和二十三年発行のはじめての競馬記念切手　競馬法公布二十五周

年・東京優駿競走記念　額面五円　図柄優勝馬ミハルオー肖像

【話者】

富岡　哲子　浦河町姉茶　大正十五年生まれ

斉藤　　隆　浦河町野深　昭和十四年生まれ

【参考】

優駿のふるさと日高　昭和四十五年版　日高軽種馬農業協同組合

第二二話　浦河駅物語

――賑わいの日高線

国鉄日高線が浦河まで延び、開通の喜びに沸いたのは昭和十年十月二十四日。浦河駅はこの日、日の丸を手にした一番列車を待つ人々で埋め尽くされた。町をあげての旗行列や提灯行列。盛大な祝賀会。だがその喜びの陰で、駅の設置場所をめぐる激しい対立があったといわれる。候補地は堺町だったとも常盤町だったとも聞く。

浦河の駅がもし別なところにあったら、という話はひとまずおいて、この国鉄の開通で町は一変した。それまでは海路一辺倒のため、日高沿岸の町村は函館と深く結びついていたのだが、汽車は船より速く安全で、おまけに運賃も安いという。そのため函館とのつながりは徐々に薄れ、代わって札幌、小樽、室蘭等から、新しい人や資本が次々と入ってくるようになったのだ。日高線は賑わい、駅には人があふれた。様々な人間が様々な思いを抱いて改札口を抜けた。車中での出会いが人生の転機になった人もいる。

管野輝也とみさ子の夫婦が、魚油を入れた一斗缶を下げて浦河駅の改札口を通ったのは、たしか昭和二十三年の晩秋だった。父徳蔵の知り合いに、岩見沢でてんぷら屋をしている男がいて、油がなくて困っているという。浦河は港町だから魚油なら手に入るが、それが役に立つかどうか一度見てもらおうということになったのだ。うまくいけば商売になる。

「お前ら、これ持って行ってみれ。ネクタイ締めた男とコート着た女は、カツギ屋には見えないべ。ついでに少し遊んで来い」

父はそう言って笑った。当時は生産地と消費地の間を、闇物資を背負ったカツギ屋が、国鉄を使って頻繁に往来していた。

輝也はその頃日高支庁に勤めていた。樺太出身の彼は、苫小牧で兵役を解かれたものの帰る家がなく、職を求めて浦河に来たのだ。間もなく彼を頼って、親兄弟も引き揚げてきた。父は樺太で商売をしていたが、俺はこのまま勤め人を続けるべきなのか。彼は迷っていた。

その岩見沢からの帰り道、輝也は車中で隣に座る男と親しくなった。男は、今まで岩見沢で金太郎飴の作り方を教えていたが、そこが終わったので次の勤め口を探しているという。

「ほう、金太郎飴。それはどのくらいの資金があったらできるものなんですか」

輝也は金太郎飴にいたく興味をそそられ、熱心に耳を傾けていると、男は自分を雇ってくれないかと言い出した。

「俺が教える。使ってくれるなら、東京からすぐに女房も呼び寄せる」

みさ子はびっくりしたが、意気投合した輝也は、そのまま男を連れて帰った。輝也の行動は早かった。仕事をやめ、家を借り、男とその妻、職人、女工さんを雇って、まもなくあめ屋の商売が始まった。甘い物のない時だから、それは作る先から飛ぶように売れた。その後時流に乗り、当時は珍しかったトラックを買い入れ、上杵臼の開拓地を走り回った(第三五話「山の学校」参照)。あの時のトラック代金は、トヨタのセールスが百円札をリュックに詰めて背負って帰った。それもこれも、始まりは車中での何気ない会話からだった。

商売に必要な品物は貨車で取り寄せ、そこから㊅(日本通運株式会社)が運んできた。それは管野家に限らない。商品の輸送はもっぱら国鉄だった。世の中が落ち着くにつれて貨車の数は増え、駅周辺は荷物を積んだ馬車やトラックがひしめき、活気にあふれた。浦河からは海産物や木材。三十年代の競走馬時代に入ると馬。入ってくるのは、石炭、セメント、食料品、日用品等。貨車には屋根の付いたものの他、石炭や木材を乗せる無天蓋のものもあり、四十年代には、それらが十七、八台も連なって走ったこともあったという。郵便物や銀行預金も国鉄輸送。旅芸人の舞台衣装、映画のフィルム。かづさや書店でも駅に着く本を、毎日リヤカーで取りに行った。引越しシーズンになると、布団や行李も運びこまれた。

修学旅行、新婚旅行、中卒者の集団就職も、駅での盛大な見送りを受けて出発した。中でも転勤時期の見送り風景は壮観だった。官公庁、銀行、学校の先生等で駅は大混乱。転勤者が座れなくては大変だ、と支庁では公用車を出して席取り部隊を派遣した。席取りを任され

溢れんばかりの見送り（浦河町立郷土博物館 蔵）

た者達は、始発の様似で家族分の席を確保し、浦河まで乗ってきて当人達と交代する。入場券は課ごとにまとめて購入された。見送り人はホームに入りきらず、跨線橋やホームはずれの構内にまであふれた。その中をいつもよりゆっくりゆっくり、お別れ列車が動き出す。この風景を見て、朝の上り列車を〃お涙頂戴列車〃という人もいた。

　昭和三十五年には準急ひだかの運行で、札幌までの所要時間が六時間から四時間に短縮され、日帰りも可能になった。この頃には乗客数が一日千人を超えた。国鉄バスも駅前を走り、周辺の駅前旅館、佐藤旅館、菊水館、喫茶店(小野)が繁盛していた。賑わいはマイカーが普及する五十年代初めまで続いたという。とりわけ盆正月の急行は、通常二両の車両を三両にして運行(内一両は指定席)したが、札幌行きが、すでに浦河で満席になるといった有様だった。

　自動券売機などなく、切符は一人ずつ窓口で売る。そろばんが合わなければ担当職員の弁償だった。神原富三夫は、四十八年九月に五千円弁償させられたことを覚えている。長男誕生の月だった。どうやら五千円札を一万円と勘違いしたらしい。給料の一割。ちょうど彼のひと月分の小遣いだった。

跨線橋を渡って上りの中ホームに出ると、時々波しぶきが飛んできた。鉄道と平行に走る国道はまだなく(昭和四十五年完成)、線路のそばまで海が迫っていた。乗客は、シケの日など、濡れないように跨線橋の中に隠れていて、汽車が止まるのを待って飛び乗ったものだという。

昭和六十一年、国鉄ダイヤの改正で上りホームが不要になり、浦河駅開設の記念であり空襲の痕跡もとどめる跨線橋は撤去されることになったが、町は譲渡を希望。国道への連絡通路として再利用されることになった。車社会に移り変わった現在、駅周辺は閑散としているが、跨線橋は今も駅と一対になって、国鉄全盛期を忍ぶよすがとなっている。

［文責　河村］

【話者】

管野みさ子　浦河町堺町西　大正十三年生まれ
大沢美和子　浦河町大通四　昭和十三年生まれ
神原富三夫　浦河町向が丘　昭和二十年生まれ

【参考】

町並みに生きた人びと—昭和初期の浦河　石田明　平成四年
日高報知新聞　昭和三十七年十月二十四日

第二三話　捕まえてみれば

――非常ベル普及のいきさつ

大通三丁目に、高杉デパートという看板を掲げたこぎれいな店舗がある。現在の国道が完成する平成五年までは屋上に遊園地、三階にレストラン、そして日高で初めてのエスカレーターをそなえたそこそこのデパートであったし、一時は潮見ヶ丘までケーブルカーをつけようという構想まで発表していた順風満帆の元呉服店であった。

高杉虎雄が浦河にやってきたのは昭和十年のことである。それまでかれは札幌の石狩街道沿いにあった呉服商介吉田呉服店で、丁稚時代から十五年以上も勤め上げ暖簾分けということで、営業で北海道一円を回るなかで独立する場所を探していた。意に適ったのが、世界恐慌直後というにもかかわらず、港と鉄道駅の完成で好景気に沸いていた浦河であった。

「虎どん！　虎どんじゃないか」

通りを歩いていたとき、突然声をかけてきた者がいる。

「幸ちゃん、幸ちゃん。……ご無沙汰してました。連絡しなきゃしなきゃと思っていたところでした。いやぁ、会えてよかった」

振り返ると立っていたのは札幌時代の仲間、秋山幸吉だった。吉田呉服店のすぐ隣の自転車店で修業に励んでいたのがかれだったし、二、三百メートル先のブリキ屋には同じ浦河の於本某が来ていた。札幌時代、同じ番頭仲間として意気投合するところがあった。高杉虎雄は資本三百円を握り締めて、店は妻に、当人は行商をしながら浦河に定住する。

高杉デパートの店内（浦河町立郷土博物館 蔵）

商売が大きく転換しはじめたのは戦後になってからである。長男の高杉保廣によれば、この時期の事業の展開はとても信じられないような状況だったという。終戦の年に小学校へ入学して以後、かれの目に映っていた店の状態は、とにかく〝売れて売れて〟という一言であった。店舗は拡張されて筋向かいの上埜金物店と榊原自転車店のあいだに移転した。かれも数が数えられるようになると早速手伝わされた。売り上げの勘定である。とにかく品物があれば売れた。明治以降七十年かけて国民が蓄積してきたものをこの戦争は一気に失っていた。一年や二年で回復できる筈のものでなかった。

通いの従業員も五人に増えた。父の虎雄は毎週土日、小樽札幌方面に有り金を抱えて仕入れに出かける。一、二年生の頃には五銭、十銭、一円という単位だったお金が、五年生の頃になると、それが十円、百円という単位になっていた。かれは毎晩それを数え、束にして畳の下に作った箱に入れて隠した。またトランクに入れて押入れに隠した。虎雄にとって銀行は決して安全とは思われなかったからである。

そうした状況は人知れず人の口の端に上がっていた。ある土曜日、日高毎日新聞の広告取りがやって来た。

「お中元に向けて、広告を出しませんか……」

「今、主人が留守をしてて、来週にならなければ帰ってきませんので……」

「そうですか。じゃ来週にでもまた伺ってみます……」

男は意味ありげに口元に笑みを浮かべて立ち去った。

その夜だった。従業員もすべて帰り、通常の仕事も終え、保廣も寝床に入っていた。突然雨戸に何かがぶつかる音が聞こえ、ガシャン、ガシャンとガラス戸ごと壊れる音がした。電気が点き、母が立ち上がる気配がした。

「金を出せ。出さないと殺すぞ！」

「そんなものは置いてません。全部銀行です」

「てめえん家は銀行に入れてないのは知ってるぞ。おとなしく出さないと殺すぞ」

手にした出刃をグイッと突き出す。財布に入れてた二、三千円を黙って差し出す。こんなときのために金はあっちに一万、こっちに一万と分散して隠してある。

「こんなべっこ、どうすんだ。まだまだあるべや……」

男はいっそう凄んだ。男が布団をひっぺがえした瞬間だった。闇をつんざくようにジリジリジリと非常ベルの音が鳴り響いた。男は一瞬われを失った。

〝なんだ、なんだ、どうした〟隣の榊原、上埜、裏の山崎からドヤドヤと若い衆が飛び込んできた。手に手にバリやバット、金槌など得物を手にしていた。それを見るなり男はスルリと若い衆のあいだをすり抜けて外へ飛び出した。〝ソレッ、捕まえろ〟若い衆があとを追った。

男はかつて役場の下にあった住宅の密集する袋小路で御用になった。町内の企業に勤める男だった。後日、警察の話によれば、〝金があるのは分かっていた。殺してでも盗るつもりだった〟と自白したという。しかしこの事件と相前後して同様の事件が頻発し、それをきっかけに浦河では広く非常ベルが普及した。

余談になるが、戦争直後、犯罪は激増し二十五年には二十年の三倍の刑法犯の検挙があった。二十三年には帝銀事件、二十五年四月には北海道美深町で拓銀美深支店行員他六人が惨殺されるという凶悪事件が起きている。

［文責　高田］

【話者】

高杉　保廣　浦河町大通三　昭和十三年生まれ

第二四話　暁星学院

——いち早く決断された児童養護施設

所用で札幌に出かけた正信寺の先代住職前田 昶《とおる》が、寺に浮浪児五人を連れて帰ったのは昭和二十五年八月のことだった。札幌の駅頭でたむろする年端も行かない子どもたちを見て〝この子たち、このままでどうするんだよ〟と同情、これを連れ戻ったというが、詳しい経緯はあきらかではない。名称は後日決まるが、しかしこれが暁星学院の始まりだった。

寺ならば檀家やお参りに来る人々の供え物がある、届け物もある。日高で一番檀家の多い寺として知られていた正信寺なら〝そのくらいは〟というのが、まわりの受け取り方だったが、実状はかろうじて食える程度で、それでも確かに町のおおかたの家々より薄紙一枚程度は良かったのかもしれない。寺だから座布団も布団も売るほどある。

翌二十六年五月、児童福祉法による養護施設として正式に認可を受け、七月には財団法人として登録。前田昶が理事長に就任した。さらにこの年、本堂では手狭になり、常盤町に百十坪のバラックを建てて移転した。このときにはすでに四十人の院生がいたという。院の名前もこのとき夜空を見ながら住職が〝この子達の将来が星のように輝くものであれ〟と願ってつけたのだという。そうした願いとは裏腹にその運営は困難を極めた。国民の食料さえまだ賄いきれない敗戦後の現状がすぐにのしかかってきた。一膳飯とはいっても、勿論米ではない。ひえ、麦は当たり前、菜はたくわんに塩さんまというのが定番だった。穀類以外はすべて自給で、今の正信寺の上の傾斜地に畑を起こし、芋、カボチャを植えた。現在の住職前田憲昭、三十年からこの仕事を手伝うようになっていた砂原肇等によれば、小学校高学年から中学の生徒は皆学校へ行く前に必ず畑仕事、冬ならば薪切りが日課だったという。息子である憲昭でさえ毎日元肥を運ばされた。

昼飯に弁当は持たせてやるのだが、食い盛りの身、朝飯が足りず体育の授業などはさぼって、こっそり級友の弁当を失敬してしまうことも度々だった。商店なども店の棚の食品が盗まれることは何度もあった。そのたびに職員はひたすら謝りにまわった。

こうした子どもたちはもとから浦河にいた子どもではない。当時児童相談所は北海道全体で札幌、函館、旭川、室蘭、釧路など十カ所、児童養護施設も二十六年当時胆振・日高で二カ所、そのうち一カ所が暁星学院だった。

こうした施設は、基本的に地元の子どもは入れない仕組みで、道内都市部、まれには本州からも孤児が送られてくる例があったという。原爆を含め、アメリカ軍による都市爆撃で家族が離反し孤児になった者が大半で、これに満州、樺太からの引き揚げ孤児、捨て子が加わる。二十二年の厚生省の調査ではその数は約十二万人(沖縄を除く)に達している。

この子どもたちが都市で浮浪児、今風のことばではストリートチルドレンと呼ばれ、生きていくために徒党を組み、窃盗を繰り返す。NHKのラジオ番組〝鐘の鳴る丘〟にしても、初期の美空ひばりの歌にしても、映画のニュースでも、さらに毎日の新聞でかれらの姿を見ない日はなかったはずだ。そうした世界ときっぱり縁を切るために収容された子どもたちは、政策的に本人と無縁の遠隔地へ送り込まれた。そこがたまたま浦河の暁星学院だったということである。

砂原肇によれば、そうした子どもたちであったから、学院の生活に馴染めず脱走を図る子どももたびたび現れた。その方法というのが映画もどきで、浦河小学校の裏はちょうど列車の速力の落ちる場所で、子どもたちはここで列車を待ち伏せ、速度の落ちた上りの車両に飛び乗り苫小牧をめざした。職員たちが町内を探し回っている頃、一本の電話が入る。〝当駅で保護していますので引き取りに来てください〟ただしそこをすり抜けた者の何人かは永遠に学院には戻ってこなかった。

「あんたたち、子どもたちになにを教えているの……」

「申し訳ありません……」

脱走するほどの子は入所前には盗みなど日常茶飯事だったのだ。金もなく逃げ出せば、途中で腹も空く、喉も渇く。パンのひとつもどこかで盗んでいた。それらも含めて、駅の改札を抜けられなかったのだ。大きい体を小さく縮めて、汗をかきかき平謝りに謝りながら、内心こうつぶやくのだ。〝かれらを腹一杯にしてやってくれよ。腹一杯なら誰もこんなことしやしない〟以来、生徒の登校時、点呼をし整列して学校に通うようになった。若かった砂原も子どもたちも恥ずかしくてたまらなかった。

東町に移転した当時の暁星学院(「和光会50周年記念誌」より)

昭和三十年代、こうしたかれの気持ちがふと声となって出たことがあった。どこか公開の席上でだった。〝南極の犬の一日の食料費がうちの子の何倍にもなるってことはおかしいべさ〟これを聞きとがめた新聞記者がいて、その言葉が記事となった。翌朝には北海道の福祉部やら総務部、議員、マスコミなどから大挙して電話がかかって来て大騒ぎになった。マスコミや役所がどう考えたのか知らないが、その後、子どもひとり一日牛乳一本に満たなかった道からの補助金が、これを境に牛乳一本を超える金額になったのだという。

浦河という地域性なのか、事業の開始当初から協力母体として檀家を中心に「和光会」がつくられ、市原潮栄、浜田亀蔵、村下富夫、渡邊惣太郎、山口正雄、古市一二、梶田初蔵、堺守、佐々木秀雄などがこれに参加している。現住職によれば加藤組、山口左官、三島大工などが、年末になると端材や道具をもってやって来て、学院のあちらこちら修繕してまわる風景が何年も続いたものだという。またやはり年末、職員と田中久雄など理事が町内のあちこちの有力者をまわり、越冬資金の寄付集めを行っていた。

こうして維持されていった学院だったが、職員たちにどうしても解決できない問題があった。どの子も一定の年齢に達すると、必ずしてくる質問がある。

「なんでオレはここにいるのよ……」

「親にもいろんな事情があってな、おまえと暮らせなかったのよ」

「なんの事情よ……」

「いや、生活がとっても苦しくてよ……」

事情は分かっている、でもそれは子どもには話せない。それが苦しかった。今は誤魔化して誤魔化して話す。いつか、卒院のときか成人したときにはカルテを見ながら真実を話そうと思ったという。

嬉しいこともあった。卒院した子どもが訪ねてきたときだ。結婚や子どもが生まれたと報告にやって来たときには、本当に自分が親代わりになれたことが実感できて、無性に嬉しかった。一度などは東京での結婚式に呼ばれ、挨拶をさせられた。自分が学院の出身者であることを先生の口から公表してくれという。砂原は満座の来客を前に涙が止まらなかったという。

［文責　高田］

【話者】

砂原　肇　浦河町東町うしお　昭和九年生まれ

前田　憲昭　浦河町大通四　昭和十七年生まれ

第二五話

失われたアイヌの葬制

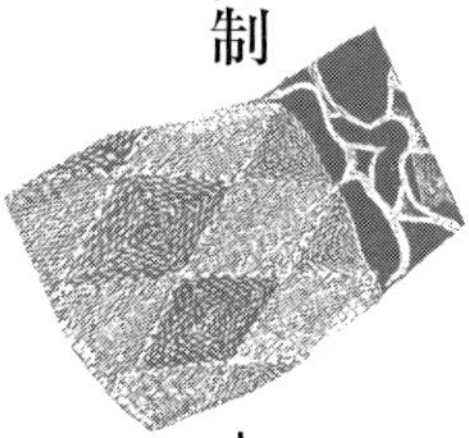

——角田チミ子が見た姉茶の葬式

まだ年端もいかないチミ子が、どうしてこの情景を記憶しているのか本人も理解できない。そのときの婦人たちの振る舞いが強く彼女の記憶に作用したとしか、説明しようがない。ただこのときの出来事の後、翌年、翌々年と続けて近所で葬式が出された。このことが六十年後の今日まで、鮮明にその情景が彼女に記憶される原因となったのは確かだろう。

昭和二十五年五月頃のことである。灌漑溝《かんがいこう》にすでに水が流れていた。また家々にはまだ冬囲いが残っていた。誰が亡くなったのかは知らないが、集落の浦川姓の者であるのは確かだった。野深に住む中年から老年の四、五人の女性の一行が、風呂敷の包みを腕に通した姿で談笑しながらやって来た。家の正面まで来るとまっすぐ玄関には向かわず、ピタッとそれまでの談笑をやめてぐるりと冬囲いの外回りをまわった。再び姿を現したときにはすでに喪服〈チカラカルペ〉に着替え、模様のない黒い鉢巻〈マタンプシ〉をして、泣きながら喪家に入っていった。

先ほどまで笑って話に興じていたのに、家に入るときには打って変わって泣いている。その豹変振りが子ども心に腑に落ちなくて、その後ろについて喪家に入り、一行をしげしげと見守った。一行は本当に涙を流して泣きながら、遺体にとりすがり撫でさすり、喪主にアイヌ語で悔やみを述べてから、その場を辞去した。外に出ると、着ていた喪服を脱ぎマタンプシを取り、持参の風呂敷にしまい込み、葬儀の料理作りに合流した。

アイヌの葬儀ではその準備に最低三日はかかる。用意される料理の支度に二日はかかるからである。近所の人が材料を持って集まり、足りないもの、買い足すものなどを決める。その主な献立は以下のとおり。

冷　汁〈ヤムハウ〉　干し鱈の身を叩き、わかめ、きゅうり、昆布だしで混ぜる、塩味

汁　〈オハウ〉　前記以外の食材を使用、塩味

め　し　米、いなきびなどの飯にあかまめ、きんときまめ、ふくまめ等を混ぜる

だんご〈シト〉　米粉を煉って丸めて茹で、平らなだんごを三つに切り交互に六重ね

昆布だんご〈コンブシト〉　焼き昆布、搗き米を丸め蒸す

どぶろく〈アンカルベ〉　これを醸すのに三日を要する。完成後、初めて葬儀を開始する

女性が料理を準備する間、男性は儀式に使うイナウなど、式具、祭壇、墓所の穴掘り、墓所近くにチセ〈藁小屋〉などを準備する。

遺体に死装束を着せるのは家族、親戚。手に指なしの手甲〈ライクル・テクンベ〉、袋状の足袋〈ライクル・ケリ〉、脚絆〈ライクル・ホシ〉などを着ける。これらは皆キナ（スゲクサ）で編まれている。編んだ白っぽいひも状のマタンプシを巻き、襟模様のないアツシ織の黒い衣装を着せ、固結びに帯を結び、上にさらに地味な衣装を被せる。これを引き上げ顔を隠すようにする。アツシ織のポシェット状の小物入れを用意し、米、稗《ひえ》などの五穀をはじめタバコなど故人の好物の外、穴無し銭一枚を入れて持たせる。

これが終了すると、ガマで作られた大きな茣蓙《ござ》（集落で日頃作る人あり）で巻き、頭部の上と足の先で縛り、さらに頭部から足先まで前で交叉するようにはすかいに四、五度固く縛り廻す。茣蓙で包んだ遺体を棒を通して運ぶため、さらに強く太いライクル・タラと呼ぶ背負い用の紐を用意する。

故人の死亡直後すぐに集落の若い衆が数人、墓地に墓穴掘りに出かける。また近くに拝み小屋（＊＊）ほどのチセを作る。形状は前後に柱を立て梁《はり》を渡し、これに萱《かや》、ノヤ〈蓬〉などを立てかけ土台のない草葺の小屋。この中に故人が生前愛用していたパスィ〈箸〉、トゥキ〈椀〉、膳など燃えるものはここで埋葬後に燃やした。燃えない鍋釜、マキリ〈小刀〉、鎌などの道具類は必ずその一部を欠いたり穴を開けて、別に穴を掘りそこに埋めた。儀式用の諸道具もこれに準じて処分した。

女性の場合には主として身の回りの道具類、着物類だけだった。夫婦で夫が死亡した場合、女性は埋葬後、鎌で自分の髪を切り、これをともに焼いた。

遺体の搬出は通常玄関から出した。昭和二十六年、マタギだった浦川エカシが山で事故で亡くなったときは、家の東側にあった小窓から遺体を出すことになったが、窓が小さすぎたためこれを壊しそこから出した。

葬列の先頭には遺族と茣蓙に包まれた遺体の担ぎ手が立ち、次に集落の男性は暗黙のうちに決まっている席順に従って、その後方を女性が歩いた。墓地が遠い場合には、リヤカーなどを使うこともあった。服装は原則として全員がアイヌ式の喪服を着けるが、文様には普段着と同じように、必ず象徴的に目、口を付け、曲線の先端や各所に鋭角の突起を設ける。これは剣、棘を表し魔除けの意味を持つという。

男性は頭部に柳の鬼皮を細く裂いたもので作ったサパンペと呼ぶ被り物をかぶり、女性は喪服用の文様のない黒い生地の両端に赤い刺繍を施した長めのマタンプシを、左右の耳の前で飾りのように小さな輪をつくり、その先端を両肩に垂らした。両者とも被り物もマタンプシも自分で作るが、男性がマタンプシを着用する場合もある。

葬列が墓地に到着した後、アイヌ語で祈りの言葉を唱えながら、墓穴を箒状の草で清める。その

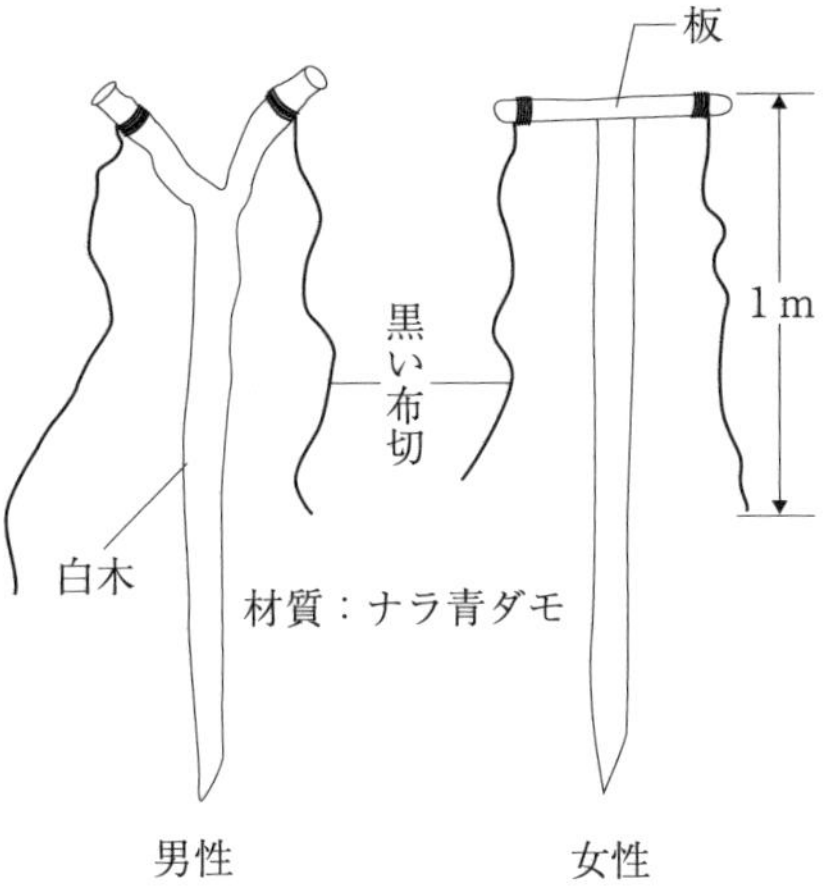

クワ（墓標）　髙田 画

後遺体を穴底に安置するが、結んだ紐も茣蓙も解かない。足元にトゥキを伏せて置いた。埋葬は各自が唱えごとをしながら全員で土をかけた。遺体を背負うためのライクル・タラもこのときに一緒に埋めた。

土は土饅頭に盛り上げ、頭部の先に硬木のアオダモ、楢などの白木で作ったクワ〈墓標〉を立てた。後日墓参りの際、盛り土が崩れていたらその度に土を盛って形を整えた。クワが朽ちて倒れたら、盛り土に添えて置き、新たに作ることは無かった。クワは男性型と女性型があり、男性はY字型、女性は上に板を打ち付けたT字型で、両者ともその両端に、ネクタイ結びにした黒い布切れを一メートルくらい垂らしていた。

埋葬も終わりチセも焼いてしまったあとは、全員が決して後ろを振り返らずに帰路に着いた。参列者は家の近くの川で手を洗い、喪主は先に家に入り、炉端に唱え言をしながら新しいイナウを飾り、簡単なイチャルパを行った。それから参列者が家に入り喪主の挨拶を受け、ラタシケップ〈野菜の煮物〉、シトなどの供え物が残っていれば、主として女性がこれを受け取ってそれぞれ帰宅した。

〔文責　髙田〕

＊　アツシ織り　特定の繊維を指すのではなく、おひょう、シナの木などの甘皮、イラクサなどの茎《ヤマシ》(芯を除いて冬を越したもの)で織った布。

＊＊　拝み小屋　鉱山師、砂金掘り、マタギなどが野営用につくる仮小屋

【話者】

角田チミ子　浦河町東町ちのみ　昭和十九年生まれ

第二六話

鳥捕りの記

――戦後の少年たちの山野

街場で暮らしていた少年たちのなかで、晩秋の十一月、午前三時という暗い夜明け前、二、三人連れ立って山へ入ってゆく者たちがいた。おもに中学生だったが、小学校高学年くらいの者たちもなかには含まれていた。かれらはいつも兄貴分に当たる中学生にくっついて、この町の海や山で生きる技術を身につけてゆく。当人にそんな自覚はないものの、それが昔からのしきたりだった。小鳥を、しかも野鳥を捕ることがそうした伝承の一部をなしていたかどうかは分らないが、昭和十六年生まれの五丸勝久が野鳥捕りに山へ出かけたのは、父に連れられてであったというから、戦前から伝えられている技ではあった。

霜柱の立った暗い山道をザクザクと音を立てながら歩く。山襞《ひだ》が谷や麓の畑や採草地に少し突き出た見通しの良い場所を見定め、空を移動する野鳥が、立ち寄るのに好適と思われる立ち木に向かい合う形で、まっすぐな竿《さお》を二本立て、それに三間三棚のカスミ網を張り渡す。脱いだ手袋を丸めてポンと網めがけてほうり投げ、手袋が網に引っかかって垂れる。その垂れ具合で網の張りを調節する。あとは止まり木や呼び鳥を適宜に配置する。それで準備は完了だった。まだ夜は明けない。

晩秋の山の匂いときびしい寒さがにわかに襲ってくる。凍ったように静かな夜明け。東の山際が白みはじめ、寒さが骨にしみとおる頃、谷の奥からかすかに渡りを始めた小鳥の鳴き交わす声が聞こえてくる。少年たちのいる場所はまだ暗い。いち早くその声を聞きつけた呼び鳥がにわかに騒がしくなる。籠の中でじっと動かずにいたものがせわしく動きまわる。人も鳥も緊張が高まってくる。仲間と気づいた呼び鳥が呼びかけるように突然さえずりはじめる。少年たちはみじろぎもしないで、明け染めた群青の空を凝視する。地上のいちばん美しい時間だ。

少年たちが狙う野鳥はヒワ、ウソ、ヤマガラなど、大人ならこのほかにウグイスやメジロも捕ったという。厳冬期に入ると一部南へ移動するものもいるが、基本的には留鳥である。ヒワは集団で移動するが、ウソ、ヤマガラは山の裾伝いに数羽ずつ移動している。だからヒワは明けやらぬ空から下りてくるが、ウソやヤマガラは気がつくと仕掛けのそばの立ち木にすでに止まっていたりする。

「おい、動くな。来てるぞ!」

「……」

ヤマガラ（館勝幸 撮影）

潅木や丈の高い草むらに身を潜めている少年たちに緊張が走る。しばれで足などとっくに感覚はなくなっている。〝ウソだ〟ついさきほどから呼び鳥の鳴き方がけたたましかった。

　呼び鳥の悲しげな声を耳にしながら、目を凝らす。まだ暗い空に張り出した立木の枝先に二、三動くものの影がある。籠のなかで鳴いている仲間を訝しむように、あたりを警戒しながら鳴き交わしている。〝なぜ、おまえはそこにいるの〟

　しばらく鳴き交わした後、立ち木のウソは意を決したように仲間の捕らえられている籠をめがけて一直線に舞い降りてくる。つづいて一羽、また一羽。少年たちがワッと駆け出す。

　二十三、四年頃、当時井寒台に住んでいた清水畑清は養父である館吉之助の番屋に出入りしていた函館の商人に勧められ、カスミ網を渡されてスズメを捕った。その商人は寒スズメと名づけ焼き鳥原料として大量に売りさばいていた。商人は出入りする各地の少年や大人にも声をかけていたようで、スズメはりんご箱に入れられ、函館に運ばれていたという。

岩城由美《よしみ》は父由太郎の跡を次いでえびす湯を経営していたが、そのかたわら小鳥の餌を売っていた。いつのことか、父は札幌でインコのつがいを買ってきて育て始めた。それがだんだん昂じてきて、餌も自分で作り孵化にも手を染めるようになって、増えたインコを知人に分けるようになっていった。カナリアにも手を出した。周辺に洋鳥を飼う者が増え、一括で餌を仕入れるようになっていった。そのなかで手に入れた知識や技術が和鳥を飼う人たちにも有効になり、それが商売となった。何羽かの野鳥、メジロやウグイスを飼うことになったが、和鳥を飼う人たちの餌付けや孵化の技術の向上につながり、少年たちの獲物への要望となった。仙道商店の隣にあった木村バッテリー店、高木製麺、本間染物店、本田商店などが、和鳥の姿や鳴き声を愛でるようになっていた。

ウソのオスは頭頂が鮮明な朱色をしていて姿も端麗で声も涼しげに美しい。オスならどこかの大人に売れる。仲間内でも欲しがる者もいる。一羽二百円だ。問題はメスだ。山ですばやく用意した小袋に入れて持ち帰るものの、売れる当てはない。そのまま学校へ持って行き、日頃から関心のありそうな同級生や金があって野鳥を良く知らない奴に売りつける。一羽五十円だ。いずれそこの母親が飼うことになる。

売れなかったら、逃がすか焼き鳥にする以外にない。肉なんか一年に一度か二度食べられればいい時代だった。鳥の背の翼の付け根のあたりを二、三秒押すと、コロッと死んでしまう。そのまま翼を腹ののほうへ引っ張ると胸肉がぽろっと取れる。脚は両側に開くように引っ張ると腿肉がきれいに取れる。

どれほどの中学生がこの頃鳥捕りに行っていたのか調べようがないが、当時行ったことのあるという人の話をまとめると、東から自動車学校の沢、東町神社、坊主山の下、水源地の沢、お大師さんの沢、三枝の沢、堺町の服部の沢、井寒台墓地などが挙がってくる。町内全域を考えると、もっともっと沢山の鳥場があって、シーズン中、相当数の野鳥が捕獲されていたに違いない。三十年当時、浦一中のどの学年も六クラス以上あって、どの教室にも野鳥捕りの少年が二、三人はいたのである。

食うや食わずのあの時代、中学生を持つ多くの家庭の軒先にウソやヤマガラ、ヒワといった野鳥の籠がぶら下がっている情景を想像すると心が和む。それだけでなく、夏の夜店の軒先に、キリギリスや鈴虫の虫籠さえぶら下がっていた。これから考えると鳥捕りは、銅線や屑鉄を集めたような経済的行為とはどこか一線を引ける気がする。金にならなくても山へでかけた、というのが実態で、遊びに時間や苦労を惜しまない少年の姿が髣髴《ほうふつ》としてくる。

築地に住む鈴木英男は昭和五、六年の頃、ヤマガラを飼っていたというし、自らも仲の良かった斉藤某とカスミ網を使い鳥捕りに行ったという。また栄丘の伊藤綾子は従弟の高倉行男が、トリモチでヒワやヤマガラを捕っており、自分で飼ってもいた。これらのことを考えると、浦河での野鳥の捕獲や昆虫の飼育の歴史は存外古く、案外江戸時代の上流家庭の趣味の系譜に連なるものであったかもしれない。

いずれにしても、二十五年生まれの斉藤陵一も二十七年生まれの加瀬公一も、中学時代鳥捕りに行った経験を持つが、この頃から後になると、そうした遊びに夢中になる中学生にはもう出会うことがなかったという。

［文責　髙田］

【話者】

清水畑　清　浦河町築地　昭和十三年生まれ（平成二十四年没）

五丸　勝久　浦河町緑町　昭和十六年生まれ

岩城　由美　浦河町浜町　昭和九年生まれ

第二七話

セピア色の栄光

――タマツバキを産んだ時代

もう昔のはなしだから、競馬関係者ならともかく、馬の町浦河でもその名を記憶している人は少ない。ましてこの馬がアラブ馬だとなると人々の関心度も低い。平成七年に中央競馬会がアラブ馬のレースを全廃し、同二十一年に地方競馬の福山競馬場が最後のアラブ馬レースを中止してしまってこの方、タマツバキの名は人々の口端にのぼることもない。

かつて中央競馬会で行われたアラブ馬のレースに、〝タマツバキ記念〟と呼ばれるレースがあった。終戦の年、浦河町西幌別の三好牧場で産まれたタマツバキというアラブの名馬の活躍を記念してのものである。伝説となったその馬は、昭和二十五年秋に新設された読売盾争奪アラブ東西対抗戦の覇者となり、後のレースでは八十三キロという信じられない斤量を負って走り、それでもなお六度の優勝を飾った名馬であったという。

浦河の西舎には明治以来、日高種馬牧場（後の日高種畜牧場）が創設され、乗用軍馬・小格挽馬改良の拠点となっていた。戦後、軍馬生産の体制が解体されたとき、種馬牧場も一時戦前から維持してきた種牡馬、繁殖牝馬を民間に放出した。これを安くすばやく手に入れていたのが、全国の馬産家や軽種馬農協、近在の牧場だった。種馬牧場はいちはやく家畜全般の改良事業を行うとして、日高種畜牧場と看板を書き替え牛や羊を導入しただけでなく、大切な核となっていた戦前からの馬群を維持した。それのみか、二十七年には当時貴重な外貨割り当てを受けて、戦後初めて英国からサラブレッドの種牡馬ライジングフレームを輸入している。

当時から隣で農業をやっていた松田敏によれば、タマツバキを生産した三好四郎は、戦前から燕麦《えんばく》を納入するなど同牧場と密接な関係を維持していた。昭和十三年、タツクモで帝室御賞典、目黒記念を取るなど、幌別川流域では谷川、足利、鎌田などとともに、〃アラブの三好〃としてすでに名を成し、お旦那衆と呼ばれていた存在だったという。

また山本五郎も、かれを頭のいい人で早くから日高種馬牧場の廃馬を手に入れたり、牧場付き獣医と親しい関係を結ぶなどしていたとしている。一方、子ども時分百人一首でよく遊んだが、この木札を書いてくれたのが三好四郎で、筆文字を能くする人だった。また酒好きで、夕方になると毎日のように隣の白濱商店に行って店先で酒を呑んだ人だという。

タマツバキの母馬明美は種馬牧場の払い下げ馬だったし、父馬バラッケー（仏産）はアングロ・アラブ種で戦時中民間への貸出用の種牡馬だった。戦争によりレースが中断した時代、広瀬美智(旧姓三好)の義父広瀬二郎(日高種畜牧場獣医)などの口利きもあって、三好四郎は中央競馬会所有の十数頭の繁殖馬の預託をうける信用力のある牧場ともみられていた。

こうしていちはやく戦後の競馬界で地歩を築いた三好牧場は、副業としてやっていた競走馬の生産を本業にするに至った。〝アラブの三好〟と呼ばれたように、戦前からアラブのいい繁殖牝馬をもち、これに実績のあるサラブレッドのバラッケーやクモハタ、トキノチカラなどを交配して血量五十%のアラブを市場に出して成功した。

二十年代前半、戦後復興の財政的措置として日本各地に雨後のたけのこのようにできた地方競馬場で、レースをする馬が足りなかった。アラブ馬なら軍馬時代の名残で各地に農耕馬として残っていたし、粗食にも耐え一日に二度のレースもこなせる。賞金は安いが価格も安く、維持も楽だ。進駐軍と呼ばれた占領軍の娯楽のためとして、進駐軍競馬とよばれる闇レースも各地で組まれたりしている。これらの需要に即応できたのもアラブ馬のお蔭だった。

二十九年、三好四郎が死んだ。続く翌三十年、失火から起きた厩舎の火事で乳牛すべてを失った。四郎亡き後経営を引き継いだのは娘婿の農協勤務の磯谷衡平だったが、現実的には戦前から苦労を共にしてきた妻コトだった。コトはこれを機に、名称も幌別牧場に変え軽種馬生産専業に踏み切った。

コトは近在では評判の働き者で、杵臼小学校の校長の娘だった。このためか、七人の子どもたちのうち、二人しかいない息子を二人とも教員にしてしまった。しかしその強い経営姿勢は地域や同業者に強いインパクトを与えていて、いまでもコトの口碑が人々のなかで生き

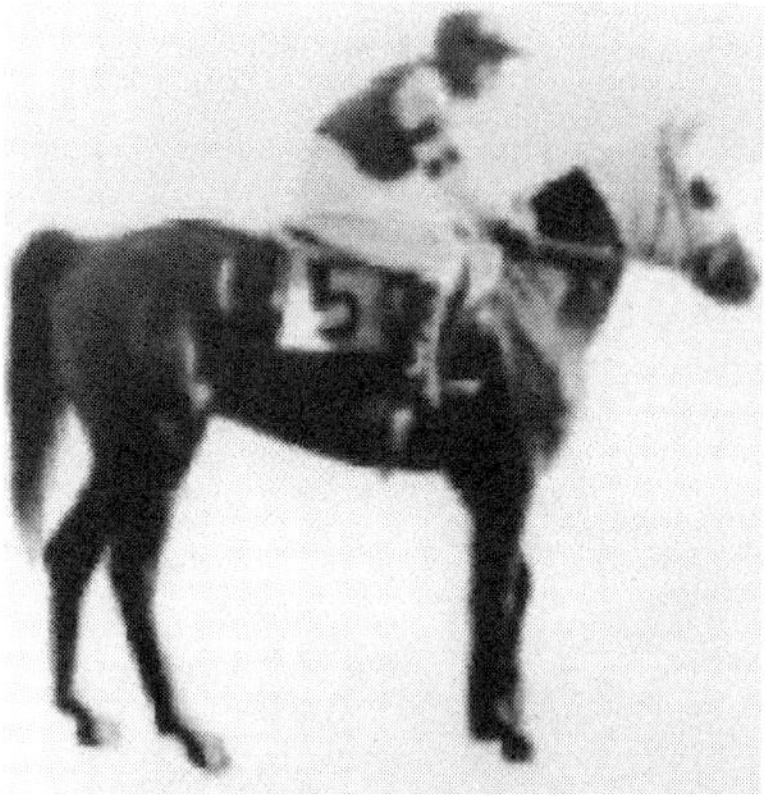

タマツバキの雄姿

ている。〝畑の豆より、手まめ足まめ〟とか〝手豆足豆、つくって一人前〟という諺めいたことばを誰もが聞いている。そのことばを地で行くように、夜中の十時、十一時、就寝前に必ず厩舎を見まわる人だったし、二十四時間馬のそばにいる人だったという。請われて三好牧場を手伝うことの多かった松田敏もまた、〝人のために馬がいるのじゃない、馬のために人がいるのだ〟とコトが語る姿にたびたび接している。

　いまでも、コトの時代が幌別牧場の全盛時代だったと土地の人は語る。三十年代、日高東部の牧場には三大女傑がいて、三石の中村畜産、荻伏の台北牧場、そして幌別牧場の三好コトだった。いずれも身代を大きく伸ばした評判の女性たちである。この時代の余勢を駆って幌別牧場は事業を続けるが、四十年コトが喉頭がんで亡くなり、そののち本格的なサラブレッド時代になって、経営に人を得られず平成八年に廃業。牧場経営の一つの典型だった同牧場の歴史は終わる。

　アラブ競馬の象徴とも言えるタマツバキ記念も、昭和三十年から中央競馬会で四十年間開催され、平成六年、主催が地方競馬場に移りアラブ競馬の退潮を痛感させた。しかしその後平成十九年に同賞が廃止されるまでの通算五十二年間、タマツバキの名は残り続けたのである。

〔文責　高田〕

【話者】

小笠原敏雄　浦河町堺町東　大正十二年生まれ
谷川弘一郎　浦河町西幌別　昭和十年生まれ
松田　敏　浦河町西幌別　昭和五年生まれ
山本　五郎　浦河町西舎　昭和二年生まれ
広瀬　美智　浦河町荻伏　大正十一年生まれ

第二八話　屋根のない学校

――少年団を作った男

新制中学がスタートして間もない昭和二十年代半ば、浦河第一中学校にしばしば出入りする男がいた。二十歳をいくらか過ぎただけのまだ若い男だ。名を高山茂知という。

三重県の私鉄に勤めていた彼が、戦災に遭い、さらに身体を壊して浦河へ引き揚げてきたのは、昭和二十二年頃。浦河は母親の生まれ故郷だった。間もなく国鉄浦河駅に職を得た彼は、親せきの世話になっていた母や妹達を引き取ったが、家族の暮らす狭い官舎に、中学生くらいの子ども達が、始終遊びに来るようになった。子ども好きの高山は、そんな彼らに接していくうち、その子らの持つ問題を解決してやりたい、何か楽しみを見つけてやりたい、と思うようになったらしい。

やがて彼らの様子を知るために学校にも顔を出すようになり、郊外指導の役を担うことになる。その活動は生徒達が手伝った。渡辺修二によれば、高山の要請と先生の勧めで、最初にワルでない奴らが集められたのだろうという。修二が二年生の頃だ。彼らは、十人ほどずつ三つ四つの班に分かれ、掃除や募金活動などの奉仕作業をするようになった。仕事が少しでも楽しくなるようにと、班には英語の名前が付けられ、それぞれの団旗も作られた。たとえば修二の班はエレファント、古市堅一らはイーグルだった。またカッター（大型ボート）の訓練をしたり、毛布持参で駅に泊まり込んだり、ボーイスカウトの洞爺湖キャンプに参加したこともあった。

少年団の清掃活動（浦河町立郷土博物館 蔵）

　高山が「浦河少年団」を正式発足させるのは、こうした前哨戦ともいえる活動を経た、昭和二十六年のことである。高校生になった修二や堅一は、勉強や家の手伝いで忙しく、すでに活動を中止していたが、五月十八日、浦一中で行われた結成式には、入団希望者六十一名が参加したという。これまでの活動を通じて、高山は中学生の心をしっかりつかんでいた。藤井信也はまだ小学生だったが、彼らが制服姿で街角に立ち、募金活動などする姿にあこがれて、それから間もなく入団した。白ワイシャツに学生ズボン、帽子は戦闘帽のようなもので、ネッカチーフは赤。それが傍目にもたいそう格好良かったのだという。

また海版ボーイスカウト「浦河海洋少年団」も、浦河救難警備署が出来、巡視艇が配置されたのを機に、同年七月に結成された。こちらも入団者七十余名という華々しいデビューだった。浦河少年団の団員が、ほとんど揃って入団したのだ。団長はどちらも高山。彼のやることなら間違いない。子ども達はそう思ったにちがいない。漁組の組合長を務めていた奥田惣兵衛が顧問となり、救難警備署の署長が相談役。署員が一人指導者として付いた。団員達は、時には巡視艇あやなみ、きよなみに乗船して沖合を巡航した。半袖白ワイシャツに学生ズボン、白いカバーをかけた学生帽、青いネッカチーフを首に巻いて、手旗信号やモールス信号を覚え、カッターのオール漕ぎを習った。溺れた子どもを助けたり、船の衝突を通報するなど多くの活躍をしたが、とりわけ翌年の十勝沖地震の時は、震災状況の報告作業に貢献し、それが日本海洋少年団の新聞に取り上げられて、全国モデル少年団に推薦された。

例年の全国大会参加などの他、駅や道路掃除、交通指導など地味な活動も、地元新聞が盛んに取り上げた。おもしろそうだ。俺もやってみたい。時々正式の団員でない者も、友達について行事や訓練に参加した。彼の指導には、いつもなにがしかの遊びが隠れていたし、なにより子どもの興味を引くつぼを心得ていた。高山は子ども達に絶大な人気があった。だがそれを見つめる世間の目は、最初は冷ややかなもので、一部には嘲笑の声さえあったという。教師陣も複雑な思いを抱いていた。当時の浦一中は、若い熱血教師集団で、それぞれに教育者としての自負があったし、部活動を行う上で優秀なスポーツマンを横取りされたくない、という思いもあった。だがそんな確執も意に介さず、彼は次々に新しいもの、遊びのあるものを考え出していった。

たとえば別に組織した「少年パトロール隊」。隊員には、身分証明書代わりに浦河警察署長発行の隊員証が配られた。子ども達はそれを手に、少年探偵団気取りで夜回りや交通指導に勤しんだ。その結果、浦河の少年犯罪は皆無という成果を残し、大いに面目を果たしたこともある。また大黒座もセントラルも、隊員証を見せればフリーパス。当時人気の「君の名は」や「愛染かつら」などの恋愛物も、父兄同伴以外は禁止されていたから、映画館チェックと称してよく見回りに出かけたものだという。こんなことをおそらく先生方は知らなかったろう。

また彼にはこんなエピソードもある。団員達がよく知る高校生の実名を使い、日高報知新聞に恋愛小説を発表したのだ。さすがにヒロインは名前を変えてあったが、モデルは誰それと、子ども達の間でたいそうな騒ぎになった。高校生の恋愛など考えられない時代、フィクションだからと涼しい顔で押し通し、八回の連載を終えてやんやの喝さいを受けた。

藤井信也は、高山が団長を務めるすべての団に所属していたことから、数人の仲間と学校帰り毎日のように駅に顔を出していた。おかげでいろんなことを体験した。たとえば様似行きの蒸気機関車に乗りこんで、石炭くべの助手だとか、運転手の指示で汽笛を鳴らすこと、銀行宛の現金を汽車から降ろす仕事も手伝った。お金のぎっしり詰まった大袋を担いで駅まで運ぶのは、このまま銀行強盗でもできそうで、なかなかスリルがある。どれもこれも、みんなちょっと内緒の、今だから言える話である。
こうした活動に会費などは一切なかった。制服と旅費は自分持ちだったものの、あとはすべて有志の寄付で賄われた。何か行事がある度に、団長は寄付のお願いに歩いたが、なかでも奥田商事は最大のスポンサーだった。混沌とした時代ではあったが、大人達の中に、未来の浦河を背負って立つ子ども達に投資してやろう、という気概あふれる時代でもあった。

［文責　河村］

【話者】
渡辺　修二　浦河町常盤町　昭和十年生まれ
古市　堅一　浦河町常盤町　昭和十年生まれ
藤井　信也　札幌市西区　昭和十四年生まれ
小西　力　浦河町入船町　昭和十五年生まれ
石向登栄子　横浜市神奈川区　昭和八年生まれ
卜部　弘　札幌市豊平区　昭和三年生まれ

【参考】
苫小牧民報　昭和二十六年九月二十七日・十月九日・二十七年五月六日
日高報知新聞　昭和二十八年七月十七日・二十九年五月二十五日・八月十日
はまなす新聞　浦河第一中学校　荻忠男学級　昭和二十六年二月二十三日

第二九話　雑品拾いのこと

——復興の陰の子どもたち

「常盤町の奥で電話工事やってるべ……」

「うん、二、三日まえから、電柱の上に小屋架かってるな」

「行ってみるべや……」

「学校終わったらな」

五年生の男の子が話している。放課後、二人で銅線の切れ端を拾いに行く相談だった。クラスのおおかたの男子生徒がすでに目をつけている。早いうちに行ったほうがいい。

終戦直後の日本では食べ物をはじめとして、満足に整っているものなど何も無かった。産業上の物資の不足もそれに劣らないものだったろう。朝鮮動乱を契機とする金属の不足はそれに拍車をかけた。朝鮮半島で戦争をしているアメリカ軍に、大量の物資を納入する必要があったためである。日本の北辺の小さな町で、小学生が教室のかたすみで冒頭のような会話をかわしている。カネ偏景気といわれる時代の末の末の情景だった。

廃品回収業という商売がある。最近なら古紙回収車がまわってきて、〝エー、古新聞、古雑誌はありませんか〟というあれである。あの風景は紙に特化された廃品回収の一端に過ぎないが、日本では東京オリンピックの頃まで、紙もガラスも金属も小学生まで動員されて集められていた。現在、還暦を迎えるほどの年齢の者なら、おそらく誰でも知っている情景のひとつであるはずだ。

浦河の町なかには昭和二、三十年代、元請となる廃品回収業者が二軒あった。上杉商店と堀田商店である。町に住む子どもたちはおおかた上杉商店に集めた獲物を運んだ。

「おじさん、持ってきたよ」

「どらどら見せてみれ。おっ、今日はアカだな」

「……」

「……まけて、百匁。六十円だな。……また持ってこいよ」

「鉄だったらなんぼさ」

「うん、鉄だったら一貫目二十円だな」

「真鍮は……」

どの家でも廃品は出る。酒を飲む家なら酒瓶が、新聞を読むうちなら古新聞が。集めてさえおけばいつかいくばくかの金になる。一升瓶なら五円、ビール瓶なら十円だった。目端の利く中学生だったら、町中のめぼしい場所は頭の中に入っている。空き家から電線を剥いでくるくらいは序の口で、造船所に上架されている船から銅線や銅管を盗む者さえいた。

三十年に運転免許をとり、早くから家業を手伝っていた上杉睦子によれば、いずれにしろ子どもたちが持ってくる量はたかがしれていた。この商売の大部分は廃屋、廃橋、廃船、廃車などの処理で、そのなかでも際立っていたのは、沈没船の引き揚げだった。

明治四十二年生まれの睦子の父上杉貞雄は、昭和九年頃、後に洞爺丸の引き揚げで有名になった函館の黒田商店の従業員として、度々浦河に買い付けに来ていた。道内でも景気のいい町として噂のあった浦河にネットワークを作っておく必要があったのだろう。その後貞雄は浦河を地盤として分けてもらい独立した。

移住当初は廃品の回収よりも沈没船の引き揚げが主な商売であった。襟裳岬は名うての難所だったが、日本だけでなく各国の輸送船が沈んでいた。どのような経緯で上杉の店に発注されたのか今では知る由もないが、軍の命令による沈船の回収が主たる仕事になっていたのだという。その仕事は敗戦をはさんで三十年過ぎまで行われた。睦子の記憶では、当時北海道選出の代議士手代木隆吉がときどき家に出入りしていたので、そうした関係で仕事が回ってきたものかと推測している。こうした関係で、貞雄は国会に手代木を訪ねたこともあり〝浦河広しといえど、赤絨毯を踏んだのはオレくらいのもんだろう〟と、自慢げだった。

輸送船には積荷にも船にも保険がかかっている。保険会社はいくらかでも支払った保険金の回収を考え、引き揚げを発注する。襟裳岬周辺ではやはり浦河に地の利があり、ここからの応札が有利だ。こうした経緯で父貞雄は度々東京でおこなわれる入札に出かけていた。

また受注が決まると、青森の八戸に出かけ懇意の潜水業者にクルーの派遣を依頼した。潜水チームは潜水夫、ポンプ手、操船夫の水中作業にかかわるグループと、台船の上でクレーンを操作して、水中から物品を引き揚げる作業をするグループに分かれ、総勢二十名くらいになったという。上杉商店では現在の阿部電器のところに三十五年頃まで宿舎を用意してあった。睦子の記憶では彼女がかかわった引揚船の最後は、オーストラリアのビクトリア号という輸送船だったという。

こうして集められた廃品は、鉄、非鉄金属、紙・ダンボール、魚網、ビン類などに分類され、貨車の手配に応じて各地に送り出されていった。二十年代後半にこの業界に入った堀田秀作の話を総合すると、鉄は特級から三級まで分類されて室蘭の産業振興株式会社、通称サンシンに送り込まれ、そこから富士製鉄に納入された。紙・ダンボール類は札幌の駒谷、鈴木、ビン類は大沼、吉井などに送られ、そこから酒造会社、ガラス会社に送られた。色物といわれた非鉄金属はカマスに入れられ直接東京に送られたものだという。売値は最盛期には鉄でトン当たり二万一千円、単純に考えれば買入価格の四百倍、アカとよばれた銅はトン当たり百万円にもなった。物さえあれば笑いが止まらぬほど儲かったのである。

新聞を丹念に読む堀田秀作にとって、スエズ動乱(昭三十一)や神武景気(昭二十九～三十二)の頃の国際相場にも通じていて、不遜にも〝世の中で金を持っていない奴が不思議でならなかった〟とさえ思ったという。

少年の日、アンパンやクリームパン、メロンパンに変わる小金をひそかに稼がせてもらった廃品回収業者の背後に、すべて戦争に絡む時代相が大きく広がっていたなんて、子どもたちは誰も知らなかったことであった。

［文責　髙田］

【話者】

上杉　睦子　札幌市中央区　昭和十一年生まれ

堀田　秀作　浦河町東町ちのみ　昭和二年生まれ（平成二十四年没）

第三〇話

熊を撃ちたかった……

――リッジウェイ将軍の休日

「農地改革の作業はどこまで進んでいるか――」

「はい、六〇%ほどであります」

「集計表を見せてみなさい――」

昭和二十年に浦河町役場に奉職した早坂政治は、二十三年ごろ、軍靴のままズカズカと庁舎に入ってきた米軍の将校に、このように詰問されたことを鮮明に覚えている。

また同じ時期に奉職した吉野英治も、ある日突然米軍の将校だったか下士官がやってきて、〝先日は蠣崎町長に通訳でお世話になった〟と菓子包みを置いていったことがあったという。後で包みを開いてみると、チョコレートやチューインガムの類がたくさんはいっていた。また初めての地方選挙の投票当日、見回りに来た将校に〝投票は順調にいっていますか〟と訊ねられたという。

日本国民の半分以上の人間がもう〈進駐軍〉という言葉を知らない時代になってしまっている。日本が太平洋戦争で負けた後、日本に駐留して統治した、アメリカ軍を主体とした連合国軍部隊のことである。

昭和二十年九月二十九日、朝日、毎日、読売の朝刊のトップを飾った平服の連合国軍総司令官マッカーサーと、表敬訪問ということで、モーニング姿で正装したわが昭和天皇の二人が写った写真ほど、日本の敗戦を印象付けたものは無い。この一枚の写真が、過去と現在の日本における最高権力者の交替を端的に示したのである。

連合国軍最高司令官総司令部(通称GHQ)は北海道地区の行政についても、札幌に軍政部をおき監視を怠らなかった。抑えとしては千歳に駐留軍部隊を置いていた。浦河に連合国の拠点があったかどうかは確認できないが、現在の文化会館の向かい、梶田薬局の二階に、戦時中は憲兵隊事務所のあったその場所にGHQの事務所があったと証言する人もいる。町に民事部の将校や下士官が始終出入りしていたことは町民の目にもふれていて、四丁目の昇月旅館にMP(軍警察)の白いジープや兵員用の車両が駐車していた情景は、多数の町民が記憶している。

敗戦直後の混乱もほぼ落ち着いた二十六年の九月、役場に一本の電話が入った。日高支庁からである。GHQ北海道地区民政部からの連絡で、最高司令官リッジウェイ大将が行政視察のため日高入りするという。目的は分からないが、天皇より偉いとされていた連合軍最高司令官である。役場の中をひっくり返すような騒ぎになった。

追々日高入りの目的がハッキリしてくるにつれ、騒ぎは収まっていったものの、今度は人選に頭を痛めた。将軍は浦河で熊狩りをご所望だったのである。そのための案内役と勢子、猟犬を用意しなければならない。浦河のどこに熊がいるものか見当もつかない。町長からこの話を聞かされた濱口光輝は思案に暮れた。浦河猟友会の面々を集めて相談を持ちかけるが、鹿ならまだしも熊となったらまったく保証はできないという。考えた末、この話は適切な場所と人材を用意できないということで辞退する旨を日高支庁に伝えた。

しかし将軍の意向を役向きとは違うといって無下に断るわけにはいかない。日高支庁は本庁と相談のうえ、この話を様似町に持ち込んだ。当時様似町岡田には熊猟の名人として名の知られた岡本惣吉という人物がいた。

いまほど情報がスピーディに伝わる時代ではなかった。様似町が引き受けたようだという話は伝わってきてはいたものの、多少の後ろめたさも手伝って、濱口は隣町に電話もしそびれていた。狩りの話はそれとして、リッジウェイ将軍の日高入りは確かな計画なのだ。いずれにしろ将軍は浦河に立ち寄る。そのときお叱りを受けるかもしれない、地方交付税で手心を加えられるかもしれない。そんな心配が頭を掠めた。

十月に入ったある日、静内町から連絡が入った、三輛仕立ての特別列車でリッジウェイ将軍が到着したという。〝明日だな〟濱口は独りごちた。翌日昼近くになって、道庁から同行した道職員から連絡が入った、〝浦河駅に一時停車している。すぐ来い〟

駅に到着すると、特別列車は海側の引き込み線に停車していた。数十人の兵員がまわりを警護していた。濱口はホテルのような車両のなかへ案内され、応接室のように豪華な一室に導かれた。いよいよ将軍のお出ましかと緊張していると、扉を開けて出てきたのは、これまで会った事のないような高級将校だった。将軍の副官かなにかなのだろう。通訳を連れていた。どのような話をしたかもう覚えていないが、二、三人の将校も同席して、日頃の労をねぎらわれたうえ、浦河の治安情勢を訊ねられたという。そのうちウイスキーが出て乾杯となり、にこやかな歓談となった。断るのも失礼と思い杯を重ねたが、濱口は下戸だった。たちまちのうちに意識は朦朧となり、足元が不如意になってきて、早々のうちに逃げ帰ってきたのだという。

岡本総吉（左）とリッジウェイ夫妻（熊谷カネ 蔵）

　後日、濱口が事務局をやっていた日高町村長会議で様似の留目町長に会ったとき訊いてみたところ、

「進駐軍の司令官に、熊、ぼいだせって言われて困ってしまって、そしたら岡本さ

んが、記念だからオレが熊皮献上するって言ってくれて、それで事なきを得たじゃ……」という結末であったらしい。

当時、様似猟友会の会長だった原田恭平の所にもその話は持ち込まれたが、時期的にも技術的にも熊狩りは無理だとして、鹿狩りの準備をしたという。当日、岡本惣吉が案内に立って、新富の奥からアポイの中腹にかけて勢子十数人を使い追い出しにかかったが、惣吉の娘熊谷カネによれば、獲物があったとは聞いてないという。また浦河町民には姿を見せなかったリッジウェイ夫妻も、様似では駅前に集まった群集を前にそのオシドリぶりを見せ、にこやかに町民にお礼を述べ、大山鳴動したこの一件は無事落着したのだという。

［文責　高田］

【話者】

濱口　光輝　浦河町昌平町　大正四年生まれ(平成二十二年没)
熊谷　カネ　様似町緑町　昭和十七年生まれ
原田　恭宏　様似町潮見　昭和十一年生まれ
早坂　政治　浦河町栄丘　大正十三年生まれ

第三一話　荻伏「白牙會」

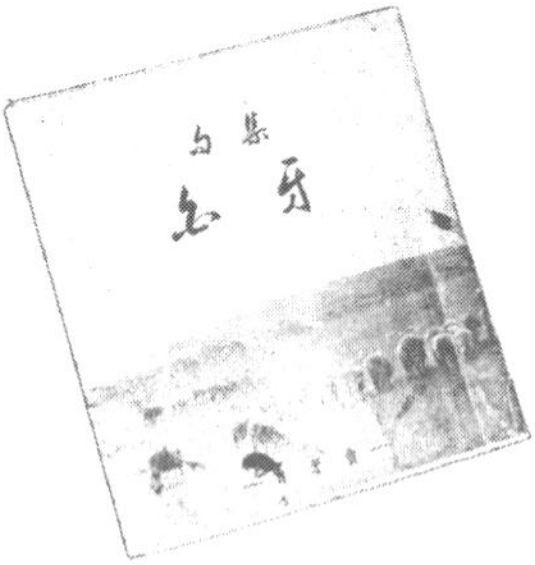

――心を十七音に託して

太平洋戦争が終結した翌年、荻伏村役場に勤める有倉哲三と荻伏中学校の美術教師佐藤哲夫（道展会員）は、文化的に恵まれない北辺の小さな村にあって、生活を落ち着かせ心に豊かさを求めるために、ささやかな文化活動を始めることにした。配給品を買いに行っても、まだ食べるものさえ充分確保できない頃だった。二人はまず絵や音楽や文学を楽しむ会〝白牙〟を始めた。有倉と佐藤は十年前からの画友だった。

有倉は早くに父親を亡くし、高等小学校卒業後十四歳で荻伏村役場に入って、お茶汲み、薪運びから仕事を始めた人だった。子どものころから黙々と絵を描いては楽しんできたが、仕事にも慣れてきた昭和十年頃、有倉は書き溜めていた四百枚もの画稿を抱えて佐藤の家を訪ねた。一枚一枚丹念に絵を見てもらいながら語らい、気がついたときには夜が明けていたという。それからの二人は夜毎、風の様に行き来して絵を描く仲になっていた。その後有倉は結婚、応召、千島出征とあわただしい月日を過ごしたが、幸運にも復員して、また画兄佐藤と行き来するようになっていたのだ。

やがて白牙の会を重ねるうちに俳句を作ってみよう、日々の生活や心の叫びを書き記してみようという方向が決まった。二十二年四月のことだ。荻伏病院の院長正木健三を会長に、有倉は主幹となって会を引っ張った。

白牙の集まりは個人の家だった。そのほうが和やかに語り合えるからだ。月に一度、持ち回りで会員宅に集まり句会が開かれた。昼間のこともあったが、たいていは仕事が終わって夕飯を食べてから、当番の家に向かった。あらかじめ担当を決めておき、その人が出す題について三十分ほど頭の中を巡らせて三〜五句を詠む。出来上がるとそれを短冊形の紙に筆で書き、壁にずらりと張り出す。その中から自分はこの句が好きだ、いいと思うのを一人三点ほど投票する。そして票がたくさん集まったものから批評をし合う。名前は書いていないから誰の作品か分からない。だからみな好きなことが言えた。身分、職業、家など関係なく、すべて平等で損得のない言葉が飛び交った。厳しい批評が出ることが多かった。三割誉められると最高と言われたが、仲間誉めせずこの場で鍛錬するというのが会の方針でもあった。詠んだ句は有倉の手で毎月まとめられ、中から土岐錬太郎が主宰していたアカシヤ俳句会に投句した。

その自由で洗練された句会が小野寺緑水は好きだった。農家の長男に生まれたばかりに田畑を継がねばならず、丈夫ではなかった身体での労働は辛いことが多かった。しかし有倉に誘われ白牙の席に出ると、辛い農作業も日常の雑事も妻の愚痴もすべて忘れ、心から開放感に浸ることが出来た。そうして出された席題について思いをめぐらしていった。緑水は日ごろ畑を耕すときも、播きつけのときも、いつも周囲に目を配って見ていた。句に詠みたいと思ったらそのものを心ゆくまでよく見なさい、心の眼で見なさいと、いつも言われていたからだ。時々畦《あぜ》に腰を下しては句作をするのが楽しかった。我が子や田んぼや自然の情景を緑水は句に詠んだ。言葉をひねり出すのではなく、見たままを素直に表すことが多かった。気の合う隣人を訪ねては俳句談義にふけることもあった。例会には荻伏市街までの七キロの道のりも厭わず自転車でキコキコ走った。菓子屋を商っている相川高治宅の句会ではいつも甘いお菓子が出されて喜んだし、緑水の家で開くときには、合評会のあとトウキビや枝豆を振る舞い、月を見ながら賑やかに語り合った。

野深の平野力蔵は、アイヌだの土人学校だのと馬鹿にされ小学校には半分も行かなかったという。しかし有倉に誘われて白牙會にやって来ると、その自由平等な気風に魅せられて十キロの夜道を欠かさず例会に通った。「力蔵さんの句は素朴でいいなぁ」と緑水がよく言ったように、力蔵は妻や子、そして貧しかった自分の生活をそのまま十七音に表した。「句は行き当たりばったりだ。ぽかっと出た句がいい」と言う。

その後力蔵は歳時記も持たず、どこかの結社に入るでもなく、師もなく、紙と鉛筆だけをカバンにいれて句を作り、どこかで大会があると投稿していた。そして力蔵は松前町で毎年

土岐錬太郎を迎えて開かれた歓迎句会（中列右から２人目が有倉）
（鈴木清 蔵）

開催されている全国俳句大会に投句し、昭和五十一年から三年連続で特選に選ばれている。その後交通事故で身体が不自由になってからも、平成二年に七十三歳で亡くなるまで句作は続けていた。力蔵にとっても俳句は希望だったのだろう。

　さて白牙會では、年間の例会で詠まれた作品を選び句集を刊行したいものと、折にふれて話していたが、念願の第一集が出たのは、昭和二十六年七月だった。「句集白牙」。この本には二十二人の会員が自分で選んだ三百六十八句を載せている。会長の正木医師は往診の行き帰りや街の人の姿など三十二句を載せているし、あそこの叔父さん、こっちの叔母さんなど地元の人には馴染みの名前が連なっている。そして、第二集が刊行されたのは昭和二十八年秋。これには三十二人が五百余の句を出している。仙道房志、相川無灯などその後も活躍する人や、公務員、会社員、教員、主婦らの名前が見られる。

　役場の民生課長になった有倉は、表に立つことを好まず、常に陰の人として黙々と自分の持ち場を守り誠実で努力家で公僕そのものという人だった。生来の面倒見の良さや、人なつこい笑顔で多くの人から頼りにされ、昭和二十九年の靖国参拝団では世話役として付き添って行った。そうして洞爺丸事故に遭遇し、妻と二人の子を残し三十六歳で亡くなった。

昭和十年代には何度も道展に入賞するまでになっていた有倉は、絵と俳句の両立が許されないと悩んでいた。またガラス絵や版画などを配した豪華な句集を出版しようと計画していたが、実現されなかった。土岐は同人誌アカシヤで哲三の追悼特集を組み、「白牙は哲三さんの代名詞」と記している。

強い牽引力をもっていた有倉を失い一時停滞したものの、正木や相川が中心になり白牙の例会はその後も続けられた。荻伏中学校の文化祭に地元の文化サークルのひとつとして会員の作品が紹介されることも何年か続いた。浦河のかぶら会と合流して句会を開いたこともある。しかし昭和四十年代になるといつの間にか消えてしまった。

戦後、荻伏にはこのほか昭和二十一年に有倉が始めた人形劇どんぐり座、昭和二十八年荻伏短歌会、昭和三十年コーラスグループおむすび会、演劇、美術グループが誕生したが町村合併とともに浦河に加入したり自然消滅している。

［文責　小野寺］

【話者】

鈴木　清　　新ひだか町静内　昭和九年生まれ

【参考】

「アカシヤ第一〇二号」　アカシヤ俳句会　昭和三十年刊

第三二話　門上の沢

——帝国海軍脱走兵？

日高幌別川流域に住む人々のあいだで、いまも折にふれて語られる人物がいる。上杵臼のはじまり、志満《シマン》の入り口あたりにある小沢を、地域の人はいまでも少し畏敬をこめて〝門上の沢〟と呼ぶ。

人々が異口同音に言うことによれば、この人はかつての日本海軍の軍人で、小樽の基地から脱走してきた人物であるという。以前かれの家を訪れたことのある人によれば、帝国海軍の制服があり、襟章には金筋が入っていた。帽子もあり、一般の水兵帽ではなく鍔《つば》つきの帽子だという。ということは下士官以上の階級にある男ということになる。

春にたっぷり山菜を採り、秋にはきのこを採った。干したり塩漬けにして一年中それを食べた。近所や自分のところの家畜が死ぬと、これをきれいに解体して、塩漬けや味噌漬けにして保存した。当座食べる分は川底に沈めて、必要なときに取り出して食べた。その様子を見た人が言うには、家のなかの梁にチェーンブロックをとりつけ、牛や馬の頭部をぶらさげ、直接鍋に落とし塩味にして、それが無くなるまで煮て食べていたという。

ここまでなら、仙人暮らしとでも呼べばそれで済む。しかしかれには独特の趣味があって、残った牛馬の骨を家の中や周囲に飾った。ある人が訪れたとき、そんななかで英字新聞を読んでいたというし、ある人は墨痕鮮やかに漢詩を書いている姿を見たともいう。またそれらの骨がうずたかく外に積まれ、夏などの雨の夜、街から自転車で帰った集落の人が、ぷんと腐臭のする門上の沢を通ったとき、イタドリの茂みのむこうに燐光が燃えていたともいう。これが幌別川の仙人、門上石《もんがみいし》の物語のあらましである。

中村政治が門上に出会ったのはかれが十七、八の頃、太平洋戦争のさなかのことだった。まだ杵臼の実家にいた頃で、冬の日、割った薪をかたづけていたところ、フラッと現れたこの男は何もいわずにその仕事を手伝った。体の大きながっしりした男だった。以来、男は始終政治の家を訪ねてくるようになり、親しくなった。仕事が休みのときには、二人で志満や女《メ》名春別《ナシュンベツ》の沢にやまめやいわなを狙いに行くことも度々だった。

あるとき、政治が青年学校での話をしたところ、

「どんなことを習っているんだ……」

「毎日毎日、教練ばっかりだ」

門上石宅（「拓跡」より）

「おれも兵隊に行ってきた。習うことと実際はまるで違うぞ……」

やや間があって、男はボソリとつぶやくように言った。政治は自分よりひとまわりほど年長のこの男はきっと共産党かぶれなのだと思った。

同じ頃、やはり釣り仲間としてつきあいのあった三嶋重敏も〝日本はこの戦争に負ける。敗戦になれば軍人は皆殺される〟と男が語っていたことを覚えている。

直後に政治は招集され、後に樺太で現地除隊になり、同地で進藤ふじこと結婚し、二十三年十一月に杵臼に引き揚げてきたとき、男はあの頃と同じように三井物産のかつての飯場跡に、地面を少し掘り込んで屋根だけを掛けた拝み小屋風の家に住んでいた。家のまわりにわずかに畑を作りかつてと同じように芋、南瓜を植えていた。

昭和二十五年の暮れ、日高種畜牧場の一部が引揚者のため開放され、百五十戸からの開拓民がこの地区に入った。中村家の次男だった政治も、この男、すなわち門上石も応募していて農地の割り当てをもらった。というのも、浦河町が開拓農家に住宅資金の補助を出したとき、かれもその対象となっていて、その資金で柱のある住居を建てていたからである。

この家を建てたとき、かれは自己負担分を出さなかった。このためその家は一部屋だけ板で囲った珍妙なものとなったが、かれはそこで悠々と暮らしていた。しかし開拓民たちが裏で手をまわしていたのは確かだった。さらに後日、かれはこの家を失火で焼いてしまった。そのときもまた地域の人たちが部材を持ち寄り、これを再建した。このときもやはり釘代という名目で集落の人たちが役場から一定の補助を引き出したのだが、かれはその受け取りのサインを拒んだ。同じようなことは他にもあり、生活保護といい軍人恩給といい、誰が話を持ちこんでもそれらについては拒絶した。その態度は死ぬまで変わらなかったという。

着手小屋（「拓跡」より）

単に開拓と呼ばれたこの地区では一部を除いて、米は殆んどできなかった。したがって稗《ひえ》・粟《あわ》が常食だった。米を手に入れるためには現金が必要で、開拓の人たちは冬場は造材事業、夏場は河川改修事業などで働いた。かれもあちこちで貰い仕事をしてわずかながらそれを稼いだ。その金を臭いのする泥まみれの靴下に入れ、開拓農協にやって来て、米とわずかの食糧を買った。かれが来ると女店員たちが嫌がった。洗濯ということをしない男だった。

また乳牛を一頭買い入れ、乳を搾った。バターやチーズをつくり日頃世話になっている近所に配った。また味瓜、西瓜、苺などを作っていて、その苗を配った。それは農協で売っている苗よりもいいもので、〝門上の苗〟として一部の人たちは珍重した。

酒が呑みたくなればあちら、米が食べたくなればこちらと、地域を経巡って食にありついた。乞食をするわけでなく、遊びに来たという風に座り込んで酒を飲み、餅を食べた。政治のところは特別で、遊びに来てそのまま泊まっていくことも始終だった。散髪も嫌いで、ときたま政治がバリカンで伸びた髪を刈ってやっていた。政治も妻ふじこも、集落の人誰一人それを咎める者はいなかった。ただ同地域の人々が白米を日常的に食べられるようになるのは、四十年を過ぎてからである。そのような歴史のなかで、かれは昭和六十三年まで生きた。

仙人とはいわれるものの、地域で生きていくには集落の人々の善意のなかでこそ可能だった。常識では考えられない生活を選び取る人を、人々は驚嘆をこめて仙人と呼ぶ。それでも畏怖すべきものではなく、助け合う対象と捉えていたのはなぜだったのだろう。中村政治の妻ふじこはこともなげに〝貧乏人はやさしいから〟と答える。人間の在りようとして、心が温まる。

［文責　髙田］

【話者】

中村　政治　浦河町上杵臼　大正十四年生まれ
前川　直治　浦河町上杵臼　昭和二年生まれ
三嶋　重敏　浦河町西舎　昭和五年生まれ

第三編

災害に色どられながら、戦後復興の終盤へ

［昭和二十年代後半］

浦河人にとってこの時期は、二十七年の十勝沖大地震と二十九年の堺町大火、洞爺丸台風によって鮮明に記憶される。戦時の被害が些少で済んだ浦河にとって、壊滅的とまでは言わないが、町内全域に地震被害が発生した。春に起こった引揚者住宅大火は死者一名・五十一戸焼失という大災害になった。秋の洞爺丸台風は港に全国から集まっていたイカ漁の船に被害が生じていた。またこのとき洞爺丸に乗船していた荻伏からの靖国参拝団十二名の被災が悼ましい。

町内各域で戦後開拓の入植が本格的に始まり、引揚者問題に一応の解決をみたが、一方でそれは新たな農業問題の始まりともなった。ただ二十年代前半とくらべて、貧しさでは大差なかったものの、北洋漁業の再開や消費物資の供給など町民の気分は上向いていていて、三、四十年代の町史始まって以来の盛時を予感させる。

第三三話　浦高倒壊

――一九五二年十勝沖地震

　マグニチュード八・二という我が国でも最大規模の地震が浦河を襲ったのは、昭和二十七（一九五二）年三月四日のことである。震源地は十勝沖だった。浦河ではこの地震により家屋の全壊五十七戸、半壊六十九戸。重傷者一名、軽傷者十五名を出した。被害総額は一億一九〇四万円にのぼったという。ただこれほど大規模の地震でありながら、一人の死者、一軒の火災も出さずに済んだことは、特筆すべきことである。最も被害が大きかったのは、官公庁の集中している常盤町と、東町の浦河高校、日赤病院界隈だった。

　地震の発生は午前十時二十三分。浦河高校は、二時間目の授業中だった。給仕の堀　逞《たくま》は、その時事務室にいた。目の端に、事務長が棚の上の瓶を押さえるのが見えたが、逞にそんな余裕はない。あわてて机の下にもぐりこんだ。漆喰の壁が剝がれて、真っ白い煙がもうもうと上がる。がたがたとすごい音がしていた。揺れが激しくなるに従って音は消え、部屋の中は何も見えなくなった。気がついた時には、コンクリートの台座に乗っていた大金庫が、台座が動いて前輪が外れ、床にめり込んでいた。揺れの収まるのを待って、手提げ金庫を探し、湜は生徒から集めた授業料と領収書をポケットにねじ込んだ。窓から飛び出そうとしたとたんに、再び大揺れがきて、湜は転がるように外へ出た。先に逃げたはずの事務長は、理科室の薬品処理のため、再び校舎に戻り、崩れた集合煙突の下敷きになって、左腕骨折という重傷を負っていた。

倒壊した浦河高校(山内良三 撮影)

大脇徳芳は一階で音楽の授業を受けていた。あまりの揺れに、隣の友達と飛ばされないよう抱き合っていたが、気がつけばピアノは教室の真ん中まで飛ばされて、床に突き刺さっていた。あちこちの教室で、黒板が落ち、天井板が剝がれ、窓ガラスが飛び散り、悲鳴が上がった。古市笑子は一階の教室から飛び出したが、どうやって外へ出たのかは覚えていない。ただ一緒に授業を受けていた友達のセーラー服の背中に、誰かに踏まれたらしい靴の跡がついていた。二階二年生の教室では、だるまストーブから石炭の燃えがらが飛び散り、火がでた。このままでは火事になる。ストーブの近くにいた男子生徒らは、ストーブを窓から投げ出し、火のついた石炭を始末した。手にやけどをした者もいたが、とっさの判断だった。消火にあたりながら、田島邦好は、もし階段が落ちたら集合煙突を伝って逃げよう、と考えていた。煙突には昇降のための鉄梯子がついているのだ。

生徒達は校舎を飛び出し、一目散に校庭へ逃げた。雪の残る地面を蛇のような亀裂が走る。渡辺修二は、学校と日赤の間にあるやちだもの並木にしがみついていた。足元の裂け目は広くなったり狭くなったりして、動くことができない。揺れていた校舎の一部は、くの字に傾いた。道を隔てた日赤病院でも、ゆらゆらしていた集合煙突が、突然目の前で折れた。地面に這いつくばっていた一部の生徒は、それを見て思わず病院へ走った。病院は東側病棟が防火壁を境に大きく離れ、傾き、内部は壁が落ちて、薬品、医療機器が散乱していた。その日、入院患者は九十八名いた。彼らは、そうした状況を目のあたりにして、職員を助け、患者の避難に奔走した。やがて近くの人々も駆けつけ、幸い一人の犠牲者も出さずに済んだという。

またときわ湯が全壊、隣の中島自動車工場も一階がつぶれて、二階が落ちた。石田梅子は、当時その工場の二階に住んでいた。おむつを干して、二階へ上がろうとした時地震が起きた。二階には赤ん坊がいる。駆け上がっていずこから抱き上げたが、あっちへぶつかりこっちへ飛ばされ、歩けない。下へ降りようとした時には、もう階段がなかったという。ぺしゃんこになった部屋の窓から、梅子は赤ん坊を抱いて這い出した。無事だったのが奇跡だ。

付近の住宅も、その後の余震を含め、ほとんどが倒壊かそれに近い被害を受けた。児童数千二百人を数える浦河小学校でも黒板、机が倒され、窓ガラスが割れ、集合煙突が倒れた。とりわけ二年生の一クラスは身体検査中で、ほとんど裸の状態。教室はパニックになったが、上級生が先生を助け、背負ったり抱いたりして無事避難させたという。

道路にも亀裂が入り、絵笛トンネル付近では地盤が沈下し、列車は立ち往生した。このためバスも列車も不通になった。浦高では当時、三石、様似、幌泉(現えりも町)等からの通学生もあり、遠方の者は、歩いたりトラックに乗せてもらったりして、夕方までかかってようやく家にたどり着いた。また津波に備えて布団を背負って裏山へ逃げたという者もある。幸い被害の少なかった光照寺は、緊急避難所となり、行き場のない十三家族六十人を収容したという。

地震から六日後の三月十日、真夜中に再び強い余震があり、建物の被害が増した。ほとんど全壊の浦河高校は使用不可能で、しばらくの間閉鎖となり、その後は本校跡の仮校舎と公民館、浦河小学校の一部を間借りして、二部式の授業が行われた。先生達は東町と常盤町を掛け持ちして自転車で走り回った。地震のどさくさで学期末試験は中止。進学の危ぶまれていた者は、このときばかりは心の中で小さくガッツポーズをした。また電線が寸断され、復旧工事のアルバイトで臨時収入を得た者もいる。自分で学費を工面していた者達は、この仕事でずいぶん助けられたのだという。だが図書室はなくなり、参考書もろくに揃わない中、大学を目指す者はとりわけ不自由を強いられた。ままならぬ学校生活と通学の大変さに、学校を休み自宅で学習する者もあったが、西田校長は受験生の家を一軒一軒回って、彼らを励まし、相談にのったという。なお翌月四月に入学した新一年生は、浦河小学校横の公民館で高校生活をスタートさせた。

［文責　河村］

＊　十勝沖地震と呼ばれるものは、他に昭和四十三年のものがある。混乱を避けるためタイトルに一九五二年を冠した。

【話者】

堀　　　浧　札幌市手稲区　昭和九年生まれ
田島　邦好　札幌市中央区　昭和九年生まれ
大脇　徳芳　札幌市東区　昭和十年生まれ
塚田　国雄　室蘭市母恋北町　昭和十年生まれ
渡辺　修二　浦河町常盤町　昭和十年生まれ
古市　笑子　浦河町常盤町　昭和十年生まれ
石田　梅子　浦河町東町かしわ　昭和八年生まれ

【参考】

稚之実　三十周年記念誌　浦河高校第五期生の記録　昭和五十八年刊
北海道新聞　昭和二十七年三月八日・三月十一日

第三四話　妙道尼の威徳

――龍の雲があらわれた！

浦河駅をでて左に行くと六地蔵があり、そこから丘の斜面に沿って曲がりながら一〇八の石段が上へと続いている。登って行くと南側の視界が開け、風で曲がった柏の木立の向こうに築地の埋立地と青い海が広がっている。石段を登りきると鐘の下がった龍王門が迎えてくれる。鐘楼ではなく山門に下がる鐘は、参拝者が何時突いてもいい鐘だ。ゴ～ン。手を合わせて石畳を行くと両側に地蔵さんや観音さんが並び、突き当たりに本堂がある。

ここは真言宗醍醐派の寺で妙龍寺という名前をもっているが、町内では〝お大師さん〟で通っている。丘の上の狭い土地に本堂のほかお稲荷さんや龍神さん、そして八十八ケ所めぐりの石仏も建っており、本堂・境内・山内あわせると百四十体を超える仏像がある。

開基は大正十五年四月三十日。初代住職の沖本妙道は愛媛県に生まれ、室蘭の知利別で弘法大師の教えを広めていたが、浜益の黄金山に登ったとき「浦河で布教せよ」という夢告げに遭い、また二代目奥田惣兵衛の熱い招聘を受けて浦河へ来たのだった。

浦河の港には四国や和歌山からの漁師がたくさん来ていたし、そこから移住してきた人もいた。昔の人は土地とのつながりを大切にし、土地の人について歩いたものだった。つまり故郷を離れたら同郷の人を頼って歩くのだ。四国をはじめ西国から来た船の人たちは、住職が四国の人と知って、よく泊めてくれと寺へ来た。寺でも船の人を大切にして何日でも泊めた。また境内に波切不動明王を建てて船の安穏を祈った。こうしていつしか寺には三石からえりもまでの船の人たちが集まるようになった。

妙龍寺龍王門（小野寺信子 撮影）

かつて日本中を駆け回り、女人禁制の山には男装してまで登って修行を重ねたという妙道は、見えない世界に働きかける強い力をもっていた。ある時、船の人たちが「父さんの船が沈んだ。父さんはどこにいるべ？」と相談に来た。祈祷のあと、「○○の岸壁近くにいる」と言われ探したら見つかった。「船から落ちて兄さんがいなくなった」という人には「三週間たったら分かるから待ってれ」と言った。それから三週間後、遺体は井寒台の浜にあがった。行方不明の人をもつ家族や興信所の人はよく相談に来た。そのたびに祈祷して答え、それがよく当たった。

そのことが口コミで広まり、寺にはよく人が集まるようになった。やがて妙龍寺のお山にも八十八体のお地蔵さんを祀ることになった。建てるのは四国八十八ケ所の寺の本尊を刻んだ石仏だった。奉納者はえりもから三石までの山の人、海の人が入り混じっており、皆は出来上がった石仏を担いで石段を登った。こうして郷土四国の巡礼の心を浦河に持ち込み、新四国八十八ケ所霊場という巡拝の場を設けたのだった。ここは境内の横から入って一時間ほどで巡ることが出来る。

妙龍寺に山門を造ろうという話が決まったのは昭和二十七年のことだった。寺の信者だった荻伏の大工、玉澤富三郎のもとにその話が届いたとき、富三郎は他に大きな現場を抱えていた。そこで息子の裕にその仕事を任せた。裕は当時二十四歳だった。十六の時から父のもとで大工の見習いを始めていたが、山門なんて見たこともなかった。裕は参考書を買い求め、各地の山門を見歩き、宮大工の教えを請い、設計図を引いた。材はすべて信者が担いで山の上まであげた。桁《けた》、梁《はり》、屋根垂木はカラマツをつかい、その他はカツラがほとんどだった。玉澤建設からは棟梁の裕のほか三木本、菅原、松井の三人が来て、寺の本堂に泊まり込んで作業に当たった。若い裕にとって、釘を使わない工法は初めてだった。地震の多い浦河でびくともしない門を建てるにはどうしたらいいか。

まず、建物に合わせて深さ五十チセンの根掘りをし、その上にコンクリート、またその上に柱の穴をあけた大谷石を取り付けて一尺角のカツラに枘《ほぞ》をつけて立て込み、その上に三ツ斗六枝掛の組み子を上げるという工法を用い、彫り物は京都に注文した。昭和二十七年八月二十二日、上棟式の日に沖本妙道尼は「龍王門」という名を付けた。

さて裕が棟梁として独学で作り上げた龍王門は完成し、落成式が行われた。寺には大勢の人が集まり妙道尼は門の前で護摩《ごま》を焚いて祈祷をした。その時だ、信者が見守るその目前、太平洋上に二本のウロコ雲が現れた。雲は龍の形になって一直線に伸び、龍王門の上を通った。「わぁー龍だ、龍だぁ」と集まった人たちは空を見上げ驚きの声をあげた。龍は門から本堂の真上に流れ、そして消えていった。誰もがこの出来事に仰天し、ここには確かに目に見えない神仏が存在していると信じた。

龍王門の魂入れには京都の本山醍醐寺から岡田管長を招くことになった。苫小牧からお召し列車を仕立て、浦河駅から妙龍寺本堂までの管長が歩く道にはゴザが敷き詰められた。ゴザの両側には信者がぎっしり座って御詠歌をあげており、石段の上には行灯《あんどん》が並べられた。列車から降りた岡田管長はその上をゆっくり歩いて本堂まで上がった。そして龍王門の幕のロープを伸ばして本堂に安置している本尊大日如来に繋ぎ、魂入れの儀式を行った。ちなみにその夜管長は妙龍寺総代の奥田惣兵衛の家に泊まった。こうして作られた龍王門は、その後十勝沖地震や浦河沖地震など震度六の揺れに何度も遭いながらビクともせずに立っている。

妙龍寺は檀家を持たない祈祷寺で、弘法大師の命日にあたる二十一日が毎月の月参りの日だった。春と秋には彼岸の大祭が行われ、節分には星祭、お盆には施餓鬼供養《せがきくよう》などがとりおこなわれ、多いときには千人もの人が石段を上ってお参りに来た。えりもや三石など遠くの人は前日から歩いて来て、本堂に布団を並べて泊まった。お参りの人には食事を出してもてなすのが四国流だったから、台所は食事つくりでてんやわんやだった。寺の境内には町内の業者が露店をだし、ステージが設けられて演芸会も開かれた。本堂から傾斜地を少しあがったところには土俵も作られ、奉納相撲も行われた。

このように妙龍寺が賑わった昭和二十～三十年代は人と寺との関係が非常に密だった。人々はよく寺へきて住職に人生の節目の相談に乗ってもらった。また風邪をひいたと言ってはお参りし、困ったことがあったと言っては訪ね、癒されて帰って行った。

様々な問題を持ってやってくる人は、それなりのカルマや憑きものを持ってきた。それに負けないよう住職たるものは自ら清め鍛えておかねばならなかった。初代の妙道、二代目妙晶も朝五時には起きて山の湧き水をためてある小屋に入って水垢離《みずごり》し、あちこちの山へ上っての修行や、寒いなか経を唱えて廻る寒行など自分を厳しく律する生活をしていた。だからこそ、信者さんに頼られ、日が昇るように栄えてきた妙龍寺だった。

しかし時は過ぎ、科学万能でおおかたの人は目に見えない世界を信じようとしない社会に変わってしまった。一日千人も石段を駆け上がった日は遠くなってしまった。

今は鈴木景優住職が寺を守っているが、平成十八年に設けられた北海道八十八ケ所霊場の第五十番札所となっており、町外から参詣に訪れる人も見られる。雪が降ると誰かが石段の雪かきをしていたり、お地蔵さんのベロかけがいつか新しくなっているという話を聞くと、今も皆はお大師さんへの素朴な親しみの心を失っていないと思われる。

［文責　小野寺］

【話者】

沖本　　勇　　苫小牧市　　昭和十七年生まれ
原口　久子　　浦河町常盤町　　昭和十九年生まれ
玉澤　　裕　　浦河町荻伏　　昭和三年生まれ

第三五話　山の学校

――開拓地の子どもたち

樺太等からの引揚者対策、不足する食料確保のため、日高種畜牧場と道有林の一部が開放されたのは、昭和二十五年秋のことだった。入植希望者は引揚者の他、町内、近隣の者を含め二百戸を超えたが、厳しい人選の結果、最終的に百三十戸が定住したという。開拓地は杵臼の奥の未開地。各戸の割り当てはくじ引きで決まった。道有林の払い下げ地はその一番奥の女名春別と呼ばれるところで、立木の込んでいるところは、昼でも暗いほどの山奥だった。

斉藤市蔵（えりも町出身）らが女名春別へ入ったのは、二十六年の春。最初の入植者は十七戸（最終的には二十一戸）だったという。市蔵の息子優は中学生だった。そのころ上杵臼の開拓地に、馬小屋を改築した学校ができたが、下へ降りる道に橋がないため、優の家から学校へ行くには、ぐるっと回り道をしなくてはならない。山道を通うには遠すぎるし、下に弟や妹が五人もいて生活が苦しかったから、学校に行かずに山稼ぎに出た。最初は馬の通る道付けの仕事。そのうちに木を伐ったり、馬の入れる場所まで木を下ろす仕事を任された。夏は植林の地ごしらえや下草刈り。十三、四歳の優の毎日はそんな具合だった。

優だけではない。他にも学校に行けない子どもが何人もいた。その状況を何とかしようと、造材飯場の払い下げを受けて、分校を作ることになったが、そこは集落のどん詰まりで、軒下まで熊が来るようなところだ。電気、水道はもちろんのこと、バスも入らないから町まで下りるのも一苦労。造材トラックの丸太の上に乗せてもらうくらいしかない。そんな山奥に来てくれる先生はなかなか見つからなかった。八方手を尽くし、かつての教え子を通じて、ようやく退職していた小葉松与作先生を拝み倒した。学校ができてから三月もたった、二十八年一月のことだった。

生徒は中学生二人、小学生が十一人。ストーブを焚いてオーバーを着ても、背中は凍るくらい寒い学校で、教室はたった一つ。先生は一人。一、二年生を先に終わらせ、三〜六年生は午前中、中学生は午後から。最初の授業はそんなふうだった。優は仕事の合間に、「グローブ貸して」とか、「卓球台貸して」と言って時々顔を出していたが、先生が「そんなことでなくて学校へ来い。教えてやるから夜も来い」というので、通学するようになったのだという。女名春別に中学校が正式に併設されるのは、昭和三十二年からだ。

開拓地は当時雪が多かった。道が狭くてブルも入らないから、積雪は二メートルほどにもなる。そんな道を、優は王子毛布を巻いて造材に行く靴を履き、コクワのつるで作ったかんじきをつけて学校へ通った。それでも猛吹雪で学校に行けない時もある。そんなときは先生の方から訪ねて来た。ラッコ橋近くの横山隆三の家には子どもがたくさんいたから、近くの子どもも入れて、即席の学校になった。隆三の父は自分で捕った鹿を鍋にして、そのうち先生と一杯やり始める。一杯が二杯に……。「お前ら自習してろ!」そんなこともあった。

先生の最初の住宅は、玄関を挟んで教室と反対側の一室。究極の職住接近だ。庭で先生は、はまなすの花を育てていた。海を見たことのない子がいたからだという。学校に風呂がついたのは、三十五年の暮れで、風呂が沸くと、大人も子どもも貰い湯に行った。男子が火曜、女子が金曜と、入浴日が決められていた。村に電気が点いたのは三十七年の秋。それまで子ども達は、ミカン箱の机にローソクを立てて宿題をしていたという。どこの家にもランプはあったが、それは流しとちゃぶ台を照らすだけだったのだ。

食料などの日用品は、日高商行(管野商店)が車に積んで売りに来ていた。車の音が聞こえると、子ども達が駆け寄っていく。車が珍しいし、一円キャラメルを貰えるのが、うれしいからだ。我先にと手を出してお土産を貰うと、「ショウコウ来たよ!」と、声を張り上げて大人を呼びに行った。品物は校長宅など、地域の主だった家へまとめて置いていく。必要な物があればそこで買い、足りない物は注文した。衣類なども頼めば次の時に探して持ってきてくれた。米以外はツケがきいて、お金がなくても薪や炭と交換で売ってくれた。開拓当初は、畑仕事だけでは食べられないから、木を伐って炭焼きをして暮らす人も多かったのだ。冬は雪で車が入れなくなって、途中で馬橇に替えなければならない。四班の門脇さんが馬橇

昭和41年　女名春別小中学校廃校式（「拓跡」より）

を出してくれたが、冬はあまり来てもらえなかった。それでもこの車で肺炎になった人を病院に運んだり、丸木橋から落ちて亡くなった子どもを、常盤町の焼き場に運んだこともあった。

隆三の家では、父は夏、船大工の出稼ぎに出ていた。四十年頃は牛も飼っていたから、父の留守中、隆三は牛の乳しぼりをしてから学校に行った。帰ってくると水汲みの仕事。近くの湧水から天秤棒で担いでくるのだが、風呂の分を合わせると三十回にもなる。水汲みを少しでも楽にするため、風呂は家から百《メートル》も離れたところにあった。仕事はあるし遊びたいし、夜になると眠くて眠くて、勉強なんかできるはずがない。それで宿題を忘れて、先生に薪で頭をたたかれたこともあった。腹くそが悪いから帰ってきて親に言ったら、お前が悪いとまた叱られた。傷のところをちょっとバリカンで刈って、赤チンつけてそれでおしまい。そんなもんだった。友達や兄弟とは、ドジョウやザリガニを捕ってきて食べたり、カケスを捕ってかごで飼ったり、蛇なんかどこにでもいて、子どもの頃は気持ちが悪いなんて思わなかった。夏は首に巻いたら、涼しくて気持ちがいいくらいだ。隆三の家の畑には、黄色と赤と両方のすもの木があって、腹がへると近所の子もみんなで食べた。

学校行事は村をあげての賑わいで、とりわけ運動会は楽しみだった。日高商行が車に物を積んで売りに来たし、上杵臼や新富(様似)からも見物人が来た。開拓当初は、グランドの真ん中に桂の木の株が残っていた。一カ所から何本もの幹が出ている桂は、根が大きく張っていて簡単に抜けないから、上のほうを切っただけだ。それでも切り株は子どもの背丈ほどもある。それが畳六枚ほどにも広がっていた。その周りを子ども達がグルグル走った。走っている子の姿が、木の陰で突然パッと消えるのがおかしかった。人が少ないから、村の人に混じって見物人も、店を出した日高商行の主人までもが参加した。賞品はノートなど文房具の他に、幌別の能登商店などから寄付してもらったシャツやズボンもあった。小さい弟や妹は、着る物がないから裸で行って、帰りにはいいものを着て帰って来た、優はそう言う。優も速かったから、走れば必ず一等だった。

他にも楽古岳に登ったり、発動機で電気を起こしてチャンバラ映画を見たり、浦高の人形劇サークルが、泊まりがけで慰問に来たりした。クリスマスには先生がバイクでケーキを買いに行ってくれた。牛乳を運ぶトラックの荷台に乗って、浦河までサーカスを見に行ったことも、日高商行の車で海や汽車を見に連れてってもらったこともあった。

春には山菜採り、秋のキノコ採り、冬になれば罠を仕掛けてウサギ狩り。肉は食べて、耳は役場へ持って行く。それがウサギ駆除の証明で、一羽二百円になった。豚や鶏、綿羊などの家畜が次々と熊に襲われたり、大豆がみんな鹿に食べられた年もあった。冷害で学校に弁当も持って行かれず、給食に助けられた年もあった。

親も子も力いっぱいがんばったが、開拓は結局実を結ばなかった。やがて毎年のように村を離れる者が出て、生徒数もついに九人。先生の子どもの他は二軒が通うだけになった。そしてその一軒の横山家の離農が決まり、学校はついに閉校となった。開校からわずか十三年。隆三が中学二年の昭和四十一年三月のことだった。

あれからすでに四十余年が経つ。学校も友達の家もない。それでも斉藤優は、春が来ると、かつて暮らした場所に山菜を採りに行く。ウドやタランボ、ギョウジャニンニク……。女名春別は今も山菜の宝庫だ。

［文責　河村］

【話者】
斉藤　優　浦河町西幌別　昭和十三年生まれ
島田　富雄　浦河町西幌別　昭和六年生まれ
足利ヒサエ　浦河町西幌別　昭和二年生まれ(平成二十二年没)
横山　隆三　浦河町西幌別　昭和二十七年生まれ
管野みさ子　浦河町堺町西　大正十三年生まれ

【参考】
拓跡　荻伏・浦河町向別開拓農業協同組合解散記念誌編纂委員会
浦河町上杵臼開拓開校20周年記念誌編纂委員会　昭和四十七年
日高報知新聞　昭和三十六年一月一日・四十一年三月二十九日

第三六話　運転免許異聞

――運転だけじゃ使いもんにならね

　井寒台に生まれ育った塩谷正明は三人兄弟の末っ子だった。母親はいつも静かなもの言いをする人で子どもに手を上げたことはなく、正明も母親に反抗したことがなかった。学校を卒業すると親の勧めで漁業無線に入った。けれどそこの仕事がどうも性に合わず、憧れの運転手になりたいと思った。その頃運転手の給料は普通の倍以上だったたし、カッコ良かった。何より正明は車が好きだった。

　運転免許を取る自動車学校は札幌にしかなかった。しかしその頃「学校出の運転手は使いものにならん」というのが定説だった。「助手あがりでないと」というのだ。つまり、運転助手として車に乗り込み、車の操作だけでなく悪路にハマったときの抜け出し方、チェーンの着脱、エンジンが止まったときのちょっとした修理やオイル交換もこなさなければ運転手としてやっていけない時代だった。その辺に修理工場もなければ、ケータイもＪＡＦもない時代。車が止まったら自分で何とかしなければ誰も助けてくれない、その技術が必要だった。

昭和二十四年、正明は井寒台の船越谷に助手として雇ってもらった。と言っても寝たり食べたりは保証されたものの仕事は無給で、盆と正月に二千円の小遣いが渡されただけだった。仕事を手伝いながら覚えていく文字通りの見習いなのだ。近くに家があっても会社の寮に入るのが決まりだったから正明は寮に入り、助手生活が始まった。

さて昭和二十五年に入植を開始した上杵臼の開拓地では、まず木を切って開墾しなければならなかったから、切った木を薪に束ねて随所に積んであった。その薪を買い付け、注文を受けた家に運ぶのが、運送会社の仕事のひとつだった。

上杵臼に薪つけに行く日には、正明は三時に起こされた。まず木炭を焚いて車を温めるのだ。ギヤオイル６００というのを使っていたため、温めないと動かない。一時間ほどしてエンジンがかかり、乗り込むばかりになると運転手がやって来る。二人が乗って開拓地まで行くと、薪を売る人と助手とでトラックに積み込むのだった。運転手は降りてこない。運転手は荷の積み下ろしの仕事はしないのだ。運転手と助手とでは一緒の車に乗っていてもエライ違いなのである。

トラックには八間ほどの薪を積むことができた。それを注文先の家々に運ぶため、開拓から狭い道を走っていくと、雪や泥にタイヤをとられて立ち往生することがしばしばだった。そんなときは荷台の薪を全部下ろし、車を上げてからまた積み直さねばならなかった。もちろん運転手は降りてこない。それらは助手の仕事だった。一回使うとすぐ擦り切れるワラの手袋をはめ、薪の束を手で積み下ろしする。その数の多さ、重たさに、正明は薪の束を小さくしてくれと農家に頼んだ。

トラックで走っていると、町へ下りたり帰ってきたりする開拓の住人と出会った。そんなとき運転手は親切に車を止めて助手席にその人たちを乗せてやった。助手は決まってトラックの荷台へと追いやられた。そこは薪の上で防寒着もなく震えるばかりで、帰り着いても身体がこわばって動けないこともあった。助手は人でなく荷物並みの扱いだった。いや時としてはゴミ扱いだった。

こうして午前と午後、一日二回、開拓へ行っては薪つけをしてくるのだったが、開拓への行き来の最大の問題は、道路が悪いということにつきた。薪の需要が増えるのは冬期間だったから、状況を見てタイヤチェーンを巻いたり外したりするのは開拓入り口(上杵臼バス停前)だった。雪道も大変だったが道路についた轍《わだち》があれば、そこを外さないよう走ると大丈夫だった。トラックの腹がつかえることもあったが何とかなった。困難だったのは道路がぬかった時だ。黒ぼくの土は、はまったら出るのが大変で特に五月がひどかった。助手の出番は多く、仕事はきつかった。

浦河小型自動車試験場(昭和 38 年)
(浦河町立郷土博物館 蔵)

薪だけでなく造材も運んだし、広尾から魚も運んだ。運転助手としての仕事が無いときには、浜に行って半切りドラム缶をリヤカーに積んで、イカのゴロを集めたり、タコ炊きを朝まで寝ないでやって、駅まで運んだこともあった。そんなときは何しに船越谷に来てるんだ、と思ったけれど、口に出しては言えなかった。

しかし船越谷のおやじは運転が上手だったし、車が故障したら「正明、ちょっと見ておけ」と言っては修理の仕方を見せてくれた。教えてもらうより見て覚えれと言われた。車が好きだった正明は覚えも早かったし、このおやじに付いて良かったと思った。

さて助手になって三年が過ぎ、運転免許を取れる十八歳の誕生日が近づいたとき、船越谷のおやじは「正明、ためしに札幌へ行って見ないか？」と言った。免許の試験会場は札幌で、しかも一度で受かる者はいなかったから一、二回落ちるのを覚悟で試験を受けるのが常だった。だから「まずは一回経験しとけ」と船越谷が受験費用を出してくれた。正明は誕生日が来るのを待って汽車に乗り札幌へ出た。

札幌には正明の叔母がいた。そこに身を寄せ、叔母の好意で何度か真駒内の試験場に行って、お金を出してコースを走らせて貰った。試験は法規、構造、実技の三つだった。運転もそれにかかる勉強も、車に関することなら何でも好きだった正明は、内心試験の結果に自信があった。発表まで一カ月かかった。結果は見事合格！　十八歳、しかも一回で免許に合格したというので、「正明は一回で取った！」と周囲は大騒ぎだった。

ところが待てど暮らせど肝心の免許証が来ない。当時は願書を出すのも、免許の交付も地元警察署が窓口だった。そのうち正明の耳に「一升持って行かねえと免許もらえねえぞ」という噂が入った。正明は奮発して高い酒を買い、夜、担当警察官の家に持っていった。すると警察官は「いやぁ、悪いなぁ」と言いながら酒を受け取り、大きな声で「おめでとう！」と言った。それから間もなく正明の手元に待望の運転免許証が届いた。

正明はその後すこししてから家を離れ、静内の営林署や北見の事業所に勤めた。北見に住んでいたときは、母親からよく手紙が届いた。筆で見事な字を書いてよこし、すぐ返事をしないと叱られた。だから正明も教本を買って筆字の練習をしながら母親に手紙を書いた。

その母親からあるとき「役場の採用試験があるから、帰って来なさい」という、静かだけれど有無を言わせぬ強引な手紙が来た。その頃網走の市営バスで運転手を募集しており、正明は今度こそ憧れのバス運転手になろうと決意していたときだった。しかし母親には逆らえなかった。

昭和三十一年浦河町役場の運転手として採用になった正明は定年まで勤め、その後デイサービスの送迎バス運転手として平成二十一年三月に辞めるまで五十三年間、事故なく勤め上げた。助手時代覚えた技術は最大限生かされた。しかし自分が運転手になってからというもの、助手を使うことは決してなかったという。

「ほんとに自分ながらよく三年も居たと思うよ。当時住み込みの女中でさえ、月八百円の給料があったのに、まるっきりタダで、人を馬鹿にした使い方されて。今の若いもんに話しても誰も信じてくれないだろなぁ……」正明はつぶやく。

浦河に自動車教習所（後の浦河自動車学校）が開設され、浦河で免許が取れるようになったのは昭和三十六年のことだ。

［文責　小野寺］

【話者】

塩谷　正明　　浦河町堺町西　昭和九年生まれ

第三七話　山の郵便配達

——買い物まで頼まれて

小野寺金助が上杵臼開拓地区の郵便配達を始めたのは昭和二十六年、二十歳の時だった。前の年に両親と開拓地に移住し、木を切り牛を飼っていたが、たまたま友人が辞めるからと引き継いだ仕事で、配達は西舎郵便局からの請負制になっていた。

金助の仕事は毎朝九キロの道を、自転車で上杵臼バス停近くの福岡宅まで行き、西舎郵便局から届けられた郵便物を受け取ることから始まった。それを持ち帰って開拓地区百三十戸に配って歩くのだ。配達範囲は大きく四つの地域に分けられた。志満《しまん》、学校や農協のある中心部、最も奥の女名春別に十七戸、新富の方にも十数戸あった。そこのガタガタ道を毎日毎日郵便物の入ったカバンを掛けて自転車で走り、歩き通した。電話も宅急便も普及していない頃だから、手紙の役割は大きく数も多かった。手紙だけでない、新聞も帯がかけられ一日遅れで配達されたし、小包もあった。郵便配達はまさに外のニュースを運んでくる人だった。

今でこそ上杵臼開拓地区は天馬街道の通り道で、舗装された広い道を走って十勝に抜ける浦河最奥の集落だが、天馬街道が開通する平成九年までは行き止まりの地だった。この先はもう山しかない、どん詰まり。しかも金助が配達をしていた二十六年から、三十三年の七年間には公共交通機関は全くなかったし、自家用車は一般家庭で買えるものでなかった。そんな状況で町まで三〇キロという距離はひどく遠かったし、車がたびたび立ち往生する山道に、人々はなおのこと開拓地の遠さを感じていた。

上杵臼のバス停から坂道を上がって開拓地区へと行くのだが、そのころの道路は車一台分の幅しかなく、舗装などしておらず、くねくね曲がっていた。雨が降ればすぐぬかるんだし、春になると土の凍れが解け、そこに雪解け水が加わってドロンドロンになった。時にはドロンコ道にタイヤがいびつな形を付けてそのまま固まることもあり、デコボコの少ないところを選んで歩くのもひと苦労だった。冬は積雪が多く歩くしかなかった。ひどい時には空を向かないと息が出来ないほどの吹雪にもあった。特に志満入り口と、開拓農協手前の分かれ道には吹き溜まりが出来やすく、胸まで積もった雪を漕いで歩くこともあった。雪の日には福岡宅から

上杵臼の悪路
(「拓跡」より　浦河町立図書館 蔵)

郵便物を受け取って帰るともう昼になっていた。

それから郵便物を四つの地域に分け、同じ家宛のものをまとめ、道順に並べてから配達に廻るのだった。

金助が郵便配達に行くと「金さん、明日下がるとき味噌買ってきてくれないか」とよく買い物を頼まれた。頼まれたらイヤと言えない性分だったから断ったことはない。「紙に書いてくれ」と言い、それをもって郵便を受け取りに行くときさらに六キロほど下がり、西舎の白浜商店で買ってきた。時には六〇キロの米を自転車に積んでぬかるみを走ったこともあった。もっと重い買い物を頼まれたときは、福岡の家に預け、船越谷のトラックが開拓に入るとき開拓農協まで運んでもらった。それから先はまた金助が自転車で運んでいった。しかし買い物が米、塩、醤油、菓子といった食料品以外になると白浜商店では間に合わなかった。針金や釘などを頼まれた時には、かつて金助が住んでいた様似の商店まで自転車で買いに行った。それを届けると「いやあ金さん、よう買って来てくれた、よう買って来てくれた」と心底喜ばれた。これらは手間賃なしの奉仕だった。だから皆、「金さん昼食べてけ！」「お茶飲んでいけや！」と誘ってくれた。配達に出て帰宅が夜中になることもたまにあったが、そんな時は、ご馳走になったり、お茶を飲んで世間話をして遅くなるのだった。

昭和三十年代のはじめ、こんなことがあった。胸くらいもある雪をこいで金助が女名春別を歩いていると、目の前に鹿が雪にはまって泳いでいた。みるとちょうど開拓農協から戻ってきた斉藤優が向こうにいた。二人して「捕るか！」というと、雪の中四つんばいになって鹿の背に乗っかった。二歳位の鹿に二人の男が乗っかったのだから、鹿も身動きできず捕らえられてしまった。素手で鹿を捕まえた！　という快挙に二人は喜び勇んだ。直後に鉄砲を持って鹿を追っていた和田、上渡の二人が合流し、鹿を運んで四等分した。実は斉藤は開拓農協まで食料を買いに行ったのだが、何も無くて手ぶらで帰ってきたところだった。当時は鹿の数も少なく、鹿肉はご馳走だった。しかも食料品が底を付いていたときだったから有難い天からの贈り物だった。金助はその日遅くなったし雪も深いというので泊めてもらい、翌朝鹿を担いで家に帰った。金助はその鹿肉を近所の家に振舞って歩いた。近所からはお返しに野菜などが届けられた。

またある日、金助はムジナを捕まえた。触ってみると動かない。そこで襟巻きのように両手でひょいとムジナを首にかけて家に帰った。「さあてこのムジナ、鍋にして食うか」と言ったとたん、死んだ振りのムジナは驚いて飛んで逃げたという。

山道ではほかにもいろんな動物に出会った。当時うさぎ、テン、いたちなどを捕まえて耳や尻尾を役場へ持っていくと、お金がもらえた。それらの動物は木をかじるので有害駆除の奨励をしていたのだった。「それで小遣い稼ぎをさせてもらった」という。

春や秋には帰り道、ちょっと山にはいって山菜やキノコを採った。手製のタバコを作ったり、木で摺鉢やしゃもじを作ってあげたこともある。小さいときから炭焼きの両親を手伝って山歩きしていた金助は道に迷うこともなければ、熊に遭遇することもなく、どこの山も自分の庭のように歩いていたという。

こうしてお互いに助け合いながら暮らしていた開拓地にあって、皆に好かれ、郵便と共に様々な話や物をつないでいたが、父から農家を継いで牛飼いをしなければならなくなり、七年勤めた配達の仕事を辞めた。二十歳のとき、自分で木材を用意し配達の仕事で貰った給料で新しい家を建てていたが、その家はチャンスがあればいつでも簡易郵便局が出来るよう、玄関を半間下げ前面をガラス戸にしてあった。しかし、その家が郵便局として使われることはなく、昭和四十二年に解体して、その材で堺町に家を建てて一家で町へ引っ越した。

金助のあと、栗山、山本、内山と仕事は引き継がれ、昭和三十八年から今に至るまで、半世紀も木村正が受け継いでいる。木村もオートバイでの配達に始まったが、今は舗装され、雪が降ってもすぐ除雪してもらえる道を、隔世の感を覚えながら車で走っている。

開拓地には、昭和三十四年にやっと国鉄バスが開拓農協(現生活館隣)まで入ったが、その後の自家用車の普及で昭和六十一年には廃止された。そしてかつて百三十戸あった開拓地の戸数は平成二十四年九月末現在二十七戸(ほか外国人が八戸八人)になっている。

［文責　小野寺］

【話者】

小野寺金助　浦河町字向別　昭和五年生れ
斉藤　優　浦河町西幌別　昭和十三年生れ
木村　正　浦河町上杵臼　昭和二十年生れ

第三八話　砂浜の運動会

――盛り上がった対抗リレー

井寒台小学校の運動会は、昭和二十六、七年までは砂浜の運動会だった。当時、校舎は井寒台四区の丘の上にあって、グランドは一周五十メートルほどしかなく、村じゅうの人が集まるには狭すぎた。幸い浜辺に砂浜がひろがっていて、今よりずっと広かったから、そこでやることにしたのだ。年によって多少場所は変わったけれど、浜辺というのはいつも同じ。ちなみに子ども達が野球をするのも浜。特殊ルールがあって、ボールが海に落ちるとホームラン。ホームランボールは、波に乗ってそのうち戻ってきた。

運動会をするのに、もちろん難点はあった。第一、学校から浜辺までが遠い。五十段もある石段を上がったり下りたりしながら、会場へ道具を運ぶのは大変だった。また砂の上はラインも引けないから、代わりに縄を張るのだが、それをずれないようにしっかり打ちつける

応援で盛りあがるPTA（舘勝幸 蔵）

のもひと苦労だ。そして何よりも、走りにくい。砂に足を取られてしょっちゅう転ぶし、転べば体中が砂だらけになる。一つだけいいことは、雨が降っても、やみさえすればすぐ始められることだ。グランドがぬかるむ心配がない。汗をかいたおでこに砂粒をいっぱいつけて、潮風に吹かれながら裸足で走った。

走るのは井寒台の子どもだけではない。競技種目に「他校リレー」というのがあって、それに出るため、町内の各小学校がそれぞれ選りすぐりの選手を送り込むのだ。近隣の向別、絵笛の小学校は全校参加だった。学校間交流が目的だったが、交流などという生やさしいものではない。なかなか熾烈な戦いだった。

浦河小学校からも、先生に引率された子ども達が、意気揚々とやってきた。昭和二十二年、茂信夫は浦小の六年生だった。一チームは男子四人、女子四人。信夫達のアンカーは村岸のデンちゃんで、それはそれは速かった。砂浜の走りにくさも何のそので、見事優勝。優勝旗を引っさげて引き揚げた。この年は行く先々で優勝し、各校から優勝旗を持ち帰った。前田紘陽達は、その先輩に続け、と練習に励んだものだという。運動会が近づくと、道路に線を引いて毎日練習。正信寺から大通りを走り、アミヤ薬局の所から浜側に折れて戻ってくるというのが、お決まりのコースだ。自動車なんかめったに通らないから、道路は練習にうってつけだった。また井寒台で勝つために、実際に浜辺を走って足を鍛えた。当日は、走る前に担任の河井先生が、足を揉んでサロメチールを塗ってくれた。

「お前達の時は、運動会で優勝旗を総なめにしたなぁ」

今でも同窓会があると、河井先生は懐かしそうにそんな話をする。当時は町内の学校のみならず、様似や鵜苫、静内にまで足を延ばした。校長室には、分捕った優勝旗がずらっと並んでいたものだった。

さて子ども達の競技はお昼まで。走り回り、声をからして応援した後のお弁当が、また楽しみだった。お稲荷さんやら、餅やら煮しめやら、たくさんのごちそうが並べられ、大人は焼酎を飲んで気勢を上げる。よそから来ている子ども達にも、顔見知りの者が呼び入れてご馳走した。餅は運動会に付きもので、ほれ母さんに持っていけだの、ばあちゃんに食べさせろだのと、どこでも持たせてくれる。それがうれしかったから、遠征は楽しかった。遠くまで歩くことなんか、ちっとも苦にはならなかった。だが中には声をかけられない子もいて、それが不公平だということで、およばれはやがてなくなった。

昼休みが終わると大人の部に移る。舘勝幸の祖父勝五郎は、運動会そっちのけで、焼酎片手に旗を振ったり踊ったり、たいそうな張り切りだった。競技は砂を詰めた俵担ぎや玉入れ、障害物競走があった。そしてやっぱり一番熱の入るのが、地区対抗リレー。気の荒い若者達が、酒の勢いも駆ってけんかになり、競技が中断したこともある。そんな意味でも井寒台の運動会は有名だった。運動会終了後は、勝幸の家に浦一中の先生方が流れてきて、一緒に酒を飲んでどんちゃん騒ぎ。これまた恒例のことだった。

こうした運動会の盛況さに、昭和三十年には初の町民運動会が開催された。八月十五日、潮見グランドを会場に町内十一チームが参加。五千人の観客が押し掛けたという。また町村合併後の三十二年には、荻伏地区からも十チームが参加。会場は両地区に分かれたものの、同種目で力を競った。しかし上杵臼や野深など奥地からの出場は、交通費もかさみむずかしく、町民運動会は十年ほどで立ち消えになった。

〔文責　河村〕

＊ 熱戦を繰り広げた「他校リレー」も、休日引率が問題視されるようになり、三十八年頃中止された。

【話者】

茂　　信夫　　浦河町大通三　　昭和十年生まれ
前田　紘陽　　札幌市中央区　　昭和十五年生まれ(平成二十四年没)
舘　　勝幸　　浦河町緑町　　昭和十四年生まれ

池田　章　浦河町荻伏　昭和十年生まれ

【参考】

白亜　井寒台小学校開校八十年記念誌　昭和五十七年
白亜　井寒台小学校開校九十周年閉校記念誌　平成二年
日高報知新聞　昭和三十年七月十日・八月十七日
広報うらかわ　昭和三十二年九月

第三九話　浦河神社大祭典

——祭りを支えるアトラクション

昭和二十八年秋、今年も浦河神社の祭りが近づいた。不漁、不作と相変わらず不景気ではあったが、いやそれだからなおのこと、そんな世相を吹き飛ばすように、様々な趣向を凝らした行事が計画された。

役場では、日高支庁の開基八十周年を記念して物産展が開かれるし、境内では剣道奉納試合に相撲大会。夜は人気ラジオ番組をまねた「三つの歌」大会がある。司会は今年も浦小の卜部先生。トラックの舞台に司会者が上がると、俺も出せ、俺も歌う、と出場希望者が殺到する。これを捌くのは結構難しい。ゴードーの試飲会もあるそうだし、海上では海の男達による舟競漕。また今年は「昼の花火大会」と、何やら怪しげな「変装人探し」という企画もあり、前評判は上々である。

落下傘打ち上げの花火大会は、落ちて来る店名の入った札を拾って届けると、その店の景品がもらえるというものだ。さて何が手に入るのか。どこそこの店の景品がきっと一番豪華に違いない等、子ども達も密かに胸算用をする。変装人探しは、昌平橋(当時昌平町上り口にあった)から五丁目田口商店までの間で、怪しい奴を見つければいいのだ。うまく捕まえるとこれまた賞品が出る。苫小牧ではどうやらこれが、ここ二、三年、観光祭りの目玉になっているらしい。

「まずは帽子だな。怪しいやつは絶対に帽子をかぶってる。あとはメガネと付けひげ」

「いや、本物は案外普通にしてるもんだ」

「変装人になろうっていう奴だぞ。そうゆうのは目立ちたがり屋だから、普通じゃ面白くないべ。絶対変ななりしてるんだってば」

侃々諤々《かんかんがくがく》、話は尽きない。

祭りは、各町内会、集落同士の競い合いでもあり団結は堅い。毎年最終日には、神輿が境内でぶつかりあって大乱闘になる。神輿の上に乗る若者が指揮を執り、一杯引っ掛けた男達は、勢いあまって玄関を壊したりけがをしたりすることもあるが、それがまた祭りを活気づけた。競り合いは舟競漕しかり、相撲しかりである。

相撲大会は今年初めてだが、絵笛、井寒台、向別、堺町、第一区、第二区、第三区、東町、白泉、幌別、西舎、杵臼の十二チームが参加を予定していて、それぞれ五人ひと組の戦いとなる。初戦を優勝で飾ろうと、このところ話題はそれに集中し、なかには仕事に身の入らぬ者もいる。〝はやぐるま〟〝うろこがわ〟等、自分の四股名を持つ者もいるらしい。

「調子はどうだ？」

「おう、完璧だ。優勝はまちがいねぇ。安心して見てろ！」

さてさてそんな風にして迎えた祭り本番。九月十四日からの熱い三日間が幕を開けた。

まずは待望の変装人探しの様子からちょっと覗き見。

変装人は税務署長、北酒販所長、日高報知社長、保健所次長。役場からは荒木春雄、河野金物店の石田明、浦小の河井良助先生。それぞれが自ら密かに考え抜いたいでたちで、祭りの人ごみの中にいる。だがうまく紛れたと思っているのは、おそらく本人ばかりだ。猫の子一匹見逃さずにいない顔なじみばかりの田舎町で、どだい見つかるのは時間の問題なのだが、それでもいかに人目を欺くか。当人たちも笑いをこらえて澄ましている。さて最初に発見されたドジな変装人は、鉄道員の格好をした、日高報知の三上社長。それが開始後わずか三分。〝ニュー坊ちゃん〟のとし子さんに捕らわれて、偽鉄道員は、鼻の下が伸びている、と笑われながら群衆の前へ出た。二番手が酒販の松島所長で、偽入れ歯に黒メガネと念の入った漁師風情。かなり怪しい雰囲気に周りは大笑いで、仮装大会なら天下一品！　とあちこちから声が飛んでいる。石田明も猿まわし

浦河神社例大祭のおみこし（浦河町立郷土博物館 蔵）

のなりで頑張ったが、アウト。なかなか賑やかである。

恒例となっている舟競漕は、晴天の空の下、七チームが出場した。海はべたなぎでコンディションはまずまず。半裸、ねじり鉢巻きの若者達が、それぞれ三隻の船を操って勝負に挑んだ。結果、井寒台が二位を五十メートルほど離して優勝。賞金三千円と一斗瓶入り焼酎を手に入れた。また相撲大会では、堺町が勝利の栄冠を手にしたが、勢い余った向別の力士が、相手と共に土俵の外に倒れこみ足首骨折という、とんでもないハプニングも起きた。

人々が敗戦のなかからようやく這い出し、少しずつ生活を楽しむ余裕が出てきた頃の、町中がひとつになった明るいひとこま。祭りが最大の娯楽として町の中心にあった頃の話である。

〔文責　河村〕

【話者】

卜部　弘　札幌市豊平区　昭和三年生まれ

藤井　信也　札幌市西区　昭和十四年生まれ

舘　勝幸　浦河町緑町　昭和十四年生まれ

【参考】

日高報知新聞　昭和二十八年九月十五日

第四〇話　皇太子殿下のお見送り

――横浜まで行ってきたぞ

平成二十四年、イギリスのエリザベス女王即位六十年を記念する式典に、天皇陛下がご出席され、陛下と女王の長年の友好関係が、マスコミを通じて広く報道されたが、これはその交流の始まりとなった六十年前に、一人の少年が目にした風景である。

『浦河海洋少年団』に、信じられないようなニュースが舞い込んだ。天皇陛下の名代としてエリザベス女王の戴冠式に出席する皇太子殿下（平成天皇）のお見送り、という大役である。浦河が、北海道の代表に選ばれたというのだ。昭和二十八年早春、藤井信也が中学一年生の春のことだ。室蘭民報によれば、その時団長（高山茂知）に率いられて上京することになったのは、信也と一級上の三浦弘史だという。信也の父は、息子の見聞を広めるのにいい機会だと思ったらしく、高い旅費を払い送り出してくれた。

出発は三月二十八日の早朝だった。浦河駅から汽車に乗りこんだ三人は、札幌に着くとまず道庁へ挨拶に出かけたが、そこで皇太子殿下へのお土産を託された。それは道内の小中学生が描いた絵で、長旅の船中で殿下の慰みにしてもらおうというのだった。大切なお土産を渡された信也達は、汽車と連絡船を乗り継いで東京へ向かった。今と違い一っ飛びでとはいかないが、東京には無事着いた。だが問題はそこからだ。皇太子殿下というのは東宮御所にお住まいだとは思うものの、それがどこにあるのかわからない。交番で聞いても教えてくれないのだ。これには困った。仕方なく地図を片手に訪ね歩き、衛兵らしき人を見つけて、知事からの手紙を見せやっと中へ通してもらった。玄関を入ってすぐのホールで、畏まり、捧げ持った土産を手渡した。もちろん相手は本人ではない。侍従長のような人に、である。

その後（三十日午後）ようやく本来の役目であるお見送りの場所、横浜大桟橋へ向かった。皇太子殿下は、東回りで、ハワイを経由しサンフランシスコに向かうという。桟橋には日の丸を手にした見送りの人々が詰め掛け、全国から選ばれた海洋少年団の団員も二千人が集まっていた。やがて殿下を乗せたオープンカーが沿道を埋め尽くす人々の中に姿を現し、殿下はプレジデントウィルソン号に乗船された。薄紫のウィルソン号にはブルーピーター旗（出港を示す旗）が掲げられ、その周りを、巡視船や巡視艇、監視艇がお守りするようにように取り囲んでいる。海洋少年団の団員達も、手旗を手に海上保安庁の巡視船「宗谷」（後の南極観測船）に乗り込んでいた。横須賀までお見送りするのだ。港内には満飾船のランチやヨットがひしめきあい、日の丸の旗が揺れている。圧巻の眺めだ。やがてボー、ボーと汽笛の挨拶が交わされ、ウィルソン号は静かに桟橋を離れた。祝砲、音楽隊のマーチが鳴り響いた。見送りの船が動き出し、信也達を乗せた宗谷も後に続いた。時間にして二時間ほど。まるで夢のようなひと時だった。

これが春休みのことで、翌年（二十九年）の夏、今度は天皇陛下（昭和天皇）が戦後の復興状況をご覧になるため、北海道を巡見されるという。お召し列車が苫小牧にお着きになるので、その時の先導役を、と今度は『浦河少年団』に白羽の矢が立ったのだ。両少年団は、団長を始め団員のほとんどが同じで、信也もご多分にもれず両方に入団していた。この時のメンバーは、高山団長、岡崎博明、大林忠夫、藤井信也、古市寛司。

手旗信号の練習をする海洋少年団
（浦河町立郷土博物館 蔵）

「天ちゃんに会いに行くことになった」
「天ちゃんって、誰だ！」
家に帰ってついそう言った信也に、父は顔色を変えた。恐れ多くも天皇陛下に向かって、なんという罰当たりなことを。少し前なら憲兵にしょっ引かれていったもんだ。父はそう思ったに違いない。

当日。菊の御紋を付けたインペリアルレッドのお召し列車が、信也達の待機する苫小牧駅に滑り込んできた。物々しい警備陣。警備担当者の緊張は極限に達していた。そんな大人達をいぶかしく感じていた信也も、当人を目の当たりにして合点がいった。なるほど、この人は普通の人ではない。小柄な体から強烈なオーラが伝わってくる。信也達は二人ずつに分かれ、ホームから連絡桟橋を通って駅前までの間を、ゆっくりと先導した。自分のすぐうしろを天皇陛下が歩いている。手に汗握る一瞬だった。駅前に出ると、菊の紋章の付いた列車と同じ色のベンツが待機していて、お出迎えの市民が日の丸の旗を手に埋め尽くしていた。

［文責　河村］

【話者】

藤井　信也　　札幌市西区　昭和十四年生まれ

【参考】

北海道新聞　昭和二十八年三月三十一日夕刊

室蘭民報　昭和二十八年三月二十九日

日高報知新聞　昭和二十九年八月十日

第四一話　冷蔵船の話

——浦河の漁業をささえた内地船

洞爺丸台風のあった昭和二十九年秋、浦河の漁業関係者が頭をかかえこむ事態が生じていた。すでに今シーズン、その力を十二分に発揮していた冷蔵船に被害が出たのである。当時塚田商店に勤務していた塚田吉隆・福宏は自社でチャーターしていた六隻のうち二隻がこの時化に巻き込まれ沈没した。そのうちの一隻は前部の魚槽に襟裳で積んだ昆布を満載していた。おりしもの大時化で波をかぶり、水が魚槽に流れ込んだ。昆布は水を吸い倍もの大きさに膨らんだ。このため魚槽が裂けてドッとばかりに浸水し沈んだ。室蘭港に逃げ込む直前だったという。

塚田吉隆が父正吉から聞いた話として、冷蔵船が浦河港に来航するようになったのは昭和五年ころからであったという。日高近海に俗に百貫マグロと呼ばれる大型マグロが来遊するようになり（浦河百話第六四話参照）、その販売先である本州各地へ輸送するために襟裳岬周辺の浜まで集荷に来ていた船が、浦河にも水揚げがみられるようになって足を延ばしたというのがその始まりである。

昭和九年に発刊された〝浦河港大観〟の記述によれば、

（前略）一旦市場所属仲買人の手に移った鱒、鮪、梶木《カジキ》の漁獲物は、全国的に最も信用厚き冷蔵船に売却され、鮮魚として東京・横浜の市場、或いは遠く熱田方面まで冷蔵移出されているが……（中略）、鱒、鮪、梶木以外の鱈、目抜魚、柔魚《イカ》も、鮮魚のまま冷蔵船積みとして、消費地の市場へ搬出されているが（後略）

とあり、この間の事情を物語っている。関連施設として貯氷庫（五十坪）二棟、燃料油取り扱い商店が三店あることを紹介している。この状態は本土空襲が始まる昭和二十年はじめまで続いたもので、氷づくりは冬期、向別川の結氷を切り出したものであった。

回航以来、冷蔵船と浦河の仲買人との関係は連綿と続いていた。十年に鉄道が開通したものの、保冷貨車もなく鮮魚の輸送ということでは鉄道を活用できなかった。また周辺の資材、氷とか魚箱の類も絶対数が不足していた。十八年に漁業組合は日本冷蔵と資金を出し合い製氷工場を建て、戦後の貨車積みなど通常の必要には対応できたが、漁獲が膨らんだようなときにはお手上げだった。イカの水揚げが飛躍的に伸びたときにはまったくこの事態に対応できなかった。そこで浦河側は氷と魚箱を持参できる船を優先するとして、冷蔵船を選別。本州各地から来ていた船（大半は北洋からの帰還船）もしぶしぶこれに合意。以来冷蔵船の慣例

入港するイカ釣船（浦河町立郷土博物館 蔵）

として箱と氷を持参するのが通例となった。また、回航してくる冷蔵船に十分な積荷を保証するために、三十年代に入ってから浦河町、漁業組合、仲買人組合、商工会議所が一団となって、道南や東北の各地をイカ釣り漁船の誘致に回るようになった。

　件の事故の当時、主として塚田商店、三協水産、中井商店などが産地仲買人として活躍していた。毎日一万箱も二万箱も揚がるイカの販売のシステムは、各地の大手水産会社（荷主）が、浦河に派遣している買い付け担当者を通じて、提携先の仲買人とその日の買付数と価格を協議して入札に臨んだ。塚田吉隆によれば、入札は業界の用語で現物を見ずに買い付ける〈青田《あおた》〉と呼ばれるやりかたで、沖から入った漁獲予想をもとに船の入港以前に販売を行う手法。通常イカの入札は早朝というのが原則だが、これを前日の夜のうちに行い、早朝は入港した漁船の片端から各社とも冷蔵船に積み込み早々に出港させたものだった。

　イカの始末が済むと、市場では底引き船のセリが待っている。ここでもタラ、スケソウタラ、キンキン、ハタハタ、ニシン、カレイ類など多獲性の魚種の買い付けを行った仲買人はさらにこれを船に積ませ、本州各地へ送り出した。戦後もしばらくは取れていたマグロ、カジキ、サメ、九月以降であれば定置漁も始まり、ときには鮭をも買い付けてこれを各地の市場に送った。当時日本通運（略称丸通）で働いていた大石ミエをはじめ、親の会社にいた塚田福宏、仲買関係者、輸送関係者、水産会社従業員なども、異口同音に〝海にはこったらに魚いるのか〟とぼやいたほどだった。

二十年代から三十年代、水揚げは伸び続け、冷蔵船もそれに比例して増えていった。三十五、六年の最盛期には常時二十隻以上の冷蔵船が停泊していたし、イカの漁期には東北や道内の各地から船団が来航し、現在の三分の一しかなかった港にひしめき合っていた。それらの船は横づけもならず、船尾を岸壁につけ縦ならびに舫《もや》っていたのである。当時のイカ釣りは現在のような機械釣りでなく、乗子一人ひとりがトンボ、ハネゴという道具を用いて独力で釣り上げるものだった。従って一船あたりの乗組員は十名以上に上り、秋になれば町場の男性人口が五、六百人も増えるという有様で、繁華街も飲食街も賑わった。こうした賑わいが三十年代いっぱい続いた。

しかし豊漁を誇った浦河のイカ漁も、四十年代に入って翳りが見え、折からのモータリゼーションの勃興とあいまって、冷蔵船の回航も間遠になり、ついには陸上輸送業者に取って代わられその姿を消したのであった。

［文責　高田］

【話者】

塚田　吉隆　浦河町大通二　昭和四年生まれ

塚田　福宏　浦河町東町かしわ　昭和十年生まれ

大石　ミエ　浦河町築地　大正十三年生まれ

【参考】

浦河港大観　昭和九年　浦河漁業組合発行

第四二話　悲劇の靖国参拝

――洞爺丸遭難に伴うひとつの挿話

　昭和二十九年九月二十六日、台風十五号により日本列島、とりわけ北海道は未曾有の被害を受けるにいたった。岩内町が強風にあおられて三、三〇〇の家屋が焼失し、森林も樽前山を中心とする広大な植林地は壊滅的な打撃だったという。収穫期を迎えていた農作物も甚大な被害をうけ、果樹の類はほぼ全滅といった有様だった。水産業界もまた全国で五五〇〇隻の漁船が沈没をはじめ何らかの被害をうけた。

　それらの被害の中でも、深く記憶に刻み込まれたのが洞爺丸遭難事故だった。現在のＪＲの前身である日本国有鉄道（通称国鉄）は、陸上輸送や船舶輸送がまだ戦時から完全に回復し切れなかった時代には、国民の移動手段としても国内産業の大動脈としても、獅子奮迅の活躍を求められていた。国鉄の活躍とはすなわち時代の要請と言っていい。洞爺丸遭難の遠因がそこにあることはこの事件の海難審判も認めている。

宮崎寛はこのとき二十六歳、荻伏村役場の民生係だった。荻伏村が国にさきがけて戦没者遺族会をつくり、富岡清を会長に遺族の援助にあたるだけでなく、さらに遺族援護会をつくり全村的な支援を行っていた。二十七年国が戦没者遺族支援法を制定し本格的に遺族支援にとりかかるが、その時点で荻伏遺族援護会は会長を澤幸夫に指名した。宮崎寛はこれらの動きを手助けする立場にいた。

そうした経緯もあり、かれは遺族会が遺族たちの宿願であった初めての靖国神社への参拝を決定し、旅程、参加者の募集、村からの補助、そして九月二十六日の出発という一連の流れを今でも思い出すことができる。明けやらぬ午前三時の駅頭で、少なくない見送りの人々の前で幌付きトラックに乗り込み、静内発の始発に向けて一行は出発していった。

参拝団団長　澤　幸夫

事務局　有倉哲三（荻伏村民生課長）

参加者　藤田ツネ　三国ハナ　清水操　林石松　桑田チヨ　引地タツ　浜田ツル　長崎スイ　笠松末松　阿部玉之助　以上総勢十二名

澤幸夫を団長とする十二名の靖国参拝は、戦後の苦節を慰労する心配りをちりばめた楽しい旅になるはずだった。浜田ツルなどは息子三人をこの戦争で亡くしている。

一行は十四時四十分発上り四便の洞爺丸（四三三七トン）に乗船し、船室に落ち着いた。しかし船はなかなか出港しない。折から北海道に接近していた異常な台風十五号の影響で午前中に出航していた二隻の連絡船が途中から引き返してきて、このうちの第十一青函丸(二八五一トン)は台風接近をおそれて出航を停止し乗客を洞爺丸に移乗させた。土砂降りの雨の後一時風もおさまり晴れ間が顔をのぞかせたため、洞爺丸はこれを台風の目と判断し十八時三十九分出航。台風の進行方向の左後方では風は吹かないというのが台風の常識だった。この判断が裏目に出た。本州に上陸して以来時速一〇〇キロからのスピードで移動していた台風が、ここへきて足踏みをするとは考えられなかったのである。

十八時五十五分、洞爺丸は防波堤西出入口を通過。意外に波浪の激しいのに気づき左舷投錨、風浪に流されるためさらに右舷投錨。波浪はますます高くなり、ついに十九時三十分ころには後部の車両甲板に浸水、この海水が船首方向に流れ出した。二十時三十分、船首側浸水三十センチ、船尾水没、両舷通路浸水、機関室・罐室浸水、浸水はどんどん広がっていた。

ブリッジでは必死に船首を風浪にむけて立てるが、船は二十時頃からズルズルと流されはじめ、波高も六㍍に達し左舷側に傾斜。二十一時から二十二時にかけて発電機が次々と運転不能に陥り、ついに左舷、次いで右舷エンジンが停止した。二十二時十五分、ここへきて船長は乗客全員に救命胴衣着用を命令。同三十分船尾が水底に触れ船体は右に四十五度ほど傾斜し、続く波浪に鉄道車両が転倒、ついに二十二時四十五分右舷側に百三十五度傾斜し、船底を上に海岸と平行状態で沈没した。海岸から約千㍍、水深十三㍍の場所だった。

国鉄からこの報を受け取った村役場は二十七日すぐさま平尾助役、海野水産係長を現地に派遣した。事務折衝と遺体受け取りのためである。しかし洞爺丸の僚船北見丸、日高丸、十勝丸、第十一青函丸の五隻が沈没し、一四三〇人からの犠牲者が出ている。なかでも洞爺丸は一三一四名の乗員・乗客が乗り込んでいた。一隻でも大事件なのに五隻も一度に沈み、一五〇〇人近い人間が行方不明なのだ。おいそれと片がつくはずがない。平尾助役から援軍の要請が来て宮崎寛が派遣されることになった。遺体引き取りの遺族を引率してである。

七重浜で海をみつめる荻伏関係者（三浦寛 撮影）

当時はまだ室蘭まわりの函館行きは通っていなかった。遺族は国鉄の意向で北海道全域から札幌に集められ、特別急行列車で函館に運ばれた。酪農大学の二年だった参拝団団長の息子澤恒明は、前日、一般の電話がほとんどつながらなくなっていたにもかかわらず、日高支庁から連絡を受けた。〝明日、札幌駅で荻伏からくる遺族に合流して欲しい〟という。翌朝胸に洞爺丸と書いた記章をつけた遺族団に合流、一行は三十数名だった。

宮崎寛は札幌に集合した遺族をひきつれて出発、函館に降り立った。宿も国鉄で用意してある。現場となった七重浜に到着すると、死臭の漂う重苦しく沈黙した混雑

荻小でおこなわれた合同葬（三浦寛 撮影）

がひろがっていた。遺体があがってくるたびに群集が駆け寄り身元を確認する。安堵と絶望のいりまじった小さなどよめきがそのたびに生まれる。何人もの検死官が忙しく右往左往する。

　澤恒明によれば、かれが到着して三、四日はポツポツという遺体のあがりかただったという。それが北大にいた兄俊明と交代してから回収が相次いだ。参拝団一行で最初に遺体があがったのが父幸夫だった。当初国鉄は洞爺丸を復元して就航させる計画だった。このため船内からの遺体の回収にてまどっていた。そのことに遺族から不満の声が上がり始めたため国鉄は復元計画を断念し、むき出しの赤い船底を切ったことから作業が迅速に進んだ。一週間後には船内の遺体の回収はほぼ終わっていたという。

　これにともなって浜はにわかに忙しくなり、はじめこそ遺体を函館市内の焼き場に運んでいたが、ここにきて腐乱のすすんだ多数の遺体が岸壁にあふれ、ぶくぶく白く膨れた遺体が検死され、着衣で身元の判別が行われた。身元の分かったものは市の出張所で火葬許可証をもらい、急遽浜にしつらえられた野焼きにまわされ荼毘《だび》に付された。不明者は棺に入れられ最初は寺、のちには中央公民館に並べられた。

五十、六十といった遺体を次々に焼くさまは、見ようによっては壮観といえるものだ。鉄骨で百メートル近い台を組み、下に薪を詰め込み、台上に棺を置きその上にさらに薪を積み上げる。四、五メートルおきに重油缶が置かれ、それを振りかけながら焼き続ける。黒煙が異臭とともに立ちのぼり函館の上空を覆った。二日も三日も、五日も一週間もその地獄のような光景が続いた。目途としていた遺体の回収が終わったのは事故から十日ほども経ってからであった。遺族は国鉄が用意した特別編成の浦河行きのディーゼル車に乗り、遺骨とともに帰還した。

後日、村役場は戦没者遺族会とともに、荻伏小学校体育館で合同葬儀を営んだ。このような事故につきもののさまざまな噂が人々のあいだで密かに取り交わされ、ひとしきり人々の涙をさそった。戦争と国鉄で二度も国に殺されたと、歯噛みする参列者もいたという。

このほかにも浦河町にも犠牲者がいて、浜町通りの井上理容店の四男井上哲朗（二十四歳）もそのひとりだった。かれは弟理人によれば日高支庁に勤務し、近年環境問題でクローズアップされる襟裳緑地の造成に深く携わっており、その会議のため東京に出張のさなかのことであったという。またさらに後のことになるが、事故から半年もたって、襟裳沖でひとつの遺体が回収された。洞爺丸事故の行方不明者であったという。

［文責　高田］

【話者】

宮崎　寛　浦河町堺町東　昭和四年生まれ

澤　恒明　浦河町荻伏　昭和九年生まれ

井上　理人　浦河町向丘西　昭和十八年生まれ

【参考】

海事審判ホームページ

第四三話　浦一中自動車クラブ

——グランドをシボレーが走る

「中学生の頃、学校に車があってさ。グランドで順番に乗りまわしたことがあったな」

藤井信也、菜畑晃悦らが中学生の頃、昭和二十八、九年の話である。

タクシー会社を経営していた晃悦の父は、当時息子の通う浦河第一中学校（当時は堺町西二丁目）のＰＴＡ副会長だった。新制中学として発足してからすでに数年が過ぎていたが、学校は相変わらずの教材不足。旋盤やミシン、ドリルなどはあったが、全員にいきわたらない。工作で本箱一つ作ろうにも、材料費が千円もかかるとあっては、端からお手上げだった。修学旅行の費用を作るために、子ども達がアルバイトをして積立貯金をした頃だ。仕方なくヤンマーのジーゼルやミシンを、ばらしたり組み立てたりしていた。そんな様子を見聞きしていた晃悦の父が、親しくしていた岩見沢の辻村というハイヤー会社から、古い自動車を手に入れ、教材用に寄付してくれたのだ。シボレーの一九三五年型。三万か、いや四、五万くらいもしただろうか。教材用に車を持っている学校なんて、北海道では札幌の一条中くらいのものだった。

車はボディを外してエンジンを教材に使うはずだった。だが走らせればまだ動く。当時、車は庶民には高根の花で、もちろん先生方も誰一人持っていなかった。このまま分解してしまうには惜しい。職業(技術)の先生は、ちょっと車に乗ってみた。うん、ちゃんと走る。俺にもやらせてくれ。運転を代わった別の先生が、校庭を出た途端にハンドルを取られて、溝に落ちた。先生の運転が上達すると、乗せられるだけ生徒を乗せて、向別まで遠足に行った。定員なんぞ知ったことじゃない。だいたいしょっちゅうエンジンが止まるから、その時は押したり引いたり、たくさんいないと戻って来られない。そんなわけで、乗りきれない者はステップに立ち、ぶら下がるようにして出かけたという。

シボレーが隠れるほどだ(館文子 蔵)

職業の時間に生徒達も、先生の監督の下ハンドルを握った。希望者だけだったのかも知れないが、初めてだからまっすぐなんか走らない。三度、四度繰り返して、ようやく少しましになる。そんな具合だった。

「菜畑、車持ってグランドに行って走らせてやれ」

先生の厚い信頼を受けて、晃悦は時々にわか教官になった。当時は先生の数が足りなくて、掛け持ちで授業をしなくてはならないこともあったのだ。舘文子は、ぬかるんだ校庭で男の子達みんなが車を押していた姿を、よく覚えている。信也たちのクラスでは、エンジンに興味を持った者達が五、六人集まって、自動車クラブを作り、先生の指導の下、エンジンを分解したり組み立てたりした。前田紘陽は彼らの一年下で、運転させてもらった記憶はないが、先生の指示でエンジンをかけたことはあるという。車の前に付いているクランク・ハンドルをぐるぐる回してかけるのだが、一度ではなかなかかからない。

「お前、力ないな。次、代われ」
二、三人代わってようやくかかったと思ったら、そのまま先生は車に乗ってどっかへ行ってしまった。後は自習だ。そんなこともあった。紘陽は二年生で札幌に移ったから、その後のことは知らないが、転校先の学校でも、やはり職業の先生がエンジンに車体を付けて作った車を、交代で運転したことがあった。その時は運転免許を取らされた。グランド限定、学校発行の免許証である。
さて、浦一中からそばにある堺町グランドへ出るには、ほんの少しだけ公道を通る。ほんとはよくない。いや公道であろうがなかろうが、当時だって全部よくはないのだ。だが警察もあんまりうるさくなかった。晃悦はその頃、友達の家のオートバイを乗りまわしていて、警官に見つかったことがある。家のタクシー運転手達とよくマージャンをしている、顔見知りの警官だった。親父に言うぞ！　と叱られたが、すいません！　ですませた。そういえば家のタクシーを引っ張り出して走らせたこともあった。信也も、家で商売に使っているダイハツのオート三輪に乗っているのを見つかった。警察から注意を受けた父に、目立たないようにやれ、と叱られて、朝早く西舎まで行って走らせたことがある。今とは交通事情もまったく違う。なんともおおらかな時代だった。

学校の車はやがて動かなくなったのか、卒業後しばらくして晃悦が学校に行ってみると、エンジン部分だけが、教室の台の上に乗っていた。本来の教材見本になったのだ。

こんな話を大っぴらにしていいものなのかどうかわからない。だがこの話は、かつて少年だった彼らの胸に、ただただ楽しかった思い出として今も深く刻まれている。

［文責　河村］

【話者】

菜畑　晃悦　浦河町東町かしわ　昭和十四年生まれ
藤井　信也　札幌市西区　昭和十四年生まれ
舘　文子　浦河町緑町　昭和十四年生まれ
前田　紘陽　札幌市中央区　昭和十五年生まれ（平成二十四年没）
工藤　光義　札幌市清田区　昭和二年生まれ

第四四話　あぽい丸

――涙と笑いの船中記録

　浦河高校水産科に待望の実習船が配属になったのは、昭和二十七年六月。サンフランシスコ講和条約の締結により、北方海域にサケマス母船式流し網漁が再開された年である。水産科一期生が三年生の時だ。最初の船は、焼玉エンジンの小さな古船(三十一・六トン)で、室蘭の津波で一度沈んだものだという。弁天丸といった。それを買い付けて、日高造船所で実習船に改装したのだ。塗装は授業の一環として行われた。船体を真っ白く塗りあげた船は、「あぽい丸」と名付けられ、この船で、漁労科の三年生が、毎年サケマス流し網の長期実習に出た。

　学校挙げての壮行会、五色のテープに送られての船出は、まあちょっとしたヒーロー気分だ。だが気持ちがいいのはそこまで。見送りの人の姿が豆粒くらいになり、外海に出た途端、強烈な船酔いがやってくる。よろよろと船尾へ行けば、いつも誰か彼かが吐いていた。吐かなくなってやっと一人前になる。四期生の加藤忠昭は、かつて海洋少年団で船酔いに苦しんだ経験から、水産科に入ったものの漁労科は避けたし、同期の斉藤實は二年生のイカ釣り実習で一人だけ酔わなかったのを見込まれて、漁労科を勧められたという。水産科は漁労科と製造科に分かれていた。

さて船酔いに苦しむ生徒を乗せて、船は東へ向かう。釧路へ着くと、幣舞橋の所を根拠地にして漁に出た。今ほどうるさくない時代だったから、時には国後《クナシリ》や択捉《エトロフ》近くまで。夕方網を入れ二、三日沖で泊まって、早朝から網揚げをする。魚は腹を裂いて塩を振り、釧路の市場に水揚げするのだ。後には水産庁の調査を委託されるようにもなった。学術研究が加わると、一匹一匹記録する作業がある。番号を付け、大きさを測り、胸鰭のところのうろこを張り付ける。うろこで年齢がわかるのだという。内臓はホルマリンにつけ、筋子と白子は袋に入れて……。大漁になると目が回るほど忙しい。他に交代でする見張りもあった。これはよその船とぶつかったりしないよう昼夜問わずだから、夜になると眠くなる。内緒で椅子を持ち出し、居眠りしては叱られたものだった。

実習の様子は毎日無線で学校に送られた。素人にはまるで暗号のような報告を、当直教師は首をひねりながら記録したが、ある時それが途絶えて大騒ぎになったことがある。あぽい丸就航二年目、昭和二十八年のことだ。納沙布沖で漁を終え釧路へ帰港のはずが、予定日を過ぎても何も音沙汰がないのである。無線機は先日修理したばかりだし、天候も悪くない。

一体彼らに何が起きたのか。釧路海上保安部の巡視船が三隻で捜索を開始し、新聞は引率教師二人、乗務員七人、実習生八人全員の名前を掲載し、〝拿捕説が強まる〟と報じた。

ちょうどその頃、熊沢孝吉は家族と共に択捉沖へ漁に出ていた。一漁終え、幣舞橋のところで水揚げしていると、橋の反対側に見たことのある船がいて、同じように荷を降ろしている。あぽい丸だ。

「オイ、何やってるんだ。陸《おか》では大変なことになってるぞ」

話を聞けば、薄漁で、やっと帰る時になって捕れ出したので、帰港をのばしていたとのこと。無線は再び故障して連絡ができなかったという。食料はまだ残っていたし、そんな騒ぎが起きていようとは、船長始め誰も思っていなかった。

このあぽい丸が老朽化のため廃船となり、父母の強い要望と働きかけにより、新造船ができたのは、昭和三十五年。熊沢孝吉はその年から、あぽい丸(八十四トン)に機関士として乗り込んだ。船は大型になり、実習生も一度に十四人の乗船が可能になった。またエンジンもディーゼルに変わって、一航海が二十二、三日にも延びた。

船中での暮らしはこんなふうだ。寝場所は船底の先端にしつらえた狭い二段ベッド。ここが一番揺れるところだが、十日もすればさすがに慣れる。ハッチを上げると、そこから煙が漂ってくることがある。たばこだ。

「オッ、何だ？　火山が火吹いてるぞ」

上からそんなとぼけた声が聞こえると、生徒達はあわてふためく。

「やばいぞ。おいっ、やばいって」

炊事は炊事夫の仕事だが、生徒も交代で手伝う。食べ方にはコツがいって、ご飯とみそ汁の椀は、上から指をかけて同時に持つ。アルマイトの食器は軽くて、船の揺れで飛んでしまうからだ。これが実習で最初に教わったこと。ついでにトイレの話。これは人がしゃがんで座れるだけの四角い箱の底に便器が付いていて、使うときだけ船の外側に引っ掛ける。いわゆるポットン式だ。箱の高さは腰までだから、人目のあるところではちょっと恥ずかしい。

航海中一番大切なのは水と食料で、とりわけ水は貴重だから、米を研ぐのも歯磨きも海の水。無駄遣いは厳禁。洗濯などもってのほか。着たきりすずめだ。いやになる。水と食べ物がなくなると実習はおしまいで、実習終盤になると、不思議と水の減り方が早くなった。

あぽい丸（山内良三 撮影）

「仕方がない、終わりにするか」
先生の一声で、一旦釧路に戻って魚を降ろす。
「やったぁ！」
陸に上がった生徒の表情は明るい。久しぶりに風呂にも入れる。機関士達が銭湯へ案内してくれるが、面白がってわざわざ繁華街を通ったりするから、女の人がなんだかみんなきれいに見える。夜の街で働くお姉さんに、岩手から来た、なんてかっこつけてデートに誘い振られたり、毎年決まった時期にやって来る彼らを、地元の女の子が心待ちにしていたり。十八歳の夏、男ばかりの実習は、愉快なこともいろいろあった。いや愉快なことだけでもない。ある時風呂に行くと、背中一面に鯉の彫り物をしている人がいて、四、五人もの若いもんがその人の身体を流している。

「大変だ！　背中に図画描いてる人がいる！」

あわてて飛び出し、あとでさんざん笑われた。

エピソードに事欠かない実習風景が毎年こうして繰り広げられたが、昭和四十三年三月、五百五十余人の卒業生を出した水産科は、地元の強い反対にもかかわらず廃止となり、あぽい丸は函館水産高校に移管された。やがてその函館での勤めも終わり、廃船の決定。浦高の教師達はこれを聞き、最後にあぽい丸を招待することにした。全校生徒、教職員、かつての卒業生達が出迎え、ブラスバンドの演奏が流れる中、あぽい丸がゆっくりと港内に入って来た。漁組の専務ら卒業生が、新鮮な海の幸をあふれんばかりに用意して待っている。あぽい丸、浦河最後の雄姿。昭和四十九年十一月二十日のことだった。

〔文責　河村〕

＊　浦河高校に併設されていた水産科(昭和三十四年度から漁労中心の漁業科に変更)は男女共学だったが、あぽい丸での長期実習を行ったのは男子生徒のみである。また漁業科の閉科に伴い工業科(電気、機械)が、昭和四十年から平成五年まで併設された。

【話者】

熊沢　孝吉　浦河町東町ちのみ　昭和十三年生まれ
斉藤　實　浦河町堺町西　昭和十二年生まれ
加藤　忠昭　札幌市西区　昭和十二年生まれ
石川　憲悦　浦河町堺町西　昭和二十二年年生まれ
伊藤　千秋　浦河町堺町西　昭和二十二年生まれ
大脇　徳芳　札幌市東区　昭和十年生まれ
堀　湜　札幌市手稲区　昭和九年生まれ
塚田　国雄　室蘭市母恋北町　昭和十年生まれ

【参考】

北海道新聞　昭和二十八年六月三十日、七月二日
北海道新聞　胆振日高版　昭和三十二年九月二十九日
北海道浦河高等学校創立七十年記念誌　北海道浦河高等学校発行
北海道浦河高等学校創立五十年誌　北海道浦河高等学校発行

第四五話　冨貴堂で展覧会をやるぞ！

――浦高美術部の心意気

伏木田光夫が物心ついて絵を描きはじめた頃、そのテーマは戦闘機であり、軍艦だった。大半の男子生徒は戦闘機乗りになって鬼畜米英の艦船に突入してゆく自分を描いた。かれもまた紛れもないひとりの軍国少年だった。昭和二十年には、浦河駐留の暁部隊が港口で潜水艦に襲われ、黒いゴムカッパをつけた完全装備の兵員の、百ともいわれる遺体が市場前に累々とならべられた凄惨な情景も目にしている。

また二十年の七月には、浦河空襲に遭遇し正信寺の上にあった防空壕のなかで、二百キロ爆弾の衝撃で体が宙に浮いた経験もある。

終戦の日、かれの記憶では晴れた暑い日だったという。一転して戦後、世はあげて自由と民主主義だった。浦河小学校の四年になっていたかれは、途方にくれていた教師から指示されて教科書の墨塗りを経験する。戦時中は始終殴られたり立たされていた学校で、豹変したやさしい教師たちを目の当たりにすることになった。それだけでかれには十分に楽しい学校だった。あろうことか新しい担任の中山先生がかれの図画の評価に〝優〟をつけてくれた。周囲に褒められもし内心得意でもあった図画の〝優〟、学校が楽しくないはずがない。自由バンザイ、民主主義バンザイ。

油絵との出合いは戦後新制中学とよばれた出来たての中学校でだった。二年のとき大友一夫という新任の美術教師がかれに油絵の手ほどきをした。中学ではじめてできた絵画クラブの部長となり、水を得た魚のように旺盛な創作がはじまった。お絵かきの子どもが美術少年に変貌した瞬間だった。

家の貧しさはあいかわらずだった。二年の夏休み、宿題で絵の提出があった。クラスメートの高木徳三郎がもちかけてきた。

「オレ　描けないから、光ちゃん描いてくれよ」

「オーライ。そのかわり絵の具は徳ちゃんが用意してくれよ」

「お安い御用だ」

高木の家は町内でも指折りの資産家、ふんだんに油絵具が使えることとなった。油彩の画材は高価だから、貧しかった当時の中学で生徒に宿題として出したとは思えないが、今ではかれに油絵を描かせる高木の友情だったと思っている。

このときにかれが描いたのが「海」という作品。ある日、画集をめくっていて烈しくこころをゆさぶられる作品に出会った。ある夕景を描いた作品だった。自分もこのテーマで描いてみせると、中学校の前浜に出かけて画布をかけた。夜に至って、海とも空とも分かつことのできぬ一枚の黒い絵ができていた。

浦河高校に入学してからは爆発的な制作欲にかられ、全日本油絵コンクール（中学時制作港）、道展（漁舟）、国画会（舟のある夜景）、全道展入選（白い夜）と矢継ぎ早にその才能を開花してゆく。

中学二年で描いた作品「海」

伏木田光夫によれば、当時の北海道の画壇は混乱期に突入しており、北海道展（道展）、全道展、新道展などが併立し戦国時代の様相を呈していたという。

そうした風が浦高美術部にも流れこんでいて、かれらの創作にインパクトを与えていたかに見える。光夫をはじめとして狂ったように美術にのめりこむ部員が何人もいた。地方の、無名な一高校が道レベルの展覧会で高い実績を積み上げている。美術部の高揚した機運が、誰ともなく〝オレたちだけで展覧会をやってみたいな〟というつぶやきに全員が感染した。

札幌での展覧会が美術部内の話題であるうちは他愛もないものだったが、かれはこれを昭和二十八年度の生徒会予算会議に提出した。予算獲得のための会議である。各クラブの代表がクラブの運動方針を説明して、活動予算を獲得するのである。運動部も文化部も同じまな板の上に乗せられた。かれは事前に野球部と打ち合わせをしていた。町民の野球好きもあって野球部は最大の高予算団体だった。親しかった村岸や蝉塚は野球部の花形であり、リーダーだった。〝美術部の予算を認めろ。そうしたら野球部のには文句をつけないし、賛成にまわろう〟ということであったらしい。有力クラブのしのぎあいで幾分の混乱はあったようだが、美術部の札幌での展覧会の予算は認められたのである。前代未聞のことだった。当時の美術部顧問は永吉正彦先生だった。

このときこの開催にどのくらいの予算がついたのか、費用もいくらかかったのか誰も覚えていない。当時の札幌は人口五十万人程度、本格的にギャラリーと呼べる施設は、冨貴堂と大丸藤井の二カ所だけだった。わけても冨貴堂は、在住作家たちが愛してやまなかった戦前からの大型書店だった。南一条西四丁目の十字街、現在のパルコのところにあって、ギャラリーは四階だった。

昭和二十八年、十月。浦河高校美術部七人展。幸いなことにこの企画を新聞やラジオが好意的にとりあげてくれた。前評判は十分だった。そのうえ札幌市内の当時の街頭放送が商業地区全体にこのニュースを流してくれた。地方の高校生の美術展、絵画好きにとっては十分ニュースバリューのある企画?だった。出品者は伏木田や谷口をはじめとして、溝口正勝、奥野(現岡田)留美子、北村(現鈴木)政子、澤田俊子、蛎崎(現道辻)沖子。

天を衝く意気ごみで乗り込んできたかれら高校生のまえに、マスコミや観客がとぎれずに続いた。そのなかには前述の疎開していた著名作家や道内在住の作家たちも多数ふくまれ、出品した高校生に刺激的なコメントを残していった。有頂天なままますぎた五日間だった。刺激をうけた仲間が意を強くしたなかで、伏木田光夫や谷口正美はこのとき既に、ひそかにプロとして生きることを決意していたのである。

［文責　高田］

＊　谷口正美は昭和三十年、釧路で勤務中に交通事故で亡くなった

昭和28年美術部7人展メンバー（北村政子 蔵）

【話者】
伏木田光夫　札幌市南区　昭和十年生まれ
清水　昌光　浦河町東町ちのみ　昭和九年生まれ
鈴木　政子　愛知県安城市　昭和十年生まれ
溝口　正勝　浦河町東町かしわ　昭和十一年生まれ

【参考】
伏木田光夫展図録　一九九七　㈶札幌芸術の森

第四六話　堺町大火

――引揚者住宅の火災

昭和二十九年二月二十三日。堺町の引揚者住宅五号舎より出火した火災は、瞬く間に四棟五十一戸、五十六世帯を呑みこんだ。この火事で病気療養中だった山田辰蔵が逃げ遅れて亡くなったほか、八名が負傷した。

堺町には、戦時中駐屯した部隊の建てた兵舎が残されており、戦後、町がその払い下げを受けて住宅として改造。樺太、満洲等からの引揚者収容施設として活用したのである。旧兵舎は当初十二棟あり、浦河第一中学校(当時堺町西二丁目)の右手に、火災時は、二号舎から八号舎までが並列に並んでいたという。

昭和二十二年二月、樺太から引き揚げた室谷英男によれば、船で小樽や函館に上がったとき、日高に行けば兵舎があるから、身寄りのないものはそこへ行け、と言われたのだという。

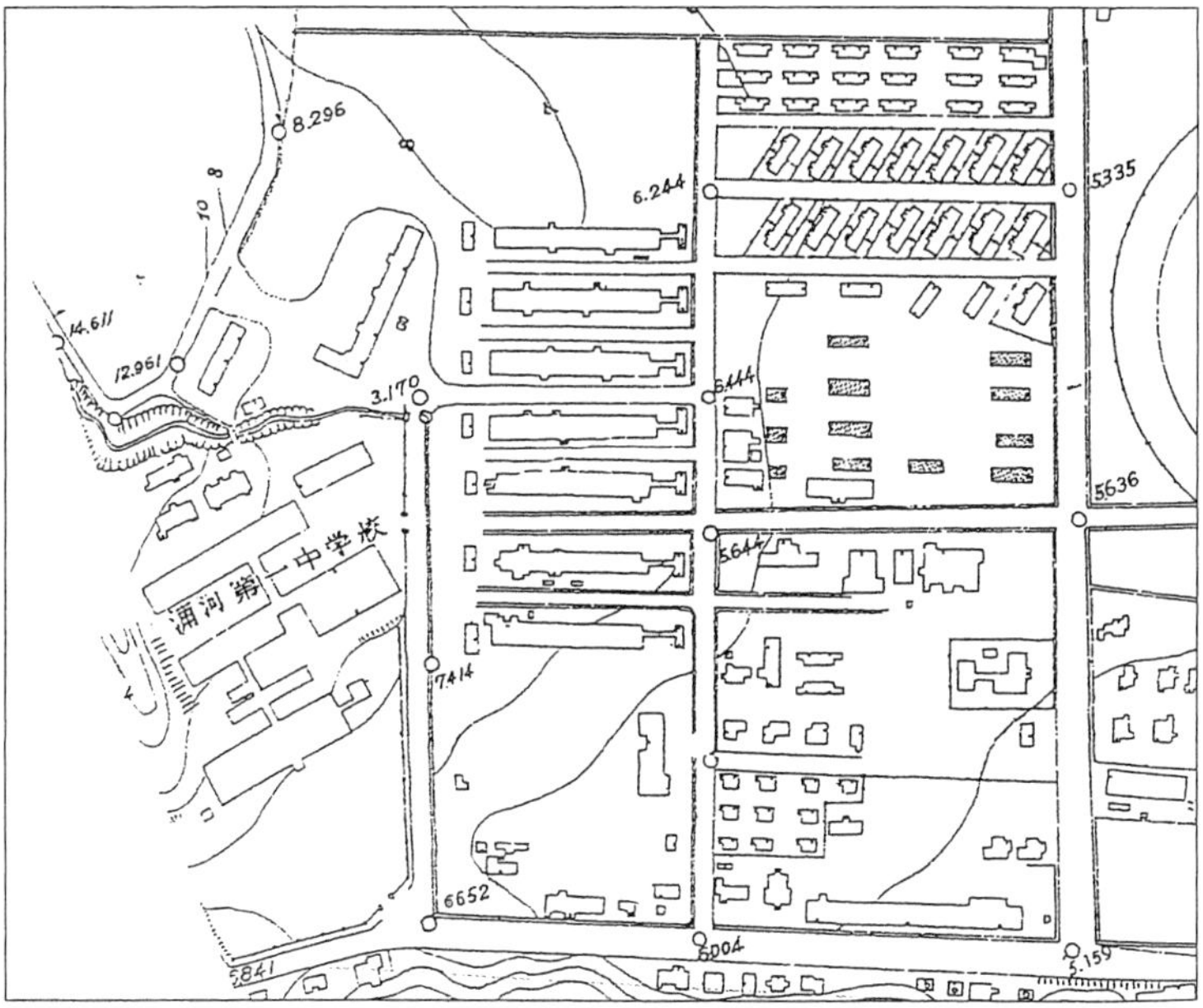

当時の堺町西1丁目(「堺町小史」より　浦河町立図書館 蔵)

彼は後志管内寿都の出身だった。しかし故郷を離れて長くなると、親戚を頼るのもはばかられる。指示に従って浦河へ行くことにした。行き先のない者は、こうして計画的に道内各地に振り分けられた。同年三月十四日付の日高新聞には「旧兵舎に、主に樺太方面からの引揚者五十六世帯三百余人が居住している」とある。浦河町史には、兵舎を開放して引揚者千三百人を収容したとも記されているが、堺町小史は、最終的に引揚者住宅には「八十世帯、四百人程度が入居し、その八〇%以上が樺太引揚者」だっただろうとしている。引揚者の正確な数は不明だが、深刻な住宅難で、町内に縁故者のある者はなかなか入れず、家族十人が六畳一間に間借りした、親戚の鶏小屋を改造して住んだという話など、枚挙にいとまがない。

　なかなか入居ができなかったという引揚者住宅の八号舎に、蝉塚宗治が住んでいた。蝉塚家は空襲で焼け出された東京出身者。父はハイヤー会社を経営していた。故郷を追われ、苫小牧、静内と移り住み、ようやく落ち着いた先がこの引揚者住宅だった。宗治の記憶によれば、八号舎は一棟が薄板一枚で十軒ほどに仕切られていたという。夫婦げんかもまる聞こえで、生活のすべてが筒抜けの暮らしだった。玄関を開けるとすぐ脇が流し。その奥の引き戸の向こうに六畳ほどの部屋がひとつ。それが一軒の住まいだった。トイレは共同で長屋の一番端にあり、水道も道路のそばに一棟あたり一つ。風呂はかつて兵隊たちが食事場所にしていたところに、五右衛門風呂のような鉄の飯炊き釜があって、最初はそれを使っていた。また近所で風呂を沸かすともらい湯に行っていたが、やがてそれぞれが家の裏に掘立小屋を建てて、ドラム缶の風呂を作るようになったという。堺町にはまだ銭湯がなかった。

　火が出たのは、宗治がちょうど学校(浦高)から戻って来た時だった。小野商店の前まで来ると、煙の上がっているのが見えた。また火事か! 宗治の頭に、空襲で火の中を逃げまわった記憶がよみがえった。あの時、宗治ら家族の避難する先々を、執拗に火が追いかけてきたのだった。

　卜部弘は当時浦小の教員で、浦一中に打ち合わせのため来校していた。火事だ! 外に飛び出す間もなく、天を焦がすような火が上がり、長屋は一気に燃え上がったという。カラカラに乾いたバラックは、ひとたまりもなかった。大人は皆仕事に出かけていて、留守番は年寄りと子どもばかりだ。ある樺太引揚げの老人は、人の騒ぎと共にガラス窓が真っ黒になったので、火事だと思いあわてて子どもを外に逃がしたが、布団一組持ち出すのが精いっぱいだった、と後にＮＨＫの取材に答えた。

第一ポンプ車が到着したのは、通報後四、五分だったが、すでに五、六号舎は手の施しようがなく、炎は七号舎へ及んでいたという。近くには貯水槽がなく、一番近い水槽からホースを伸ばしても水は届かない。頼みはタンク車だが、その水がもつのもわずか数分で、なすすべがなかった。火は間もなく宗治達の住む八号舎をも呑み込んだ。ポンプ車は八台が出動したが、これを止めることはできなかった。

このあたりは引揚者住宅、通称三本住宅、斜め住宅などと呼ばれる住宅が三百五、六十戸ほども並ぶ地域で、かねがね町内でも最も危険な区域として取りざたされていたのだという。いつ火が飛んでくるかわからない、と近所でも家財道具が運び出されていた。斜め住宅に住んでいた石川家では、国鉄バスの営業所（堺町現集落センター付近）に、布団を担いで避難した。憲悦は、どさくさにまぎれて布団が盗まれないように、火が収まるまで見張りをさせられた記憶がある。また火元向かいの小野商店では、妻裕子の弟が浦一中の教師だったこともあって、先生達がバケツリレーで水をかけてくれた。おかげで焼失を免れたが、もし風向きが変わったら、と気が気ではなかったという。

二月二十四日付の北海道新聞によれば、三時三十分頃出火した火は、四時四十五分には鎮火。浦一中に対策本部が設けられ、被災者二百二十四人に炊き出しをしたとある。

［文責　河村］

【話者】

蝉塚　宗治　浦河町堺町西　昭和十一年生まれ

石川　憲悦　浦河町堺町西　昭和二十二年生まれ

卜部　弘　札幌市豊平区　昭和三年生まれ

小野　裕子　浦河町堺町西　大正十一年生まれ

【参考】

堺町小史　老人クラブ堺町福寿会　平成二十二年

日高報知新聞　昭和二十九年二月二十四日

北海道新聞　昭和二十九年二月二十四日

第四七話　ヒンドスタン

――浦河競馬界の背を押した馬

浦河町築地の日高軽種馬農業協同組合という建物の庭の一角に、一頭の美しい馬の彫像がすっくと立っている。浦河人なら誰もが知っているヒンドスタンの立像だ。かれの遺品なら幌別の馬事資料館にもいくつも残されている。

町民なら耳の底のどこかに〝アラブのお金持ちの王様〟というアラビアンナイトのようなことばが残っているかもしれない。そもそもヒンドスタンは日本で生まれた馬ではなかった。アーガ・ハーンという人物の所有馬だった。それがどういういきさつからか荻伏に入ってきたのである。

硝煙立ち込める中国東北部(元の満州)に、日本陸軍の関東軍と呼ばれる百万からの大部隊が駐留していた。この軍勢を動かすのに膨大な軍馬が必要で、関東軍は広大な専用牧場を有していた。

姉茶の富岡哲子によれば、上海留学の経験のある兄高橋修一が中尉としてその牧場に勤務していた。そこにラサ商事の奥という人物が出入りしていた。終戦後、高橋修一は民間人として東京でさまざまな事業を行っていたが、そこへ奥がひょっこりやって来た。耳寄りな話があるという。〝じつは英国でいい種馬を見つけたんだが、北海道あたりで誰か買う人はいないか〟と持ちかけてきた。その馬は現役時代にはそこそこ活躍したが、種牡馬となってからはいまひとつパッとしなかった。そこで売りに出たのだという。

修一は戦後競走馬生産を休止していた静内の実家ではなく、この話を妹の嫁ぎ先である荻伏の富岡牧場に持ち込んだ。昭和二十九年のことである。富岡でも約一五〇〇万という当時としては破格の高価な買い物であったため、個人としては手に負いかねて、できたばかりの日高軽種馬農業協同組合にこの話を持ち込み、荻伏軽種馬振興会が酒井徳松を代表とする有志の拠出からなるシンジケートを組んで購入を決めた。三十年になってからのことである。資金約二〇〇〇万は日高信用金庫が出した。契約は横浜の商事会社エバーユニオンの広瀬社長と、シンジケートの酒井代表のあいだで結ばれている。

当時荻伏種馬所の所長だった三浦武男によれば株主は浦河の三枝、浜田、辻、鎌田三郎、鎌田正、荻伏の富岡、西田、酒井、小島、北俣、高岸、平野、藤田、伏木田、三好、出口、近藤、三石の大塚、端畑など約三十牧場と個人馬主で、総口数で五〇株程度だったとしている。現在のシンジケートは、世界的にいい種牡馬が高いこともあって百株も二百株も発行す

浦河町馬事資料館ヒンドスタンの剝製（小野寺信子 撮影）

るが、この当時はまだヨーロッパ的な育成観が強く、五、六十が常識でそれ以上になると〝金儲け主義が〟と白い目で見られたものだった。

余談になるが、このときに三浦武男の言い方によれば〝付録〟としてブッフラーが一緒に輸入されていたが、無名だったこの種牡馬がコダマ（鎌田正生産）、ヘリオス、チトセミノル、スズホープなどの流れを作りだしている。

おそらくこれらの人々の記憶には、日高種畜牧場が戦前から繋養されていた輸入種牡馬セフトのことがあったに違いない。浦河、荻伏の生産者にとってはトキノミノル、ボストニアンなど幾多の重賞を取った馬群の父馬として記憶に新しかったに違いなく、そのセフトのかつての所有者がアーガ・ハーンだったことも、購入の決め手になった。

やがて長い船旅、検疫の後、ヒンドスタンが日高入りした。英国出発以来コルメットという人物が随員として同行していたという。

ヒンドスタンは購入後、荻伏種馬所に繋養され供用に付された。当初、種付け料が高額だったため人気がなかったという。しかしリュウフォーレル、ハクショウなどが出るに及んで人気はウナギのぼりとなり、次々と優駿を産出した。
とりわけ三十九年、姉茶地区松橋牧場の生産になる中央競馬クラシック五冠馬シンザンが出るに及んで、その人気はピークに達した。主な産駒とクラシック、準クラシック受賞馬だけに絞って列挙する。

シンザン　ダービー　皐月賞　菊花賞　天皇賞(秋)　有馬記念
リュウフォーレル　天皇賞(秋)　有馬記念
ヤマトキョウダイ　天皇賞(秋)　有馬記念
ヒカルポーラ　天皇賞(春)
ハクショウ　ダービー
ダイコーター　菊花賞
アサカオー　菊花賞
ヤマニンモアー　天皇賞(春)
ワイルドモアー　皐月賞
オーハヤブサ(牝)　オークス
スギヒメ(牝)　桜花賞
ケンホー(牝)　桜花賞

ヒンドスタンの産駒が走り始めた時代を考えると、それが高度成長期の真っ只中にあったことがよく分かる。三、四十年代の軽種馬生産牧場の増加数、そして生産頭数の増加数をみると、国民総生産の上昇カーブとぴったり対応することに驚く。

年度別組合員数表

昭和二十五年	二二二	三十年	四五四
三十五年	七六六	四十年	一二一一
四十五年	一七〇八	五十年	一九二九

ちなみに、昭和五十年の会員数は一九二九なので、この頃にピークに達していたのだろう。生産頭数も三十年には六一八、三十三年九五七、三十六年一四〇〇、三十九年二二三七、四十二年三四〇三と増加をつづけ昭和五十八年には八三七六頭、平成三年から五年までの三年間は一万頭を超えていたのである。

戦後のこの時期、軽種馬生産業界が日本の馬産界における浦河の地位を向上させ、町の財政構造を塗り替え、街を活性化する一翼を担っていたことは確かだろう。それらのバックボーンにヒンドスタンがいたことだけは特記されてよい。

［文責　高田］

【話者】

富岡　哲子　浦河町姉茶　大正十五年生まれ
鎌田　博子　浦河町常盤町　昭和九年生まれ
三浦　武男　札幌市手稲区　明治三十七年生まれ（平成十六年没）
小笠原敏雄　浦河町堺町東　大正十二年生まれ

【参考】
優駿のふるさと日高　昭和四十五年、五十六年、平成三年　日高軽種馬農業協同組合

第四八話　はまなすの鐘

――一人の喜びはみんなの喜び

浦河第一中学校の正面玄関右手に、まるでどこかの教会を思わせるような、瀟洒な鐘楼が立っている。下げられているのは、荻忠男先生寄贈の〝はまなすの鐘〟だ。半世紀前に子ども達に贈られた鐘は、時を越えて今もやさしい音を響かせる。これはその鐘にまつわるお話。

「腹減ったなあ」

家に帰っても、腹の足しになるようなものはない。すきっ腹を抱えて蝉塚宗治は学校へ戻った。昭和二十年代半ば、日本中が餓えていた時代。彼は育ち盛りの中学生だった。浦一中は、当時堺町西二丁目にあって、宗治の家とは目と鼻の先だった。校舎は旧陸軍工兵隊の本部を一部改造した粗末なもので、担任の荻忠男先生はその中に住んでいた。そこに放課後になると子ども達が集まって、新聞作りをする。宗治のクラスは〝はまなす学級〟と呼ばれていて、新聞名もそれにちなみ〝はまなす〟と名づけられていた。発行は週一度。だから係の誰か彼かがいつも部屋に詰めている。そこに手伝いの者や、用のない者までが自然と集まってくるのだ。

部屋をのぞくと、先生は相変わらず家庭訪問で留守だが、夕食のご飯が炊き上がっていた。炊きたてのご飯に醤油をちょっとたらしてかき込むと、これがまたうまい。あっという間に宗治はご飯を平らげた。先生の分を残しておこうなんて、チラッとも頭をかすめなかった。

『ごちそうさまでした。蝉塚宗治』

そう紙に書いて貼っておく。先生の部屋にあるものは、名前だけ書いておけば誰が食べてもかまわない。そういうことになっていた。だからみんな戸棚の中をのぞいては、勝手に出して食べた。先生は家庭訪問先で、時々夕飯をごちそうになって帰ってきた。魚の干物やスルメを漁師の子どもが持ってきて、一緒に焼いて食べることもあった。

また先生は、悩み事があるとよく旅に出たが、その時は必ず二、三人の生徒を連れて行った。一緒に行く者はクラスの投票で選ばれた。先生の郷里福島を始め、長崎、伊豆大島など、旅は二週間、三週間に及ぶこともある。先生が連れて行ってやるというから、

かすみ台に立つ鐘楼

みんな喜んでついていった。旅費のことなんか誰も考えなかった。

他にも夕張の炭鉱見学や庶野への花見。あちこちへの自転車旅行。先生の部屋での中秋の名月観賞会など、よそのクラスがやらないこともたくさんした。それで、うちの子を早く学校から帰してほしい、と苦情が来たこともあった。中学生は立派な働き手だったから、親はそんなことより家の仕事を手伝ってほしかったのだ。はまなすは変だ、と陰口をたたかれたこともあった。気軽に女と話すな、と先輩に呼び出された者もいる。一学年五クラス中、唯一男女共学の実験クラスだったから、やっかみもあったかもしれない。

荻先生は普段はやさしい。えこひいきもしない。けれど約束を守らなかったり、掃除の時に協力しなかったりすると、ものすごくこわい。協力する、人の気持ちを考える、ということが先生の最も大切にするものなのだ。教室の壁には、こんな言葉が掲げられていた。

『一人の喜びはみんなの喜び　一人の悲しみはみんなの悲しみ』

宮澤賢治の言葉だという。これが先生の信条だった。

昭和二十九年一月、宗治が高校二年の冬、訳あって先生は浦河を去ることになった。浦河駅を離れる日、先生は背広姿だった。いつもジャンバーを着ているので、父兄が先生に贈ったのだ。でもネクタイなんて締めたことがないから、どうにもうまく結べない。仕方ないから、ネクタイの後ろにゴムをつけて留めていた。駅は見送りの人であふれていた。本人の知らない人も大勢来ていて、みんなが頭を下げ、びっくりするほどの餞別をくれたという。

「どうしよう。俺はお金を貰うために、浦河に来たんじゃない」

鐘を鳴らす荻先生と教え子達
（蝉塚宗治 蔵）

それでいろいろ考えた末、先生はそのお金を使って子ども達に鐘を贈ることにした。

間もなく、高さ四十センチ、口径五十センチ、重さ十貫（三十七・五キロ）あまりの真鍮製の鐘が、注文先の大阪から浦一中に届けられた。

それから四十年余が過ぎた。浦一中創立五十周年記念（平成九年）に招待された先生は、ガラスケースに収まった件の鐘と初めて対面した。そして一度でいいからその音を聞いてみたいものだと思った。

その先生の思いを知ったかつての教え子は、早速鐘の音を録音して先生に届けることにした。蝉塚宗治、渡辺京子、京子の夫修二、今新静香、宇野芳子、下神田淳。六人が録音のため、文化会館に集まった。ステージの上で鐘を鳴らすと、鐘は澄んだいい音を響かせた。

「なあ、どうせなら鐘運んで行って、先生に鳴らさせてやるべ」

そうやって江別の先生の家まで運んでいった。重たい鐘を、滑車で庭の木に吊り下げた。

「先生、鳴らしてみれ」

この時の先生のうれしそうな顔が、彼らの鐘楼再建計画に火を付けたのだ。鐘は、贈られた当時は学校横の丘の上に、ちゃんと吊り下げられていた。それが台風のせいで鐘楼が壊れ、しまいこまれて、忘れられていたのだ。先生の鐘を、もう一度鳴らせるようにしよう。言い出しっぺの地元組は設計図を引き、ボール紙と針金で模型を作った。模型の鐘は、静香が旅先の香港で見つけてきた。鐘楼の設置場所は許可がなかなか下りず、嘆願書も出した。長い紆余曲折の時があった。ようやく期成会が作られ、寄付金集めが始まった。先生に受け持たれた一次から三次のはまなす学級の卒業生やゆかりの者から、寄付は続々と集まってきた。ご飯をごちそうになったこと。本州旅行に連れて行ってもらったこと。欲しくても手が届かなかった英語の辞書を買ってもらったこと。先生の給料のほとんど全部をつぎ込ませた半世紀前のあれこれを、みんなが思い出していた。先生を喜ばせてやりたい、とみんなが思った。寄付金が増えるに従って、材質を変え、支柱を太くし、台座を据え付け、鐘楼はどんどん立派になっていく。変更に変更を重ねた工事は、下神田組が請け負った。

平成十六年五月十五日、浦一中正門前で、念願の鐘楼除幕式が行われた。先生と教え子四十名が見守る中、鐘は息を吹き返した。

『一人の喜びはみんなの喜び』

先生の信条を刻みこんだ〝はまなすの鐘〟が、再び校庭に響き渡った。

［文責　河村］

【話者】

飯塚　敏彦　　札幌市北区　　昭和十二年生まれ

蝉塚　宗治　　浦河町堺町西　　昭和十一年生まれ

渡辺　京子　　浦河町常盤町　　昭和十一年生まれ

下神田　淳　　浦河町堺町西　　昭和十一年生まれ

渡辺　修二　　浦河町常盤町　　昭和十年生まれ

荻　　忠男　　江別市野幌屯田町　　大正六年生まれ（平成二十四年没）

【参考】

日高報知新聞　　昭和二十九年三月七日

平成十五年十一月十六日・十六年五月十八日

北海道新聞　　昭和二十九年七月十七日・平成十六年四月九日

第四九話　思いやり橋

——新聞記事が結んだ絆

昭和三十年七月三日から降り続いた雨は、日高管内に甚大な被害を与え、死者、行方不明者二十六人（七月六日付日高報知新聞）を出す大惨事に発展した。戦時中の無計画な伐採で裸になった山間部は、十勝沖地震、洞爺丸台風により、すでにあちこちが崩壊していた。そこに通常を大きく上回る大量の雨が降ったのである。浦河では幌別川流域の西舎、杵臼で家屋の浸水が見られ、西舎橋も四十㍍にわたって流された。また荻伏では元浦川の水位が急速に増し、流域のほとんどが浸水した。住宅三戸が流され、二十五戸が半壊、床上浸水百二十戸、床下浸水百三十六戸。被害は上野深、下野深、姉茶、富里、瑞穂、上東栄、共栄の全集落の六十五%に及んだという。この水害で野深とルスナイ地区を結ぶ吊り橋、野深と姉茶を結ぶ野深小学校前の通学橋の二本が流失した。

ルスナイの吊り橋が流失したことは、戸数わずか四軒、五人の通学生を持つルスナイ地区を孤立させることになった。二日、三日と、様子をうかがっていた子ども達は、川の水が引き始めた五日目頃から、川の中を漕いで通学するようになった。勉強道具を濡らさないように気をつけながら、ズボンの裾をまくり、スカートをたくし上げて、一本の綱を頼りに並んで川を渡るのだ。

川を渡るルスナイの子ども達（松田幸子 蔵）

だがちょうどその頃、彼らと同じ野深小学校に通う姉茶の児童が、通学橋のところを渡ろうとして亡くなった。配給米を取りに行った帰りの事故だった。彼女の家へは他に迂回路があったが、そちらを通ると四キロもの回り道になったのだ。

二度と同じ事故を起こしてはならない。雨が降って、ひざの上まで水が来るようになると、川を渡るのはあぶない。それにこれから秋に向かい、水は日に日に冷たくなる。そうしたら学校へはどうやって行けばいいのか。ルスナイに住む高岸（現姓松田）幸子は気が気ではなかった。二学期が始まって間もなく、幅一尺ほどの仮橋が渡されたが、それは四、五日もっただけであっけなく流れた。雨が降ると、川はすぐにあふれる。

その度に家の周りも畑も水浸しになり、集落の自家発電は止まった。幸子は雨が降り始めると、学校にいても授業に身が入らなくなった。水が増える前に川を渡らなければならない。そうしないと帰られなくなる。空を見ながら帰る頃合いを計る。早退したこともあったし、親に馬で送り迎えしてもらったこともあった。

橋をかけて安心して学校へ行けるようにしてほしい。ある日幸子は、その切実な思いを手紙にまとめて、荻伏村役場に出した。それは自分で考えたことなのか、親にでも勧められたのか覚えていないが、その手紙が、九月二日付の北海道新聞に掲載された。記事には、カバンを頭の上にあげて川を渡る幸子達を写した写真が添えられていた。その記事の反響は大きかった。掲載後、幸子のもとには新聞を読んだ全道各地の見知らぬ人から、慰めや励ましの手紙が続々と届くようになったのだ。

「早く橋ができるようにしてあげてください」

みんなそう結んであった。十勝の更別からは、幸子と同じ六年生の少女が、新しい橋を作る足しにしてほしい、と三百円を贈ってくれた。お金はいただくわけにいかないから、新聞社を通じて日本赤十字社へ送ったが、その時から少女との文通が始まった。

財政難の役場が、学校、住民と協力して二十五万五千円の予算を組み、新たな橋を完成させたのは、九月二十八日のことだった。

「待望の橋ができたそうですね」

記事を書いた記者からは、そんなお祝いのハガキが届いた。そして出来上がった橋を渡る子ども達の姿を、またカメラに収めていった。新しくなった吊り橋は、ルスナイ橋から「思いやり橋（通称）」と名を改めて、その後の子ども達の通学を支えたという。なお少女との交流は、半世紀を越えた今も続き、変色した多くの人達からの手紙とともに、幸子の大切な宝物となっている。

［文責　河村］

＊「思いやり橋」は昭和四十四年、町費と受益者の負担で永久橋に造り替えられ、それを期にふたたびルスナイ橋と名前を戻している。

【話者】

松田　幸子　　浦河町向が丘　昭和十八年生まれ

【参考】

日高報知新聞　昭和三十年七月五日・七月六日・十月十六日

北海道新聞　昭和三十年七月五日・七月六日・七月二十五日・九月八日

荻伏百年史　昭和五十八年四月一日発行

第五〇話　海の天皇賞獲得

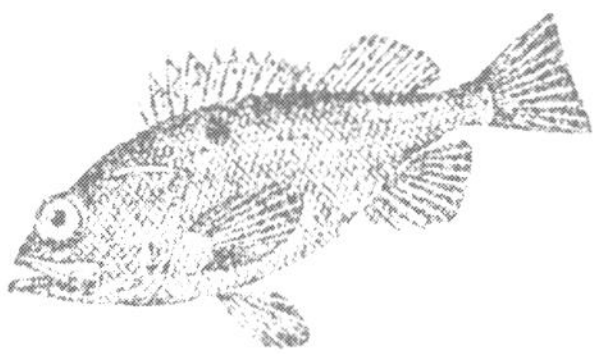

——メヌキ漁の新しい試み

メヌキ（メヌケとも）は戦前から太平洋岸、特に浦河を象徴する魚だった。刺身やあら汁の材料として重宝されるが、かつては管外に移出する粕漬の原料として利用されていた。その馴染みの魚が一時期、不漁にみまわれた。昭和二十六から二十九年のことである。沿岸のサケ・マス流し網漁、タラ延縄《はえなわ》漁も同然で、このとき浜は不況に沈み、浦河漁組はかなりの赤字を抱えていたという。この不振は浦河だけの問題ではなく、とりわけ二十トン未満の中小規模生産者を直撃していた。当時、門別町（現日高町）の漁師町厚賀で父を手伝って漁業に従事していた石崎一幸も、この地区の漁業者全員の生活保護の受給が緊急の課題だったというから、日高全域の問題だったのだろう。

この問題を克服するために漁組が打った方策のひとつに、二十九年に設立された浦河漁業研究会というのがあった。その主旨は技術を改良して漁業不振を回復し経営を安定化するというもので、主として沿岸の中・小型漁船を対象としたものだった。会長にはサケ・マス流し網で功績のあった中村要蔵、副会長に若手で研究熱心な谷崎盛広が就任した。会員には上記の二人に浜出、長崎、清水、山崎、塚田の七業者が参加。

研究会は最初の事業として、これまで延縄で操業していたメヌキ漁を浦河高校の水産実習船あぽい丸が一本釣りを、長崎の長栄丸が刺し網でとその優劣を調査した。その結果刺し網への転換を決め、谷崎を中心として揚網機(ウィンチ)、魚網、ロープ、浮標《あば》、網の固定錨など漁具のもろもろの改良を進めるだけでなく、新漁場の開発に積極的に取り組んだ。

こうしたなかで三十年十二月、漁場開発のなかで、新たに浦河沖で新しい漁場を発見、研究会のリーダーだった谷崎が、改良した漁具をもって浦河沖合一時間半ほどのこの漁場で六トンからの大漁をした。さらにその近辺で漁をしていた重寶丸もそこそこの漁をした。これがきっかけとなり、これまで考えられなかった水深八百𥝱の海底に、差し渡し五百𥝱に満たない突起のような小山があり、ここに厚い魚群が確認された。〝新サガ場〟の発見だった。サガとはメヌキの別称。

三十二年、ここで網目だけでなく、糸の太さや縒《よ》りまで決めるという厳格なルールの下に前記七隻による操業を実施した。三月、籤《くじ》で順番を決め、一番が当日の潮の方向、強さを見て網の下ろすポイントを決定。この船を中心に各船が並列に網を下ろす。翌日には籤の二番がトップに、翌々日には三番が、というやりかたで均等にチャンスを割り振るローテーションだった。操業はまさに一糸乱れぬという状態でおこなわれたという。

後に研究会に参加した高田勲〈現浦河漁協組合長〉は当時の雰囲気を次のように語っている。

〈中略〉オレはまだ駆け出しで船も小さかったんで、仲間入りというわけに行かなくて。負けん気だけは人一倍強くって、近所だった谷崎に頼み込んで目をつぶって貰ったんだ。だから船団の後ろにくっついて魚場へ行って、網下ろすのも最後の船からだいぶ離してよ、入れるんだけども、七隻が並行的に網入れてくるから最後がヅレて来ることがあるんだよな。かってに近寄ってきて、近づくな！　お前らの近づくとこじゃないと怒鳴られるんだ。こっちは無い金出して網もロープもアンカー(錨)もみんなと同じにしてる。腹は立つけど口答えできないんだな。昔の船頭は厳しかったしおっかなかったから。仲間の決めは絶対的だから。

こうした努力に加えて、ほかにも六カ所のメヌキ場所を発見し、この集団操業はますます精緻なものになり、経営的にも安定に向かった。十二～三月、七～八月の禁漁、二年周期の漁場利用、ババガレイ(ナメタガレイとも)道の発見により五寸五分のカレイ網の転用、流失網の清掃など、特徴的なルールを作り上げてゆく。

谷崎盛広という人物は人並みはずれて研究熱心なうえ、弁の立つ人であったというが、昭和三十年、漁業技術改良普及研究発表第一回全国大会ですでに北海道代表として、《メヌキ延縄の餌料改良について》という演題で個人的に水産庁長官賞を得ている。さらに三十九年九月、浦河漁業研究会を代表してこれまでのメヌキ漁の実績に対し、全国優良漁業経営実績

受賞のあいさつをする谷崎盛宏（浦河町立郷土博物館 蔵）

発表大会で農林水産大臣賞、引き続き十一月に行われた第三回全国産業祭り水産部門で天皇杯を受賞することになった。前出の高田勲によれば、あの狭い海域のなか水深一〇〇〇㍍に近い海で、七隻からの船がまったく事故も起こさず十年近く操業したということが評価されたのだろうとしている。また中村要蔵は、谷崎のことを大石、本間以上の力量のある人物だったが、事業を拡大することはしなかった。沿岸漁業者が底引きをやったら、自分の首を絞めるようなものだろうと常々語っており、生涯それを守った男だったとしている。

　昭和五十七年四月、浦河の港はメヌキ漁に沸いていた。研究会のメンバーだった幸丸（中村正所有）が新しい漁場で三千本七トンからの大漁をした。すでに研究会は無くなっていたものの漁場開拓の気運はまだ残っていて、高田、中村、浜出、伊藤、塚田などは、あそこはなにかありそうだなと常々感じていた場所だったという。井寒台の三吉神社沖三時間の場所で水深一二〇〇メートル。網がその重さで巻ききれなかった。手伝ったのがやはり傍で操業していた高漁丸(高田勲所有)で、同船は末端の網を巻き上げた。そうでもしなければ魚で一杯の網を海に漬けたまま港に戻らなければならなかったろう。これまで高漁丸がそこそこの漁しかなかったのは、膨大な魚群のほんの上っ面だけを引っ掻いていたからで、一〇〇〇メートル以上の水深など信じられなかったからである。

この豊漁が記憶されるのは後日譚があるからで、その後一カ月以上にわたって幸丸をはじめ各船が五百箱だ千箱だと豊漁を続けたことである。このときの豊漁のおかげで各船は数千万単位の借金に苦しんでいたが、これらを皆済できたという。このときの漁はこののち季節が変わり、西からの潮が強まり禁漁期に入ったが、この情報を聞きつけていた各地の船が境界違反を承知で操業したものの、あまりの深さに音を上げた。技術が伴わないのである。

しかしこの頃、予想もしなかった八戸で大量のメヌキが水揚げされた。複数の漁業者が言うところによれば、漁場がエトロフ帰りの航路に近く、この水深でも大型のオッタートロールなら造作もないことだという。取った者勝ちというこの世界の常識が幅を利かせるのである。ただこの後、この漁場でのメヌキ漁はいまなお途絶えたままである。

［文責　高田］

【話者】

石崎　一幸　浦河町東町ちのみ　昭和九年生まれ
高田　勲　浦河町大通五　昭和十一年生まれ

第五一話　銀映座

――堺町に三館目の映画館

〝僕たち三人が映画館を作った。この計画は昨年からの引き続きで、小屋だけは昨年中に出来上がった。呑気な僕たちは、これで時々好きないい映画だけでもやろうと思っていたのだが、今のように公衆の安全という立場からは、こんなチャチな小屋は許されないのは決まりきったことで、営業許可が出ないのだから、ハタと参ってしまった。……〟

これは昭和二十九年八月三日、西口吉郎が日高報知新聞に寄せた「カツドウ屋の開業」の冒頭部分である。その営業許可もようやく下りて、銀映座はこの日が開館の日だった。僕たちとは、他に三上政義と和田柳雄のこと。大学で文学を学び、作家になるつもりだった吉郎は、商店経営という文学とは全く縁のない生活を続けていたが、夢はやはり捨てがたい。せめて今の環境でできることを、と映画館の開設に踏み切ったのだという。それを支えたのが三上、和田の二人だった。三上は大黒座の跡取りで、大衆館を買い取りセントラル劇場として再生させたベテランのカツドウ屋であり、和田は堺町で土建業を営みながら堺町小学校建設運動に奔走してきた男である。

建設場所は堺町。かつては牧場が広がっていたこの町も、戦後、残された兵舎を利用して中学校、引揚者住宅ができ、今や急速に発展しつつある。小学校、公衆浴場の開設が切に望まれている場所だ。吉郎の選んだ場所(現堺町東一丁目)は、まだ付近に人家もなく、道路に沿って海岸の砂丘が続いていた。そのためわずか百二、三十坪の敷地の砂を取り除くだけに二十八万円もかかったという。建物は父右平の進言に従い、十勝沖地震で崩れた浦河高校の廃材を利用した。ポツンと一軒だけの映画館には、当初、明かりに誘われてコガネムシが群がり、掃除の度にバケツ一杯ほども取れたという。彼の言うチャチな、しかし夢の小屋はこんなふうに始まった。人口わずか二万人の浦河に、三館目の映画館が誕生したのだ。

さてその開館初日。来賓百人を招いてお披露目興行が行われた。第一作は東映の任侠もの「花と竜」。吉郎の同窓である日野葦平の原作で、葦平の生家を書いたものであり、初演を飾るにこれ以上の適作はないと思われた。もう一作は軽めの、伴淳、アチャコの「大江戸六人衆」。木戸銭は大人五十円、子ども三十円である。

同じ日、大通二丁目の大黒座は、新築一周年記念の特別興行を打っていた。最終の三日目で、ハリウッド映画「クオ・ヴァディス」を上映。制作費三十六億円、三万人の登場人物、百十五のセットを使ったという古代史劇の超大作だ。通常木戸銭百三十円のところを百円に

銀映座オープンの日の風景（浦河町立郷土博物館 蔵）

下げて特別サービスだという。そして五丁目、セントラル劇場はといえば、ラブロマンス。シャルルボワイエの「歴史は夜作られる」と、池部良、有馬稲子の「私のすべてを」の二本立て。

映画全盛の頃である。映画にかける男達の夢があふれる時代でもあった。大黒座には「鐘のなる丘」など、今も語り草にされている映画の話がある。それは、受け取った木戸銭をしわも延ばさず御用かごに入れ、それがいっぱいになったら奥へ走って、箪笥にあけては窓口へ戻る。そんな嘘のようなホントの話だ。当時はナイトショーもあり、時化の日など、イカ釣り船の漁師たちが、道にびっしり並んで次の上映を待ったものだったという。三上政義の妻雪子は明け方三時半まで売り上げの勘定。父松太郎は四時に起きて館内の掃除。そんな不眠不休の日々もあった。また浪曲や歌舞伎、芝居などの興行もあり、舞台裏の楽屋には役者たちが寝泊りするにぎやかさだった。井寒台に住む舘勝五郎は、浪花節が掛かると家族を引き連れ、セントラルまで持ち船で乗りつけたものだという。

そんな時代だった。さてその銀映座の主任映写技師は佐藤喜七。助手として雇われた奥山三雄は、フィルムを巻くなど映写の仕事の傍ら、看板(大ポスター)も描いていた。キャンバスはベニヤ板。それを三枚、大きいものは六枚もつないで、フィルムに付いてくるポスターを模写するのだ。方法は、まずポスターとベニヤ板の両方に同じ数だけ格子状に線を引き、できた升目の一つ一つに番号を付ける。お手本のポスターの番号と同じところを同じように埋めていけば、やがて似たような絵ができるのだという。描き方は大黒座の水戸馨から教わった。銀映座は時代劇が多かったから、片岡千恵蔵などよく描いたものだった。出来上がった看板は、二階正面に掛けられた。

屋上に据えられた拡声器から、ボリュームいっぱいの主題歌が流れだすと、それが開演三十分前。あまりの騒音に、近くの藤井病院の患者から苦情もでたが、音を合図にゾロゾロ客が集まった。地元堺町のみならず、井寒台、絵笛などからも、たくさんの客が来たという。とりわけ運動会の後は大盛況。館主吉郎の義妹池田久は、店(西口商店)と掛け持ちで走りまわってモギリを、高校生だった娘ぬいも売店で飴など売るのを手伝った。満員御礼の日々が続いた。あんまり入ったので数えてみたら、三百五十人もいたことがある。客席数わずか百八十の映画館だというのに。自家用車などない時代、近くて安いのが何よりだった。

高木冨子の両親は無類の映画好きで、掛かる映画は何ひとつ逃さなかった。冨子も、年の離れた妹をおぶって木戸をくぐったことも。これは一年生になった妹をタダで入れる苦肉の策だ。小野商店の主も、仕事そっちのけで映画館通い。もちろん大黒座、セントラルもはしごしていた。「また映画を見てる！」と人にいわれないように、終わるやいなや一番に飛び出ていたが、その姿は向かいのガソリンスタンドでしっかりチェックされていた。

時には、一人の子が木戸銭を払って入り、内側からかんぬきを開けて友達を呼び入れるということもあった。これには映画館も手を焼いたが、何としても映画が見たい。それは大人も子どもも同じなのだ。女名春別の奥から自転車で出かけたものの深夜になり、畑に積まれた豆の中に足を突っ込んで、夜を明かしたという者もある。

舘勝幸は、祖父勝五郎に連れられ子どもの頃から映画館には通いなれているから、自転車でよく行った。帰ってくると、その一部始終を伏せっている祖母に、身振りつきで実演して見せた。勝幸は語りが得意だったから、彼の迫真の演技に祖母は大喜び。だからいくら映画を見に行っても、とがめられたことはなかったという。

だがそれから間もなく、一般家庭にテレビが普及し、事態は一変。人々の興味は急速にそちらへ移っていった。そのきっかけになったと言われる皇太子殿下ご成婚（三十四年）の夏、日高報知新聞は、「テレビ攻勢を食い止め、一人当たりの年間映画鑑賞三十三回を何とか増やしたい」と報じたが、三十三回という数字が、当時の熱狂時代を物語っている。観客は減るにもかかわらず、銀映座の木戸銭はわずか五十円。それに一割の税金がかかる。採算が合わない。助手だった奥山三雄も、苦労して映写技師の資格を取ったが、このままでは食べていかれない、とこの仕事をあきらめた。

やがて観客五、六人という日々が来た。三十八年十月末、連日掲載されていた三館揃いの新聞映画広告から、銀映座がついに姿を消した。あるいは最後を飾ったかとも思われるその広告は、長谷川一夫、市川雷蔵主演の「雪の丞変化」と、美空ひばり、江利チエミの「おしどり千両傘」である。

［文責　河村］

＊　その後セントラル劇場も閉館(五十三年)。現在浦河に残るのは、大黒座ただ一館である。

【話者】

三上　雪子　浦河町大通二　大正十四年生まれ
西口　ぬい　東京都杉並区　昭和十二年生まれ
池田　　久　浦河町堺町東　大正十五年生まれ
奥山　三雄　浦河町堺町西　昭和十三年生まれ
舘　　勝幸　浦河町緑町　昭和十四年生まれ
髙木　冨子　浦河町堺町西　昭和五年生まれ
小野　誓子　浦河町堺町西　昭和二十四年生まれ

【参考】

日高報知新聞　昭和二十九年八月一日・八月三日・三十四年八月十二日
北海道新聞　胆振日高版　昭和二十九年八月五日
北海道市町村勢要覧　昭和三十七年・三十九年

第四編

生活をとりもどし、楽しみはじめた時代の始まり［昭和三十年代前半］

この時期を特徴づける浦河の風景は堺町地区の開発だろう。市街地に空きスペースが少なく、人口の増加にともなう宅地の必要が町民の目を堺町に向けさせた。

ベビーブーマーたちが学齢に達し、浦小では生徒を収容しきれなくなるのは目に見えていた。引揚者住宅を堺町に建てたときから、その帰趨は決まっていた。道・町の公営住宅が集中的に建てられ、街区が形成され始めた。

農村地域では新規入植者の離農が始まり、市街地への流入や転地・転出が起こっていた。移民に活路を求める人々も現れた。それでも人口は増加を続けており、政治的には大きな課題だったが、街場の人間には幾多の漁船遭難事故があったものの、漁業生産や商業の拡大機運がその痛痒を感じさせなかった。テレビの導入が始まり、遊興施設も増え、町民は生活を楽しんでいた。

第五二話　堺町略史

――小学校が欲しい！

昭和二十年代後半、堺町に建つ民家は数える程しかなかった。海岸と平行している国道からは、線路の向こう、現一中校舎の所に建っていた家畜センターが見えたし、現西二丁目の服部牧場からは向別川にかかる橋や鉄橋が見渡せた。

堺町周辺の向別、絵笛、井寒台には明治以前からアイヌや移住者が住んで農漁業で生計を立てており、絵笛と井寒台には明治三十五年に、向別には明治三十六年に小学校が開校している。それに比べて堺町小学校の開校は昭和三十年。五十三年も後のことだ。

堺町の一帯は泥炭地が多く、かつては葦やヨシが生い茂る荒れた原野だった。そこに大通りで商業や漁業を営んでいた堺清兵衛が明治十七年頃、水田の試作を行い牧場を開いた。また明治三十九年、服部直一が森林公園側に牧場を開いた。しかし山裾の一部を除いて農耕に適さなかったため、堺牧場が撤退したあとはカヤやサビタが生い茂る荒廃した地となっていた。ただ国道沿いに馬市場と競馬場が作られていた。

そして昭和十二年、陸軍第七師団第三中隊百二十名が堺町に駐留し、その軍施設として中隊本部や一般兵舎、下士官住宅が建てられ、競馬場は軍馬の繋養地として活用された。これは軍隊の駐留による経済効果と堺町の市街地形成を期待して、町と町民有志が陸軍省に再三要請してなされたものという。

堺町の開発が進んだのは戦後だった。軍の施設は払い下げられ、中隊本部は新制中学校の校舎となり、一般兵舎は引揚者住宅となった。戦場から帰郷した者、食べるために伝《つて》を頼って流れてきた者、そこに戦後のベビーラッシュも重なって、浦河の人口は膨らみ続けた。そうなると住宅難が大きな問題になった。町は堺町に公営住宅を建設した。昭和二十六年西一丁目に木造平屋建て十棟十戸が建設されたのを始め、母子住宅、低家賃住宅等次々に町営住宅が建てられ、道職員住宅や道営住宅も建てられた。また開発局や法務局、労働基準監督署、専売公社が建てられ農協もできた。こうした官庁主導の堺町の開発に伴い、民間住宅も増え商店や銭湯、映画館もできて、市街地が形成されていった。

そうなると次の問題は小学校だった。堺町から浦河小学校までは四キロもある。自家用車もバスもなく、歩いていくしか方法の無い時代だ。国道は交通量が多かったし、踏み切りも二カ所ある。おまけにシベリア街道もあった。シベリア街道と言うのは、浦河駅から西に向かって山裾を通り現日高振興局に上る踏み切りまでの旧国道のことだ。現在の線路の海側の国道は、昭和四十五年に埋め立てて付けられた道路だったから、それまでは海からの寒風吹きすさぶ道を通らねばならなかった。風をさえぎるものは何もなく、吹雪のときはまさに難所になった。風と雪が吹き付けて目を開けていられない。頬に当たる風は黙っていても涙が出るほど冷たかった。子どもたちはボッコ手袋を顔にあて、前を向いたり、後ろ向きになって風をしのぎながら歩いた。ある子どもたちは、毎朝馬橇《ばそり》が同じ時間にシベリア街道を通るのを知っていた。それでその馬橇が来るのを待って無断で飛び乗った。西口ぬいは早生まれで身体が小さかったからシベリア街道は大変だった。馬橇がくると走っていって荷台の後ろにチョンと腰をかけた。馬方のおじさんに見つかると「こらぁ！」と怒鳴られたがそれでも降りろとは言われなかった。しかしそんな幸運な子はごくわずかで、大人でも〝寒くて暗くて寂しかった〟というシベリア街道を小学生たちが歩いていくのだ。「ちんちんシバレタヨォ」と泣きながら家に帰ってくる子もいた。すると婆ちゃんは押入れから真綿をだしてそこに巻きつけ暖めてやったのだという。

帰り道はいつかしら浦河駅が堺町へ帰る子どもたちの集合場所になっていた。人数が集まると、五・六年生が先頭に立ち、一・二年生を真ん中に入れてシベリア街道を渡った。運の良いときには馬車や馬橇の後ろについて風除けになってもらうこともあった。

金岩武吉の通学の苦い記憶は、競馬場で肥溜めに落ちたことだという。長い通学路を少しでも短くしようと、武吉は家から国道に出るのに競馬場を斜めに横切って行った。当時食糧難の時代だったから、近くの人は競馬場のトラックの内側に畑を作って食料の足しにしていた。そこには畑に撒くための肥溜めもあった。それが冬になって雪が降り一面が真っ白になってしまった朝には、どこが畑か肥溜めか区別がつかなかった。気をつけていたものの、武吉は道をあやまり肥溜めの中にドボンと落ちた。小学三、四年生の頃だった。

そんな子どもたちの苦労もあったが、今後の堺町の発展を予測していた西口右平らは、終戦直後、陸軍中隊の兵舎を改造して堺町に小学校をと町に陳情していた。しかし戦後の混乱期であり予算もなくて実現しなかった。しかしそれが契機となって堺町に小学校が必要という認識が多くの人のなかに定着し、昭和二十五年堺町小学校建設促進委員会が立ち上った。そこで永田・矢吹両氏の土地買上げを提案した。昭和二十七年に行われた町教育委員初選挙の際には促進委員長だった服部重雄を当選させ、建設へと強力な歩みをすすめた。二十八年には促進委員会を発展的解消して、町民なら誰でも参加できる建設促進会へと姿を変えた。こうして地域が一体となって運動を重ねてゆき、ついに二十九年度予算議会のなかで小学校の建設が認められた。

校舎の新築は荻伏の中島組が請け負った。当時は木造校舎がほとんどだったから、鉄骨で補強コンクリートブロック造二階建ての校舎は日高では珍しく、完成が近づくにつれ誰の目にも〝それはそれは立派な学校〟と映った。そのうち「小学校では勿体ない。中学校と交換すべきだ」という話が持ち上がってきた。ＰＴＡ会長や学校長はあわてて教育委員会に行き、そんなことはしないで欲しいと反対陳情をしたという。

昭和三十年四月、念願の浦河町立堺町小学校が開校した。しかし校舎の完成は十一月だっ

昭和30年代の堺町小学校(浦河町立郷土博物館 蔵)

たことから、第一中学校と浦河小学校に間借りしての新学期となった。

その年の十一月第一期工事が終了し、十教室が完成して引越しが始まった。一中に間借りしていた一・二・五年生は机や椅子を抱えて新しい学校へ運んだ。小さい子は二人で机の両端をもち、家にリヤカーのあった子はそれを持ってきて、何往復もしながら、ワイワイ、ガヤガヤ、子も親も教職員も一緒になって賑やかに運んだ。こうして開校時には三百六十名の生徒が通う堺町小学校ができた。

次に「校舎は町で作ってくれたんだから、せめて子どもの遊ぶ校庭は自分たちの手で」と父兄が道具を持って集まってきた。石だらけの地面から石を拾い、町に火山灰を入れてもらって地ならしをし、鉄棒や国旗掲揚のポールを建てた。花壇もつくり、農家の父兄は学校林の整備を担当した。また堺町で子どもの参加できる行事を作ろうと、三十四年から七夕祭りのあんどん行列も始めた。学校に体育館をというPTAの要望に対しては、三十七年に町がスポーツセンターを建設するなど、地域と一体となった学校づくりが進められた。

かつて森林公園よりの西側を井寒台と呼び、その他は向別と呼ばれていた地だったが、堺清兵衛が牧場をひらき開拓に貢献したことからこの地を堺町と名付けたのは昭和十年のことだった。戦後急激に人が集まりだし、三十七年に条・丁目という区画を使っていたものの、さらに住宅がはみ出し、五十六年、現行の住居表記になった。その後生協やハッピーワン、ツルハなどの大型店が建てられ、さらに向別へと広がった住宅地に対して平成六年に向が丘という地名が誕生し、今なお新しい住宅が建てられている。

そして堺町小学校より五十年以上もまえに開校した絵笛小学校は昭和五十年に、井寒台小学校と向別小学校は平成二年に堺町小学校に統合となり、スクールバスがそれらの地をまわって、子どもたちを堺町小学校へと送迎している。

［文責　小野寺］

【話者】

西口　ぬい　　東京都杉並区　昭和十二年生まれ
管野みさ子　　浦河町堺町西　大正十三年生まれ
金岩　武吉　　浦河町堺町東　昭和十九年生まれ

【参考資料】

堺町小学校三十周年記念誌「翔」　一九八五　堺町小学校開校三十周年記念協賛会
堺町小史　二〇一一　老人クラブ堺町福寿会

第五三話　汲み取り時代

——し尿処理場のできるまで

水洗化が進み、近頃のトイレは、学校も公共施設もホテル並みにきれいになった。家庭では、洋式便座に腰掛けてのんびり新聞を読むお父さんの姿もある。だがこれはほんの最近のことで、昭和二、三十年代のトイレ事情はこんなふうだった。

昔のトイレは和式で、便器には大きな穴が開いていた。水で流すのではなくそのまま下に落とすのだから当然だが、しゃがむと便槽の中が丸見えで、夏はハエが出てくるし、冬になると固形物がしばれて山のように盛り上がってきた。それを棒でつついたりお湯をかけて溶かしたりした。お尻を拭くのは新聞紙や読み終えた雑誌で、トイレットペーパーなどという気の利いたものはない。ゴワゴワした薄茶色のチリ紙（茶チリ）がせいぜいだった。外にあるトイレを共同で使っている家も多く、子どもは夜になると怖くて行かれないから、必ず誰かについていってもらった。お天気のいい日は、おばさん達が共同で掃除をしていたという。

その頃、畑の隅には肥溜《こえだ》めが掘ってあった。家の便槽が一杯になると、そこへ運んで溜めておく。しばらく寝かせておくといい肥料になるのだ。化学肥料はまだ出回っていないし、糞尿が唯一だった。浦河小学校でも、学校裏の山の斜面を削って作った。上杉睦子が五、六年生の頃は、クラスごとに当番を決めて肥汲みをしていたという。長いひしゃくで樽に汲み、天秤棒で担いでそこまで運んだ。

そうした肥溜めに子どもがよく落ちた。舘勝幸も、友達と遊んでいていいニオ(山菜)を見つけ、先を越されまいと駆け出して、落ちた。あわてて海に飛び込んでもにおいはなかなか取れない。池田登代美は落ちた拍子にガッパ(靴)が脱げて、片方が沈んでしまった。靴なんかいつあたるかわからないから、臭いより何よりそれが一番悲しかったという。

食糧難の頃は、街なかの人も畑を借りて野菜を作り、天秤棒やリヤカーで肥運びをした。水で薄めて、カボチャやトマトの根元に直接撒くこともあった。たまに溶けきらない雑誌の切れ端がその中にまじっていた。肥汲みは臭いし重くていやだったけれど、子どもはみんな手伝った。少し後になってだが、藤井信也は中学二年生の時、クラス全員で学校の汲み取りをしたことがある。当時は経済的な理由から修学旅行に行けない子が必ず何人かいて、どのクラスも魚箱の組み立てなどのアルバイトをして旅費を稼いでいた。信也達は浦一中近くにあった宇毛さんの畑などへ肥を運んで、十人分ほどの旅費を作ったという。

街なかは汲み取り馬車が回っていた。四丁目の大沢美和子の家に来ていたのは、向別で農家をしている三吉さんだった。三吉さんは専用の四角い木製タンクを馬車につけて、あちこちの家を回っていた。美和子の家のトイレは奥にあって、三吉さんは家の前に馬車を止めて、狭い小路を何回も往復した。料金がいくらだったのか、子どもだった美和子は知らないが、仕事が終わると母は彼を裏へ回らせて、世話をかけたからとご飯など食べさせていた。三吉さんは酒が好きだったから焼酎も少しだけつけた。汲み取りは便槽がいっぱいになったら待ったなしだが、三吉さんは引っ張りだこでなかなか忙しいのだ。

ある時、三吉さんの来るのが間に合わなかったのか、夜中に海に捨てに行ったことがあった。春先になると肥樽も川で洗っていた頃だから、今のようにうるさくはなかったろうが、夜中だったのはやはり気が引けたからだろう。寝ていたのを起こされ、懐中電灯を持たされて美和子は親について行った。天秤棒を下ろして石油缶をひっくり返すと、波がすぐにさらっていった。波打ち際を黄色い波が引いていく様子を、美和子は今も思い出すことができる。

専用の運搬船で沖に捨てていたという人もいる。甲板にふたのついた舟で、その中に集めてきた糞尿を入れ、それを別の船が沖まで曳いていく。沖へ出ると船底がパカッと開いて、海中に落ちる仕組みだった。船は造船所のあたりから出ていた。魚の肥料になるといわれていたが、誰がやっていたのかはわからない。

美和子の家は時計屋で、時々子どもを連れたお母さんや、店の客がトイレを借りに来た。また公衆便所もなく、男の人はみんなその辺で用を足すから、小さな路地はどこもおしっこ

昭和 38 年　日高小型のバキュームカー(浦河郷土博物館 蔵)

臭いにおいがしていた。

浦河町が、し尿処理を専門の業者に委託するようになったのは、清掃法が施行された昭和二十九年からだという。委託されたのは日高小型運送社(大谷貞次郎経営)で、このときから汲み取り車を使っての収集が始められた。東町の奥に処理槽が作られてそこに運ぶことになったが、処理槽が木製のため時々もれたりあふれ出したりする。そうすれば近くの小川にしみこむ、と苦情が出た。付近の畑に穴を掘って入れたり、農家と契約して牧草地の肥料に使ってもらったりしたが、肥料の必要な時期を過ぎれば問題はまた振り出しに戻った。

人口の増加に伴い汲み取りの量は増える反面、化学肥料の普及で肥料としての役割も終わった。人々の衛生志向も高まっている。抜本的な対策が急がれる中、同じ悩みを持つ隣町との協議が重ねられ、三石、様似と共同出資の日高東部衛生組合衛生センターが完成したのは昭和四十一年(翌年五月運転開始)のことだった。また一方で下水道の整備が進み、平成二十四年には浦河町全体の三分の二、市街地の大半が水洗化された。肥溜めも、汲み取り馬車も今は昔。DDT(殺虫剤)もハエ取りリボンも、今の子どもは知るよしもない。

【話者】

小関　幸秀　札幌市手稲区　昭和八年生まれ
上杉　睦子　札幌市中央区　昭和十一年生まれ
池田登代美　浦河町荻伏　昭和十三年生まれ
大沢美和子　浦河町大通四　昭和十三年生まれ
藤井　信也　札幌市西区　昭和十四年生まれ

【参考】

日高報知新聞　昭和三十三年五月三十日
北海道新聞日高版　昭和四十二年三月十日
広報うらかわ　昭和四十一年十二月
浦河町役場統計　平成二十四年三月三十一日末

［文責　河村］

第五四話　荻伏診療所

――頼るところはここしかない

「俺は小さいときから身体が弱くて、いつも母が『正木先生は命の恩人』と言ってた」と菅原克一は語る。彼だけでなく母親も高熱を出したとき正木医師に助けられ、親子そろっての恩人なのだと言う。野口英世似で、いかにも地域の医者という風貌だったという正木健三は、荻伏医院第十二代目の医師として、三十八年間、荻伏の人たちの健康を守った。

荻伏医院は村の病院として明治二十五年に開設された。村医の三代目には、竹内雄四郎が同郷の澤茂吉に懇願されて、二十九年に着任。四十三年に亡くなるまで十三年余を勤めている。しかし村の医者のなり手は少なく、ほとんどの医師は一年半ほどで次々交代していた。そんなところへ地域医療を志してやってきたのが正木だった。正木は秋田県岩城町の出身で、盛岡生まれの新婚の妻キチと、実弟五三郎を伴って昭和九年に村へやってきた。このとき正木は三十歳だった。

村人の信頼を得てすっかり荻伏に落ち着いた正木は、三十年に村から荻伏医院を買い取り、自分の病院として経営することになった。病院には入院患者のための病室が四、五室あり、当時患者の多かった結核病棟も併設していた。正木は時間外に患者が行っても、いやな顔ひとつせず診てくれたし、往診もいとわず、二十年代はハーレーダビッドソンにまたがって、三十年代になると弟の五三郎の運転する乗用車で家々をまわった。病院代が払えなくて、イモやカボチャや米を持ってきた人からは、それらを受け取った。

正木夫妻

昔も今も、家の中でよく熱を出すのは子どもたちだ。電話も自家用車も普及していない昭和二、三十年代、高熱にあえぐ幼な子を抱えた母親たちにとって頼みの綱は正木だけだった。

浜荻伏の佐藤麗子は語る。「うちの子が高い熱を出して顔が紫色になった時、正木先生が往診に来てくれて夜の十時まで居てくれたの。そして頼まなかったのに翌朝五時にはまた来てくれて、有難かったねぇ。あとで麻疹《はしか》の強いのだって分かったけど、ほんとにどうしようかと思ったもの」。

白石安野も言う「二番目の娘が急に四十度の熱を出して、ハッハッて吐く息も荒くなってきたもんだからビックリしてね、夜中だったけど正木先生のところへ連れてったの。これは大変と入院して点滴してもらったんだけど、二日目の朝に体中に紅い発疹が出て麻疹だと分かってさ。まだ二歳で、真っ赤になって泣くだけだったからひどく心配した」と。

麻疹の予防接種が始まったのは昭和四十一年からで、今では麻疹という病気も忘れられつつあり、ワクチンの名前として知られているだけである。

さて正木は荻伏に一人しかいない医者だったから、犬にかじられた子も、耳が痛いという子もみんな診たが、専門は小児科と内科だった。昭和三十年春、荻伏小学校に入学して間もない梅田博子は、昼寝して起きたとき何か変だと思った。父親は娘の顔の表情が変わっているのに気づいて、おかしいと正木のもとに連れて行った。博子は高熱が出て目が見えず、グッタリしていた。正木はここでは分からないから大きな病院へ連れて行くよう勧めた。翌日、父親は博子を苫小牧の病院へ連れて行ったがそこでも分からないと言われ、次に日赤病院へ運んだが、日赤でも手の施しようがないと言われた。父親は、娘を家に置いても死なすだけだと思い、もう一度正木のもとへ連れて行った。正木は、「そういうことなら何の保証も出来ないが、うちで治療するか」と博子を入院病棟一号室のベッドに寝かせた。

しかし博子はなかなか良くならなかった。熱もあり目やにも止まらず目が見えなかった。髪の毛も抜けてきた。そのうち脳膜炎という病名がついた。両親は「この子は脳に障害が残るのではないか？　健常者として生きて行けるのか」と不安でたまらなかった。

熱は徐々に下がったものの病状は思わしくなく、脊髄から液をとって調べたいという正木の言葉をきいて父親は承知した。ひとつ間違えばどうなるか分からないとも言われたが、ない命なら仕方がないと父親は言った。検査は、座っている父に博子が正面から抱きつき、博子の両手両足を看護婦さんが抑えてがんじがらめの状態で行われた。その痛さといったら今も忘れられないと言う。博子は父親っ子だったので、父が病院へ来るのは嬉しかった。でも父が来るとまたあの検査かも！　と思ってドキンとした。その検査は少なくとも三回行われ、そのあと北大病院から回してもらったペニシリンが使われた。

博子は四人兄弟の三番目だったが、母親は病気で苦しんでいる七歳の娘のそばを離れることが出来なかった。幸い家にはお手伝いさんがいて他の兄弟の面倒は見てもらえたので母親は病室に泊まりこんで博子の世話をした。病院の台所に七輪を持ち込んで食事の支度もした。博子のすぐ上の姉は小学四年生だったが、母親のそばに居たくて病室に机を持ち込み、一緒に泊り込んでそこから荻伏小学校へ通った。当時荻伏小学校は病院の真向かいだった。

博子の病状は薄皮を剝ぐように快方に向かい、翌年の春二年生の進級に間に合うように退院することができた。なんとほぼ一年の入院生活だった。よく助かったものだと両親は胸を撫で下ろし、正木に感謝して、一家はまた家族そろっての生活に戻っていった。

他の病院で匙を投げられた子が正木病院で治った、という噂は瞬くうちに広まっていった。正木医師の知名度はあがり、遠くからも多くの患者がやってくるようになった。あるとき博子が検診のため病院へ行くと「質素に構えていたのに、梅田さんのおかげで有名になってしまったな」と正木は話したという。鼻の下にヒゲを蓄え、丸い顔してどっしりとした正木はいつもやさしく声を掛けてくれたという。が、口数は少なかった。弟の五三郎はたいてい待合の窓から見えるところで薬を調合し、白い紙に包んでいた。病院へやってくる子どもたちにとっては、それを眺めるのが不思議で面白かったという。五三郎は薬屋からもらう紙風船や小さな牛の置物など、ちょっとしたおまけを取っておいては、子どもたちにプレゼントしていた。先生より五三郎の方が記憶に残っていると話す人も多かった。

　また正木は趣味の多い豊かな人間性を持って地域のなかに溶け込んでいた。まず白牙という俳句の会に毎月欠かさず出ていた。合評会のときには、皆の意見が出尽くしたころ口を開き、ぼそっと当を得た発言をするのが正木だった。白牙の主幹だった有倉哲三とは家族ぐるみの付き合いだった。家にいると往診の電話が入るのじゃないかと落ち着かない正木は、電話のない有倉の家が好きで、数十㍍先の有倉家によく出かけては茶の間にごろりと寝転んだ。するとお奥さんがお茶をいれ、有倉が自分の机の引き出しから好物のチョコレートを出してくれるのだ。それから好きな俳句や絵の話になっていくので、正木の足が繁々と有倉宅に向くのも無理からぬことだった。

　また正木は秘かに決まったメンバーとのマージャンを楽しみ、刀剣マニアでもあった。本物の収集家で、名のある刀剣を結構持っていたという。そして海釣りもやった。

　小暮美千代似の、美人でシャキッとした妻キチとの間には四人の子どもがいたが、昭和四十七年に正木が亡くなると、キチも札幌に住む子どもたちの元へ行き、昭和六十年に亡くなった。また次男の章二は札幌で内科のクリニックを開いていたが六十余歳で亡くなっている。何の恩返しも出来ないうちにみんな荻伏から居なくなってしまったが、正木の名は荻伏に住む多くの人の胸に、信頼感とともに暖かく残されている。

［文責　小野寺］

【話者】

佐野　博子　日高町幾千世　昭和二十三年生まれ

菅原　克一　浦河町荻伏　昭和十六年生まれ

佐藤　麗子　浦河町荻伏　昭和六年生まれ

白石　安野　浦河町荻伏　昭和五年生まれ

鈴木　清　新ひだか町静内　昭和九年生まれ

第五五話

ぶらじる丸で南米へ

――再び日本の土を踏むのが夢でした！

一九五五（昭和三十）年二月、荻伏中学校の生徒は列を組んで雪道を踏みしめ荻伏駅に向かっていた。富里の官沢安夫、妻トミノそして四男三女の子どもたち九人が、南米にあるパラグアイという国へ移住するのを見送るためだった。官沢家の子どもたちは皆荻伏中学校に籍をおいてきた。出発前、長男安明の級友たちは、キナチャウスから桜の木を掘り起こし、校庭に植えて、志をもって未知の国へ渡る友の記念とした。荻伏駅の狭いホームに、富里や荻伏の知人たち、そして荻中全校生徒が並ぶなか、万歳の声に送られて一家は南米へと旅立った。

途中仙台に寄って安夫の年老いた両親を親類に託し、三月四日神戸で移民船ぶらじる丸に乗った。長い旅を続け、第五次入植隊として他の十一家族とともにエンカルナシオンの近郊に設けられた入植地〝チャベス〟に到着したのは、六月二十四日のことだった。

パラグアイは南米大陸のほぼ中央に位置し、アルゼンチン、ブラジル、ボリビアに囲まれた内陸国で、日本の一・一倍の面積をもちながら人口は北海道より少し多い六百万人余の農業国だ。ブラジルやアルゼンチンには、国策として明治初期から農業移民が送り込まれていたが、一九三四年にブラジルの移民が制限されたのを機に隣国パラグアイへ目が向けられたのだった。

パラグアイでは単なる労働力の提供ではなく、永住を目的とし産業を発展させて国土開発を推進するための移住者を望んでいた。日本からパラグアイへの移住が始まったのは一九三六年。その後太平洋戦争のため中断したが、一九五四年再開され、官沢一家が入植したのはその翌年だった。日本は戦後処理に追われて移住政策がまだ確立しておらず、受け入れ側も準備がすすんでいないなかで移住者が募集され、送り込まれた。そんな連携の悪さのなかでツケを払わされたのは移住者だった。

移住地と定められたところは原生林だった。皆は故国から鍋釜はむろん、布団や農耕に使う鍬《くわ》の一本まで持っていったが、それらを背負い、馬も車も通らない踏み分け道を十キロほど歩いた。着いた時には背中の布団が枝にひっかかって両端がボロボロになっていた。初めのころ移住者は集団で住み、そこから割り当てられた土地に行って開墾を始めた。

官沢一家も、男たちが官沢家のものとなる数十町歩の土地に出かけ、下草を刈り、斧と鋸で木を切り倒し、根を掘りおこして乾燥させてから一斉に燃やすという作業を続けた。ひと雨かけてから焼け残った枝や根を集めて寄せ焼きし片付ける、その繰り返しだった。機械の無い時代だから、家族の多いことが移住条件のひとつでもあった。夜はテントを張って寝泊まりし、往復の道を歩く時間や体力を全て開墾作業に向けた。

ある日のことだ、一日の作業を終えてヘトヘトになりながら夕飯の仕度をしていたら突然凄い音が聞こえてきた。ギャオギャオ・ウオンウオンという聞いたこともない鳴き声が響いている。皆は慌てた。「こりゃあ聞いた話じゃオオカミの大群だぞ!」「いや俺はヒョウの大群がいるって聞いた!」「このまま放ぽって逃げるべ!」。飯盒《はんごう》で焚いた晩飯もそのままに、オレが先だ! 親父が先だ!と先を争って死に物狂いで小道を走って逃げた。ところが平地におりて聞いてみるとその音はカエルの鳴き声なのだ。ヒョウでもオオカミでもなかった。現地の人に聞くと、雨が降った原生林では小さいカエルが集団で鳴くとトラみたいに聞こえるのだという。そんな怖い目にもあった。

原生林を開墾し新しい土地に道をつけ、畑をつくり、簡単な小屋を建てた。牛がやってきて痒い体を丸太に擦《す》りつけると揺れてしまうような家だったけれども、開墾は少しずつ進んだ。

馬に乗って町へ行く時には日差しが強いので喉が渇く。それを理由に道筋にある宮城県から来た移住者の家に寄ってはひと休みし、その家の娘厚子さんを見初め、次男の忍は結婚した。

こうした苦労を重ね畑作を続けていたが、五年後に安夫夫婦と忍の家族七人は新しい移住

26年ぶりに帰郷した宮沢安夫、トミノ夫妻
（白石安野 蔵）

地イグアスへと転住した。そして七十四㌶の農地に小麦や大豆などを作るまでになった。官沢夫婦にとって昼夜なく続く辛い開拓の作業を支えたのは〝成功したら再び故国、日本の土を踏みしめる〟という夢だった。

一九八一年、その夢は実現した。安夫とトミノは二十六年ぶりに荻伏駅に降り立ち、三カ月ほど親類の家に滞在して知人友人を訪ね歩いた。五月二十七日には荻伏改善センターで歓迎会も開かれ、パラグアイでの生活や昔話を語った。「夫は文句も言わずただただ働く正直者で、この人だからこそ我慢して付いてこれた」とトミノは言い、「自分もトミノも健康だったからここまでやってこられた。七人の子は皆素直に育ってくれて、今回も子どもらが金を出して帰郷させてくれた。死ぬまでに一度井寒台の海や荻伏の山を見ておきたかった。今は幸せ」と安夫は語った。安夫七十四歳、トミノ七十三歳の春だった。

その頃二人はパラグアイの首都アスンシオンで長女一家と暮らしていたが、安夫は長年の夢を叶えた五年後に、トミノもその後他界し、パラグアイの土となった。官沢家の七人の子どもたちも、農業の機械化、大規模化という時代の流れの中で開拓地を離れ、それぞれの道を辿った。

忍は苫小牧工業高校土木科を卒業して測量技術を持っていたことから、海外移住振興株式会社(国際協力事業団の前身)に勤め、イグアス移住地の開設や日本からの移住者受け入れの仕事をした。

「自分が土木の勉強をしたきっかけは中島組だった」と忍は述懐する。「富里から荻小へ通うのに毎日中島さんの豪邸の前を通っていたんだ。その頃中島組は大したもので、東京の玉川学園や室蘭市役所、雪印などを建てていた。土木をやればこういう家に住めるんだと思ってね、憧れて苫工の土木科へ進んだんだよ」。

一九六〇年から三十年間国際協力事業団で働いた忍は、退職後三人の娘をアスンシオンに残し、妻と二人で日本にやってきて横浜の会社で働いた。四年後、自分たちはやはりパラグアイで暮らす道を選ぼうと決め、娘たちの待つアスンシオンに戻った。

そしてアスンシオンの自宅を、次女で歯科医の空美に任せて、世界遺産イグアスの滝にも近い移住地に〝イグアスホテル〟を建て、長女恵利香と三女さおりに手伝ってもらいながら、国内外からの客を迎えている。また長女恵利香の夫栗田ホセは、長くパラグアイ国軍に勤め、外国人としては最高位である少将にまでなり、退役後は弁護士の仕事をしている。

安夫が農業開拓の夢を胸に家族九人で海を渡ってから五十有余年。今や安夫の孫(二世)、曾孫(三世)が、パラグアイの地でしっかりと根を下ろして生きている。

さてそんな宮沢家が再び故郷浦河とつながることになったのは、一九九〇(平成二)年のことだった。当時東部小学校を退職した中山昭三は、国際協力事業団に乞われてアスンシオン日本語学校へ赴任したが、現地に日本語の本がほとんどなかったことから、日本の知人に、家庭に眠っている子どもの本を送ってもらえないかと手紙を書いた。それを受けて浦河に〝パラグアイへ本を贈る会〟が設立され、寄贈運動が始まったが、中山はパラグアイから二十歳の女の子長岡里沙を派遣してきた。マシュマロのように可愛い彼女が強力な助っ人となって、すぐに五千冊の本と六十万円のお金が集まった。そのなかから二千八百冊の本を整理し、新しい国語辞典等を買い揃え、これらの本を並べる木製書架の製作費まで添えて贈ることができた。アスンシオン日本語学校の図書室には「浦河文庫」と書かれた看板のもとにこれらの本が並べられ、その文庫の名誉館長に浦河出身の宮沢忍が指名されたのだった。

この運動は二十年たった今も継続され、すでに一万冊近い本が海を渡り、かつて浦河の子どもたちが読んでいた本を、今パラグアイの子どもたちが読んでいる。

浦河から町長や訪問団がパラグアイを訪ねたり、忍夫妻やその子どもが浦河へ訪ねてくるなど、交流は次の世代に引き継がれ続いている。

［文責　小野寺］

【話者】

宮沢　忍　　パラグアイ国アスンシオン市　昭和十一年生まれ
宮沢　厚子　パラグアイ国アスンシオン市　昭和十七年生まれ
上田　正光　浦河町荻伏　昭和十一年生まれ

第五六話　独航船の情景

――北洋漁場再開のころ

晩春五月、昼下がり。七隻の三十トン級の船が出航の仕度に忙しい。レーダーも無線も万全だ。艤装も終え、色とりどりの大漁旗が甲板を覆い尽くし、船は満艦飾だ。網も新しく、二替わり仕立てた。油も満タンの上、予備にドラム缶を二本積んだ。水もドラム缶で二本積んだ。食料は揃っているか？　塩は？　醤油は？

船はすでにエンジン音を、ドドドッと轟かせている。町中の商人がリヤカーに積荷を満載して岸壁に集まって来る。若い乗り子はマッチ一箱から米俵まで、さまざまな雑貨や食品を背に歩み板を往復している。個人の持ち物はすでに昨日のうちに運び入れてある。着替え、菓子、洗面具、雑誌。

商人の車やリヤカーが消え始めると、それと入れ替わるように町の人々が押し寄せて来る。

乗組員の家族は朝からつきっきりで夫や息子の身の回りの世話をしている。お客が、友だちが歩み板を昇って来る。

「いい漁をして来いよ」

「皆んなに迷惑かけるんじゃないよ……」

「××さん、帰ったら家建てる相談するべや……」

「くれぐれも体に気をつけて……」

市場の屋根のてっぺんに取りつけられたスピーカーから、大音響で戦艦マーチ。お富さん、哀愁列車といった流行歌を船がてんでに響かせている。人々が集まるにつれて、これらの音は人々のざわめきと相まって増幅してゆく。ひとりの若い衆がへべれけになってハッチの上で叫んでいる。

「いいか、オレは誰にも負けないぞ。死に物狂いでかせいで来っからなー」

まだ若い。誰が呑ませたのか真っ赤な顔をして、ハッチの上で仁王立ちになって怒鳴っている。真新しい長靴、作業ズボン、裸の腹に巻いた真っ白なさらし、頭に巻いた手拭い。叫びながら、涙をボロボロこぼしている。出航が迫っている。不安が胸を押しつぶすようだ。

港は人々で埋め尽くされ、息子や兄弟、父親、そして友だちや恋人、隣近所といった人々の叫ぶ声。一際目立つのは浜町の女たちだ。着物姿や派手な洋装の女たちが手に手に赤い絹のテープを持ち、ひいきの男たちとつかのまの縁を結んでいる。海月の女もいる。きぬ川の女もいる。坊ちゃんの女も銀座の女もいる。

見送り船に乗る人々は、周辺の船や海上保安庁の巡視艇に乗り込む。浜から百人近くもの人間が一度に三カ月間にも及ぶ航海に出てゆく。しかも、低気圧の墓場とも恐れられる海域だ。毎年遭難が報じられ、浜の男たちが何人となく命を落としている難所なのである。

出航の合図の汽笛が鳴り、ともづなが解かれる。岸壁に立つ千人もの群衆の声は一層高くなり、悲鳴とも絶叫とも聞こえ、呼びかける声、応じる声が空をいりみだれる。スピーカーから最大に上げた音量で流行歌が流れている。すでに言葉は聞き取れず、高くなるエンジン音とも入り混じって、港はひとつの混沌と化している。

船が動き始める。舷側や船尾に立った男たちに、あちらこちらから五色のテープが投げつけられる。船長がキャビンから首を出しながら、注意深く離岸する。船と岸をつなぐ何本とも知れぬテープが次第に長くなり、きらびやかな海藻のように航跡に揺らめき波間に漂う。一隻、二隻と船首を港口に向けて船は走り出す。

港口を出てゆく独航船に付き従うように、家族や友だち、町の小学生や中学生がわれ先にと残った小型の船に乗り込み見送りに出港する。ボォー、ボォーと絶え間なく汽笛を鳴き交わしながら、お大師さん、浦河神社を背にして、船は次々と港を出て行く。独航船はそれぞれ船主の家の見える沖合まで来るとある船はグルリと一回りし、ある船は停船して汽笛を鳴らし続けている。一息ついた船は甲の緒を引きしめるように船首を遠い沖合に向けて全速力で滑り出してゆく。残された船は遠ざかる船影を見つめながら、まだ汽笛を鳴らしている。

昭和三十年五月の夕刻、そうした中を萬漁丸、幸生丸、弥栄丸、寳生丸、昌徳丸、康盛丸、

独航船を送る人、人、人(本間潔志 蔵)

千鳥丸など七隻が、北洋海域へ向けて出航して行った。

いわゆる北洋漁業が再開されたのは、昭和二十六年六月、対日平和条約が調印されるのに並行して、日米加三国間で『北太平洋の公海漁業に関する国際条約』が締結され、西経一七五度以西、北緯四六度以北という新しい海域での操業が認められたことによる。

実施は二十七年になってからとなったが、再開初年度の五月、浦河からは戦前からの経験が買われて荒井滋、大石正次の両名が共同で昌徳丸を出漁させた。昌徳丸は新海域で期待以上の漁獲をあげて帰港した。さらに二十八年、日魯、大洋、日水の三漁業会社三船団、独航船五十隻(浦河から昌徳丸と萬漁丸)が試験操業ということでこの海域に出漁し実績をあげた。これを注目していた町内の両船を含む七船が、出漁枠が広げられた二十九年に、沿岸底引五隻を減船した上で一斉に出漁していくこととなった。

全国で一度に七隻もの出漁船を出した港は釧路だけであったと当時の関係者は語る。浦河港はそれが誇りだった。出漁するためには船の大型化や通信設備の近代化などの条件があったのである。浦河の船主にそれを可能にする財力があったことの証明だった。

以降十数年間、浦河は日高で北洋漁業のリーダー的役割を果たしてゆくこととなるが、当然新規の漁場開拓には多くの危機がつきまとう。こうした再開初期の二十八年七月に本間藤次郎所有の第七萬漁丸が十四名の犠牲者を出す全損事故を引き起こした。また、三十年八月二日、塚田庄吉所有の重寶丸(公称三十トン)の遭難が起きた。余談になるが同船は二十八年の萬漁丸の遭難のときには僚船として最後まで捜索に参加していた経緯がある。

重寶丸の遭難前後の経緯が少し分かっている。同船は七月十三日浦河を出港、中部海域のホロムシロ島周辺で操業中時化のために遭難した。四航海目だった。七月三十日の定時交信(二〇〇〇《フタマルマルマル》時)でも、またこの頃洋上ですれ違った苫小牧の船とも交信しており、〃満船だ。そろそろ帰る〃との交信記録を残している。このときの交信を最後に重寶丸は消息を絶った。

関係者の記憶では三十一日から八月一日にかけてオホーツク、太平洋沿岸では大時化に入っていた。このときに留萌の船が時化のさなか、重寶らしい白い船を見かけたといい、時化の収まった翌二日、同船は通常キャビンに吊るしてある重寶の名のある救命浮輪を同じ海域で拾っている。塚田吉隆も塚田シマも同船は建造後まだ二、三年の船で、無線はついているもののバランスのよくない使い勝手の悪い船だったと聞いている。おそらく満船で喫水も深く片荷になっていたのだろうと推測している。このときも船主塚田庄吉をふくめ十二名の犠牲者が出ており、北洋での浦河漁船の遭難や事故はこの後も絶えることなく続く。冒頭で描いた過剰なまでの見送りも、こうした背景を思うと頷けるのである。

［文責　髙田］

【話者】

塚田　吉隆　　浦河町大通二　　昭和四年生まれ
塚田　シマ　　浦河町東町かしわ　昭和三年生まれ

第五七話　丹頂鶴が越冬したころ

――豊かだった元浦川

昭和三十年、荻伏の富里地区ではほとんどの農家が米作りをしており、日本の原風景とも言われる水田が連なっていた。五月、田起こしが終わって田んぼに水が入ると、富里に湖が出現したかのように、水面に周囲の山や家を映し出して景色を一変させ明るくなるのだった。田植えが終わると、日ごとに伸びる苗が水面を覆って緑の濃い田んぼへと変わり、秋になるとそれは美しい黄金色の穂が波打つ風景となる。

日高山脈から湧き出る元浦川の流れは豊かで、まだ護岸工事もされていなかった川はよく氾濫した。そんな時は役場から頼まれた磯船が、農家の軒先まで救援に来たのだという。川にはウグイ、エビ、コイ、ドジョウ、フナ、ヤマベが生息し、姉茶の奥で養殖していたニジマスやヒメマスも洪水のとき川に出て混じっていた。しかも春になるとアカハラが川底が見えないほどにあがってくるのだ。大人も子どもも川でそれらを釣ったり、網ですくったり、ドウを仕掛けたりして釣果は家々の食卓にのぼった。アカハラは焼いて干したものを擂り潰して味噌汁の出汁《だし》にすると美味かった。水田で除草剤を使う以前は、それほど川が豊かだった。

さて、北海道で大冷害があってエサが不足したからだろうか、三十年の冬に、つがいの丹頂鶴が小野寺兵治の田んぼにやってきた。昔から〝鶴は千年〟と、おめでたの象徴とされていた。また姿の美しさからも皆に親しまれ、国の特別天然記念物に指定されていたが、そのころ丹頂鶴は絶滅の危機に瀕していた。乱獲や開発による生息地の破壊などがたたって、二十七年に北海道の丹頂鶴は三十三羽しかいなかった。釧路管内では関係者が冬の餌付けなどして何とか殖やそうと努力を始めていた。そんな珍客が日高山脈を越えてやって来たのだ。

かつて魚がいっぱいだった元浦川
(小野寺信子 撮影)

丹頂鶴の優雅な姿や頭の赤い色はよく目立ち、兵治は刈り取りの終わった田んぼにそっと出てみた。が、鶴は人が近づくとすぐに飛び上がった。兵治はとうきびの実を撒いてみた。するとひと気がなくなった頃、丹頂鶴は飛んできてその実を食べた。田んぼの横には豊かな元浦川が流れていたから、魚やドジョウなど鶴は餌に不自由することはなかった。夜は狐などの敵に襲われないよう川幅の広いところで水の中に立って眠った。こうしてつがいの丹頂鶴は富里で冬を越し、春になると釧路の湿原へと帰って行った。

「田んぼへの客にエサやらんきゃならんな」と言って、兵治は春のとうきびの蒔きつけを殖やした。家のとうきびは、もともと農耕に使っている馬のためのものだった。こうしてたっぷり餌を用意して秋を待っていると、その年もまた丹頂鶴のつがいはやってきた。兵治は葉や茎のついたとうきびを十本、二十本と束ねては田んぼのあちこちに突き立て、鶴たちが好きなだけ食べられるようにした。兵治の中学生になる孫は、愛用のコニカ製のカメラを持ってそのとうきびの束の中に隠れ、丹頂鶴が近くに来るのを辛抱強く待ってシャッターを切った。望遠レンズなど高嶺の花だったころ、そうやって大写しの丹頂鶴を撮り、それを北海道新聞の記者が借りに来て新聞に載ったという。

やがて富里や姉茶を飛ぶ丹頂鶴の話は広まり、毎年鶴が来るたびに新聞に載るようになった。教育委員会では付近の小中学生に呼びかけて餌集めなどの保護運動を始めた。三十三年と三十四年には子どもをつれて三羽で飛来してきたと新聞に載っている。アイヌ語では丹頂は湿原の神サルルンカムイと呼ばれ、民族の間では〝鶴の舞い〟が伝わっているほど昔から身近な鳥である。

ところが昭和三十四年十二月、心もとないハンターが、こともあろうにその丹頂鶴に向かって散弾銃をぶっ放した。鶴は羽音も荒々しく飛び去った。銃の弾が当たったかどうかは分からない。丹頂鶴を逃したハンターは、次に近くにいたミソサザイを撃った。その流れ弾が川で洗い物をしていた農婦の横を音をたてて飛んでいった。

兵治の通報を受けてやってきた役場の人たちは付近を歩き回って探したが、丹頂鶴の死骸は見つからなかった。心もとないハンターは警察に検挙された。しかし、とうきびの束を作って待っていた兵治の田んぼには、次の年もその次の年も丹頂鶴が来ることはなかった。

その後、丹頂鶴の給餌や保護に多くの自治体が取り組み、丹頂の生息数は昭和三十七年一七二羽、昭和六十三年四二四羽と増え、平成十八年には千羽以上が確認されるまでになった。翌十九年の春、富里に丹頂鶴の鳴く声が響いた。四十五年ぶりに兵治の田んぼに丹頂のつがいがやって来たのだ。その年は日高管内のあちこちで目撃された。

丹頂鶴は今でも環境省の絶滅危惧種としてレッドリストに載っているが、一時のような絶滅の危機は去り、餌を求めて十勝や日高に飛んでくることも珍しくなくなった。が、とうきびを撒いた兵治は亡くなり、田んぼは牧草地に変わり、元浦川の魚たちは激減してしまった。今では春になると丹頂鶴を目にすることがあるが、挨拶ていどの来訪で、以前のように越冬する豊かな環境ではなくなっていたのだ。

［文責　小野寺］

【話者】
小野寺博美　浦河町富里　昭和十九年生まれ
鈴木　智　浦河町荻伏　昭和十三年生まれ

第五八話　旅芸人捕物帳

――真実は芝居より奇なり

昭和三十一年五月二十八日、その日の浦河警察署には、朝から四件の盗難被害届が出された。大通三丁目の日高支庁前旅館「松の園」からは現金四千円と時価千円相当の腕時計、一丁目「林屋旅館」で現金一万二千七百円、二丁目「秋田屋旅館」でも三千五百円が盗まれたという。被害にあったのはいずれも宿泊客で、就寝中の出来事だった。目が覚めて紛失に気付き大騒ぎとなったのである。手口は同じで同一犯の仕業と見られるが、一晩に四件の荒稼ぎとは、そこらのコソ泥の仕業とも思えない。署ではすぐさま道内関係機関に指名手配し、行方を追った。事件後さほど時間はたっていない。まだそう遠くへは行っていまい。警察はそう踏んだが、意に反して犯人の情報はない。二日が過ぎ三日が過ぎた。取り逃がしたか。警察は青くなった。犯人が挙がったのは、六月一日。事件発生から四日目のことだった。

「鵡川からです。名前は＊＊静子。三十八歳。住所不定。自称旅芸人」。

「なにっ！　女?」

一報の後、本人の供述に基づいた履歴が伝えられた。

女は旭川で生まれたが、幼いころに母親を亡くし、十一歳でよそにもらわれた。しばらくして親元に戻れば、父親が三人目の妻を迎えており、継母との折り合いが悪くて一カ月で家出。その後子どもの頃からあこがれていた旅芸人一座に入ろうと、古田屋という興行師につき、十八歳の時松玉斉天勝一行に加わった。だが入って二カ月目で、師匠が大切にしていた宝石を盗んで捕まった。その後は名寄、東京、岩見沢、旭川、青森、中頓別、十勝と、全国を転々として、二十年の間に窃盗による刑務所入り四回、警察に逮捕されたのが十回だという。今年の初めは富良野の料理屋で女中をしていたが、知り合った一座に加わって巡業に出た。庶野まで皆と行動を共にした後、ちょっと抜け出し、先回りして浦河へ来た。そこで一仕事をした後は、何食わぬ顔でふたたび合流。そしてそのまま今日まで一座の中にいたのだという。

旅芸人が興行した頃の大黒座（三上雅弘 蔵）

「コケにしやがって！」

警察は地団駄を踏んだが、取り調べが進むにつれ、あきれ果てる事実が他にも次々と現われた。実際は名前も嘘なら本籍も嘘。女は本籍を三つ、偽名を十も持って、その時々で使い分けていたのだ。手口も巧妙で、浦河の旅館荒らしの時は、寝静まった部屋に忍び込み、客に咎められると女中だと言い、旅館の者に見つかれば按摩だと言い繕った。それに誰もがだまされた。その後の捜査で、女はまもなく本名、戸籍が明らかにされ、正式に検察庁送りになった。まったく芝居のような話であるが、嘘まぎれもない本当の話だ。

当時は様々な芸人一座が全国各地を回っていた。今のように文化会館などないから、会場は映画館。大黒座やセントラル劇場には、彼らが寝起きするために二十畳ほどの楽屋が用意されていた。一座は昼前に汽車でやってきて、夜の舞台に上がると、翌朝には次の興行先へ流れていく。たいていは一晩泊まりだが、人気の大竹劇団などは昼夜二度公演。団長など上部の者は、雑魚寝を避けて老舗昇月旅館に宿を取った。

芝居、浪花節に限らない。宝塚雪組公演(昭和二十四年・大黒座)、東海林太郎(二十七年・セントラル)、東京歌舞伎(三十四年、セントラル)に至るまで、みんな映画館で行われたのだ。前述のような事件はもちろん特殊な話だが、一座の中には似た生い立ちを持つ者もいただろう。

少し古い話になるが、三味線漫談で一世を風靡した玉川スミも浦河に来たという。本人の回想によれば、それは大正十四年二月五日のことだった。当時五歳のスミは旅芸人一座として北海道を巡業していた。途中、病で倒れた一座の太夫元(義父)を置戸に残しての旅。浦河に着き、さあ舞台に上がろうという時、義父危篤の知らせが届いた。もうじき幕が開くというのに、どうしよう。一座の子ども達はみんな買われたり貰われたりした子ども。だけれど自分達を立派な芸人に仕立ててくれた恩がある。みんなでお客に頭を下げて、義父のもとに行かせてもらおう。必ず戻ってくるからと、ちょっとだけ行かせてもらおう。話がまとまり、舞台に上がってその話をすると、待っててやるから行って来い！　と客席から声が掛かった。荷物をまとめて表に出ると、スミらを送り届けるために町民が仕立てた十台の馬橇が待っていた。

これもまた浪花節のような話である。スミの最初の名前は橋本ハツノ。売られ、貰われ十三人の親に育てられたという。

［文責　河村］

【参考】

日高報知新聞　昭和三十一年六月三日、六月五日　七月七日、七月十一日
苫小牧民報　昭和三十一年六月六日
禅の友　曹洞宗宗務庁　平成二年一〜九月号

第五九話　てっぽう

――失われた山の花形技術

日高幌別川は上流の砂防ダムのあたりで、シュンベツ川、メナシュンベツ川、シマン川の三川が合流している。シマン川に沿った一帯が杵臼地区志満《シマン》で、この集落の端、元茂家のところから川沿いに少し奥へ入ったところに、川幅が大きく広がった川原があり、その対岸に近い水中に十数本の棒杭が打たれている。地元の人に聞くとアバの跡だという。これが流送といわれる仕掛けの一部に当たるものだという。

三井林業で働いていた永原栄のアルバムのなかに、初めてカメラを買ったときに自分の職場を写したものがある。その被写体となっていたのがてっぽう（職人たちの呼称、堤とも）といわれる仕掛けで、そこにできた木製のダム湖に、丸太の浮かんだ風景や、ダムの堰《せき》が切られてものすごい勢いで水と丸太が飛び出してくる情景が写しだされている。丸太が岩石や丸太同士でぶつかりあい、その音は谷中に反響して、すさまじい音を立てて轟いた。てっぽうという名称（江戸時代の火筒）を髣髴《ほうふつ》とさせる光景である。現場で考案され、現場で改良されてきたいわば剝き出しの技術がここにはあるなと思ったという。

てっぽうとは、深い山地で伐採された丸太を、水を利用して集積地まで搬送する〝流送〟という技術の最初の仕掛けをいう。通常切り倒され木の枝を払った丸太は、傾斜を利用して谷あいに落とされる。この間、別のチームが丸太や材木、石を材料に針金や縄だけを使い、サシガネひとつで谷川をせき止める形でダムを作り、ここに集まった丸太を春の雪解け水、春夏の降雨をまって貯留し、頃合をみはからって堰を切り、集まった丸太を下流に流しやるのである。深い山ならばこうした堰を二、三カ所もうけて、次々と下流へ流した。冒頭に書いたアバというのはこれらの仕掛けの最終段階にあたり、流れてきた丸太をここで押しとどめ、これらをかき集めて馬車なりトラックなりに積み込む拠点となる。アバは丸太を三角錐《さんき》、四角錐《よんき》に組み、基部を石なり、棒杭で固定して水は通すが丸太は当たっても流れないようにする仕掛けをいう。

こうした技術を持った集団は北海道には開拓後期に入ってきたものらしい。新ひだか町静内の尾田喜代志は昭和二十四年に初めて北海道日高の奥高見に入り、てっぽうを造った人だが、かれは大正十五年、富山県東礪波《となみ》郡字太田に生まれ、砺波《となみ》平野を流れる流送の本場庄川でこの道に入り、十四歳で一日五円（内地では一円）という日当につられ、中国東北部（旧満州）牡丹江の奥で三年間腕を磨いてこれら技術者の頭、すなわち庄屋となった人物。

てっぽう正面（永原栄 蔵）

前年、流送の技術者を探しに太田の町にやってきた池内ベニヤの社長に見込まれての日高入りとなったが、以後、かれは生涯をこの地で過ごし、静内を中心とする一帯の流送事業を手がけることになってゆく。てっぽうは通常五、六年の耐用年数があり、これを造るときはさすがに一年まるまるその地に滞在するが、普通それ以外の年には流送が終われば故郷に帰るのが習慣だった。

かれによれば戦後の日高地域の流送事業は鵡川、静内、浦河に三分され、西部を二川組、中部を尾田組、東部を水上組が分け合っていた。いずれも砺波の庄川で育った者たちである。流送という技術は本州の富山、岐阜の山岳地方で開発された林業技術だった。庄川はその上流に本州有数の林地五箇山があり、この資源の活用の中で開発され、磨き上げられた技術で、このためてっぽうを越中堤と呼ぶこともある。江戸時代以来、庄川で育った人間が全国各地の林産地にでかけ流送事業を一手に引き受けていた。その規模は戦前なら満州、樺太にも及んでいる。戦後北海道だけでも四百人からの富山県人がこの事業に従事していたという。

その仕組みは、毎年秋になると北海道各地から三井、王子、池内などの林業事業主（親方）

が砺波にやってきて庄屋と前渡金つきで契約を結び、庄屋は翌早春に小庄屋（帳場）、小頭など面積に応じて若い衆を引きつれ、現地に入った。作業の内容はてっぽう出しに必要な工作物の建設と、場合によっては日に二、三度の流出作業である。下流に流された丸太の整理や始末も普通かれらが行ったが、大きな河川で流れている丸太の上を自由に歩き回る別の職能集団、船頭と呼ばれる筏師の一団が、地場の人間を使って行うこともあったという。

冬期に切り出された丸太をすべて流しだして契約は終了となる。たいがい八月の盆前、残りの金を受け取り帰途につくが、秋まで残留することもあった。また故郷の親との話し合いで、若い衆には賃金の一部を渡し、残りは親に直接手渡すことにしていた。以上のようにかれらは基本的には季節労務者であったが、尾田喜代志のように、そのまま居ついて北海道の森林資源の開発に従事する者も沢山あったのである。

てっぽう満水状態（永原栄 蔵）

林業が華やかだった時代、杵臼や西舎の男たちの大半は日高幌別川流域の造材事業に関わっている。シュンベツ、メナシュンベツ、シマンなどのアバで、集材の仕事に携わった三島、岡部、薮田なども、てっぽうやアバを造る技術のみならず、流れのなかで丸太から丸太へ平地を歩くように動きまわり、鳶口一丁で丸太を扱ういわば命がけの作業を感嘆の目で眺めたものだという。

永原栄が写した光景は〝流送はもう終わりになるぞ〟という話を会社で聞かされたからで、独創的でスリリングで迫力のあるてっぽうという仕掛けを、自分の思い出の一コマに加えておきたいと思った。それが浦河の林業史の一ページとなるとは考えもしなかったが、はからずもその写真は記録として残ることとなった。

浦河の流送事業は昭和三十年にシュンベツ川のフレベツのアバが終了し、三十三年をもってすべてが終わるが、写真の最後の仕掛けがシマン川上流に残されたものだった。伐採や材出し、堤やアバの製作、人馬による集材などという一連の工程に要する費用に比べ、ブルドーザーを利用して林道や作業道をつけるという現代の材出しの費用のほうが安いという計算が、これまでの林業の作業工程を変えてしまい、先に述べてきたてっぽうの技術は失われた。しかしそれとは関係なく、このために山林の荒廃はかつての時代では考えられぬくらいに進んで現在に至っている。

［文責　髙田］

【話者】

尾田喜代志　新ひだか町静内緑町　大正十五年生まれ（平成十三年没）
薮田　誠期　浦河町杵臼　昭和二年生まれ
永原　　栄　浦河町向が丘東　昭和三年生まれ
三嶋　重敏　浦河町西舎　昭和五年生まれ

第六〇話　野球狂の唄

——野球部員にあらざれば

戦争のため一時中断していた「浦河野球協会」が再発足したのは、昭和二十二年のことである。ボールやスパイクなどもなかなか手に入らない頃、食うや食わずの生活を強いられている中にあって、野球こそが人々の夢であり、楽しみでもあった。協会長は奥村徳三郎、理事長は笠原義和。戦後野球の復活だった。

蝉塚宗治が浦河の住人になったのはちょうどこの頃で、当時小学五年生。堺町の引揚者住宅と中学校(当時は堺町西二丁目)の間にある空き地で、三角ベースに明け暮れていた。ボールは何か固い物を布で巻いて、糸でぐるぐる巻きにした物。遊んでいると、途中で糸がほぐれてきたりする。そんな野球だ。それでも十分楽しかった。

やがて入学した浦河第一中学校には、小関、野畑、谷口など野球狂ともいうべき先生達がそろい、先輩には石橋(三年)、品田、森、三沢、村岸、田中(二年)などそうそうたるメンバーがいた。〝六、三制、野球ばかりが強くなり〟と揶揄された時代。宗治の野球漬けの日々はここから始まった。最初はキャッチャー。そのうちに球の速いのを見込まれてピッチャーに転向した。

試合で投げることが決まると、兄は大枚をはたいてスパイクとグローブを買ってくれた。おそらく安月給の大半が飛んだだろう。初めての自前のスパイクとグローブで、宗治はマウンドに立った。学校に予算がなかったから、ユニホームは有志からの寄付。旅費もみんな出してくれて、彼らは遠征にもついて来た。そんな中、日高地区予選で見事優勝。日胆大会出場の切符をもぎとった(申し込み時の不手際により、出場できず)。

そんな彼らを高校の野球部が放っておくはずがない。浦河高校の入学と同時に宗治の入部は決まっていた。考える暇もなかった。かつての先輩に呼び出されて「野球部！」「ハイ！」ってなもんである。後に宗治とバッテリーを組む様似の小田島もこうして入部した。

その頃、室蘭地区予選で優勝する、というのが彼らの当面の目標だった。宗治が二年生の時、浦高はその夢をかなえようとしていた。ピッチャーはエース村岸。優勝は浦高、と早くも前評判が立っていた。だが無敵のエースが突如崩れた。大舞台で緊張したのか、ストライクが入らない。その後を受けて宗治も投げたが、結局無念の敗退となった。翌年はそのリベンジだ。三年になった宗治は、エースピッチャーとして責任を担っていた。予選四日目。決勝に進んだのは苫工と浦河。その時の様子を、当時の新聞が次のように伝えている。

〝浦河高は長短十本の安打とわずか一失という攻守にわたるそつのない試合ぶりで、二十一年以来連続九回道予選出場の伝統を誇る強豪苫工を軽く一蹴した。苫工は鉄壁の守備力を誇る浦河高の内野陣と低めの内角をつく蝉塚の好投になすところなく、わずか二本のヒット散発の無得点に潰え去った。〟

七対〇の圧勝。誰も予想だにしない結末だった。こうして宗治達は初めて日高に優勝旗を持ち込んだ。しかしその後の全道大会ではあえなく敗退。皮肉なことに、準優勝だった苫小牧工業が、代表として共に出場し、決勝にコマを進めたのだ。野球はまさに筋書きのないドラマである。

昭和三十二年、北海道で初めて、天皇杯全道大会を地方町村で開催することが認められ、先陣を切って浦河野球協会がそれを受け入れた。競技を前に、会場となる潮見グランドは拡張工事され、入念な準備が行われた。大会前日には、函館、夕張等から十二のチームが、続々と浦河入り。吹奏楽団を先頭に市内パレード、大黒座での懇親会、とムードを盛り上げた。当日は会場に売店が出て、弁当やパン、ジュースなども売られ、お祭り騒ぎだった。浦河協会は支庁、役場、漁組、営林署などから選りすぐりのメンバーで挑んだ。宗治も浦河支庁の林務課から出場。初戦の倶知安を五対〇で制したが、そこまで。どこもとても歯の立つ相手ではなかった。

ちょうどその頃、役場の中途採用があった。兄に勧められて宗治が試験場に行くと、なんだか野球のうまそうなのがそろっていた。採用試験は無事合格。以後、活躍の舞台は役場へと移った。配属は税務課だった。業務のうんと忙しい春先が過ぎると、うまくしたもんで、野球にちょうどいい季節になった。

浦河町役場チーム(蝉塚宗治 蔵)

昭和三十三年六月、第二回北海道市町村職員軟式野球大会が始まった。道内各町村に一市、三笠市が加わっての大会である。浦河はなかなか強い。予選を勝ち抜き地区優勝。その後全道大会へと、順当に駒を進めていく。準々決勝くらいまでくると、メンバー以外の者も目の色が違ってきた。町長、助役も力が入る。穴水助役も、三時になったら練習に行け、と言ってくれるし、役場の二階に泊まり込んで合宿することになった。朝食は女子職員が用意してくれ、朝練を終えて食事を済ますと、そのまま仕事に入った。もう仕事に行ってるんだか、野球に行ってるんだかわからないような日々。浦河町役場のメンツをかけての戦いである。濱口町長の弟が三笠の助役をやっている関係で、練習試合も取り付けてくれた。

準決勝の相手はその三笠だった。練習試合で実力は知れていた。たいした相手ではない、となめてかかったのだろう。ピッチャーはエースを温存して二番手を出してきた。対するこちらは蝉塚宗治。相手があっと思った時は遅かった。格上の三笠が奇しくも浦河に屈したのだ。その後鹿追に圧勝して見事優勝。八月十一日、札幌から帰町した彼らを迎えて、町じゅうが沸いた。宗治は最優秀賞を総なめにして、何万円もの賞金をもらったものだった。

野球一色に塗りこめられていた時代だった。小学生も町内各地区にチームができ、スポンサーがついた。たとえば一丁目は村岸、二丁目奥田、三丁目品田といった具合だ。熱狂的な応援があり、勝てばドンと差し入れがきた。子ども以上に大人が熱くなった。中学しかり、高校しかり。古い新聞をひも解けば、オールスター、町内対抗、官民対抗、職域対抗等の文字の林立。文化祭の幕開けも野球で始まり、学校の落成も野球。役場庁舎落成、町政四十周年の記念式典(昭和二十九年九月)には函館太洋、三井砂川、王子製紙、北炭夕張というノンプロ野球を呼んで、町じゅうが熱気に包まれた。

当時の宗治に土曜も日曜もなかった。だからわが子の運動会を見たことがない。まさに野球狂の時代だった。

［文責　河村］

【話者】

蝉塚　宗治　　浦河町堺町西　昭和十一年生まれ
藤井　信也　　札幌市西区　昭和三十三年生まれ
吉野　英治　　浦河町旭町　昭和三年生まれ

【参考】

北海道新聞　胆振日高版　昭和二十九年七月十九日・三十三年八月十三日

苫小牧民報　昭和二十六年九月十二日

日高報知新聞　昭和二十九年七月二十日・七月二十四日・三十二年七月九日
三十三年八月十日・八月十二日

第六一話　ある遭難

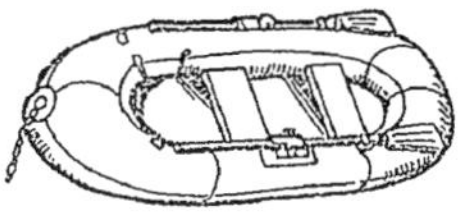

――第二十三萬漁丸の場合

昭和二十七年の再開以来、順調に実績を積み上げてきたベーリング海、アリューシャン列島、北千島、オホーツク海に広がるいわゆる北洋海域は、戦前の開始当初からおびただしく人命の失われた漁場でもあった。この海域が通称低気圧の墓場と呼ばれるほど低気圧の集まる危険な海域だったため、船の大型化をはじめ、無線・通信機器、レーダーなど、機器や道具類に至るまで規制と改良が加えられてきた。とくに北緯四十八度以北で操業する母船式に参加する船はその規制も厳しかったことから事故率も低かったが、知事認可の、おもに四十八度以南(以後　中部海域)で操業する中型サケ・マス流し網漁業は、規制もゆるやかで漁獲量も良いと考えられていて、母船式から大型船が転換してくることさえ珍しくなかった。その結果とまでは言わないにしても、この海域での遭難事故が著しく多かった。

第28萬漁丸（本間潔志 蔵）

北洋漁業が再開されて八年経った昭和三十五年の出来事である。本間漁業株式会社所属の第二十三萬漁丸は五月早々に浦河を出港していった。この船はこの年の春、青森の福井造船で建造された二十四トンのピカピカの新造で、まだ一度も漁をしたことがなかった。

中部海域の流し網漁業は、母船式の独航船とは違い、釧路、落石、根室などの港を基地として、漁をしては基地港に戻るピストン操業をその特徴とする。萬漁丸は花咲港を基地としていた。五月の初旬、初航海に出港し沖合で事故に遭遇した。浸水が起きたのである。本社の指示で船は急遽釧路へ回航して造船所に入った。応急修理をして五月十五日か十六日、改めて目標の海域に向けて出港していった。ところが十六日の日から定時連絡が入らなくなった。連絡のないまま日時が経過した。

昭和三十一年に浦河高校水産科を卒業して本

間漁業に入社した斉藤實はこのとき、社長の命令でかれと同じ岡まわり(陸上勤務者の意)をしていた柏木とともに、当時大通一丁目にあった本社事務所で夜間の電話番に入っていた。どこからか、誰からか、掛かってくるであろう連絡をひたすら待ち続けたのである。そうした日々が一週間ほども続いた。

事務所といっても社長の家の茶の間と兼用である。部屋の中には新造をはいだ(建造の意)ときのお祝いや、間に合わなかったのだが、お返しにすべく用意したうるし塗りの茶櫃《ちゃびつ》がうずたかく積み上げられ、つい先日の出港のときの萬漁丸のあわただしさをそのままとどめていた。

ある夜、重苦しい気分の中で、二人は茶をすすっていた。何時頃のことだったか覚えていないのだが、積み上げてあったお祝い返しが、突然がらがらと音を立てて崩れた。

「……おい、實、……来たじゃ」

「……」

斉藤は青ざめて声もなく頷いた。

翌朝、暗いうちに釧路漁協から電話が入った。遺体が発見され収容されたという。すぐに組合からトラックを借り出し、斉藤と社長が釧路に向かった。

遺体を発見したのは釧路の中部船だった。場所は襟裳岬よりの釧路の海域だったという。発見されたのは船ではなく救命筏だった。筏といっても実体はゴムボートなのだが、その証言によれば、船の姿はどこにもなく、ゴムボートの上に七つの遺体が残されていた。当時乗組員は船長の渋田隆幸以下十名。残りの三名は、船内に取り残されたものと推定された。遺体を収容した船によれば、収容したときにまだ体温のある遺体が二、三あったという。

出漁の遅れを取り戻そうとした萬漁丸は、無理を承知で時化の中を出て行った。応急修理はしたものの新造船である。船のバランスやエンジンの癖も良く分かっていない。どの程度修理したのかも不明だが、大揺れの波のなかで何かが原因となって船は沈没した。しかも急激だった。浦河の事務所でも低気圧の接近は知っていただろうが、出港は船長の判断に任される。全員が移る暇もなく、筏は東南の風に押し流されたのだろう。

遺体は同社の、当時は納屋だったところに下ろされ並べられた。それぞれ遺族がやってきてそれを引き取っていった。後日、合同葬儀が山寺(光照寺)で行われ、斉藤が借り入れたバスを運転して遺族の送り迎えをした。式は漁業組合の葬祭係と揶揄された渡辺が一切を仕切ってくれた。補償などの問題も労災扱いとなったが、かれが手続きをすべてやってくれた。若い斉藤には荷が重すぎ、それを見かねたのだろうが、しかし斉藤には骨身に応えた。ことあるごとに、遺族から〝人殺し〟呼ばわりされるのである。そのときは会社を辞めることを真剣に考えたという。

後日譚がある。遺族のなかには中心となる働き手を失って生活に窮する家庭も出てくる。そうした中のある家庭から、なんとか生活の面倒をみてほしいと相談された。当時の浜の気風として断るわけにはいかない。結局、中学を出たばかりの息子二人を引き取り、留萌の自社の船に乗せた。そのうちの一人が操業中に海中に転落し行方不明となった。一年後、合羽を着けたままの片足が発見された。また、その家の娘は社長の家のお手伝いさんになって働いていたが、一年もしないうちに姿を消したという。また当時救命筏は水も食料もついてなかったが、これから後、備え付けられるようになったといい、ホック式に屋根も取り付けられるようになったという。

〔文責　髙田〕

【話者】

斉藤　實　浦河町堺町西　昭和十二年生まれ

第六二話　荻伏有線協会

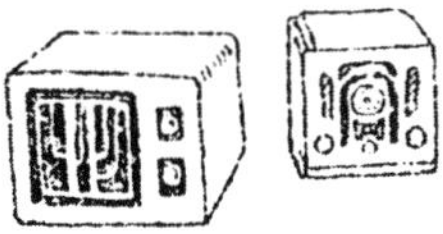

――八百戸を繫いだ放送

絵笛の雑貨屋に見慣れぬ行商人風の男が顔を出した。モッキリを一杯くれという。モッキリは売っていないと断ると、二合ビンでも構わんと粘った。店先で飲み始めた男はそのうち、腹が減っている飯を食わせろ、としつこくからむ。しまいに鉄瓶の湯を自分の足にかけて凄み、コップを投げ捨てて暴れだした。あわてた主人は農協に連絡。農協はすぐさま警察に通報した。ツバキ油の行商人だという男は、御用となった警察で、山口県のエチオピアから来た、といった。

こんな話が当時の新聞に載っていた。昭和三十二年二月のことだ。

この通報に使ったのは、電話ではなくて有線放送だった。浦河でも、すでに大正時代の半ばから電話が使われていたが、それはあくまでも官公庁や市街地の商店など。有線放送はそうした恩恵を受けられない農漁村を中心に、当時日本中で盛んに利用されていたのだという。それは役場や農協に本部を置いて、そこから加入する各家庭へ線を引いただけの簡単なもので、本部からの放送は各家庭のスピーカーで聞くことができた。一斉放送、共同聴取という仕組みだ。また必要に応じて各家庭から逆発信することもできた。ただ共同聴取だから、その一部始終が回線を共有する全家庭に筒抜けという難点はあった。

さてこの有線、荻伏村では、昭和二十五年に上野深で八十戸、また二十七年頃に下野深で十三戸に架設され、早くから村の一部で利用されてきたが、三十一年、浦河との合併を記念して「荻伏有線協会」を設立、本格稼働が始まった。加入者は荻伏地区の八割超、八百余戸に及んだという。本部は役場荻伏支所内に置かれ、幹線は市街、漁村、姉茶、野深の四線。それぞれの要所要所に中継局を置いて各家庭とを結んだ。数多くの中継局の中でも荻伏農協と漁協には副本機が置かれて、そこから独自に全村放送をすることもできたという。放送は専属のアナウンサーが、二人体制で担当した。

初代アナウンサーを務めた池田登代美によれば、定時の放送は、早朝五時、昼十二時十五分、夜六時の三回だった。内容は役場から送られてくる議会のお知らせのほか、荻伏会館で行われる映画の案内や赤心社の商品入荷状況。昆布採りのお知らせや田植えの出面《でめん》集め、どこそこの牧場で馬が生まれたといった村の風景まで様々だった。時にはドサ廻りの劇団や手相見から頼まれるコマーシャルも流し、自ら手数料の取り立てにも行った。

他にも、役場職員が個人宅を訪問する際、在宅かどうかを問い合わせるのに使ったり、火

有線放送(浦河町立郷土博物館 蔵)

事や防犯、産婆や医者への連絡にも使われた。夜間の緊急時も、支所内に居住していた松島いちが対応した。急患の連絡が入ると、正木先生のオートバイが走りだす。それを見て人々は、先生は今どこそこに往診に行った、と噂したものだった。

放送の合間にはラジオも流した。まだ電気のついていない所もあり、開設当時は村内千戸ほどの内、ラジオのある家はおよそ半数。村じゅうの人にラジオを聴かせたい、というのが有線設立の主目的でもあったのだという。畑仕事を終えた人々は家族そろってスピーカーの周りに集まり、野球や相撲の試合を楽しんだ。締めくくりはレコード放送。はやりの音楽をかけて一日が終了した。アナウンサーの仕事は午前と午後の二交代で、月給は六千円だったという。

唯一の通信網だった有線だが、これがよく故障して、聞こえない、混線している、線が切れた、という苦情がしょっちゅう来る。修理を担当したのは電気屋の内海雅之で、後に大野良実が引き継いだ。雅之が工事に行く時の交通手段は自転車。後に原付バイクが与えられたが、それでも野深や上野深へは弁当持ちの一日仕事。昼時は、近くの農家でよく漬物などごちそうになった。電線の修理をするのに梯子は欠かせないが、自転車やバイクに積めない。どうしたかというと、靴にツメ付きの金具をつけて、そのカナヅメを電柱に打ち刺しながら登ったのだという。当時の電柱は木製だった。

放送開始の一周年記念には、荻伏中学校元木先生の司会でのど自慢大会、三十三年からは学校放送も取り入れられた。五周年記念には、子ども達の他に大人の芸能発表も加わって、村じゅうが楽しんだという。だがその一方で、上野深にも待望の電気が点灯(三十九年)、ラジオのみならずテレビまでもが急速に普及した。また農村集団電話の架設も決定。こうした時代背景の中にあって、有線放送の果たす役割はしだいに薄れていった。昭和四十二年三月、荻伏の文化の一端を担った協会はついに解散。十年間にわたる働きに幕を閉じた。

浦河でも昭和二十九年九月、役場庁舎落成と町制四十周年記念の一環として、浦河農協管内七集落五百戸に有線放送を架設。三十二年冬には、古くなった電柱や電線の大規模な取り換えも行われたが、ちょうどその頃から、電電公社が無電話地区解消策として農村集団電話の導入を始め、四十年夏には、老朽化した有線三六四戸が、集団電話に移行されたという。

一回線を四戸から八戸で共同利用する集団電話は、受話器を取ると内緒の話も筒抜けになるという点では有線と変わらなかったが、市外通話のできることが強みだった。そしてその欠点も、すべての自動化が完了(五十三年)したことで解消された。

［文責　河村］

【話者】

宮崎　寛　　浦河町堺町東　　昭和四年生まれ

内海　雅之　浦河町荻伏　　昭和五年生まれ

池田登代美　浦河町荻伏　　昭和十三年生まれ

【参考】

荻伏百年史　昭和五十八年　荻伏開基百周年記念協賛会

日高報知新聞　昭和二十九年九月十一日・九月十五日・三十二年二月八日

第六三話　僕らの青春時代

――資金稼ぎはダンスパーティー

その昔「ココナツベンダーズ」というハワイアンバンドがあった。ラジオの電波に乗ったこともある、浦河ではちょっとばかり有名なバンドだった。社交ダンス全盛時に欠かせない存在で、あちこちからお呼びが掛かった。ダンスパーティーの夜は、彼らの大事な資金稼ぎの夜でもあった。思い出してもらえただろうか。首をかしげている人のために、当時のメンバーを紹介しよう。まずはバンドマスター、ウクレレの森川慶宣。スチール（ハワイアンギター）・小関幸秀。ベース（コントラバス）・石川紹三。ギター・佐藤安一、高橋純一。そしてボーカルは後に札幌で歌手デビューする橋田好尋。みんなまだ若々しい紅顔の美少年（美青年）だった。

森川とウクレレの出会いは、昭和二十四年、浦河高校の修学旅行だった。東京の宿は神田。

ぶらぶらと歩いていた神保町の楽器屋のショーウインドーに、そのウクレレが掛けてあった。値段は八百円。ひと月の授業料が四百五十円の頃だから、安い買い物ではなかったが、前から何かやりたいと思っていたのだ。思い切って買ってきた。頼りは唯一教則本。あとは行商人の大植某に教わった。大植は兄が荻伏に住んでいたから、仲間と三人で古着などを持ち、時々浦河にも売りに来た。戦後のまだ物のない頃で、古着が重宝されたのだ。大植は広島にいた頃、ハワイアンバンドをやっていたという。その時のバンド名がココナツベンダーズ。日本語に訳すとヤシの実売りというらしい。森川は彼からウクレレの手ほどきを受け、一緒にその名も受け継いだ。

本を読みながら試行錯誤。ガット線では高い音が出ないからと、三味線の糸に張り替えてもみた。一人ではつまらない。向かいの大黒座で看板を描いていた水戸馨に、スチールをやらないかと誘うと、今、大黒座に天津羽衣(浪曲師)が来ていて、ギター伴奏の新しい浪曲をやるから聞きに来いという。それじゃあと出かけて行って、伴奏をしていた羽衣の弟に、ウクレレの弾き方を教えてもらった。森川のウクレレを手にした彼は、こんなに音の悪いやつは初めてだと言った。水戸とは一緒に曲を作ったこともある。英語の得意な森川に水戸が曲を付けたハワイアンだ。

森川の家には音楽好きの者達が集まっていたが、バンドを作ろうという話もそこで出た。大植に触発されたこともある。まずギターが得意な佐藤安一(電電公社勤務)と二人で、ハワイアンをやろうと決め、メンバー集めを開始した。昭和三十年頃のことだ。白羽の矢が立っ

昭和 32 年 6 月 23 日　セントラル劇場でのコンサート（小関幸秀 蔵）

たのが、レコード鑑賞が趣味で、山ほどレコードを持っていた高橋純一（北洋相互銀行勤務）や、中学時代病気で休学中に、たまたま家にあった姉の友人のギターで技術をみがいたという小関幸秀（同）。中学生の時に、そのギターで校内放送をしたこともある小関は、力量を見込まれてスチール担当に抜擢された。楽器も何とか工面した。これさえあれば、ハワイアンとして格好がつく。たまり場だった森川の家がそのまま練習場になり、レパートリーも増えた。ほどなく森川の応募した室蘭放送局の公開収録が当たり、彼らの演奏がラジオ放送されたが、これを機に知名度がアップ。ここで歌わせてほしい、と売り込んでくる者もでたという。ボーカルの橋田好尋や北村友子は、当時まだ高校生だった。

戦後間もなくの一時期には、浦河にも青年団の歌謡バンドがあったが、英語で歌うバンドは初めて。公民館等でコンサートをやると、漁師達に、〃お前ら日本人だろ。日本人なら日本語で歌え！〃とやじられたこともあったが、まあなかなかの人気だった。ダンスパーティーにはよく演奏を頼まれた。公民館、映画が終わった後の大黒座、クリスマスに浦小の体育館で、火鉢に手をかざしながらやったこともある。参加者は支庁勤めの人が多かった。成人式に頼まれて、三石まで遠征したこともあった。出演料は一回五千円で、それで音楽雑誌や楽器を揃えた。中古のコントラバスも、ラジオ放送の縁から室蘭放送局に紹介してもらい、六万円で手に入れた。石川紹三(拓銀勤務)は、音楽を聞くのが好きなだけで楽器など全くできなかったが、お前がやれ、とそのコントラバスを押しつけられた。教則本などない。〝バイオリンやギターに倣え、似たようなもんだ〟森川や佐藤はそう言って、コード表を彼に与えた。楽譜を拾い集め、時にはレコードから起こした手作りのコード表だった。

音楽好きの彼らは、札幌や小樽まで、よく日帰りでコンサートにも行ったという。すすきのの松竹座へジャズを聴きに行った時は満員で、ようやく裏から入れてもらい、一番後ろで、持って行った椅子の上に立って交代で見た。当時はバンドマンが大人気で、若者はみんな彼らに似せて、髪を整えマンボズボンなど履いたものだった。

ココナツベンダーズ最大の晴れ舞台は、セントラル劇場を貸し切ってのコンサートだった。浦河町教育委員会の後援を受け、みんなで手分けしてチケットを売った。料金は、結婚式披露宴の会費と同額の五百円だが、それが思いのほかよく売れた。昭和三十二年六月二十三日、会場は大入り満員。アメリカへ農業研修に行ってきた姉茶の安原実に、帰りのハワイで買ってきてもらったレイをかけ、アロハシャツ姿で舞台に立った。これはドレメに通っている人に縫ってもらったもの。アロハなんてこの辺じゃ手に入らない。客席からは割れんばかりの拍手。司会のバンドマネージャー、戸田喜通（拓銀勤務）が曲目の紹介をする。「ハワイアンパラダイス」「タフワイファイ」「マイアミビーチルンバ」「マイショール」「ジェラシー」……。静内のムーンライトアンサンブル楽団も賛助出演してくれた。

こんなふうに一世を風靡した彼らだが、徹夜続きは仕事に差し支える。いつまでも遊んでいるわけにはいかないと、ついに活動を停止した。活動期間、わずか二、三年。それでも彼らの胸にいつまでも残る、濃厚な青春の一コマだった。森川はその時期がもっともっと長かったように思うし、小関はミイラ取りがミイラになって、やがて自らもダンスをするようになったという。演奏をしていた頃は、にやけた顔で踊っている彼らがばかみたいに見えたものだが、実際にやってみるとこれがなかなか楽しい。ダンスの先生（堤田あきお）に習いにいって、同僚の独身男性四、五人とパーティーを開くようになった。椅子を片付けレコードを用意すれば、銀行はパーティー会場に早変わりする。パートナーは日赤の看護婦さん、電話交換手、ドレメや洋裁学校の生徒さん。ダンスはあまり得意じゃないが、元バンドマンだから、これはマンボ、これはジルバと、曲を聞けばすぐわかる。一番先に飛び出していって踊ったものだ。転勤で浦河を離れると、そこで新たなバンドも作ったし、お得意さんを招待した旅先で、ギター演奏をして盛り上げもした。それが営業成績に結びついたかどうかは定かでないが、その後の彼の人生を豊かにしたことだけは間違いがない。

［文責　河村］

【話者】

森川　慶宣　　浦河町浜町　　昭和六年生まれ
小関　幸秀　　札幌市手稲区　昭和八年生まれ
石川　紹三　　札幌市北区　　昭和六年生まれ
戸田　喜通　　札幌市北区　　昭和六年生まれ（平成二十四年没）

第六四話　サーカスが来た

――山寺に大テント

昭和二十一年、浦河にサーカスがやってきた。団員九十余名の〝キグレサーカス〟だ。日高新聞によれば、その興行は八月二十九日から九月一日までで、場所は浜町築港埋立地。そこに三千人収容の大テントが張られ、大盛況とのこと。前売り券は大人八円、子ども四円五十銭。学生団体割引三円七十銭。主催は伏木田興行部で、日高では唯一浦河のみの興行という。また生前梶田政文は、終戦直後、梶田初蔵、室谷幸吉、谷守雄、上埜角市、三上博らとキグレサーカスを呼んだと話していた。それがこの新聞記事と同じものかどうかは不明だが、食べる物も満足になく生活を楽しむ余裕もなかった当時の人々、とりわけ子ども達に、サーカスは久々の笑顔を与えたに違いない。

浦河にサーカスが来たのは、実はこの時が初めてではなかった。伏木田照澄は、戦前にも父やときわ湯の坂口らが〝木下サーカス〟を呼んだことがあったという。明治三十五年に中国大連で旗揚げされた老舗サーカスが、北海道に来ることはまずなく、浦河ももちろんこの時が最初で最後。場所は堺町の競馬場だった。それを卜部美和子は、様似から親に連れられて見に行った。昭和十四、五年頃のことだ。テントの中は見物人であふれ、熱気でムンムンしていた。初めての空中ブランコに、よく落ちないものだとドキドキしたこと、トラやライオンがいて象の曲芸もあったことを、美和子はよく覚えている。様似や三石からは臨時列車まで出て大入り満員。入場券を売ったお金はりんご箱いっぱいになるほどだったという。

そんなサーカスも三十年代には秋祭りの常連となった。勧進元のメンバーに多少の入れ替えはあったろうが、彼らは手分けして学校や青年団を回って切符を売った。浦河だけでは採算が取れないから、三石、幌泉(現えりも町)までも足を延ばした。入場料は、団体割引で小、中学生五十円。梶田初蔵は、あまり何度も学校を訪ねるので、子ども達にすっかり顔を覚えられて、「サーカスのおじさんが来た」といわれたという。それにもかかわらず、興行料が五十万で、差し引き二万円の足が出た。昭和三十年、初蔵は新聞の取材に答えてそう話している。儲かったようすはどうもなく、それに比べ気苦労は多かったようだ。

三十三年は、会場が決まらなかった。入船町の砂浜、常盤町の庭球コート、大通り労働会館前など、検討されたすべての場所で、所有者が首を横に振ったのだ。その結果、最後の最後に引き受けたのが、山寺(光照寺)だったのだという。頼み込まれた住職は、境内の前の川向こうにある庭木を切って、会場にあてることにした。苦肉の策だ。

「あの栗の木を残して七、八本切るか。川の上に板を渡せば地続きになるから、まあなんとかなるだろう」

九月十三日からの秋祭り前日、広くなった境内に、百名に及ぶサーカスの一行が集結。寺の大広間に泊まりこんで、会場作りが始まった。手慣れた作業で、たちまち四十メートル四方ほどの大テントが設営されていく。ちょうど板で蓋をした川の上が、観客席あたりだ。動物達はテントの外に、客寄せよろしく檻に入れて並べられた。ライオンがいた。ヒョウがいた。象は、現在置かれている大きな庭石のあたりに繋がれていた。曲芸のための犬がいたし、橋の向こう側には、竹の棒の上にちょこんと座っている猿がいた。

サーカスに来たゾウ（浦河町立郷土博物館 蔵）

やがてジンタの音が聞こえてくる。楽団の後を、華やかな衣装の団員が続き、呼び込みのパレードが始まる。のぼりがはためく。往来に集まる人々の前で、団員達が飛んだり跳ねたり、サービスのとんぼ返り。こうやって少しずつ少しずつ祭り気分が盛り上がってくる。大通三、四丁目の路上には祭りの出店が軒を連ね始めた。数えてみると四十軒余りある。

さて当日の一番人気は何と言ってもオートバイの曲乗り。鉄骨を組んだ巨大な球の中に入ったオートバイは、つんざくようなエンジンの音を響かせて回り始めた、と思う間もなく、遠心力を利用してグルグルと這上がっていく。いよいよ天井まで上ると、今度は斜めに、上下に弧を描いて回り始めた。今にもたがが外れて飛び出してくるんじゃないか、逆さになって落ちてくるんじゃないかと、見ている方は握った手が汗びっしょりになる。時々不完全燃焼で、油が飛んできたりするからなおさらだ。やがてその中に、もう一台が加わった。山寺の息子藏野雲海は、オートバイは三台あったようだと記憶する。

催しは他に動物の曲芸、空中ブランコ。綱渡りがあった。綱渡りは、足袋をはいた女性が、空中に斜めに張った綱の上を、広げた傘でバランスを取りながら登り、上から一気に滑り降りるというものだ。グルグル回る戸板に女性を縛りつけて、そこへ次々と剣を投げつけるというものもあった。興行は一日二回だった。

毎年のように来るサーカスを、みんな一度や二度は見に行っている。バスの通らない女名春別の奥からは、トラックの助手席に大人七人が乗って山を下りたこともあるという。横山隆三は幌をかけた牛乳を運ぶトラックに乗って、ほこりで顔を真っ黒にして出かけたし、斉藤優は村の人と一緒に、造材で使うトラックの荷台に乗って出かけたという。優が見たのは浦河の浜に集まった動物達だという。それがサーカスと一緒に来たのかどうかははっきりしない。

「猿は何匹もいたな。あとは、うーん……。大蛇がいたわ。大蛇にえさを食わせるって言うんだけど、その大蛇が弱っちゃっててちゃんと食わないのよ。それで棒でつっついて口にエサを押し込んでたわ」

サーカスが祭りの花形だった頃の懐かしい思い出のひとこまである。

［文責　河村］

＊　キグレサーカスは昭和十七年に北海道で誕生、平成二十二年廃業した。木下サーカスは創立百十年を記念して平成二十四年、八十九年ぶりの札幌公演を果たしている。

【話者】

梶田　政文　浦河町常盤町　大正五年生まれ（平成二十年没）
梶田　光之　浦河町常盤町　大正十五年生まれ
藏野　雲海　浦河町常盤町　昭和二十七年生まれ
斉藤　　優　浦河町西幌別　昭和十三年生まれ
横山　隆三　浦河町西幌別　昭和二十七年生まれ
伏木田照澄　石狩市花川　昭和七年生まれ
卜部美和子　札幌市豊平区　昭和五年生まれ

【参考】

北海道新聞　胆振日高版　昭和三十三年八月二十八日
日高新聞　昭和二十一年八月三十日
日高報知新聞　昭和三十年九月十一日・九月二十日・三十三年八月二十七日

第六五話

受験票がない！

――綿羊と一緒に試験場へ

舘勝幸がそのことに気が付いたのは、試験を受けに行くという日の朝だった。子どもの頃から高校を卒業したら働くよう言われてきた勝幸は、公務員の四級を取るつもりだった。受かれば役場に就職できる。受験票は大事なもので、なくしたら大変なことになる。だから置き忘れがないように、教科書に挟んでいつも持ち歩いていたのだ。それなのに、今になってなくなるなんて。あれがないと受験できない。勝幸は青くなった。家じゅう探したが、ない。どこにもない。もう駄目だ。

他の受験生が札幌に向けて出発した頃、勝幸はしぶしぶ学校へ向かった。教室に入ると、友達がびっくりして集まってきた。

「お前、今日行く日だろ。どうなってんだ？」

「受験票をなくした」

「なんだって！　おい、みんなで探せ！」

クラス中の者が、学校内を隅から隅まで探してくれた。ゴミ箱まで全部ひっくり返して探した。それでも受験票は出てこなかった。あんなに勉強したのに。受かる自信があったのに。何でないんだ！　家に帰っても腹の虫がおさまらないから、夕方になって堺町の銀映座に映画を見に行った。東映のチャンバラもの。それがせめてもの憂さ晴らしだった。

夜九時ごろ帰ってきたら、マルセンの母さんが、学校から電話だ、と呼びに来た。当時、井寒台にはマルセンにしか電話がなかった。勝幸が電話口へ走ると、簿記の中村先生が、受験票が見つかったという。定時制の人が見つけてくれたのだそうだ。

「いいか。受験票はこれから届けるから、お前、札幌まで行く車見つけれ。車止めて、札幌まで行くか聞け」

先生はそう言うが、そんな車を見つけるあてはない。途方に暮れていると、先生が大谷のトラックに乗ってやってきた。この車は、鵡川から綿羊を積んで月寒まで行くという。乗せてもらえるよう、先生が頼んでくれたのだ。勝幸は受験票を握りしめ、学生服の上にコートを着て、毛布をかぶって荷台に上った。助手席はいっぱいだから、場所はそこしかあいていなかった。出発したのは夜の十一時頃。忘れもしない昭和三十二年十月十九日のことだ。

鵡川では予定通り、四十頭ほどの綿羊を、枠を付けて二段重ねに積み込んだ。このままここにいれば綿羊に押しつぶされる。勝幸は彼らに席を譲り、一度は枠を登って上に逃げたが、吹きっさらしの車のてっぺんは、とんでもなく寒かった。途中で民家の明かりが見えてきた時には、もう飛び降りて帰ってしまおうかと思ったほどだ。震えがとまらない。仕方ない。勝幸はまたがっていた枠から降りた。綿羊を二、三頭蹴とばして下の枠に落とし、覚悟を決めてその隙間にもぐりこんだ。車が月寒に着いたのは朝の七時頃だった。

試験会場は札幌南高。綿羊の匂いをぷんぷんさせながら、教えてもらったバスに飛び乗り、ようやく試験に間に合った。だが寒さと、睡眠不足と、空腹で、とても試験を受けられるような状態じゃない。一時間目の適性試験だけ受けて、あとはあきらめた。それがもう限界だった。

おかげで後に受けた役場の試験は、補欠だった。四級の資格がものをいうのだ。そんなわけで、三月から勝幸は高杉デパートで働くことにした。

「あとになってやっぱり役場に行くっていうんじゃないのかい？」

採用の時そう聞かれたけど、決してそんなことはない、と言い切った。何としても勤めを探さなくちゃならない。遊んでいるわけにはいかない。勝幸は必死だった。だから、一カ月間一生懸命働いた。社長も喜んで、がんばれば将来店を持たせるから、とまでいってくれた。ここで働こう。役場はあきらめた。勝幸がそう決心した時、皮肉にも採用の決まっていた同級生が辞退し、そのポストがまわってきた。さあ困った。大見得を切った以上、今更断りに行けない。仕方なく親戚のメガネババに一緒に行ってもらうことにした。口が立つそのおばさんの後ろから、勝幸は足取り重くついて行った。

昭和三十三年四月、こうして勝幸は念願の浦河町役場に就職。無事定年までを勤めあげた。この年、同級生二百二十一人の内、大学等へ進学した者はわずか三十四人。電話も自家用車もない頃の、善意あふれる受験風景。振り返れば、涙と笑いの、まるでお話のような就職の顚末である。

［文責　河村］

【話者】

舘　勝幸　浦河町緑町　昭和十四年生まれ

第六六話　ワシントンＢＳ

——ハクチカラ優勝とヤシマ牧場

　昭和五十年代まで西幌別にあったヤシマ牧場が生産したハクチカラは、ダービー優勝をはじめ、日本国内でおこなわれた数々のレースをものにして、馬主西博《ひろし》の野望と関係者の期待に応えるべく一九五八年五月、客席を取り払ったプロペラ旅客機ＤＣ４で渡米した。生産、育成、調教ともに日本で行われた競走馬として初めて、競馬の先進国アメリカに戦いを挑んだのである。

　当時の関係者の意気込みも強く、ノースウエスト航空のＤＣ４のチャーター料が五百七十六万円、その他の費用を含めると経費約一千万円。これらの費用のうち中央競馬会が三百万、米国ハリウッド・ターフクラブが百八十万、残りを馬主西が持った。現在の物価に換算するとどれくらいになるのか想像もできない。

ハクチカラは、すべての環境が変わった中で当初こそ芳しい成績ではなかったが、騎手も米国人に替わり、環境に慣れた年末から翌年にかけて徐々に地力《じりき》を現しはじめ、一九五九年二月二十三日、ワシントン・バースデイ・ハンディキャップ戦で優勝、賞金六万ドルを獲得した。当時の為替は固定相場で、一ドル三百六十円の時代。この獲得賞金だけで、かかった経費の倍以上を稼ぎ出したことになる。ちなみにこのレースはその名からも分かるように、アメリカを独立に導いた初代大統領ジョージ・ワシントンの誕生日を記念したもの。

ハクチカラの米国での戦積は十七戦一勝、五着以内が四回というものだった。ただ特記しておきたいのは、渡米時、保田隆芳騎手が同行し、緒戦以降しばらく騎乗するがいまいち成績があがらなかった。この間、保田騎手はそれまで日本で行われていた騎乗スタイル〝天神乗り〟から、米国で一般的なスタイル〝モンキー乗り〟を学んだことである。走行中の馬の上下動を通常の乗馬のように腰で受けるのではなく、あぶみを短くして膝のクッションでその力を逃がす乗り方である。以後、日本の競馬界の主流となってゆく騎乗スタイルだった。

しかしこのときの優勝以来、ハクチカラは勝ち運に恵まれず、同地でそのまま引退し日本に帰国する。この後、日本で生産、調教された競走馬で米国の重賞を制する馬は、二〇〇二年のサンデーブレイクまで四〇年間現れなかった。

こうした名馬を産んだヤシマ牧場はもともと地元の生産者ではなかった。著名な馬主小林庄平が昭和十年代に下河辺孫一から譲り受けたものである。現在のイーストスタッドの所である。ヤシマ牧場はもともと八洲牧場と書いた。戦後、カタカナ表記に替えたが、オーナー小林庄平は浦河のみならず登別や三石町本桐、青森、千葉に同名の牧場をもっていた。

あの時代に、日高の一牧場でできるはずもない獣医専出の場長を雇用するなどその資力を彷彿とさせるが、昭和二十年、浦河実践女学校女子挺身隊の宿所として同牧場の牧夫寮が利用されたが食事と風呂だけは母屋でとることになっていた。その食堂兼居間となったスペースにはシャンデリアが灯り、十五人の女学生が合唱をするのに並んでなお十分な余地のある贅沢なものだったという。

小笠原敏雄が日高軽種馬農協の職員だった時分、年末に送られてくるお歳暮のなかに小林庄平のものがあって、それが〝国冠《コクカン》〟という灘の酒だったことからかれを兵庫県人酒造業者としているが、いずれにしろ戦前からの古いタイプの馬産家だった。趣味として、道楽としていい馬をつくり、その馬が活躍する姿が見たい、その一念で適地といわれる牧場を買い、牝馬を買い、名のある種牡馬の種付けをおこなう。市場や庭先で良馬を買いあさるのではなく、牧場を持って自分で名馬をつくり出したいとする。当時の懸賞金からみれば、投資額は軽くそれをうわまわっているように見える。サラブレッドの生産はお金持ちの道楽、という羨望にも似た揶揄を思いださせるのである。

当時競走馬の世界で千葉の下総御料牧場、岩手の小岩井農場はこの世界の両巨人だった。戦後間もない二十五、六年まで両牧場で生産された駿馬が長い間競馬界を席巻してきていた。しかし敗戦後連合軍の手で財閥の解体、軍政の解消が徹底的におこなわれ、これが両者を痛

ダービー優勝時のハクチカラ

撃した。三菱系列の小岩井、政府馬政局下の御料牧場はともに昭和二十年、競馬事業から撤退し、所有する種牡馬、基礎牝馬を大量に処分した。これを全国の牧場や馬産家が競って手に入れた。また日高種畜牧場もこれに倣い、いっとき戦前からの乗用馬系サラブレッドやアラブの種牡馬・牝馬を民間に移した。この政策が競走馬生産の戦後的出発となった。

ヤシマ牧場はこうした流れを背景にいち早く、積極的に名牝馬を入手。マンナ、カミマサ、フラストレート、シルヴァーフォード、シルヴァーバットン、エヤタイトなど十四、五頭の繁殖牝馬を集めたという。小林庄平が持つ知識と財力と情報力が決め手だった。これに加え、浦河ヤシマの場長・獣医大井守雄は長女昭子とともに交配や育成に力を発揮し、二十年代後半から三十年代にかけて、中央競馬界にヤシマ時代ともいえる一時期を現出させたのである。特に二十七年から二十八年の二年間、同牧場生産のボストニアン、ハクリョウの二頭がクラシックレースのことごとくの局面で優勝を争ったことなどが記録されている。またヤシマドオター、ヤシマベルなどを生産し、ダービーをはじめクラシックレースを次々と制覇する。ハクチカラもそうしたなかで生産された一頭だった。

最後に同馬のその後について一言しておく。ハクチカラは帰国後は種牡馬として青森で再出発したが勝ち馬に恵まれなかった。そののち、いきさつは不明だが四十三年インドに寄贈され、国立クニガル牧場に繋養《けいよう》。トーカイドーエクスプレスなど数頭のクラシック馬を出し、五十四年、二十歳、同地で振幅の大きな一生を終えている。また、ヤシマ牧場についても、大井父娘が独立してしまって以降勝ち馬に恵まれず、昭和五十八年にこの事業から撤退している。

［文責　高田］

【話者】

小笠原敏雄　浦河町堺町東　大正十二年生まれ
斉藤　隆　浦河町野深　昭和十四年生まれ
谷川弘一郎　浦河町西幌別　昭和十年生まれ

【参考】

優駿のふるさと日高　昭和四十五年　日高軽種馬農業協同組合
民有軽種種牡馬名簿　昭和二十八年　農林省畜産局競馬部

第六七話　どんざ考

――ある浜の伊達着の源流

昭和二十年代まで確実に浜にあったもので、現在消えてしまったものはいくつもある。技術革新によって船も船道具も変わっていくことは当然として、街の人々の視界からすっかり失われてしまったもののひとつに〝どんざ〟がある。

仕事のしやすさということで、船中や浜の仕事着が洋風化されていくことは時代の潮流だったが、どんざだけはちょっと事情が違っていた。それはどんざが仕事着としての性格と、街着としての要素を備えていたためである。浦河の浜の古い写真を見ると、確かに股引きに半被姿で作業に精を出しているものが沢山あるが、これが冬になれば、着重ねると同時に綿入れや厚い刺し子の半被に変わっていく。それは洋装がまだまだ高価で、従来の和装のほうが安価だったからだろう。

今風に言えば、どんざは親方衆の和風コートのようなものといえばよいだろうか。水に少々濡れても、寒さが厳しくなっても対応できる綿入丹前《たんぜん》様で、丈が膝下まであり、袖口は筒袖になっている。破れや擦り切れそうになった部分にどんどん当て布をして刺してゆき、全体の厚さが二センチにも三センチにもなったものである。雑巾の大きなものを想像してしまいそうだが、当て布に意匠を凝らし粋に仕立てたものであった。店などで売っているものでなく、漁師の妻などが手縫いで仕上げた。祖母や叔母が仕立ててくれることもあった。

塚田福宏も秋田の叔母さんが作ってくれたものがかつて家にあったというが、袖を通したことはない。若い者の着るものではなかったのである。大通五丁目の鮮魚店赤沢正三も定置の船頭や親方が着ていたのを記憶している。幸生丸の船主の跡継ぎだった荒井信一も家にあったのは覚えているという。町のおおかたの者が見知っている光景は、〆本間の船主忠吉さんが足を悪くして船を下りて後、漁業組合の正面の隅に椅子を出して、毎日の船の入出港を見守っていた姿だろう。始めの頃、かれが羽織っていたものがどんざだったという。

また、伊藤綾子は小学生だった昭和六、七年、五丁目に住んでいたが、自宅の背後に当たる鱗別《うろこべつ》地区の年寄りトッコンボが髯面のどんざ姿で浜に立つのを見ている。

思うに昭和三十年代前半まではまだ着る者もあったが、盛んに着られたのは戦前、しかも明治大正の頃だったようである。明治三十年代の釧路地方の浜の俗謡にこんなものがある。

投げれば立つよなどんざ着て
釧路浜中ぶーらぶーら

後から掛取りゃほーいほい（北海道歴史探訪　釧路歴史散歩より）

袷に総絞りの兵児帯を巻き、ぞろりとどんざを羽織って、金鎖のジャラリと垂れた懐中時計を胸に、色街を闊歩する漁業資産家の姿が彷彿とする。勃興期の漁港釧路ならではの風景だろう。オホーツクや余市のニシン場でもどんざは散見されるから、浜の親方衆の風俗として、北海道では一般的なものであったに違いない。船中で乗組員の仕事を指図するときも、浜の番屋で座っているときもそれを羽織っている。仕事を終えて浜町の歓楽街に繰り出すときも、ザックリそれを羽織って出かけたものだった。すると黙っていても女たちがまわりに群がってきた。浜での財力と権威を象徴する街着だった。

船1隻でこんなにも（浦河町立郷土博物館 蔵）

調べてみると、どんざは大日本国語辞典にも載っており、その分布は全国に広がっている。広義には仕事着で、木綿布を二枚ないし三枚合わせて縫ったものから、綿を入れて刺したもので、防寒を意識した野良着と言ってよい。襤褸《ぼろ》と言う文字をあてる例もあるところからみると、丈夫で寒さもしのげる粗末な仕事着であったに違いない。

それが海で使われるに至ってその姿を大きく変えた。耐水性、耐寒性をさらに発展させた仕事着であるだけでなく、当て布に当て布を重ねる単なる仕事着から、上記の歌にあるように街着にまでそのバリエーションを広げたのは、北海道であったからなのかもしれない。北海道の漁業者の大半が北陸・東北の出身者で占められ、愛着が故郷の習慣を移住先に持ち込んで発展させたものだろう。

緑町に住む大正十二年生まれの川村剛は、父朝吉が郷里の秋田県八森で漁師だった時代から、北海道余市近辺で漁師を続けていた頃まで、通年下帯にどんざという姿で通していた。祭りのときなど、そうした父に肩車をされて街を歩くときは、本当に誇らしい気持ちだったという。また最近知ったが、北海道を代表する岩内町の画家木田金次郎の命日は十二月十五日だが、岩内町は金次郎がどんざを愛用して家業に励む姿から、この日を『どんざ忌』としている。

ただ角田チミ子は三十年ほど前、旅行で松前に出かけたときに、母浦川キンが織ったアツシのどんざが博物館に展示されていたのを見た。祖母ハルによれば、かつてアツシの〝どんじゃ〟は濡れても肌にまとわりつかず、松前地方の漁師に喜ばれて、機会があれば日高アイヌの交易品として同地方に積まれたという。そしてそのときの帰り荷物で目立ったのが、沢山の縫い針であった。

［文責　高田］

【話者】
塚田　福宏　浦河町東町　昭和十年生まれ

赤沢　正三　浦河町大通五　昭和二十二年生まれ
伊藤　綾子　浦河町栄丘　昭和四年生まれ
川村　剛　浦河町緑町　大正十二年生まれ
荒井　信一　浦河町浜町　昭和二十年生まれ
角田チミ子　浦河町東町ちのみ　昭和十九年生まれ

第六八話　三つの歌

1丁目1番地
45 歩くマイク
00 N天◇15 録音ニュース
30 三つの歌― 浦河町セントラル劇場 司会宮田アナ
◇02 お父さんは

――おばんです、宮田輝です

「三つの歌」という超人気ラジオ番組があった。宮田輝が司会を務める、素人出演の歌番組である。昭和二十六年から二十年ものロングランを続けたこの番組は、テレビ普及以前の家族団らんに大きな役割を果たした。宮田輝独特の語りをまねて、あっちでもこっちでも三つの歌。浦河神社の秋祭りでも出場希望者が殺到する催し物だった。その宮田輝が、浦河に来る。昭和三十四年十二月二十二日、NHK浦河中継放送局の開局を記念して、公開放送が行われることになったのである。

当時、浦河では室蘭放送局の電波を受信してラジオを聴いていたが、混信や雑音が多く、とりわけ夜はひどくなる。それでその解決策として、町では浦河放送局の誘致を働きかけていたのだ。しかしNHK側は札幌の出力を上げるから、夜はそちらにダイヤルを合わせて対処せよという。だがそれでは直接関係する天気予報など、ローカルニュースが聞けないのだ。低かった日高管内のラジオ聴衆人口も、ようやく六〇％に達していた。ラジオは町民に不可欠なものとなりつつある。濱口町長は東京へ札幌へと足繁く通い、それがようやく功を奏したのだった。

このニュースは新聞で報じられ、同時に番組出場者の募集が行われた。会場はセントラル劇場。定員は先着順で二十名だという。それを知った杵臼の冨岡巌は、早速申し込んだ。ちょうど幌別の護岸工事の仕事に出ていたが、幸い自分の割り当て分は済んでいて、休んでもいいというので有給を取った。応募者は、まず浦河ホテルに集められて、一次審査が行われた。中には焼酎を一杯ひっかけてきた、という者もいた。そこで農村代表、漁業代表、主婦代表など、職業別に八人に絞られた。巌は当時二十八歳。農村代表ということだった。一方観客には、混雑を予想してあらかじめ整理券が配られていた。

〝三つの歌です。君も僕も、あなたも私も朗らかに、忘れた歌なら思い出しましょ。みんなみごとにうたいましょ〟。夜六時、満員の観客を詰め込んだ会場で、天地真佐男のピアノ伴奏が始まった。録音の開始。放送された時のためにと、巌はトランジスターラジオを買って準備していた。家には既にラジオがあったが、時々停電で聴けないこともある。ラジオに出るなんてめったにあることじゃない。トランジスターならば完璧だ。

自分の番が来て、宮田輝と話した時のことを、巌は今でもよく覚えている。

「新婚さんですか？」

NHKのど自慢素人演芸会（浦河町立郷土博物館 蔵）

「いいえ、もうすぐ子どもが生まれるんです。今こうしている間にも生まれるかもしれません。もし男の子だったら、輝って付けようかなって思います」

そんな話をした。巌の勘定では、子どもは一月一日に生まれるはずなのだ。

さてこの番組では、天地の伴奏する三曲の歌を、すべて間違えずに歌えるかが試される。曲は民謡と童謡、それに歌謡曲。もちろん題名は伏せられている。巌は歌謡曲が一番苦手だった。そして案の定といおうか、その歌謡曲の〝チャンチキおけさ〟が歌えなかった。まだ出始めの新しい歌だったのだ。番組では、歌えた曲数に応じて賞金が出る。三つなら二千円。巌は二つ正解だった。賞金は五百円だったか千円だったか。護岸工事の日当は五百円だから、千円なら二日分の稼ぎだ。

他に学生代表で桜庭義晴が出た。浦河高校に通う学生で、宮田輝があんまりいろいろいうものだから、すっかりあがって後ろを向いてしまった。役場からは穴水助役。巌はその時の会話も記憶している。

「宮田さん、浦河でも早くテレビが見られるように頼んでくださいよ」

「オモテッカワでもなかなか見られないんだから、ウラッカワではねぇ」

その絶妙な受け答えに、会場がどっと沸いた。

支庁代表の松崎了介も出場した。彼の息子と友達だった松原成樹は、応援がてら見にいって、一緒にその時間を楽しんだ。

さて放送は暮れも押し迫った十二月二十八日。当時の新聞のラジオ欄に「三つの歌」浦河セントラル劇場、と確かに記されている。月曜夜の七時半。ラジオの前に集まった人々の耳に、雑音のない宮田輝の声がはっきり聞こえていたに違いない。トランジスターラジオまで用意して待った巌の部分は、残念ながらカットされた。実際にラジオに出たのは、八人中四人だったという。しかしそれが誰だったのか、記憶力抜群の巌も残念ながら覚えていない。

［文責　河村］

【話者】
冨岡　巌　浦河町上杵臼　昭和六年生まれ
松原　成樹　北広島市大曲　昭和二十一年生まれ

【参考】
北海道新聞　胆振日高版　昭和三十四年十二月十三日
日高報知新聞　昭和三十三年十月十六日・十月十八日

第六九話　議場に混声合唱が流れる

——木曜会の誕生

昭和三十年七月十六日、潮見町にあった浦河町役場二階の議場は机や椅子が片付けられ、個人から借用したピアノがトラックで運び込まれて、にわか作りのコンサート会場になっていた。三十四名の団員が初めて町の人たちの前で歌うのだ。緊張感のみなぎるなか、野ばら、浜辺の歌、アニーローリーなど馴染みの曲の混声合唱が響き、あいだに独唱やピアノの独奏も組まれて七ステージ、十三曲が演奏された。ラジオで音楽を聞くことはあっても、生演奏は少なかった時代だった。木造の議場に流れる美しい歌声は聴く人の心にほっこり染み込み、拍手喝采を受けた。これが浦河混声合唱団木曜会の第一回演奏会だった。

始まりは昭和二十九年秋、浦河高校教頭の谷口巌、浦一中音楽教師の坂東一路、そして浦河小学校に勤める柿崎博志が発起人となり、浦河に合唱団を作ろうと働きかけたのだった。

世の中は敗戦から立ち直りを見せていた頃で、全国的にうたごえ運動が広がり、労働組合や職場サークルなどでもよく歌われていた。当時の募集チラシを見ると、B5の西洋紙に「合唱愛好者の研究機関として研鑽をつづけ町音楽発展にも寄与致したく」と硬い勧誘の文字が並び、参加条件としては「旧制中学卒業程度(楽譜が読めれば学歴は問わない)。女子の場合は家庭を持たぬ方が望ましい」とある。

大沢美和子はまだ高校生だったが、銭湯の壁に貼られていた会員募集のポスターを見て集合場所の浦小に行ってみた。すると暗い裸電球の灯る教室に、学校の先生や主婦、銀行員、道職員、漁業、牧畜業、商店勤務の者など三十数名が集まっていた。谷口は四部の混声合唱で歌える人数だと喜んだ。第一回の練習日がたまたま木曜日だったことから浦河混声合唱団木曜会と名付けられ、会長は谷口、指揮は坂東、事務局は浦高の蟻通多恵子が務め、練習は週一回浦小の音楽室、会費は一カ月三〇円と決まった。

練習は声楽の初歩的教則本であるコールユーブンゲンから始まり基礎から叩き込まれたが二年目からはすぐに曲に入った。ドイツ民謡、ロシア民謡、日本の民謡、童謡などの小品に少しずつ合唱曲を加えてレパートリーを広げ、力をつけていった。

三年もすると町内外に出かけて演奏会を開くようになった。実は合唱団の目的が「会員が音楽を楽しむだけでなくそれを地域の人に聞いてもらい合唱をもって交流をする」というものだったから、積極的に出かけていって歌声を披露した。

昭和三十二年十一月には合併まもない荻伏に出かけていき合唱・独唱二十曲を歌った。演奏会は夜で、汽車もバスも便が悪かったうえ団員は五十二名もいた。そこで役場のトラックを出してもらい皆で荷台に乗って荻伏への道を往復した。晩秋の夜空に輝く星を眺めたり、荷台の上で歌ったことは会員たちの忘れられない思い出になった。

そのようにトラックの荷台に幌をかけ、なかに座って移動することは他にもあった。西舎や絵笛などのお祭りに招かれた時もそうだ。そんなときプログラムの中に日本民謡が入っているとお年寄りの手拍子で会場が大いに盛り上がった。またお祭りでも学校訪問でも、演奏のときは必ず合唱指導があって一曲だけ全員で歌ったが、会場が大合唱で埋め尽くされて感動と喜びを貰ったものだった。

三十五年には新冠でも歌っている。浦河駅から国鉄を利用して行ったが、新しい役場庁舎でおもてなしを受けたものの、その日は電休日で三時過ぎないと電気がつかなかった。一時開会で、舞台にあがると楽譜も満足に見えない中、独唱と合唱二十曲余が演奏された。

この年には成人祭祝賀演奏会・日高地方勤労者安全大会賛助演奏会・第五回発表会(定期演奏会)・町合唱祭参加など五回の発表のほか、東洋音楽短期大学と北海道大学合唱団を招いて二回の演奏会も主催している。また木曜会は団員の結束を図るための楽しい活動もしていた。幌別河畔でのレクリエーション、春立海岸での潮干狩、アポイ岳登山、忘年会、そして会誌〝もくよう〟創刊と盛りだくさんな内容だ。つまりいろいろな仕事を持つ仲間が練習の場だけでなく一緒に遊んだり語ったり笑ったりする時間を持ち、気持ちを一つにして歌うためであったし、サボらず練習に出てきてもらうための方策でもあった。

翌三十六年には浦河で開かれた全道青年大会で優勝して皆で東京の全国大会に参加。三十九年からは全道合唱祭に出場して道内各地の会場に駆けつけ、技術の向上と共に泊まりがけの楽しい小旅行は団員の絆をいっそう強くしていった。

そのころのエピソードをひとつ。札幌で開かれた全道合唱祭でのこと。皆はそれぞれ汽車に乗って行き、現地集合、現地解散だった。順番に従ってステージに上がって歌ったメンバーは、歌い終わるとそれぞれ街の中に散り、買い物や用足しをして駅からまた様似行きのディーゼルに乗った。一方、会場に残った数名の団員は他団の歌を聞き、審査員の講評を聞いた。そして最後にもう一度この団の歌を聞きたいというリクエスト団体が選ばれた。その中になんと木曜会の名があった！　しかし、そんなことは全く予想もしていなかったため、メンバーはほとんど帰ってしまい、演奏できなかったということだ。札幌の人は上手い、木曜会は下手と勝手に思い込んでいたが、そうではなかったのだ。

HBCで初めてのTV出演（澤素子 蔵）

三十年代は町内の僻地校訪問を重ねたり晴れがましい出来事も多く、みな燃えていた頃だった。ある団員は言う。「歌うって楽しいものです。心が豊かになります。身体が若返ります」。まだ個人で車を持つ時代ではなく、これといった娯楽のない生活だったから若い人の集まった木曜会はほんとうに楽しかった。

しかし会の運営は順風満帆というわけに行かなかった。団員不足、練習会場の問題など悩みを抱えながらの日々だったが、会長の谷口が昭和三十七年、坂東が四十年の春に異動になり退団した。創立からの指導者をふたり失ったのは大きな痛手だった。会員たちは青くなったり赤くなったりもう駄目かと天を仰いだ者もいたが、「それでも音楽を愛している人たちに恵まれ、わが子を育てるようにいつくしんでおられた方々が存在していた」(第四〇回定演記念誌より)ことから、堺町小学校校長だった藤原武雄を会長に、そして団員の高島久光を指揮者に据えた。情熱的な指揮をした坂東から繊細な神経を持つ高島に代わり、そして次には団員の融和に心する白川英也、ファイトの塊のような花井康行も指揮棒を振って、指揮者の複数制に移行、新鮮な気持ちで歌えるようになった。地方の合唱団には珍しく技術部をもって、レベルの向上にも尽くした。

役場の議場で第一回の演奏会を開いた木曜会は、演奏会の場を労働会館、福祉センターと移しながら、ほぼ毎年浦河町民に美しいハーモニーをプレゼントしてきた。そして平成二十一年、第五〇回定期演奏会を総合文化会館の大ホールで開いた。団創立から五十五年。不思議な復元力を持った合唱団である。それは、やはり皆が歌うことが好きだったからなのだろう。合唱は一人では出来ない、みんなの心がひとつになってこそ、聞く人の心に届くハーモニーが生まれる。だから団員の融和を大切にして、レクリエーションなどを盛り込みながら親しくなり人生を語り、ひとつのファミリーのように付き合って来た。そんな基本姿勢が今も貫かれている。現在指揮棒を振っている澤素子も言う「心の和をなくして良い響きは生まれない」と。

昭和三十年代なかば、町内には姫小松合唱団、荻伏コーラスグループおむすび会、日高支庁職組のコーラス部などがあって年に一度町内合唱祭が開かれていたが、現在残っているのは木曜会だけである。その後五十六年に主婦を対象とした女性合唱団「コールリュミエール」が設立され、活動を続けている。

［文責　小野寺］

【話者】

澤　　素子　新ひだか町静内　昭和二十年生まれ

長門石登志子　浦河町向が丘　昭和二十三年生まれ

【参考】

木曜　第2号　昭和三十六年　浦河混声合唱団木曜会

第七〇話　テレビ時代

——力道山を見たか

昭和三十四年四月十日、日本中の人々がテレビの前にくぎ付けになった。皇太子殿下（平成天皇）ご成婚の模様が放映された日である。人々はこぞってテレビのある家に押し掛けた。誰も彼も。病院の先生も患者を放り出してお隣へ走り、テレビの前に陣取った。この日を契機に、日本中にテレビが普及していったのである。日高報知新聞によれば、浦河でもHBC放送開始（昭和三十二年四月）以前は、わずか二十台ほどしかなかったものが、三十四年暮れには四百七十台に増えたという。およそ十軒に一台の割合である。さてそのテレビ、浦河初登場の頃のエピソード。三栄堂がテレビ販売を開始した頃の話である。

店では販売に先立ち、表を歩く人の目に留まるよう、店頭にテレビを据え付けた。十四型の小さな白黒テレビだが、当時はテレビを見たことのない人がほとんどだから、テレビ目当てに集まってくる人で、店先は黒山の人だかりとなった。人寄せは大成功だが、肝心のテレビ画面はザアザアと雨降り状態で、どうにか人の動いているのがわかる程度だ。客は、見えない！　と文句をいう。電波がうまく届かないのだ。それならばと、警察(当時は大通三丁目)に頼んで無線の鉄塔にアンテナを立てさせてもらった。自分だって見たいから警察も好意的で、これで少しは改善した。とはいっても、どっちが勝っているのか、音声頼みのようなものなのだが、プロレスや相撲の時には一時間も前から大勢の人が押し寄せた。マンガが始まれば子ども達が、ドラマになればご婦人達がと引きも切らない。店の中にテレビを置けば、少しでもよく見ようと商品を並べる売り台に上る者もあり、商品が転げ落ちたり壊れたりする。本来の客にはじゃまになるし、閉店時刻にテレビを切ると、意地悪だと文句をいわれる始末。散々だった。

くい入るようにテレビをみる子どもたち（浦河町立郷土博物館 蔵）

テレビを売れば、買った人から夕方になってますます映りが悪くなった、と呼びつけられる。アンテナが悪いのかと思って、取り換えたこともあったが、雨が降るとまた見えるようになったりもする。どうやら夕方になって湿気を帯びてくると、ケーブル（フィーダー線）が塩害を受けるためらしかった。それがわかってからは、見えない！　といわれる度に雑巾を持って屋根に上った。そうやってケーブルの塩分をふき取ると、また少し見えるようになるのだ。

最初に買ってくれたのは旅館や食堂、羽振りの良い漁業関係者だった。やがて隣近所にアンテナが立ち始めると、子どもが学校に行っても、話題はもっぱらテレビ番組で、テレビのない家の子は肩身が狭い。子どもに泣かれてアンテナだけ先に立てた家さえあった。当時はメーカーに月賦販売がなかった。

「今共済から借りている月賦が十二月に終わる。そうすればまた借りられるから、せめてアンテナだけでも先に」

そう言って頼みこまれた。子どもには内緒だ。八月頃アンテナだけ立てて、十二月にテレビをつける。

「おじさんまだつかないの！」

子どもに何度も催促され、すっかり悪いおじさんにされてしまったことを、従業員だった清水昌光は思い出す。出回り始めのテレビは、アンテナ込みでおよそ十万円。高い高い買い物で、テレビのある暮らしが当時の人々の夢だった。そんな世情を写すように、懸賞の特賞は、どこもテレビだった。

テレビのない家では、近所の家にテレビを見せてもらいに行った。西幌別に住む足利家にも、相撲が始まると毎日入りきらないくらいの人がきた。にぎやかになって子どもは大喜びしたが、主婦であるヒサヱは、相撲のある間中、夕飯の支度に気がもめたという。食事をしようにも、テレビが済まないから誰も帰らないのだ。女名春別の斉藤優の家では、三十七年に村に電気が点くのと同時にテレビを買った。それまでは自転車で三十分もかけて、西舎の知り合いまでプロレスを見に行っていたから、本当にうれしかった。三番目の弟が買ってくれたのだという。集落で一番早かった。学校の小田島先生も近所の子どももみんな見に来た。横山隆三はプロレスを見に行った父を、よく迎えに行ったものだという。酒の好きな父が、酔って吊り橋から落ちたりしたら大変だからだ。冬は氷が張って滑るし、風が吹くと揺れて本当に危なかったのだ。

昭和三十年代、テレビはこんなふうにキラ星のようにやってきた。同じ「三種の神器」といわれた冷蔵庫、洗濯機とは、その登場自体雲泥の差があった。冷蔵庫は、すでに氷で冷やすものがあり、値段も高くてなかなか普及しなかったし、洗濯機は、水は食うし布は傷むと全く評判が悪かった。清水昌光が、洗濯機をある支庁官舎に配達に行った時は、わざわざ夜更けに、音を立てないよう橇で届けたものだった。近所の人に知られないようにという配慮からだ。そんなものを使う者は、からっぽやみ(怠け者)といわれる。購入にあたっては、まず姑を落としてから、とささやかれた。今は昔のことである。

［文責　河村］

【話者】

清水　昌光　浦河町東町ちのみ　昭和九年生まれ

大井　春吉　浦河町大通四　昭和三年生まれ
斉藤　優　浦河町西幌別　昭和十三年生まれ
横山　隆三　浦河町西幌別　昭和二十七年生まれ
足利ヒサヱ　浦河町西幌別　昭和二年生まれ（平成二十三年没）
石突　トシ　北広島市大曲　大正三年生まれ

【参考】

日高報知新聞　昭和三十二年三月二十九日、三十四年十二月十一日

第七一話　北洋タラ釣り船

——裏作にまつわる秘話

浜では裏作ということばが使われることがある。通常季節的に夏場の漁を裏作、冬場の漁を表作という。その船の主たる操業を表、従たるものを裏という場合もある。北洋海域の場合、五月から七月一杯行われるサケ・マス漁を表、十月以降行われるタラ漁は裏と呼びならわす。冬期間の漁業は、その厳しさからこの海域に出漁する船は全国で五十隻前後だった。まさに死と隣り合わせの出漁だった。しかし危険もくりかえせば慣れる。

東栄生まれの遠山留雄は昭和三十年、十九で浦河に来て弥栄丸（五十トン）に乗った。ここで名船頭といわれた中谷又五郎に鍛えられ、初めて春の北洋サケ・マスを経験した。転じて二十四のとき小樽に行き第十神栄丸（八十五トン）に乗った。この船が表裏とも北洋で操業する船だった。

サケ、マス漁については別稿で触れるが、タラ漁の仕込みは九月に始まった。準備を終え、基地港となる釧路に集まるのが十月。ここで二週間分くらいの餌、食料、燃料は二十五日分ほどを積み込み、準備の整った船から順次出港して行った。春のサケ・マス漁と違い、船は船団を組まない。船主の経営判断で出漁を決定する。船は一路カムチャツカをめざし、四昼夜の航海を続ける。

十一月、この海域ではすでに冬である。日増しに寒さは厳しくなり、冬の季節風が吹き荒れ、襲ってくる波が二つに折れてしまうこともあるという。定期的に低気圧が襲来し、どこかの島影に風を避けて避難することも、あるいはアメリカ、ソ連(現ロシア)の港に逃げ込むことも操業の日程に組み込まれているほどだ。これに加えて厳冬期には強風に吹き飛ばされた波が船体に凍りつき、船の上部の重量が二倍にも三倍にもなり、転覆の危険が増す。その有様は、太さ三センチのロープが二時間で二十センチにもなるという。その合間を縫っての操業だった。

遠山留雄がかつて先輩から教えられた金言がある。そのことを守り抜いたことで、何度も命拾いをし今日まで命を永らえてきた言葉である、〝機械を信じるな。自分の目を信じろ〟船体の傾き、レーダーの映像、天候情報、エンジンの音。無事に帰港するためには、最終的に自分の五感を最大限研ぎ澄まして決断するよりなかった。とくに船頭となって船をまかされた後半の十年間は、その思いを何度も確認する結果になったという。漁獲にも操船にも優れた先輩や同僚がたくさんいたが、そのベテランともいえる何十人もの知り合いがこの冬の

陸揚げの情景（浦河町立郷土博物館 蔵）

海で死んだ。

　操業は月二航海弱、時化を織り込んで一航海十四、五日から二十日。この間、早ければ四、五回、五百枚前後の縄を入れるだけで満船の五、六千貫になった。船倉が一杯になると、とも（前部甲板）に二千箱ものタラを積み上げてシートで蔽《おお》って帰港したこともあった。しかし航行中に時化に出会って、何度もこの箱を海へ投棄したこともあった。シーズンに入りタチ（しらこ・精巣）、卵が良くなりはじめると各地から船が集中し、漁場が混み合って同じ時刻に十二隻もの船が並んで操業することもあったという。

　こうして満船となった船はおおかたは基地港の釧路に戻り荷揚げした。時期、相場により増減はあるが、だいたい一航海で八百万～一千万円になった。十二月、とくに年末・年始の時期には、船主の指示により石巻や塩釜に回航することがあり、このときには事前に船主から連絡が入り魚の選別を厳しくした。水揚げがそれだけで二百万から四百万違った。当時、釧路は箱売りまたは桝売りだったが、石巻は一本売りだったという。

　こうして各船は荒天続きの海域を忙しく行ったり来たりしながら二月一杯操業を続け、魚体が産卵を終えて魅力がなくなり、頻繁に流氷が現れて海域が危険になることから、二月の後半から三月にかけて操業は終わる。

これだけ危険と隣り合わせの仕事である。その収入も桁外れだった。同じ頃浦河の若い者の月給が五千円前後だったのに比べ、北洋タラ釣り船なら十万円にもなることもあった。だから遠山は三十代前半までに二度も東栄で家を建てたというし、浦河で初めての洗濯機やテレビ、乗用車を民間で買うのはいつも北洋がらみの漁師たちだった。

平成二十二年二月、マスコミで大きく報道された事件で、羅臼の船がロシアの国境警備隊に銃撃されるという事件があった。結局羅臼船の領海侵犯ということでケリがついたが、領海十二海里時代にもあったことだった。遠山留雄より十歳ほど後輩になるが、向井照文は釧路の船に乗っていた頃、タラ釣りに出たことがあった。このときも縄を下ろした海域はソ連の領海だったし、昭和五十年前後、春のサケ・マス漁で中部へ行ったときもアダック島周辺のアメリカの海域だった。見渡すと、日本中から集まった船が四十隻も操業していた。領海二百海里が徹底されるにつれ監視の目は厳しくなり、停船命令を聞かずにジェット機で銃撃されることもあったという。時期にもよるが一週間操業すれば、価格の高い紅サケで船を満船にできる。そうすれば一億七、八千万円にもなったのである。

時化でアメリカやソ連の港に逃げ込むこともあったし、海上で臨検を受けることもあった。それぞれの係官とも懇意になり、ちょっとした贈り物でお目こぼし願うこともあった。そのための品物を出港時に積み込むこともあった。また操業中に船内で大怪我をしてアメリカのヘリコプターに救助され、一カ月後に羽田から帰って来る者もあった。また違反が見つかって、東京にいる息子が代わって米ソに罰金を送金することもあった。ときには拿捕されて船がソ連に没収されてしまい、船主や町長、町議会議長が船体返還のために水産庁にお百度を踏むということもあった。

水産業関係の子どもで内地の大学に学んだ者達が顔を合わせたときに、ときどき話題になる話がある。古くからの大手は別として、小漁師や中小の水産業関係者の子弟がなぜ大学などに行けたのかという話題である。それまでの同業の子どもなら、高校を卒業したら家業を手伝うか、修業にやられるのが常識だった。それが三十五、六年頃から、いわば町の中流階級とでもいえる階層に大学進学の道が開けてきたのだった。その波に乗って東京へ押し出したといえる。漁業の高い生産性に支えられて進学の夢を果たしたといってもよい。しかしその水揚げの数十%が密漁によるものだったとしたら、その気運も苦い味がする。やや自嘲気味に、〝オレたちは密漁で大学行ったからな〟というのがこの噺のオチである。

［文責　高田］

【話者】

遠山　留雄　浦河町東栄　昭和十一年生まれ
向井　照文　浦河町東町ちのみ　昭和二十一年生まれ

第七二話　この地より

――原水爆禁止世界大会へ

戦後の大衆運動の中で、原水爆禁止運動ほど広く国民に受け入れられた運動はなかった。昭和二十九年三月、南太平洋に出漁していた静岡県焼津のマグロ釣り漁船第五福竜丸が、アメリカのビキニ環礁での水爆実験で発生した〝死の灰〟をかぶり、乗組員全員が急性放射線症にかかり、後に通信士久保山愛吉が死亡するに至った。獲れたマグロからも高い放射能が検出され、この海域で獲れたマグロが廃棄される様子が、大衆娯楽の王様だった映画館のニュース映画によって全国津々浦々にもたらされた。〝また日本かよ。なんでオレたちばっかりなんだよ〟という感情が観客の胸から胸に蔓延した。原爆の悲惨は戦後次第に明らかになって、人々の心に潜熱《せんねつ》のようにわだかまっていた。

東京杉並の主婦たちの運動として始まったとされる原水爆禁止の署名運動は、こうした国民の反核反戦の感情に火を点けることとなり全国に広まった。三十年、この広がりの受け皿として〈原水爆禁止署名運動全国協議会＝原水爆禁止日本協議会〉が結成され、原爆が投下された同じ日、八月六日にはじめて広島で《原水爆禁止世界大会》が開かれるに至った。この世界大会はバートランド・ラッセル、シュバイツァー、サルトル、パール・バックなどの世界的な思想家、哲学者・著名人の支持を得て、署名運動は燎原の火のように広がり、三千万を超える署名を集めて成功裏に終わった。この盛り上がりはさらに発展し、三十五年に行われた国民平和大行進に収斂されてゆく。

浦河におけるこの運動への取り組みは早かった。町の広報紙によれば三十年には原水爆禁止の議会決議をして要望書を国にあげている。また三十二年八月三日の北海道新聞日胆版に原水禁浦河大会実行委員会の記事として、七月三十一日に日高支庁で開かれた実行委で署名三三〇〇名、募金が四四、〇〇〇円集まったことが報告され、来る八月六日、セントラル劇場で町民大会開催を決議している。さらに八月九日の記事に浦河大会の結果として、後日開かれる北海道大会に濱口町長、小林議会議長、農民代表桜岡幸助、漁業代表本田フヨ、青年代表村岸弦・神成洋、労働代表塩見満雄・前川和雄、宗教代表石川大暎、婦人代表菅原淳子を派遣、そのうえさらに青年・労働・婦人代表の村岸、塩見、菅原を広島の世界大会に派遣することを決議している。

また翌三十三年八月九日の同紙に、道大会に穴水助役をはじめ町議会議長ほか商業団体を含めた十一名を参加させ、三名を世界大会に参加させる旨の記事がある。

政党運動としてではない、国民運動として町民全部が参加しているという演出がほどこされているものの、ここまでの盛り上がりには、背景に国民の大半が戦争と原爆を生きてきたという現実を抜きには語れまい。

結成まもない浦河地区労働組合協議会(浦河地区労)が、地区労としてこの運動に参加したのは日米安全保障条約改定の翌年、三十六年からであった。原水爆禁止世界大会に向けて北海道、沖縄という日本の辺境から平和のメッセージを広島に届けるという原水協の演出である。前年の根室・沖縄を結ぶ一万キロの平和大行進の成功を受けて、原水協北海道は三十六年六月十四日に稚内から行進を出発させた。浦河地区労は七月十五日、浦河小学校の柳沢富夫を行動隊長として幌泉(現えりも)町から行進を始め、五日かけて苫小牧に到着。そこで室蘭・苫小牧の地区労と合流し、さらに歩き通して二十二日札幌で行われた原水爆禁止北海道大会に参加している。

浦河を出発したときの一隊は国民平和大行進と大書きされた横断幕を先頭に、何本ものスローガンや組合の名を染め抜いた幟《のぼり》や旗を掲げての行進だった。いくつもの町々を通り過ぎるたびに、人々が駆け寄ってきて握手を求められるやら湯茶の接待を受けたりもした。浦河地区労の手配でそうした準備は整えられていたが、沿道の心ある商店などが自主的に従業員総出で接待してくれる所もあった。アイヌの団体やパチンコ屋がとくに目についた。町によっては冷笑的に見送られるだけということもあったという。

当時の地区労の議長は中谷欽一、副議長渡部肇・佐藤政喜、事務局長工藤光義。同会はこのとき、札幌で行われた北海道大会に三十人からの参加者を派遣している。北海道からは二百余名が広島の世界大会に参加。浦河地区労からも何人かの人間がこの世界大会にも参加していたものと思われる。このときの世界大会にはアメリカから初めて十五名の代表団が参加し、全国で各地から一万人の代表参加があったという。

このときが原水爆禁止という国民的合意による大衆運動のピークだった。翌々年の三十八年、原水爆禁止日本協議会(略称日本原水協)は三十五年当時から目立ってきていた政党の党利党略と主導権争いから分裂し、以後二つの世界大会が広島・長崎で行われることになる。

平和行進はその後も続けられるが、浦河地区労としても全行程を歩き続けたというのはこのときだけだった。国民的な後押しを感じながら、意欲的に運動に取り組める時代背景があり、その息吹は確実に浦河にも届いていたという証だろう。

後の話になるが、三十九年に当時浦一中の新任教師だった桑島利夫、斉藤正巳、高橋甫昌、海上保安庁の松永守の四人が、野宿や寺に泊まるなどしてオートバイで広島へ行き、第九回原水爆禁止世界大会に参加している。

〔文責　高田〕

【話者】
工藤　光義　　札幌市清田区　昭和二年生まれ
【参考】
室蘭地方新労働運動史　一九八一年　室蘭地方労働組合協議会

第五編

好況から活況へ　人々は輝いていた

［昭和三十年代後半から四十年代］

　この時期の象徴的な出来事は競走馬コダマのダービー優勝である。いい種牡馬に恵まれて、二十年代後半から三十年代にかけて浦河産の馬が中央で活躍を始めていた。浦河的に見ればコダマの活躍は、時の首相が言った〝もはや戦後ではない〟という言葉の実例であったかに見える。草創以来の農業における家訓ともいえる米の生産からの撤退が始まった。政治的には商工業と農業との所得格差是正の問題だったが、農業から軽種馬生産への転換をコダマが促した。三十九年にはシンザンが出現するのである。

　経済的な意味だけで言うなら、その選択は正解だった。かつての農村からは考えられないほど生活は改善される。街場でもイベントや催事に人が集まり、商店や飲食店が好況だった。しかし街場が知らないところで開拓地は崩壊していた。

第七三話　アスパラより儲かるってよ

――コダマの出現が変えた農政

昭和三十三年、当時浦河町長だった濱口光輝は悩ましい問題をかかえていた。
曲がりなりにも戦前から赤心社を中心として乳製品をつくっていた伝統がここにきて途絶えようとしている。雪印が工場を閉鎖し、浦河から撤退して静内に移転すると通告してきたのだ。集乳は従来どおり行うにしても、製品の生産は行わないということだ。牛乳の生産体制が変わるわけではないので、生産農家の収入に変化はない。しかし浦河町にとっては雪印の固定資産税や事業税の減収などの直接的な影響もさることながら、雪印があるのとないのとでは町の農業のイメージがまるで違う。濱口は頭をかかえた。元雪印の監査役だった静内町長服部銀次郎からも協力の依頼が来ている。
当時雪印の専務だった児玉由一は赤心社に関係もあって、浦河町に同情的だった。二人は何度も話し合いを続け、一つの結論を導き出した。雪印の食品センター構想がそれである。そのひとつが輸出作物として脚光を浴びはじめていたアスパラガスの栽培だった。缶詰向けホワイトアスパラガスは伊達地方ですでに栽培され成功をみている。浦河での規模は栽培面積で約五十㌶。もうひとつはスイートコーンの栽培で、収穫目標は七十万本。これに加え、当時豊漁に沸いていたサンマをあわせて缶詰にするという計画。缶詰の製造は当時浦河港に冷凍工場を持っていた日本冷蔵が請け負うことになった。

ニチレイ工場内でのアスパラの選別（浦河町立郷土博物館 蔵）

　これらの作物は、これに先立つ昭和二十九年、合併前の荻伏村は北海道でたった一カ所、高度集約酪農地区の指定を受けており、そのときの構想にジャージー牛の導入とともに織り込まれていたものである。

　農協とも協力しながら、浦河町は鋭意その事業を推し進めた。だがスイートコーンは七万五千本までいって頓挫した。アスパラガスは作付けをしてから製品が取れるまで露地で三年はかかる作物である。奨励と指導がなければ、収入もなしに作付けを拡大するのは難しい。それでも三十五年にはようやく三十㌶に達し、早いものはぽつぽつと収穫も始まっていた。来年からはいよいよ本格的に収穫が始まるという年だった。

この同じ年、幌別の鎌田正が生産したサラブレッド〝コダマ〟が皐月賞、続いて日本ダービーに優勝した。父馬はヒンドスタンとともに英国から輸入されたブッフラー。母馬は父にプリメロをもつ小岩井農場出身のシラオキ。獲得賞金はこの年五百万円だった。

幌別や杵臼に限らず、農家は戦前からの習慣で、水田を中心に換金作物である特用作物（食用以外の用途に用いる作物）、野菜や豆、燕麦《えんばく》などを作付ける。一部が趣味と実益を兼ねて数頭のアラブ馬を飼い、生産した仔馬を市場で売って余禄を得るというのが、一般的経営スタイルだった。

しかし濱口光輝の記憶によれば、このコダマの優勝を機に農家の目が一斉にサラブレッドに、本格的な牧場経営に向けられたのだという。この前後から始まったのが牧場拡張のための農地の買い取り競争だった。畑地が水田なみの値段で取引されていた。

これに先立って、向別の岡崎貞夫は五町ほどの農地で畑作のほかに牛を飼っていた農家だったが、昭和二十五年ころからアラブ種の繁殖を入れて軽種馬生産に手を染めた。二十七年、九州の富田博が内地から連れてきたサラブレッド牝馬セントベルを、各地の家畜商をたばねていた向別の佐野悦次の口利きで二十万円で買い、これに家畜改良事業で日高種畜牧場に入っていたトサミドリを十五万でつけて生まれたのがトサオー。これを調教師松山の紹介で百六十五万で売った。この馬が三歳でいきなり天皇賞を獲得するという快挙をやってのけた。これに勢いを得て田も畑もつぶして牧場専業となり、さらに周辺を買い増して地所を十五町に広げた。それはまさに日の出の勢いというものだった。

こうした情景を見ていた各地の農家がぽつぽつと競走馬を手がけるようになり、アラブだけの家がサラブレッドに手を伸ばすようになる。こうした動きが連鎖反応を起こし、ついには雪崩を打ったように町内の大半の農家が牧場を始めることとなった。この流れが畑をつぶし田をせばめ、放牧地や採草地に変えてしまった。役場が指導したアスパラガスの栽培計画は、公益競馬という賭博のまえに潰《つい》えてしまったのである。それが濱口の偽らざる感想だった。

「アスパラガスやったって、年二十万円にもなんないべや。サラブレッドであれば足四本そろってれば、最低百万円にはなる……」当時の農家の正直な感想である。

明治の開拓期以来、農家がはじめて手にした僥倖だった。古くからの牧歌的な農民像は、旧世紀のモラルとはいえ日本人全部が抱いていた幻想だった。一頭のダービー馬、一頭の天皇賞馬が、日高においては百年続いた重農主義をぶちこわしたのである。新しい時代のはじまりだった。米が過剰生産となり、国が減反政策をうちだすのは八年後、昭和四十三年になってからである。

［文責　高田］

【話者】

濱口　光輝　浦河町昌平町　大正四年生まれ（平成二十二年没）

宮崎　寛　浦河町堺町東　昭和四年生まれ

岡崎　明弘　浦河町上向別　昭和十七年生まれ

小笠原敏雄　浦河町堺町東　大正十二年生まれ

第七四話　浜町界隈

——眠らない街

〃昔の浜町〃と言われて、野畑利美が真っ先に思い浮かべるのは芸者衆のことだという。浜町にあった料亭の若松、祇園、海月では、酒宴の間をとりもって、歌や踊り、三味線、太鼓などで客を楽しませる芸者さんをたくさん抱えていた。その芸者さんたちは、着物を着て髪を島田に結い、季節に合わせたかんざしを挿していたが、お正月になるとそれが一斉に米のかんざしに替わるのだった。髪結いさんは十二月三十一日には眠らないで髪を結い、正月になると芸者さんたちは皆、稲穂の揺れるかんざしをして、にこやかに贔屓《ひいき》や周りの者に挨拶をしたのだという。

また秋の浦河神社の祭礼にも芸者さんたちは大活躍だった。神輿《みこし》のお供をして街中を練り歩く時、芸者衆は男髷《まげ》に右肌脱ぎの真紅の着物で行列に加わり、手古舞を踊った。着物の袖には大きな鈴が付いてシャンシャンと鳴り、「そりゃあきれいなものだった」と利美は言う。
しかし、正月より秋祭りより凄いのが船霊《ふなだま》さんだった。一月十一日、船に守護神を祀る神事の祝いは、料亭で行うのが一般的だった。船主は胴巻きに札束を入れて若松や海月で芸者をあげて宴を張り、そのあと銀座会館や坊ちゃんなどを回って、とにかく皆へべれけになるまで酒を呑んだのだという。その賑やかさは格別だった。その夜お相手をした芸者さんたちは、仕事を終えて着替えをするとき、紐を解くたびに着物の間からバラバラお札が落ちてきたものだという。客が花代として挟みこんだ金だった。

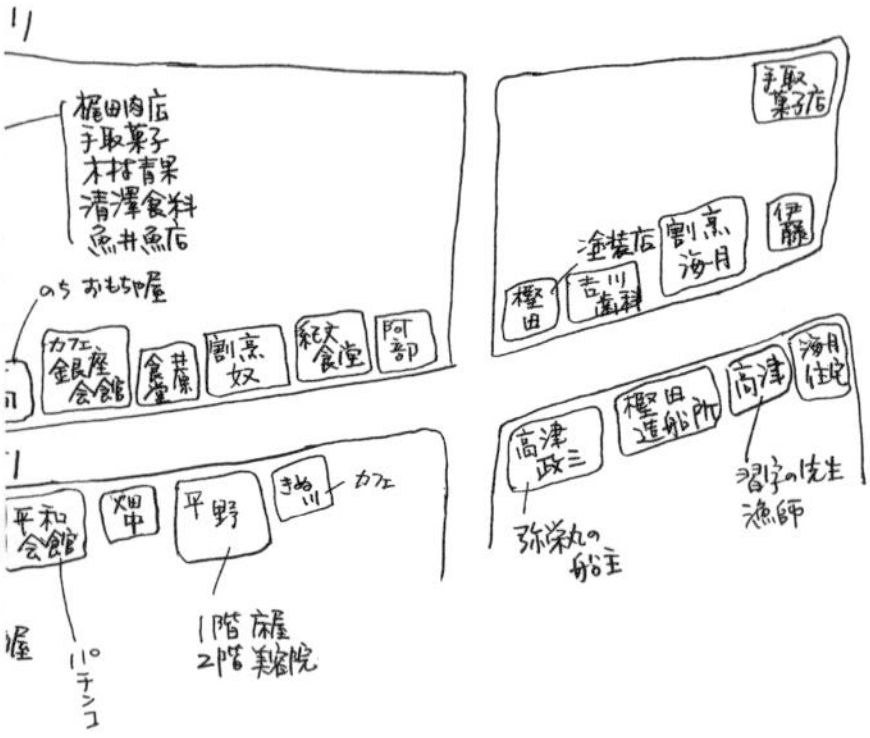

（野畑利美 談、河村和美 作画）

〝祇園〟は早くに店を閉めたものの、昭和三十年代の浜町はそれほどの賑わいがあった。ここにその頃の浜町の家並みを書き出してみる。大通三丁目に平行した海側の一丁だけだが、これだけの店々が並んでいた。このほかちょっと小路に入るとスナックが軒を並べ、この界隈だけでも五十軒は下らなかった。「畳三、四枚分の広さがあれば店が開けた」時代だった。その賑わいは四十年代も続いていた。

昭和四十六年、岩城俶子は大阪から浦河へ嫁いできた。嫁ぎ先の〝えびす湯〟は岩城由太郎が昭和九年に始めたものだが、四十七年に改築、その時から夫の由美が経営を任された。

えびす湯は浜町の真ん中にあって、住民だけでなく、船で浦河港に入る漁師たちも来て、多い日には三百人もの客を迎えて芋の子を洗うような混雑ぶりだった。浜町では常に人々が行き来していたから、その頃俶子は通りに面した部屋では眠られなかったという。

「毎日夕方五時を過ぎると、綺麗どころのお姐さんたちが夜の衣装に着替えて、十数人で列をなして街を一周してくるの。それが夜が始まる合図みたいなものね。で、二時、三時ころお店が閉まると、酔っ払いがひっくり返ったりケンカしたり。それが静かになる頃にはおばさん達が魚の網はずしに出てきたり、水商売のお店の掃除に来る人たちがビール瓶をガチャガチャさせたり、トロッと眠ったと思うとすごい怒鳴り声で起こされたり、とにかく絶えず人が起きていて、枕もとを歩かれる感じでした」

浦河の市街は港から開けてきたが、明治のころは大通五丁目が一番賑やかだった。それが徐々に西に異動して戦後は役場や日高支庁もひかえていた三丁目が一番の繁華街になっていた。そこには高杉デパートや園呉服店をはじめ大きな商店が並び、喫茶店、パチンコ屋、四銀行（信金、拓銀、北洋、北海道相互）、郵便局、映画館、労働会館（後に福祉センター）など

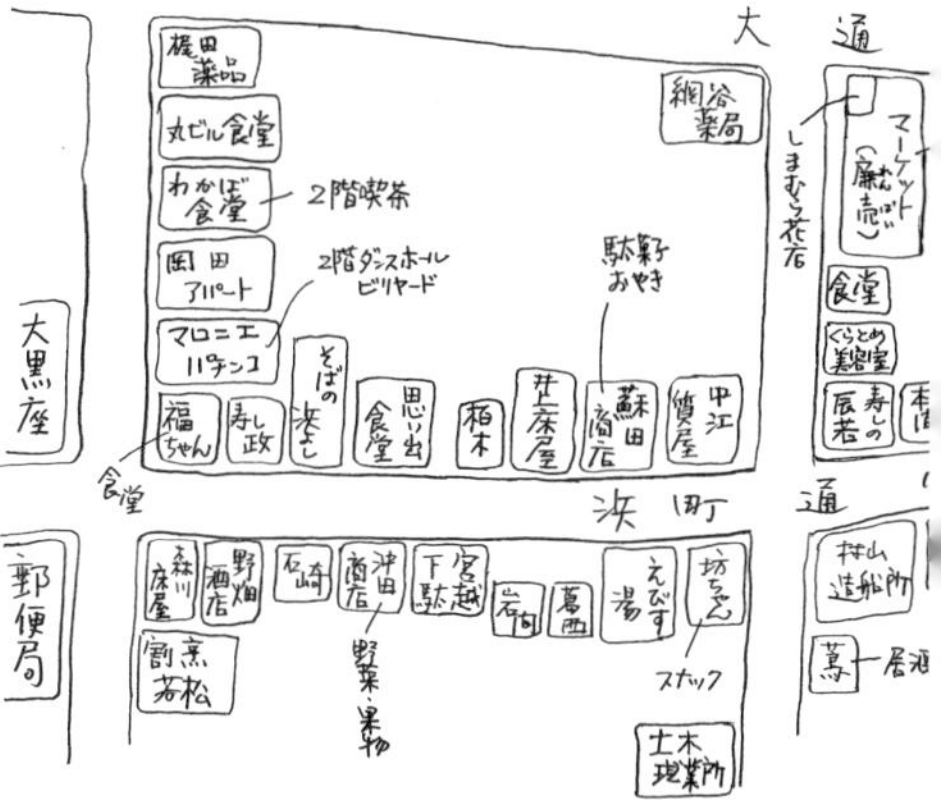

昭和 30 年代前半の浜町通り

人々が集まってくる条件が揃っていた。その大通と海とに挟まれた地域が浜町であり、仕事を終えて疲れを癒し、楽しみを求めて来る人たちを迎えていた。おまけにバブル期で景気の良かった軽種馬産業の人たちは札束をポケットに入れてハシゴをしていたし、土建業や漁師も羽振りが良かった。若松や海月ばかりでなく奴もあったし、きぬ川、楡《にれ》など客の接待をする女性のいる店もできた。スナックではハロー、なるみ、ポニー、ツボ、カトレヤ、かんな、エンゼル、ダービー、キャプテン、ぼっちゃん、銀座会館。居酒屋ではあしかび、よかろ、蔦、酒仙、まさ子。そして海月やマロニエの二階にはダンスホールもあった。コーヒーの好きな人は紋へ行き、パフェの好きな若い人は喫茶わかばへ行った。

人口もまだ二万人を超えており、ここが浦河一の繁華街であり親不孝通りで、そこに集まったのは浦河の人だけでなかった。港には外来船も多かった。今でこそ船は自動化され乗組員が二人もいれば間に合っているが、四十年代までは一隻に五〜二十人の漁師が乗っていた。

四十七年十一月二十日にはそんなイカ釣り船が時化を避けて三百五十隻も入り、三千人もの人が町に出て数千万円の金を落としたそうだ。そうなると良い事もあれば悪いこともある。当時大通三丁目、福祉センターの隣にあった浦河警察署には次々と通報が続いて署員はイカ船に振り回された。五日間で傷害、暴行、窃盗などの逮捕・検挙は五件八人。泥酔保護四人。事件にならないケンカは連日五、六件あったという。

また四十九年の秋イカ漁も連日二、三千箱と順調な水揚げが続いて五十〜百隻のイカ船がひしめいていた。九割が外来船だった。当時イカ釣りは夜、集魚灯をつけて操業していたから、船が沖に出て行くと水平線に灯りが連なり、まるで対岸に街が出来たように見えた。その漁り火は浦河の風物詩でもあった。

時化になると漁師たちは好漁で重たくなった財布を胴巻きに挟んで浜町に繰り出した。しこたま酒を浴び、厳しい船の仕事を忘れ、異郷の気安さから羽目を外してしまう。千鳥足で戻るとき、船への狭い踏み板を渡ろうとして踏み外し、海に転落した人がその月は二人もいた。一人は発見が早く一命を取り留めたが、青森県の二十三歳の若者船長は六日後に水死体で見つかった。懐には十数万円の現金が入っており、同世代の青年が持ち合わせる数倍もの額だった。また豊漁の時には取れるだけ取るという強行船もあって、連日の疲れや少々の荒天でも出漁して、座礁したり砂浜に乗り上げる船もあった。

時にはそんな事故や事件も巻き起こしながらも、大半の漁師たちは陸《おか》にあがると風呂に入り、それから大黒座で映画を見て、夜のネオン街に繰り出していくのだった。それで、えびす湯では始まりの時間を早めたり、大黒座では嵐が続くときには九時からのナイトショーを急きょ成人向き映画に変えて上映するなどして対応した。また毎年この時期になると図書館にやってきて本を借り、図書館員と顔馴染みになっていた青森の漁師もいた。

野畑酒店では漁師たちが陸に上がってくると「もっきりくれ！」という客が次々やってきた。居酒屋やスナックに行くと高いから、まずここで下ごしらえしてから飲み屋にいくのだ。三、四時間のうちに、もっきりだけで一斗の酒を売ったこともあるという。客は狭い店内から外に出て、置いてあったダンボールを尻に敷いて座って飲んでいくのだった。
また携帯電話のない頃だから、漁師たちが家族に連絡を取るのはもっぱら公衆電話だった。当時えびす湯の向かいにあった蘇田商店では店内に公衆電話を備えていたが、イカ船が入ると漁師たちが引きもきらずにやってきて、使用料が全国でトップクラスになり電電公社から表彰されたこともあったそうだ。このようにイカ釣り船は数カ月港に入っていたから、船の水や食料、燃料の購入などでも影響は大きかった。
しかし船が機械化されるとともに乗組み員が減り、親子、兄弟、夫婦だけという船も多くなっていった。また堺町の人口が増えると共に、居酒屋やスナックが堺町に店を開くようになり、昭和六十年町役場が築地に、六十二年日高支庁が栄丘に移転すると、大通りはあちこちの商店がシャッターを下ろし、人の姿が少なくなった。平成六年に始まった大通りの拡幅や八年に完成した商業施設、ホテルなども人口減には太刀打ちできず、文化会館の集まりに出た後、ちょっとお茶を飲みたい、食事をしたいと言っても行き場がない淋しい状況になってしまった。

［文責　小野寺］

【話者】

野畑　利美　　浦河町大通　　昭和九年生まれ
岩城　俶子　　浦河町浜町　　昭和十七年生まれ
蘇田　則子　　札幌市清田区　昭和二十一年生まれ

第七五話　浦河専門店会の力量

――中元大売出しの遊覧飛行

昭和三十六年六月三十日、中学三年の向井照文は伊藤菓子店の前にいた。学校へ行く前から、帰りに寄ればいいやと心に決めていた。とはいうものの、学校にいる間中落ち着かなかった。もし、当選したらどうしよう、そればかりをここ一週間考え続けていた。

二週間も前、母からお金を貰って近所の下駄屋で下駄を買った。歯がまったく無くなって、まるで板に鼻緒をすげて歩いているようなものだったからである。これもねだりにねだってようやくお金を貰った。値段二百円。朝、昆布の出面《デメン》(日雇労働)に出て、中学生で二百円の稼ぎだ。そのときに下駄とともに渡されたのが、中元大売出しの抽選券一枚。

「遊覧飛行の切符、当たるかもしれないぞ」

「まさか……」

売出し（浦河町立郷土博物館 蔵）

〝まさか、だよな〟とは思ったものの気にはなった。それが抽選日が近づくにつれて、胸がドキドキしてくる。そうこうして発表の当日になった。

発表の時刻は午後一時。もう四時に近い。店の前に立つと大きな紙に数十の数字が並んでいる。こんなに当選者がいるんだったら景品でもなにか当たるんだろうなと思いながら、抽選券を取り出す。そこに確かに照文の番号が書かれている。〝おっ、なんか当たったな〟

店に入っていくと、背の高い店の親父がガラスケースを拭いていた。

「ここに出てる番号、なんか貰えるの……」

「なに言ってるの。遊覧飛行の当選番号だよ。……兄ちゃん、当たってるの」

「うん、オレの番号みたいだ」

「本当かい……。どれ見せてごらん」

「……」

「いやァ、本当だ。兄ちゃん当たってるよ。遊覧飛行当たってるよ」

甲高い店主の声に、居心地の悪さを感じながら立っていた照文は、そそくさとその場を立ち去った。

〃さてどうしよう〃最初にそのことが脳裏に浮かんだ。このことは誰にも話さないほうがいいなと決心した。家でしゃべってしまったら親戚中に知られてしまい、昆布休んだらダメだとか、母さんに行かせるべきだとか、飛行機なんか見たことも無い年寄りに行かせるべきだとか、まわりじゅうが寄ってたかって自分から当選券をとりあげてしまうだろう。

昭和三十六年七月七日の日高報知新聞に、〃浦河専門店会の遊覧飛行、当選者発表〃の見出しで、町内十一人の氏名が掲載されている。そのなかにまぎれも無く向井照文の名が記されている。しかし本人は新聞発表があったことなどまるで知らない。家では新聞など取ってなかったし、近所や親戚でも取っている家は無かった。誰一人かれのうちにお祝いを言いに来た人間も、話を聞きにきた人間もいなかった。

十六日の出発の前日、向井照文は叔父さんの所に出かけた。

「カメラ、貸してほしくて……」

「なんでカメラなんか要るのよ……」

「じつは遊覧飛行に当たって……、あした札幌に行くんだ。それで……」と、初めて当選のいきさつを話したのだという。

さて当日の朝六時頃、学校へ行くときのように学帽をかぶって産業会館の前に行くと、専門店会や見知った人など見送りもふくめ三十人以上の人間が集まっていた。貸切バスが来て多くがそれに乗り込み、一路札幌の丘珠空港に向けて走り出した。

空港でまずやったことは、双発のプロペラ機を背景に参加者全員で記念写真を撮ったことだった。自分が乗ることがあるなどと思いもしなかった飛行機、ぎらぎらと鈍く輝くアルミニウムの胴体、エンジン音、プロペラの回る音、すべてが初めて尽くしだ。

飛行機は十一時過ぎに離陸した。浦河上空までは三十分、あっという間だった。飛び立った直後こそ、にわかに息苦しくなり座席にしがみついていたものの、微妙な振動は重ねた座布団の上に座っているような、尻の穴がすぼまるような落ち着きの悪さを感じさせた。それでも窓から地上を眺めているうちに、そのことも忘れた。機体の振動に慣れるにつれて、機内では〝ホウ〟とか〝オウ〟という嘆声があがった。

当初の予定では襟裳岬を回遊する予定だったが、日高の夏らしく同地方が濃霧のため、急遽浦河上空で引き返すことに変更になった。それで飛行機は灯台を中心にぐるぐると二、三度機体を傾けて町の周りを旋回するだけのサービスだった。しかし上空に到達した直後には、祝賀の花火も打ちあがり、遊覧気分を盛り上げた。機内でもにわかに話し声も高くなり、歓声や拍手の音も響いた。照文には磯が潮引きで、海中の岩がガラーンと剝き出しになっていたのが印象に残ったという。

丘珠空港に戻ったのは十二時少し過ぎで、往復一時間少々。終わってみると、なぁんだというのが正直な感想だった。それぞれが自由に記念撮影などをして十二時半には昼食。簡単な札幌見学、買い物などの後、札幌近郊の嶋温泉〝銀峰荘〟で晩餐会が催されたのだった。しかしそこで特になにを食べたという記憶はない。

誰の発案だったのか今となっては不明だが、おそらく北海道中の商店街で試みられたサービスだったのだろう。現代の飛行機のチャーター料を考えるなら、数十人も当選するという途轍もない高額なサービスなど、現今なら考うべくもない。往時の浦河専門店会の元気さ、大胆さにただただ感嘆するのである。

［文責　高田］

【話者】

向井　照文　　浦河町東町ちのみ　昭和二十一年生まれ

古市　堅一　　浦河町常盤町　　昭和十年生まれ

第七六話

馬をやる気はなかったんだ

——浦河ハウス野菜のはじまり

ある技術が一気に生活や産業を変えてしまうことはよくある。あの薄っぺらで透明な一枚のビニールが、生産も市場も、さらには国民の消費生活そのものさえ変えてしまっていた。大正七年生まれの菅正夫が、両親とともに新潟から一族を挙げて浦河に来たのは昭和元年のことだ。営々と努力を重ね、向別のタンネベツに地所を得て水田と畑作で生計を立てていた。二十年代、三十年代の浦河の街には、正夫の母カネがリヤカー一杯に花や野菜を積んで売りに来ていた情景がある。それが菅家の日々の現金収入の途だった。戦後の日本国中のありふれた光景である。

どこの農家でも二月の立春のあと、風のあたらない日当たりのいい場所に囲いを設け、油障子をかぶせて苗床を作る。かれも野菜の促成栽培が金になることは分かっていたし、内地ではビニールが葉物野菜やいちごの栽培に取り入れられていることは知っていた。一日でも早く出荷できるように心がけてはいたが、しかし北海道ではいまだしの感があった。

三十八年、出入りの資材屋が見せてくれたのがビニールだった。話には聞いていた新しい農業資材である。静岡県や九州ではすでにこれを使った野菜の促成培栽が始まっているという。かれがそれを聞いて考えていたことは、自宅のそばにあった三十坪ほどの物置を骨組みだけにして、回りをビニールで囲むことだった。後日、家を継ぐことになっていた高校三年生の正幸を手伝わせ、木造ビニールハウスを完成させた。

翌三十九年二月、地ごしらえしてあった地面にキュウリの種を蒔いた。気温との戦いが始まった。日昼の晴天時はたしかに暖かい。浦河は冬の日照時間と平均気温で道内一暖かい地域とはいえ、夜間は寒気が支配する。夜はハウスの六カ所で炭を熾《おこ》した。移植の後は春寒との戦いだった。伸びはじめた苗を守るのに手柴《テシバ》の上から莚《むしろ》をかけた。こうして五月半ばの初出荷に漕ぎつけた。通年より一月以上も早い。

一方同じ頃、杵臼の薮田誠期はひそかにミツバの促成栽培に取り組もうとしていた。ひそかにというのには事情がある。確かに家のそばに三反(約九〇〇坪)ほどのキャベツ畑があるものの、かれは農協の会員でもなかったし、その畑で生計を立てているわけでもなかった。しかし四十近くなっても日雇いという職業には忸怩《じくじ》たる思いがあった。

七月の下旬、早生《わせ》キャベツの始末を早々に終え、その跡地にミツバを植えた。育つまでのあいだ、そばにあった十坪ほどの物置の内側に段ボールをはりつけ、真ん中におがくずストーブを据えた。また浜に出かけて魚箱を百近くも手に入れて、準備を整えた。
しばれの来る前に畑のミツバの地上部分を刈り取り、根を充分太らせ掘り起こしてきれいに洗い、それを魚箱に密植した。一月上旬、これを真っ暗な物置に運びこみ、作っておいた上下二段の棚に日を継いで置いていく。水やりと温度管理を十分にして、二週間後に二日ほど窓の覆いをとって陽光を当てると、三十センチほどに育ったもやしのような白いミツバが美しく浅緑色に色づいた。これをキャベツの販売で世話になっている東町の外山商店に持ち込んだ。外山商店はときならぬ千客万来となった。冬のさなかの瑞々しい緑なのである。

　初出荷のその日、薮田は労働会館で開かれていたある集会の席上で、採ったばかりのミツバを示しながら飛び込みで実績発表をした。翌日の町内東部地区の町政懇談会の場でも発表をおこない、その日のうちに役場・農協・普及所、地域の農家などと時ならぬ蔬菜懇談会が開かれ、ハウス野菜の取り組みについて検討を始めることとなった。

　取り組んだ作物の種類で町民にお目見えした時期は相前後したが、三十九年の春は浦河のハウス野菜元年となった。ミツバを作った杵臼の薮田と、キュウリを手がけた向別の菅のもとには支庁の農務課をはじめ、農協や普及所、役場が頻繁に見学に訪れた。とりわけ普及所は日参した。日々のデータを取るだけでなく、施肥や管理を熱心に指導した。日高で初めてのハウス農業だったのである。

　杵臼は明治のころから野菜販売で〝杵臼野菜〟の名を高からしめてきた伝統がある。ハウス導入では薮田が先陣を切ったものの、野菜栽培では実績のある大道、吉田、松田、鵜木、本巣、江渡、鎌田等々がかかわり、杵臼蔬菜研究会が本格的にハウス栽培に取り組みはじめる。一方向別地区もまた菅を中心に浦河蔬菜研究会の藤本、村瀬、堀内、須藤、若生等が加わりハウス野菜づくりをはじめる。

こうした気運をみて、役場・農協は設備資金の貸付だけでなく、四十三年には電熱温床を埋設した共同育苗施設三棟を建設し、各会員から要望の強かった冬場にトマト苗、夏場にはキュウリ苗の提供をはじめた。三十九年から一年もたたないうちに、生産量はリヤカーで町内を売り歩く量をはるかに超えてしまった。新鮮・早だしということで引き合いも多く、浦河漁協蔬菜販売、㊖静内地方卸売市場へと販路は矢継ぎ早に拡大していった。国の減反政策がこの傾向を後押しした面もあるが、将来は順風満帆にみえた。

ミツバの栽培(浦河町立郷土博物館 蔵)

しかし好事魔多しのたとえどおり、四十一年春、杵臼蔬菜研究会のメンバーたちの上を魔の手が襲った。昔からオロマップ風と言い習わして怖れられていた暴風が吹いたのである。オロマップの頂から、叩きつけるような北風が吹き下ろしてくる。しかも一月から三月までに四回も。三十棟以上もあったこの地区のハウスは壊滅した。

三十年代から四十年代、浦河産競走馬の成績が全盛期を迎え、軽種馬生産農家はわが世の春を謳歌していた。〃足さえ付いていれば〃とか、〃足一本なんぼ〃といういいまわしが、町内で普通に語られていた。トマト一個、キュウリ一本の利益からみれば、それは目の眩むような金額だった。薮田もまた、五十年から軽種馬の生産に手を染めはじめ転業を図っている。ただその同じ時期、平取町農協は現在全国にその名を馳せるハウストマトの栽培に取り組み始めていた。

話は少しそれたが、杵臼の空気は向別のそれでもあった。向別川の両岸に広がっていた水田は自家用の田んぼさえ跡形もなく消え、ハウス農家だけが取り残された。浦河蔬菜研究会の会員たちも、五十年代後半になると後継者のいないところから離脱、あるいは縮小していった。そのなかで特筆すべきは菅正夫で、後継者に恵まれたこともあるが、一貫してハウスの拡大を続けた。水田をつぶし、畑地を買い増して、六十年代に入ったときには、浦河農協管内で、事業としてハウス野菜を継続しているのは菅農園一軒きりだった。

時は流れ、浦河や様似で地元向けにほそぼそと続けられていた冬場のハウスいちごの栽培に、大きな転機が訪れた。地道に端境期の夏場いちごの取り組みを説いてきた役場・農協の努力が実を結び、そのいちごが現在、東京の大田市場で浦河産いちごとしてブランドを確立しつつあるという。ちなみに菅農園の東京への出荷は年間五千万円にも達し、そのすべてが銀座の洋菓子店コージ・コーナーに納入されている。

［文責　高田］

【話者】

菅　正夫　浦河町向別　大正七年生まれ（平成二十四年没）

薮田　誠期　浦河町杵臼　昭和二年生まれ

第七七話　雪印茨伏工場の閉鎖

――農業政策のなかで

昭和二十年代は戦争が終わり食糧難の時代だった。茨伏でもほとんどの農家が田んぼを作り、米や野菜を育てていたが、そんな農家の八割ほどで乳牛を飼っていた。一、二頭なら専用の放牧地がなくても空き地の草っ原に放しておけば良かったし、濃厚飼料のない時代だったから金もかからず、草のほかはヒエや大豆を煮て食べさせるくらいだった。

茨伏村では大正時代から、疲弊していた農家の窮状を救うために澤吉夫らが乳牛の飼育を勧めていた（浦河百話第六七話「酪農郷をもとめて」参照）。

それに応じて昭和二年に二十二名の農家が酪農組合を立ち上げ、野深に共同製酪所を建てバターなど加工品を作った。六年に製酪所を茨伏村産業組合に譲渡し、山道脇に製酪所を建て本格的にバター作りを行った。八年には製酪所を北海道製酪販売組合連合会（後の雪印）に委譲し、十三年にはさらに現ひだか東農協荻伏支所の所に工場を移設。十九年には荻伏工場は雪印の主管工場に昇格し、チーズ、ラクトレートなどの製造を行っていた。このように酪農の郷を目指す荻伏に雪印の工場があるのは、村人たちの誇りでもあった。

　原料となる牛乳は、西幌別、本桐、様似、えりもにあった集乳所から汽車やトラック、馬車などで運び込まれていたが、荻伏の人たちは牛乳缶に入れて、工場に近い人はリヤカーや自転車に乗せて自力で運んでいた。缶には二十リットルの牛乳が入ったが、びっしり入れると重たいから、二本に振り分けて自転車に積むとバランスがとれて走りやすかった。上野深など遠い人は缶を集荷台に載せておくと馬車やトラックが持って行ってくれた。

　工場では持ち込まれた牛乳をまずシャーレにとって細菌数を調べた。次にタンクに入れて計量し脂肪分の検査へと進んでいく。試薬を入れた牛乳を分離機で回してから、目盛りのついたフラスコに入れて脂肪率を%で表す。乳量と脂肪率によって計算し、代金が支払われた。

　荻伏工場では主にチーズが作られ、地元の女性がたくさん働いていた。集められた牛乳はまず攪拌され、そのうち固まってきたらそれを型に入れて丸くし、倉庫の棚に並べて発酵させた。カビが生えて来たら丁寧に拭き取り、それを繰り返して加工し製品にした。また固形物を取り出した残りを蒸気で煮沸して、お菓子の原料となるラクトレートも作った。

　雪印工場は暫時拡張され、全道の工場から配置換えになった職員が転勤して来るなど、小さな荻伏の村に新しい風がもたらされていた。工場があり、そこに働く人が沢山いるのは何より活気があった。工場はコの字型をして、社宅や寮なども建てられ、学校には転校生が入った。雪印の若い人たちは活力があり、村のスポーツ大会、文化活動にも顔を出した。雪印の人たちは走っても早く、何をやらせても上手だったという。

さて世の中は戦後の復興、朝鮮動乱、神武景気と目まぐるしく変化していたが、戦後の食生活の変化に伴いかつてない酪農ブームが起こっていた。

茯伏では高度集約酪農地区に指定された昭和二十九年、オーストラリアとニュージーランドから五〇頭のジャージー種を輸入した。というのもホルスタインの乳脂肪率三・五％に対し、ジャージー種は六％もあったからだ。しかし乳量が少なかったためジャージー種は広まらなかった。同じ二十九年、不二家乳業は富川に工場を建設した。不二家は各地で説明会を開き乳価の値上げや熱海温泉への招待などで雪印に出している人の取り込みを図った。しかし日高管内で激しい集乳合戦が行われたものの茯伏では地元に工場があり、雪印は農家へのアフターサービスもきちんとしていたからそれほど崩されなかったという。また同じ年、国内では学校給食法ができ、粉食宣言のキッチンカーが全国を回って「米を食うと頭が悪くなる」などと言って食の欧米化をすすめ、牛乳や乳製品の需要が急に伸びていった。

朝鮮動乱のあと、日本はアメリカの援助を得て武力の充実を図ることになり相互安全保障協定を結んだ。その際の経費を生み出すためにアメリカの余剰農産物（小麦・飼料等）が送られて来ていた。それはアメリカの広大な農地で穀物を大量に作り、日本に輸出する方策の始まりでもあった。こうして日本にはアメリカの余剰農産物が入って来るようになり飼料穀物が各農協に一定量が割り当てられた。服部昌典の家ではそれまで牛に穀物を与えないでやっていたが、ある時農協の倉庫にどっさり余っていた安価な穀物を、馬車に積んで買ってきて食わせたという。すると乳の味も良く、量も出たという。

そんな社会の変化に対応すべく、昭和三十三年雪印はクローバー乳業と合併。業務の拡大に合わせて量産体制を整える一方、工場部門の合理化と集約化を図った。そのため道内六十三カ所にあった工場は数カ所を残して次々閉鎖していったが、そのなかで荻伏工場も三十五年に製造を中止し集乳所となった。それも四十三年には廃止となって雪印は幕を閉じた。

三十年代半ばころから搾乳は手絞りからミルカーに変わり、五十四年の食品衛生法により生乳の細菌規制が厳しくなって、搾乳されたものはバルククーラーに貯められてタンクローリーが集乳していくようになった。こうした機械への切り替えのたびについていけない農家は牛を手放していった。また生産調整で牛乳に食紅を入れて廃棄させられたり、輸入飼料穀物の値上がりなどで酪農に見切りをつけた農家も多く、三十年に二百三十七戸あった搾乳農家は五十一年には六十八戸、五十九年には二十三戸と激減した（平成二十五年は十四戸）。

雪印荻伏工場（浦河町立郷土博物館 蔵）

三十六年に制定された農業基本法は、農業構造の改善のため基盤整備をし、規模拡大を図るというもので、我が国では土地利用型の作物を減らして果樹、畜産、施設野菜への転換を図った。結果として、機械を買うための出稼ぎと年寄りばかりの農家を増やし、化学肥料や農薬で環境を汚染。今となっては〝石油〟がなくては農業が成り立たないという事態になっている。

雪印の閉鎖は、まさに日本の農業がアメリカ主導の農政に組み込まれていった出来ごとだった。現在、品種改良がすすみ濃厚な配合飼料を食べさせている乳牛たちは、年間七千七百キロ以上の乳を出す。昭和三十年代には三千五百キロだったから二倍以上になっている。

戦後まだ車のない時代には、牛を引っ張って道端の草を食べさせながら歩いたというし、畑や田んぼを作りながら山菜やキノコなど山の恵みを受け、自然に寄り添って進めてきた浦河の農業だった。そこからは食べ物を得るだけでなく私たちの感性や情緒、感謝の心もが育てられてきた。あれから六十年しか過ぎていないのに、なんて多くのことが変ってしまったのだろう。

［文責　小野寺］

【話者】

服部　昌典　浦河町荻伏　昭和十五年生まれ

中井　赳夫　浦河町堺町西　昭和十二年生まれ

【参考】

荻伏農業共同組合のあゆみ　昭和六十一年　荻伏農業共同組合

ザ・フナイ　二〇一二年九月号　麻野吉男「戦後67年の彼方にあるもの」

第七八話　浦河オートクチュール

——腕をさする娘たち

浦河は一面で公務員の街である。明治初頭から日高支庁が置かれ、さまざまな国や道の出先機関が集中していたこともあり、背広を着た男性が多く働く街でもあった。このため背広を縫うテーラーと呼ばれる仕立物店・洋品店が日高の他の町村にくらべ圧倒的に多かった。昭和九年発行の浦河港大観には石突洋服店、武田洋服店など十五店が紹介されている。

戦後、こうした背景が幸いした。生活の欧風化や女性の社会進出にともない女性服の需要が爆発的に伸びた。官公庁や病院だけでなく、一般の職場にも女性の洋装はあたりまえの情景となった。また単身赴任など無かった時代、公務員をはじめとする転勤族の妻たちの需要が大幅に伸びた。

昭和二十一年春、静内機関区にいた熊谷晴夫は親に呼び戻されて、日高洋服商会に洋服仕立て職人見習いとして就職した。二十五年、向別の実家の納屋を改造して仕事場をつくり独立した。はじまりは同業の他業者の下請けをしながら、近所や親戚の注文をこなすことだった。使用人一人を使いながら次第に仕事を増やし、二十八年には堺町の西口商店の借家に、さらに三十五年には堺町交番筋向かいの砂山だった土地を買い、既製服を置くだけでなく、職人四、五人を雇い、本格的に縫製事業をはじめた。男性スーツだけでなくワイシャツやオーバーコート、女性のスカートやコートを作った。北洋から独航船が帰ると、乗組員がダンボール箱に二つも三つも洋品の買い入れに来た。五十年代、五十万円も出してカシミヤのスーツを仕立てる牧場主もいたという。

塚田圭子は高校を卒業した後、武田園子が設立した日高ドレスメーカー女学院に入学。二年の修業の後、縁あって高杉呉服店に勤めた。三十年頃のことである。仕事は眼のまわるような忙しさで、朝九時の仕事始めから夜中まで食事もろくろく取らずに仕事をこなすことも度々だった。大半は婦人物で、既製服がほとんどない時代、下着以外はすべて自分で縫わなければならなかった。既製の学生服、セーラー服、ワイシャツ、ネクタイ、靴下などはあったものの粗悪だった。

顧客の多くは支庁などの公務員や日赤の医師などの妻子で、冠婚葬祭だけでなく、日常生活の上でも家族はそれなりの格が求められ、服装にも無関心でいるわけにはいかなかった。そうした女性たちは、札幌の街頭やデパートなどで見かけたり雑誌で見たスタイルやファッションを持ち込んできて、圭子たちお針子にぶつける。都会で買った服地を持ち込む。デザイナーなどという人間は都会でもまだ少なかったし、ましてや田舎にはそのような職業はまだなかった。お針子、縫い子、男性なら縫製工と呼ばれた人たちがデザインも縫製も担っていた。だから注文品を客に手渡した後、客がそれを着てくれるかどうか心配でならなかった。街なかで客が新調した洋服を着た姿をみたときは、心底ホッとしたものだという。そのようにして新しいファッションが浦河の街に広まった。

発表会の作品を背にして（旭　弘子 蔵）

　円館順子（旧姓湯浅）は日高文化服装学院の師範科を卒業した三十七年、五丁目の田口呉服店洋裁部に就職した。入った当時洋裁部員は二、三人だったが、すぐに五人ほどに増えたという。二階で仕事をしていると、階下から奥さんが呼ぶ。

「順子さあーん、ちょっと下に来てェ……」

「セーラー服一枚注文なんだけど、あんたこれやってくれる……」

奥さんが一人一人の仕事を按配する。客と話し合って生地・デザインを決め、採寸、製図・型紙づくり、裁断、仮縫い、縫製と進む。出来上がったらハンガーにかけて下に渡すだけ。それでも多忙だった。それに比例して収入も高く、同世代の男性をはるかに凌駕するものだった。〃嫁に貰うなら日赤の看護婦かお針子〃というのも頷けるほどの実入りだった。客の注文はスーツ、コート、ブラウスなどやはりと頷けるもののほか、日常的なスカートやスラックスなどあらゆるものがあった。生地にしろボタンにしろ、その店でなくても町内で調達できたという。

旭弘子（旧姓卜部）は、中学を卒業したら漠然と京都にでも行って人形の着物づくりをしたいと思っていた。担任の松田イマ先生に相談すると〃文化服装学院はどお……〃ということになり、三十六年四月同校に入学した。四年後に師範科を卒業し、熊谷、若生などの洋服店で紳士物を縫った。求められて高杉にもいたが、結婚もし子どもも出来て、睡眠時間四時間ということもある勤務が苦痛だった。数年後そんなところに学院から指導教員にならないかとの誘いがあった。

学院に行ってみると、自分が通っていた当時に比べると生徒も先生も激減していた。あの当時、学院には百人からの生徒が通ってきていた。夜間部もあった、冬季講習もあった、えりもや様似、三石からも生徒が通ってきていた。木造二階建ての建物が溢れるほどの生徒に満たされ、寄宿舎さえあった。しかしこのときは盛時の半分もいなかった。

五十七年、学院には先生は彼女ひとり、生徒は二十人足らずになっていた。三月二十一日、学院としての最後の卒業式だった。旭町の文化幼稚園（現フレンド幼稚園）の体育館を借りて式は行われたが、その日は生徒たちの卒業制作の発表会にもなっていた。卒業生も在校生も師範科の生徒も、全員が蓄積したすべてを注ぎ込んで製作したウェディングドレスの晴れの発表の日だった。父兄も参列している。午前十一時二十五分、震度六の浦河沖地震が襲った。轟音と激しい揺れ、阿鼻叫喚。モデルを務めた村井玲子(旧姓磯野)が完成した純白のサテン地のウェディングドレスを身に着けて、全員で記念撮影をしようとしていたときだった。

設備やこの日のために用意したすべてが水泡に帰した会場で、旭弘子は残った生徒に用意していた弁当を持たせて帰宅させたという。

ドレスメーカー女学院は五十二年頃すでに廃業していたが、日高文化服装学院もこれを機に廃業した。これにより中学や高校を卒業する娘たちの進路のひとつとして、役場や支庁に就職した男子よりも高給を稼ぎ出していた職業が彼女たちの前から消えてしまった。

昭和二十五年ころから高杉、園、田口、池添、森などの店舗系の職場や、先述の石突、武田、久保、大森、岡田といった工場系の職場など、浦河町だけではないとはいえ、若い卒業生をお針子さん、縫い子さんとして、二十年以上に亘って受け入れ送り出してきた学園と商工業界の存在があった。縫製と一口に言うものの、おそらく百人以上に達する職域がそこにあったのであり、彼女らが職と進路を失ったことは確実なのである。このうちの何十%かが都会に流れて行き、町の人口漸減の一因となった。既製服とは、大量生産とは一体何なのだろう。いずれにしろ浦河オートクチュールの時代は終わったのである。

[文責　高田]

【話者】

熊谷　晴夫　浦河町堺町西　昭和四年生まれ
塚田　圭子　浦河町東町かしわ　昭和九年生まれ
円館　順子　浦河町堺町　昭和十八年生まれ
旭　弘子　浦河町堺町西　昭和二十年生まれ

第七九話　シンザン

――その余光のもとで

浦河が関係するあらゆるものの中で、全国至るところ知らない人は無いと自負するものに、競走馬シンザンがいる。東京・京都でおこなわれる日本中央競馬会の八大競走といわれるレース中、至難といわれるクラシックレースの皐月・ダービー・菊花賞の三冠を獲得し、余勢を駆って天皇賞、有馬記念をものにして、史上初の五冠馬と呼ばれた名馬である。

シンザンを生産した松橋牧場は土建業を経営していた松橋由松が昭和二十五年、伏木田寄太から〝おまえ、いつまで土方やってるのよ〟と言われて、〝じゃ、一頭入れてみるか〟ということでアラブの繁殖牝馬を購入したのがはじまりの兼業牧場だった。由松に代わって馬を本格的に面倒みていたのは長男の一男で、まだ二十歳前後である。毎日馬車を駆って、元浦川上流部の堤防工事に土砂を運ぶ馬車追いだった。

そうしたかれに転機がおとずれた。岩手の小岩井農場が放出したサラブレッドの繁殖牝馬ハヤノボリの購入である。価格は当時の相場で三百万円、一人ではどうにもならない値段だった。自動車修理工場をやっていた中島不二夫に声をかけ、共同購入という形をとって手に入れた。そこから運が大きく好転した。

このハヤノボリに産まれたのがリンデン、ケンステーツ、オンワードスタン、そして三十六年に産まれたのがシンザンだった。これらの馬群の父馬はすべて英国産輸入馬ヒンドスタンである。同馬は浦河の競走馬生産を大きく前進させた名馬であった。その種付けにあたっては株が発行され、近在の有力牧場や投資家がすでにその株を抑えていた。

「ヒンドスタンをつけてみれ。いい血統だ。いい仔が出るぞ」

シンジケートの中心人物であった富岡清のはからいで、なんとか初めての種付けができた。兄馬たちが相応の成績をあげていたことから、シンザンについても期待が集まっていた。ほどなく荻伏牧場の斉藤卯助から連絡があった。シンザンに興味を示している客がいるという。やって来たのが京都競馬場の調教師武田文吾と名古屋の馬主橋本幸吉だった。

〝同じ月生まれの他の馬にくらべれば、ちょっと細いな〟武田文吾はそう感じたが、なにか動きに光るものがあるのに気づいた。かれが三十二年に西舎の鎌田牧場からコダマを入れたときの感じと似ている、そう思った。

あとは価格の交渉だった。これまで松橋牧場の規模を考えれば生産馬はよく走っている、松橋は強気だった。しかし結局橋本幸吉の凄みにおされて、三百二十万円で手をうった。

シンザンの初舞台は三十八年十一月、京都で行なわれた新馬戦で一着になってデビューを飾った。四十年十二月、中山競馬場で有馬記念を優勝して引退するまで十九戦十五勝、二着四回という戦績。シンザンの引退以降、クラシック三冠馬は七頭出たが、シンザン以外は名門牧場、大手牧場とよばれる牧場の出身で、松橋牧場のような零細な例はないという。

話は下世話になるが、三十五年にコダマがダービーで優勝したときの賞金は五百万円だったが、シンザンのときには九百万円になっていた。松橋一男によれば、このときの生産者賞は六十万円。当時親から渡される給与は一万から一万五千円だった。ちなみに翌四十年に高岸牧場のキーストンが優勝したときの賞金は一千万円、四十四年に秋場牧場のダイジングボルガードのときは二千万円になっていた。

五冠が確定したあと、関係者のはからいで祝賀会が行われることになった。日本では空前絶後の五冠馬である。祝賀会といっても客数を考えれば料亭若松でも収まりきらない。会場を労働会館(大通三)に決め、軽種馬農協と軽種馬振興会が二日間にわたって行った。日高管内すべての競走馬関係者や名士が集まり、生産者賞の二倍以上の百五十万円の経費がかかったという。

このときのエピソードに、松橋一男が〝是非来て欲しい〟と浦河町長濱口光輝のところを訪れたとき、〝わたし、ちょっと気乗りしないんですよ〟と断られたという。もちろん濱口の信条もあったろうが、かれが関わったグリーンアスパラやスイートコーンの推進政策が、コダマやシンザンの活躍により、栽培農家が雪崩を打ったように軽種馬生産者に転業してし

シンザン―後ろはシンザンの銅像（谷川牧場、内藤律子 撮影）

まい、結局頓挫してしまったという苦い思いがあったのである。

シンザンが走りだしてからというもの、潤沢すぎるほどの金が流れ込んできた。生産者賞金が入ってくる、兄弟馬が生まれるとそれが高値で羽根が生えたように売れる。そのうえ四十五年には牝馬タマミが走り、桜花賞を取った。外車も買った、家も建て直した。毎晩飲み歩いた。調教師や馬主が来るといえば、札幌まで出かけて接待した。自分の生産馬が走るときには東京や京都へも出かけ、百万単位で馬券を買ったりした。まさに湯水のように金を使った。農協に行けば金はいつでもあった、無くても農協は二つ返事で融資してくれる。

〝馬をはじめたばかりの土建屋が三冠も四冠もとったんだ。おれたちも……〟という気分が町中に横溢して、経験のない農家や牧場がわれもわれもとサラブレッドを買い入れた。米の減反政策が後押ししたとはいえ、軽種馬生産農家が飛躍的に伸びた時代だった。

そうした日常のなかで、さまざまな人々がかれの牧場を訪ねてきた。馬の関係者の思惑や腹づもりは手にとるように見える。しかし純粋なファンとのあいだにはなんの利害関係もない。シンザンの生産牧場というだけで強い思い入れをもって訪ねてくる。〝シンザンの母、ハヤノボリが見たい〟と訪ねてきた名古屋の学習塾教師が、同じようにハヤノボリを見に来ていたスチュワーデスと恋仲になり、その結婚式の仲人を務めることになったこともある。

またある聾啞の障害者をもつ家族は死に場所を探して北海道をぐるっとまわっていた。母馬ハヤノボリを見て、〝なにか力をもらったようで、これから家族ともどもがんばって生きていこうと決心できました〟と語って、立ち去った。

五十四年、牧場経営をすっぱりやめて、ふたたび土建業で働くようになってからもう二十年も経つが、いまだにこうしたファンとの交流が続いている。今になって思えば、そうした人間関係を築けたことが、シンザンを生産できたことの果報だったなと思えるという。

軽種馬生産をやめることについても、苦悩することはなかった。二代も三代も続いた古参牧場ならおいそれと廃業はできなかったろう。うちはおれが始めたようなもんだから、悪くなったらさっさとやめて元の土方に戻ればいい、最初からそう思っていたよ。松橋一男の弁である。

［文責　高田］

【話者】

松橋　一男　浦河町姉茶　昭和六年生まれ（平成二十四年没）

斉藤　隆　浦河町野深　昭和十四年生まれ

小笠原敏雄　浦河町堺町東　大正十二年生まれ

【参考文献】

日本ダービー五〇年史　昭和五十八年　日本中央競馬会

第八〇話　港まつり

――今は昔　パレードの人・人・人

〝ヘチャモン倒し〟と呼ばれる岩のつながりが天然の入り江をつくり、古くから様々な船が出入りしていた浦河の港。ここから太平洋の漁場に向かい大漁にわく人々もいたが、〝板っこ一枚下は地獄〟の船のなかで天候との戦いに敗れたり、不慮の事故で命を落とした人も多かった。

昭和三十八年、海難死者と魚たちの供養をし、港が更に発展することを願って開かれたのが〝港まつり〟だった。港まつり実行委員会が主催し、役場や漁組、商工会議所などが共に進めて行ったが、第一回の予算は百万円。パレードなどの行事を七月に、花火大会を八月に分けて行っていたが第二回には予算が五割増しの百五十万円となり、回を重ねるに従って町民の賛同を得、八月の三日間となり、協賛行事も増えて膨らんでいった（五十年からは十四、十五の二日間)。

例年、パレードと花火大会をメインに、巡視船の一般公開や、その年々の協賛行事が組まれていくのが常だった。つまり面白いことを港まつりにかけて一緒に楽しんでしまおう！という町の人たちの大らかな行動が、出来たばかりの〝まつり〟を支えていた。

四十五年の第八回ではメイン行事に加えて、磯船競漕(港外)・移動水族館(漁組横)・国際プロレス(港埋立地)・モトクロス浦河グランプリ大会(昌平町高台)・ヤングミュージックパレード・ダンスパーティなど二十三もの催しが開かれている。

さらに四十七年の第十回のまつり内容を詳しくみると、まず大通は五色の吹き流しや提灯、万国旗で飾られ、郵便局前を降りて岸壁に行くと露店がぎっしりと並んでいた。催しはプロ野球イースタンリーグ公式戦(巨人対大洋)に始まって、海の幸・山の幸大即売会、大パレード、美川憲一ショー(昼夜二回)、ビアガーデン、吹奏楽演奏会、さらに福祉センターで文化協会協賛の写真・手芸・陶芸等の展示、巡視船の試乗が行われ、最終日には千発近くの花火大会でフィナーレを飾っている。花火大会の時には町内全域への臨時国鉄バスが出され(しかも東町―堺町間は十分間隔)、終了後には静内までの臨時列車が出されている。

まだ自家用車も少なく、買い物や楽しみは町内でという頃だったから、簡易水族館には三千人の人が、パレードには一万人の観衆が詰め掛けていた。実行委員会では、三日間のまつりの人出は五万人と発表している。その人出が何年も続いていたから、大きなイベントだった。

その頃のまつりの華は何と言ってもパレードと花火大会だった。パレードは堺町グランドから浦河小学校までの道を、千人以上の町民が練り歩くのだ。第十回の時はこんな内容だった。第一団はまずパトカーに先導されて、広報車や大会長の乗った車が続き、その後に町内七小学校の児童生徒による鼓笛隊数百人が並んだ。第二団は町民踊り、トラクター隊、竜踊り、そしてみなしごハッチや騎馬武者隊などに扮した町民の仮装。第三団は道警音楽隊、海洋少年団、ミス保安官、中学・高校のブラスバンドなどが隊列を組み、一時間半ほどかけて大通を歩いた。沿道には五重、六重の人垣ができて、どこにこんなに人が居たのかと驚くほどだった。

町民踊りには農・漁協組合、自治会、婦人会、会社、商店など様々なところから数百〜千人が送り込まれていた。皆はまつりが近づくとあちこちで練習を始めた。五十二年に、それまでの浦河小唄から新浦河音頭に踊りが変わったことから、参加者に新しい踊りを教えたのが役場の太田正克だった。第一中学校に勤務していた笹守夫が振り付けをしたもので、太田は声がかかるとどこへでも駆けつけて教えた。町内の生活館、福祉センター、会社、各職場にも行った。そのころ大通三丁目に〝キャバレー楡〟があったが、そこからも電話が入り太田は五時に役場が終わると楡に駆けつけた。お姐さんたちはまだ客の来ない店内のテーブルや椅子を動かして通路を作り、そこに一列に並んで講習を受けた。お姐さんたちの覚えは良く、無事客の入る前に終了して、当日はもちろん皆が踊りの列に加わってくれたのだという。踊りの参加者は多く、数百人が揃いの浴衣で踊る姿は見ごたえがあった。

第1回港まつりの仮装パレード（浦河町立郷土博物館 蔵）

またパレードに欠かせないのが小学生の鼓笛隊であり、中学・高校生の吹奏楽隊だった。港まつりで演奏する我が子の晴れ姿を見たくて、駆けつける両親や祖父母が大勢いた。堺町小学校や浦河小学校など大規模校は第一回から鼓笛隊を送り出していたが、小さな学校ではそうも行かなかった。井寒台小学校もそのひとつで鼓笛隊はなかった。四十年、校長として赴任してきたばかりの原清重はこれはナントカしたいものだと考えた。原は前任校の堺小で鼓笛隊の威力を充分に見てきた。生徒数百四十一人の井寒台でも五、六年生全員で取り組んだら五十人編成の鼓笛隊が出来る。その子たちが三列に並んで演奏しながら歩いたら、親たちが喜ぶし、井寒台小学校もなかなかやるもんだって町じゅうの人が見直すぞ！

原の行動は早かった。職員会議でパレードへの参加を説得。その実現に向けて五十人分の楽器と制服を揃えるために教育委員会と本間忠吉を訪ねた。本間は萬漁丸という船を持つ井寒台出身の網元で、学校の近くに作業場を持っていた。本間は快く楽器を寄付してくれた。こうしてトントン拍子に話が進んで、子どもたちは鼓笛隊の練習を始めた。〝クワイ河マーチ〟〝大脱走のマーチ〟〝希望の道〟と演奏ができるようになると、次は隊列を組んで歩く練習が始まった。練習や準備で帰宅が遅くなっても子どもも教師もみな一生懸命だった。夏休

港まつりパレードの人垣(浦河町立郷土博物館 蔵)

みも返上だった。その熱は親たちにも伝染していった。井寒台は町内で最も上質の昆布が取れるところで、平成十八年に役場を訪問した美智子皇后が、町長との話の中で〝井寒台昆布〟の名を挙げられたほどだ。だから昆布採りの時期になると家中総動員で、子どもたちも手伝わねばならなかった。そんな土地柄なのに〝鼓笛隊の練習〟というと無罪放免になったというのだから、どれほど力が入っていたかうかがい知れる。

さて港まつりのパレードは堺町グランドに集まって出発式を行い隊列を組んで堺町から大通へと歩いて行くのだが、井寒台小学校の父兄たちは我が子や孫の晴れ姿を見て、誇らしくも嬉しくも思い、つい涙を流していた人もいた。そして子どもらが歩き出すと親も一緒になって歩いたり、あるいは子どもの姿を見送ると次のポイントに車で駆けつけ、また子どもの隊列を見送るとさらに次のポイントへと繰り返し、とうとう最後まで追っかけをやっていた親もいたという。そんな井寒台小学校鼓笛隊の一員だった工藤昌博は言った。

「まつりの人の多さにはほんとうに目を見張った。井寒台から出ることはほとんどなかったからね。浦小や堺小の生徒数の多さに萎縮してしまったし、爆竹を鳴らしながら走り回る龍がすごいと思った。まつりの露店も面白かった。皆肩ぶつかり合って歩くんだもの、東京の銀座へ行ったみたいだと思ったさ」。

パレードへの参加は子どもたちにとってドキドキした社会体験でもあった。

けれど平成三年、まつりの華だったパレードは中止になった。仮装や町民踊りに参加する団体が減少したことや観客の減少、そして交通量が増えて国道に交通規制をかけるのが難しくなってきたことが理由だった。それからは消防署横の埋立地にステージをこしらえ、そこを中心にまつりが繰り広げられ、時代に合わせて内容も変化していった。平成四年には第三十回を記念して、築地の特設会場で北島三郎ショーを開き、フルバンドの演奏でヒット曲与作などが歌われた。このときは一千万円の費用がかかったが、関係者が寄付を集めて無料だったことから一万八千人の観客が来て、立ち見が幾重にも取り巻いた。

しかし、昔も今もまつりの最大の楽しみは花火大会だ。岸壁を始め、埋立地等に毎年驚くほどの人が集まってくる。人々は露店でタコ焼きや焼きそばなどを買い込み、持参の敷物の上にどっかと座って花火を楽しむ。雨で順延になったり、ガスがかかってよく見えない年もあったけど、岸壁に座って、ドーンと腹の底に響く音を聞きながら、一瞬真っ暗な夜空に咲く花々は、いくら見ても飽きるということがなかった。港ばかりでなく、ファミリースポーツセンターのある潮見台、浜に近い家や高い建物の窓、堺町や井寒台の浜からは海越しになど、思い思いの場所で人々は楽しんでいた。花火が終わった後、車の大渋滞がおきて交通指導員のお世話になるのも恒例だった。

けれど、この花火大会も年々予算縮小のため、打ち上げられる花火の数が減り淋しくなっていた。そこで平成二十四年、第五十回の港まつりを迎えるに当たって、実行委員会では日高管内一の花火大会を目指して募金活動を行った。春から町内各店に募金箱が置かれ、大口の寄付も募った結果、目標百万円を超えて二百三十万円が集まり、八月十六日の夜には二千発の花火が打ち上げられたのだった。

［文責　小野寺］

【話者】

池田　　章　浦河町荻伏　昭和十年生まれ
太田　正克　浦河町堺町西　昭和二十二年生まれ
工藤　昌博　浦河町向が丘西　昭和三十年生まれ
本間　正寿　浦河町堺町西　昭和三十二年生まれ

第八一話　伝書鳩、今帰りました！

――熱狂の鳩レース

「あっ！　帰ってきた！」

家を出たり入ったり、首が痛くなるほど空を見あげていた卓朗の目に、まっすぐこちらへ向かってくる点のようなものが見えた。鳩だ。だが、気が急く飼い主をしり目に、鳩は鳩舎の上まで来ると、ゆっくり弧を描くようにまわりはじめた。早く下りて来い。好物のアサの実でようやく小屋に呼び込み、卓朗は足のゴム輪に付いた番号を一べつすると、転げるように受話器に飛びついた。

「＊＊＊番、今帰りました！」

昭和四十三年十一月三日、この日は愛鳩会浦河支部の第一回鳩レースが行われていた。出場するのはメンバー九人の伝書鳩三十六羽。鳩は前もって会の世話役である堺寅吉に託され、苫小牧に運ばれていた。ここがスタート地点となる。そこで一羽一羽に番号が振られ、足のゴム輪に付けられると準備完了。八時五分、鳩は一斉に放たれた。出場者は自宅待機でひたすら帰るのを待ち、足の番号を確認して電話で報告する。今はすべて自動化されているが、最初はそんなやり方だった。スタート地点から各鳩舎までは、地図上であらかじめ距離がはかられていてハンデはない。レース前には、ちゃんと自分の巣へ戻るよう訓練してある。井寒台あたりから飛ばして、何度も練習させる者もいた。田中卓朗の鳩は帰還鳩二十六羽中三位と四位。タイムは不明だが、優勝した村瀬安夫の鳩が戻ったのは、九時四十五分二十秒。百キロをおよそ一時間四十分で飛んだことになる。ちょうど自動車並みの速さだ。

伝書鳩は従来通信手段として重要な働きをなしていた。新聞社の原稿や写真も、昭和三十年代前半までは鳩が運んでいたという。その頃から趣味で鳩を飼っている者はいたが、一大ブームが出現するのは、三十九年の東京オリンピックが契機らしい。開会式で一斉に箱から放たれる鳩を、テレビ画面を通じて日本中の人が見た。俺も鳩がほしい、と一人が飼い始めると、みんなが続いた。一時期は卓朗のクラスメートのほとんどが、鳩を飼っていたという。卓朗が初めて飼ったつがいの鳩は、信金に勤めていた父が、札幌に出張した時に買ってきてくれた。父は、汽車の中で箱の中の鳩が啼くのに閉口したといいながら、社宅の庭に一坪くらいの小屋を建ててくれた。卓朗が中学生の頃だった。

絵笛の柳沢和男も、この時のレースに出場したが、彼が鳩を飼い始めたのもやはり中学生の時。同級生の牧本昌喜が白い鳩を持っているの見て、いいなあと思っていたら、静内のおじが一つがい譲ってくれた。高校に入ると、通学用のバイクに鳩を乗せて苫小牧まで行き、そこから放す訓練をしたが、帰宅するとすでに鳩舎に戻っていた。鳩の方が速い。

鳩を飼っていたのは子どもだけではない。村瀬安夫は三協水産に勤めていて、その裏で鳩を飼っていたから、卓朗はよくそこへ見に行ったし、支庁勤めの堺寅吉の家には百羽くらいの鳩がいて、土、日になると子ども達が集まっていた。寅吉は彼らに、開道百年を記念した陸上競技大会の開会式で、鳩を放つ計画を話して聞かせたりした。

「風船五百個に鳩が二百羽。堺町グランドを鳩が飛ぶんだ。どうだ、いいだろう。まさにオリンピックの再来だな」

お茶やお菓子も出て、堺家は当時ちょっとした中高生のたまり場だった。情報交換も頻繁になされ、三石で鳩を飼っている人がいると聞けば自転車を連ねて出かけ、静内にいるといえば寅吉を先頭に見に行った。和男は、四十五年に寅吉が浦河を離れるまでずっと鳩をただで貰っていたというが、買えば安いものでも六百五十円、高いものだと数千円もする。一年に六、七回、二個ずつ卵を産んであっという間に増えるから、広い小屋もいるしえさ代もかさんだ。えさはえびす湯がサイドビジネスで小鳥屋をやっていて、そこで売っていた。

子ども達は昆布拾いや新聞配達のバイトをしながら鳩を育てたが、やがて鳩の盗難が報告されるようになり、ブローカーまがいの者もあらわれるなど、〝鳩の飼育は非行問題につながる〟と問題視されるようになった。こうした状況もかんがみて、寅吉のお膳立てで愛鳩会が結成されたのが、昭和四十三年。冒頭の鳩レースを開催した年だ。初代会長には村瀬安夫が就任し、レースの他に講師を招いて勉強会をしたり、鳩の品評会を開いたりした。四十五年春には静内からの参加者とともに、宮城からの五百キロレースにも挑んだ。トップこそ静内に僅差で奪われたが、浦河勢が上位を独占し、面目を果たした。会員も増え、翌四十六年の百キロレースには、百八十羽もの鳩が出場したという。

浦河で開かれた鳩の品評会(柳沢和男 蔵)

その時発足した愛鳩会は今に続くが、大ブームはまもなく去る。昭和五十年代半ば頃だったか、幌満とえりもの二カ所に、合わせて六十八羽もの白鳩が捨てられて、問題になったことがあった。後に、結婚式等で使うためサイロの中で飼っていた札幌の若者が、えさ代に困って捨てたのだとわかったが、警察は処理に困って和男に世話を頼んだ。その話が新聞やテレビで取り上げられると、和男のもとに、全道から鳩を譲って欲しいという者からの連絡が殺到した。このあたりがブームの最後だった。現在、浦河の愛鳩会会員は二十五名で、常時活動しているのは十名ほどだ。

中学生の時から鳩を飼い続け、やがて半世紀になる和男の今一番の楽しみは、良い種鳩を育てることだ。レースの勝敗を決めるのは血統で、長距離が得意なもの、短距離が得意なもの等、鳩にも系統があるのだ。自分で掛け合わせた鳩の卵が孵り、さてこの雛にどんな色が出てくるのか。それを待つ時は本当にわくわくするのだという。

また和男の夢は、筑波の国際レースで入賞することだ。筑波の鳩舎では早春から二千羽の幼鳥を受け入れ、専門の訓練師が訓練をしてレースに出す。和男も毎年五月の連休頃、選りすぐった二羽の鳩を依頼する。鳩は訓練を終えるとまず二百キロレースに出場。それをクリアすると三百、五百を経て、最後に広島からの七百キロレースに出場できる。レース途中で行方不明になればその時点でおしまいだ。和男の過去最高成績は二百キロレースで八位だが、夢は大きい。

毎朝、和夫は夜明けと共に鳴きだす鳩に起こされ、放鳥して水とえさをやる。日曜日は掃除。百羽の鳩舎の掃除は毎回四時間もかかるが、それもまったく苦にならないという。

［文責　河村］

【話者】

田中　卓朗　浦河町ちのみ　昭和二十七年生まれ

柳沢　和男　浦河町絵笛　昭和二十六年生まれ

【参考】

日高報知新聞　昭和四十一年九月二十三日・四十三年十月二十七日

四十四年十一月五日・四十五年五月三十日・四十六年十二月十一日

第八二話　福祉センターの時代

——浦河の高度成長のなかで

「お前、行ってみたか？」

「おお、浦河らしくない立派さだな」

「俺、あそこで結婚式やるかな？」

「相手も決まってないでよく言うわ！」


昭和四十四年六月一日、大通三丁目に福祉センターが完成した。それまで同じ場所にあった労働会館は狭くて会議室も少なく、利用を申し込んでも塞がっていることが多いと、早くから建て替えの声が上がっていた。鉄筋コンクリート三階建ての一、二階には大小十四の会議室があり、三階は図書館になっていた。一階には教育委員会の事務局が入り管理を担当。二階大ホールステージの緞帳には、浦河出身の画家伏木田光夫の絵——日高山脈をバックに港と牧場と輪になって踊る女の子たち――が織り込まれていた。

六月一日の落成式には自治会長など町内の代表四百人が列席し、落成記念の祝賀行事は九日間にわたって二十の催しが繰り広げられた。初日の芸能ショーにはじまって、邦楽邦舞発表会・町民合唱祭・吹奏楽などの舞台発表、生け花や短歌・俳句の展示、人形劇公演、そして細川隆元の文化講演会で締められた。この間に町民の半数になる一万人が訪れたという。期待の大きさや、新し物好き、好奇心旺盛といった町民気質の表れだろうか。

多くの会議室をもつ福祉センターの目玉のひとつは三階の図書館だった。六月一日には千百人もの町民が見学に訪れた。図書館の床には音がしないように緑のじゅうたんが敷かれていたため、入り口に来て靴を脱ごうとする者があとをたたなかったし、日当たりのいい窓辺の床に横になって昼寝をする人もいた。とにかくゾロゾロ蟻が群がるように、どこからか人が湧いて図書館に入っては出て行った。

それまでの図書館といえば、役場二階の煤けた十畳間くらいの一室に書棚があって、利用者は自分でカードに名前を書いて貸し借りをするセルフ方式だった。だがこんどは五十席以上の一般用閲覧席と書庫があり、二十席以上の児童コーナーもあった。蔵書は六千冊とまだ少なかったが、専門職の司書が新しく配置されていた。

それからというもの新しいことに目ざとい小学生たちは、学校帰りに怒涛のよう図書館にやってきて、バス時間になると波が引くように帰って行った。一、二年の波、三年以上の波と繰り返すなか、職員は子どもたちのおしゃべりで、学校の行事や様子が手に取るように分

福祉センター（浦河町立図書館 蔵）

かったものだった。子ども達が自由に利用できる公共施設がほとんど無かったから、ここでは大きな声を出したり館内を走り回ってはいけないと、基本ルールを教えることから始めねばならなかった。それでも「おれ、学校では静かなんだ。だけど図書館に来ると調子出るんだよな」と言っては、汗だくで走り回っていた常連の小学生たちがいた。

自分の意思でただで本を借りることが出来る図書館、借りなくても遊びに行ってもいい図書館、そのことが新鮮で嬉しくて、子どもたちはよく図書館にやってきた。エレベーターのない三階まで重たい本を持って行き来するのは、利用者にとっても職員にとっても大変だったが、そんなことにはお構いなく多くの人がやってきた。

さて、福祉センターで一番大きな部屋は大ホールだった。椅子を並べて四百人以上、テーブルを並べての宴席では二百人が入った。当然結婚披露宴をここで開こうとするものが多くなった。特に日曜日、それに吉日が重なるとなおのこと申込みは多く、結婚シーズンには必ず抽選となった。時には同じ日に十二組もかち合ったことがある。係は初めこよりでくじを作ったが、めでたいことに唾を付けると言われて、抽選棒を作って引いてもらった。

センターの利用申し込みは三カ月前の月初めから受け付けていたから、毎月一日朝のロビーは人で溢れていた。抽選のたびにどよめきがおこり、当たった人は大喜びで傍の公衆電話から親に報告したし、外れた人たちは一階の大会議室に変更して出席者を減らす相談をしたり、日取り延期で準備変更したり、お金はかかるけど料亭でやろうかと額を寄せ合ったり、悲喜交々の姿が見られた。四十七年の三月にはひと月で十九組の祝賀会が開かれている。

さて福祉センターでは毎週木曜日、文化協会所属のサークルに会場の無料開放をした。混声合唱団は伴奏にグランドピアノが使えたし、囲碁クラブや短歌会、かぶら会(俳句)なども皆安定した場所が確保されることによって会の活動は活発になった。

さらに四十五年からは町内文化講座が開講した。若い女性の料理講座、初心者の写真講座、それに盆栽、書道、洋裁、生け花、囲碁、詩吟、リボンフラワー、短歌の十講座に三百二十人が集い、中でも一番人気は飯田勝雄が講師を務めた盆栽講座で五十四人も受講した。この後も文化講座は木彫や陶芸、七宝焼、ダンス、パッチワークなど新講座を加えて継続され人気を博していた。講師はほとんどが町内在住の人だったが、遠山隆子のように結婚により新たに町民となった人も巻き込んでフェルト作りや染色など新しい講座を加えていった。これらの文化講座から新しいサークルが誕生し、秋の文化祭で発表されるなどしてさらに福祉センターは文化の拠点として活用されていった。四十六年には全道婦人大会(参加者千三百人)、四十七年には全道青年大会(参加者三千人)など全道規模の集会も開かれた。

ところで福祉センター全館あげての楽しみに〝はだか市〟があった。浦河専門店会の主催で労働会館時代に始まったものだが、売れ行きが悪いと言われる二月と八月に店の品物をセンターに運んで販売したのだった。会の青年部がチラシを作ってえりもから三石まで配り、センターのなかをコマ割してそれぞれの店に配分するのだが、品物によって呉服屋は和室、自転車はロビー、家具はホールの天井が低い部分と決まっているものもあった。搬入は二階でも階段を使って人手だけで行う準備は大変なものだったが、店の人たちに勢いがあり、町の人たちも楽しみにしていた催しだった。それは福祉センターが三日間だけ浦河デパートになったようなもので、大型店も通販もない時代だったから、何か買うものがあるとこの日を待って買いに行く人も多かった。「はだか市ってなんだ？　裸になれちゅうのか？」という冗談が客のなかからよく聞かれたが、利益を吐き出して裸になって商品を提供するという意図で、四十七年のはだか市では三十五店が参加、赤札のものは二〜五割引きだった。二階のベランダではパラソルの下でビールやジュースを飲んだり、綿あめやソーセージを頬張って、ひと休みする人たちもいた。このほかに地区労主催のかっぱ市などもあって、店より広いスペースが商品の陳列や販売に使われる例は多かった。

そんな福祉センターのなかでひそかな人気スポットがあった。一階から二階へ上がる階段の横に三角形の池が作られ、そこに鯉が放されていたのだ。初めは寄贈された錦鯉が数匹だったが、金魚すくいの獲物を無断で放していく人がいて、お祭りが終わると小さな金魚が増えているのだった。運のいいものはそこで大きく成長し鯉と一緒に泳いでいた。センターを訪れる人は〝いるかな？〟と横目で見ていく人が多かったが、子どもたちは走り寄って鯉の姿に見とれていたし、夕暮れどき、近所のお年寄りが孫の手を引きながら、池の鯉を見に来る姿があった。

しかし施設が大きくなることによって、中央に人が集まるという変化も生み出していった。自家用車が普及し、地域の生活館で小さく集うより、町まで出かけて福祉センターで趣味のサークルに入ったり、より気の合う人と付き合うほうが面白いという自然の成り行きで、青年会や婦人会など地域の活動が縮小していく方向にならざるをえなかった。

駐車場不足で大通や浜町の人たちに迷惑をかけたり、門のそばにあったヒンドスタンの像に酔っ払いが跨る騒動があったり、多くの人に愛され利用された福祉センターだったが、大通拡幅のため平成六年に取り壊され、二十五年余の短い命を終えて、さらに大きく設備の整った総合文化会館へとバトンタッチされていった。

［文責　小野寺］

【話者】

一力　敏昭　浦河町東町ちのみ　昭和二十三年生まれ
清水　昌光　浦河町東町ちのみ　昭和九年生まれ

第八三話　ある青果物商の回想

——北洋漁業の変遷とともに

大通三丁目のショッピングセンターミオのちょうど中間あたりに、浜に下りてゆく道路がある。一方の角がアミヤ薬局、他方が梶田精肉店のあの場所である。梶田精肉店の側がかってマーケット、古い時代には廉売《れんばい》とよばれる食料品店街だった。

幅八間（約一六メートル）のあいだに梶田肉屋、手取菓子屋、木村青果屋、清沢果物屋、魚井魚屋の五店が割り棟で入っていた。木村商店は戦後しばらくのあいだ、大袈裟にいえば浦河の市街地にたった一軒しかなかった野菜を中心にした食料品店だった。昭和二十年代なかばの小学生の頃から廃業までの五十年間、ずっと手伝いつづけた息子靖によれば、三十年間は競争相手のいない商売をさせてもらったという。また特徴的だったのは浦河港の船主たちが顧客だったことだという。

北洋漁業が再開された二十七、二十八年、三母船五十独航船の試験漁獲が、毎年倍々ゲームのように伸びてゆくのをみまもっていた沿岸の中・小型底引き船は、国や北海道の指導にしたがって次々に北洋海域の独航船やサケマス流し網漁業に転換していった。浦河の例をあげれば、二十九年に十二隻の沿岸中型底引きを七隻の独航船に転換、幸生丸、昌徳丸、萬漁丸、宝生丸、弥栄丸、康盛丸、千鳥丸がその七隻。荻伏では龍宝丸、景福丸の二隻だった。残りの中・小型船は底引きの権利を留保するなり、同地区四十八度以南のサケマス流し網他への転換をはかっている。

木村商店はこれらの北洋への出漁をきめた船主の船に、操業期間中の野菜を中心とした食品すべてを納入するのが本業となった。五月から七月までの三カ月分である。幸生、昌徳、萬漁などが主なお得意さんだった。少し遅れて流し網漁に出漁する船にも納めなければならない。四月半ば過ぎから準備はするものの、量が膨大だった。野菜はともかく、米・味噌・醤油の類まで納めなければならない。木村商店で扱う扱わないは問題外、とにかく注文の商品は集めて船に運び込む。仕入先は苫小牧青果や安井商店、奥田商店だけ。出港の日、見送りの人々の間をぬってリヤカーが船に駆け込んでくる。意外だがアルコール類の運び込みはほとんどなかったという。当時の乗組員によれば、船は二十四時間操業で動いており、酒の飲める時間など一時間もなかった。手の空いた時間、飯を食っているとご飯の上に一面に赤いものがかかっている。〝おっ、今日はイクラだな〟と思って食べると味がない。よく見ると自分の鼻血だった。

三十年には出漁船団数は北洋海域一帯で十四船団、独航船三百三十四隻となり、三十一年はこうした日本の動きを注目していたまだ国交のなかったソビエトは、母川国主義にもとづき〝まった〟をかけ、公海上の一七〇度二十五分にブルガーニンラインを設定し、膨張をつづける日本船団に、区域内のオホーツク海、千島列島からカムチャッカ半島、アリューシャン列島に至る海域に漁獲制限を設けた。このときの出漁船団はアリューシャンに十二船団三百十五隻、オホーツクに七船団百八十五隻だった。

このときの交渉の結果、日ソ両国のあいだで「日ソ漁業条約」が結ばれ、翌年からは、この条約のもとで毎年漁業交渉をおこないその年の漁獲割当と規制(区域・漁期・漁具漁法)を決定する方式が定着した。具体的には三十二年漁獲量割当が十二万トンだったものが三十六年には六万五千トン、また三十四年以降オホーツク海全面禁漁に応じ十六船団四百六十隻、三十七年にはA区域(母船式)・B区域(流し網延縄式)に分けられ十一船団三百六十九隻、十一万五千トンに制限された。

国際規制、資源管理といえば、国内的にはすなわち減船だった。沿岸から沖合いへ、沖合いから遠洋へというスローガンのもと、中・小型底引き船の減船も北洋海域への転換が進んだ。政府の減船補償と残存漁業者による〝とも補償〟により、整理・統合がおこなわれたが、三、四十年代、浦河のおもな漁業経営者は新船建造や増トン、廃業した船の漁業権購入、海域の変更をおこないながら生き残っていた、というより、これをバネにして逆に水揚げを伸ばしている。

一例をあげれば、三十九年と四十年、本間漁業は沖合い底引きを廃し、いわゆる北転船二九九トン二隻を購入・建造している。これを四十二年、四十三年に三五〇トン、一五〇〇馬力に性能アップし、それぞれ二億五千万をかけた。夏場はベーリング海、冬場は西カムチャッカで操業する。大石漁業もまた沿岸底引きと中部サケマスの権利を返し、北転船を建造してベーリング海での操業をおこなう。この間の利益でさらに沿岸のサケマス定置漁業、沿岸底引きの権利を買い増すなど投資をおこなっている。

マーケットの師走風景（浦河町立郷土博物館 蔵）

　こうした町の漁業経営者の拡大機運にのって、木村商店の売り上げもまたうなぎのぼりだった。木村靖によれば、四十年代後半には一日に二百万円を売り上げることもあったという。この間、丸高青果市場、浦河卸売市場、金濱商店など卸売り業者も創業していて、仕入れは随分やりやすくなっていた。量がととのえばこれらの業者に直接トラックで納品させることもできた。乗組員たちも不眠不休の三カ月を終え、いわゆる北洋帰りとなれば家は改築する、テレビは買う、酒はあびるだけ呑むといった光景が現れた。町の店主や業者にとっては北洋さまさまだった。なお函館市史デジタル版では、北洋関連の物資調達は四十九年七十億円がピークだったとしている。

「浦河に帰ってくれば、一歩あるくたびに税金払ってるようなもんだ」

そう豪語する船頭もいた。ある年の日高の所得番付に船頭が名を連ねることもあったのである。三十年間真田漁業で働いた高津正は夏場は中部、冬場は戻って底引きというローテーションだった。四十年過ぎ、二〇〇トンの船で日付変更線を越えた海域でイカ流しにも従事したが、かれが生涯で一番稼いだのは四十年代後半から五十年代にかけてで、船長として年間七、八百万だったという。また同じ頃主として本間漁業で北転船に乗っていた弟の登によれば、北転船の若い衆で年間八百万、役付なら当然一千万を超える年収だったはずとしている。これを裏付けるように、本間漁業の帳場だった斉藤實によれば同社の利益のピークは、二年おきに新船を建造していたにもかかわらず、五十二年の三十八億円だったという。

これらの好調な流れに決定的ダメージを与えたのが二百海里だった。自国の漁業専管水域を領海と同じ二百海里とし、その大陸棚で生まれ戻る魚族に対しその河川を有する国はそれらの魚族について公海上でも管理権をもつというものだった。しかたなく日本もこれに同調、二百海里宣言をおこなった。その一方でソ連、米国（後にカナダも）とその水域内での操業についで個々に交渉を行なわなければならなくなった。

長い歴史をもつ北洋漁業の終わりの始まりだった。操業区域は極端にせばめられ、魚種、漁期も制限された。漁業協力金も設けられた。五十七年国連海洋法条約が発表されるに及んで、それは決定的となった。

同時にそれは浦河漁業の衰退を意味した。六十二年までに町内の主だった漁業事業者山崎、荒井、高津、塚田、浜出、伊藤、中村、大石(平成九年廃業)などはこの海域からのサケマス事業から撤退し、あるものはそのまま廃業した。さしもの本間漁業も二隻の北転船を廃し一隻の新造(二七九トン七億三千万)に切り替えたが、これも平成三年には売却を余儀なくされ、手持ちの定置網漁の権利も売却した。現在は残った沖合底引き船三隻で室蘭で事業を継続している。

こうした趨勢に木村商店も太刀打ちできず、わずかに自衛隊や浜町の飲食店街に納品していたが、浜町界隈の駐車禁止の措置で人どおりはパタッとなくなり、あれほど賑わった飲食店街もさびれてしまった。こうして木村商店は平成十五年に廃業した。北洋漁業に依存していた事業者は町内にたくさんあったはずだが、造船や鉄工所だけでなく、町内全体で相当の売上減となったろう。昔からの習慣で、漁師は地元で金を使う。そうしたことも併せて考えれば、浦河町浜町の驚くような寂れかたの原因のひとつに、北洋漁業の衰退があったことは確かである。

［文責　高田］

【話者】

斉藤　實　浦河町堺町西　昭和十二年生まれ
高津　正　浦河町大通　昭和十一年生まれ
高津　登　浦河町大通　昭和十八年生まれ

木村　靖　　浦河町旭町　　昭和十七年生まれ
久保田　稔　　浦河町堺町東　　昭和十八年生まれ
土井　裕司　　浦河町緑町　　昭和二十九年生まれ

第八四話　ガイガーカウンターを買う

——桜井悦郎の野望

三石本桐に住んでいた桜井悦郎が意を決してガイガーカウンターを買ったのには深いわけがある。それにはどうしても少し説明が必要だ。

いわば無頼ともいえる生活を案じた先輩の強引な手引きでまだ先と思っていた結婚を余儀なくされ、それでも嫁をもらった責任から、家業を手伝いながら札幌まで通って測量士の資格をとった。いよいよ独立するというときに、静内(現新ひだか町)に出るか浦河にするかで迷っていたとき、兄とも恃《たの》む先輩に忠告され、浦河に出ることを決めた後のことだった。昭和四十五年頃のことである。

家庭もできて、さすがに若い頃のような無軌道は影をひそめたが、ちまちました日常が我慢ならなかった。いずれ北海道でも指折りの事業家に数えられるようになってやるという野望がいつも心を満たしていた。

かれが最初に手をつけたのが金鉱脈と石油だった。三石の歌笛にひとりで住んでいた老鉱山師が、厚さ五十㌢以上にもなる金鉱脈を発見していた。これを共同開発しようということになっていた。石英質のサンプルも見ていたのである。それがある日ポックリ亡くなってしまった。老鉱山師が日高のどのあたりの山々を重点的にまわっていたのか、これまで交わした会話を思い起こしながら、これとあたりをつけて一年ほども歩いてみたが、その手がかりさえ得られなかった。

金鉱脈を探すことは一時断念して、次に手をつけたのは石油だった。秋田、新潟とともに、胆振から日高にかけては地質の構造上石油があっていい地域だった。べつに秘密の情報でも何でもない、通産省が早くから公表していたものである。苫小牧の原野から新冠あたりの沖合にかけて五、六カ所、石油・ガス田として位置図つきで二、三度新聞発表されてもいた。とくに第一次石油ショックのころはかまびすしく取りざたされたものである。従ってこの情報は胆振・日高の住民なら誰でも聞き知っていることだった。またこの鉱区を開発しても、採算上無理があるということも情報として承知していた。一般の民衆としての反応はこの程度である。そしていずれ忘れ去られる。

桜井の凄いところはその先を見越すことにある。かれが言うには人類は火を知って以来進歩を始めたという。燃料の歴史はおおまかに薪からはじまり、石炭に移り、さらには石油に移ってきたと。石油の用途はわたしたちの理解をはるかにこえて、想像もできない分野にまで広がっている。建材や蛋白質としてさえ利用されている。その事情を知れば燃料としてはもとより石油化学分野の需要は拡大の一歩だ。とすればいずれ石油は絶対不足の時代が来る。そのことを見越して、手を打っておく必要がある。

こうしてかれが採った手段は次のようなものだった。通産省の発表に先立ち、石油埋蔵が期待される地域はすでに石油天然ガス・金属鉱物資源機構が鉱区権を設定している。石油が出たときには当然その隣接地も埋蔵の可能性が高い、よしんば出なくとも事業用地として活用されることになる。とすれば、現段階で石油公団の隣接地を自分が鉱区申請しておくべきだと考え、それを実行したことである。地域は新冠町だった。面積は二百町に及ぶ。

鉱床発掘作業（浦河町立郷土博物館 蔵）

鉱業法という法律は明治以来鉱物資源の少ない日本の国情を強く反映していて、鉱業申請や採掘については土地所有者の私権を拘束するものである。苫小牧で天然ガスの試掘がはじまったときは、いよいよおれの時代が来たかと思ったという。しかしその後、探査が日高に伸びてくる気配は今のところない。

次にかれが目をつけたのはウラン鉱だった。先に書いた人類の燃料の歴史を考えるなら、当然次の対象は原子力発電となる。三十八年には茨城県東海村の実験炉が発電を開始している。並行して原料となるウランの埋蔵調査を実施してきた。詳しいことは省くが、日本国内には原料となるウラン鉱はほとんどないという結論がでていた。しかしこの鉱区を見つければ大事業になる、かれはそう確信した。

その手はじめにどうしたって放射能検知器がいる。測量事務所を開いている関係で道内各地を測量してまわる。まして得意分野は国のパイロットファーム事業に付随する山林原野の測量だった。それで出入りの測量機器屋に声をかけた。

「おい、放射能を調べる機械あるべ……」

「なにさそれ……」

機械屋も要領を得ない。

「ほら、ビキニのマグロ揚がったとき、放射能を調べていた機械、あのガーガーって鳴るやつよ」

「ああ、あれ……」

「そうよ、あれ。あれ見つけてこいや」

「どこ行ってさ……」

「そんなことオレ知るわけないべや。おまえ機械屋だべ」

というわけで、㈱岩崎の営業マン西谷光男はガイガーカウンターを探すことになった。かれは北海道大学をはじめ心当たりを探したが道内にはどこにも無かった。さらに東京の機器商をあたって、国産では作られていないこと、ドイツから輸入することになるのを確かめてかれに報告した。桜井は一瞬考えたが、大事業のための先行投資だと自らを納得させ、発注した。貧しいなか、塩を舐めながら買った検知器は、当時で二十万以上についた。

以来、かれの言葉を信じれば道内全域を探査してまわったという。どこに行くにも測量機器といっしょにガイガーカウンターを背負って、山林原野を駆けめぐった。しかし残念なことにどこにもその徴候を見出すことはできなかった。

ガイガーカウンター(桜井悦郎 蔵、小野寺信子 撮影)

こうした噂を聞きつけて桜井のもとを尋ねてきた人物がいた。獣医師の原田了介である。桜井が聞いていた事情は、原田がフランスに外遊したとき、原子力発電所の見学記念に、微量の放射線を出しているウラン鉱を買って帰ったという。原田は自分のある着想を確認するためにガイガーカウンターを借りに来たのだった。

子息克によれば、父は、戦後のある時期から夫婦そろって一カ月近く二股ラジウム温泉へ湯治に行くのを習慣としていた。腰痛、関節痛によく効くのである。その原因物質が温泉に溶け込んだ鉱物質にあり、これをとりだして薬として活用できないかと考えたのである。温泉水を煮つめるとこまかな粉末状のものが残る。これが原因物質ではないのか。温泉に豊富にある湯の花も同じではないのか。ラジウム温泉というからには天然の放射性物質ではないのか。

こうした疑問がガイガーカウンターに結びついたのである。この計測機器を借りた原田は、四方八方手を尽くしていわゆる放射性物質を調べてまわった。四十七、八年のことである。調査の結果、科学技術庁が無害な放射性物質として、モズナ石から分離されたトリウムという物質の市販を認可しているのを知った。かれはこれを入手し粉末にし軟膏をつくった。トリウムの含有量を変えながら、仕事である馬の治療薬として使いはじめた。これが効いた。関節の炎症や外傷性のがんこな腫れによく効いたのである。

こうした結果を得て、五十年頃、原田は出入りの小さな会社に販売を委託した。同社は《トリウム軟膏》と命名して札幌の競馬場で大々的に売り出した。

順調な滑り出しと思ったのも束の間、まずこの販売会社に脱税容疑で国税の調査が入った。後は芋づる式にかれの許へ。かれの許からさらに販売先の牧場へと、調査は三年にわたって行われたという。当時原田家畜病院の会計を担当していた克の妻糸子によれば、〝あんたんとこは町議でもあり、獣医でもある。覚悟しておけよ〟と脅された。しかし馬鹿正直な帳簿のおかげで課徴金は三、二〇〇円だった。

さて大金持ちへの入り口だったガイガーカウンターも、いまでは桜井家の物置の隅でひっそりと埃をかぶって眠っている。しかし野心や野望といわれるものまで眠ってしまったわけではない。今でも次の事業を虎視眈々と狙っているのである。
もうひとつ、放射性物質トリウムは内部被爆の危険性があるとして、現在は研究以外の販売は禁止されている。

［文責　高田］

【話者】
桜井　悦郎　浦河町堺町東　昭和十二年生まれ
原田　克　浦河町大通五　昭和九年生まれ
原田　恭宏　様似町潮見台　昭和十一年生まれ
西谷　光男　浦河町堺町西　昭和二十一年生まれ

第八五話　青春の輝きを浦河で

――上智大サマースクール

平成十九年五月、澤谷英勝が太平洋を見下ろす潮見が丘でルピナスの手入れをしていると、二人の男性がやってきて何やら懐かしそうにその景色を眺めている。見たことない人だなと澤谷が声を掛けると、〝自分たちは名古屋と東京から来たのだけれど、学生時代浦河で中学生に英語を教えたことがあって、懐かしくて三十数年ぶりにここを訪れたのです。我々にとってこの丘には青春時代の大切な思い出が残っているんです〟と言う。二人の名前は小池正夫と小木曽隆と言った。

昭和四十八年から五十四年まで、浦河ではサマースクールという名称で、夏休みの一週間、上智大の学生が中学生に英語を教えたことがあった。これは上智大学外国語学部英語学科の自治活動にサマー・ティーチング・プログラム（以下ＳＴＰ）というのがあり、地域の経済格差が生徒の英語への関心にどう影響するかを調べると共に、英語の面白さを教えようと企画されたものだった。毎年全国四、五カ所で開かれ、応募した学生が派遣された。

初めの年は浦一中生が八十名ほどだったが、二年目は全町から希望者を募り、五十一年の受講生は一九〇名、教える学生の数も二十八名となっている。浦河の中学生にとって〝東京の大学生〟にお目にかかるチャンスはめったに無く、皆興味津々だった。学生たちの服装はジーパンにTシャツ、長髪でサングラスもかけていた。女学生は素敵なワンピースの人もいた。みな都会の雰囲気を持ちカッコ良かった。浦河の中学生たちには憧れであり、新鮮な出会いだった。

大学生による授業風景（STP 同窓会 蔵）

中学生は学年ごとに十五人ずつのグループに分けられ、そこに学生が二、三人つき、教室の机をコの字形に並べて学んだ。といっても普通の授業とは違って、大学生がユーモアを交えながら楽しく英語を教えてくれるのだ。かつて参加した女性は「ゆかさんという美人の先生がマザーグースを訳すところから勉強が始まったのですが、すごいカルチャーショックでした。こんな素敵な方がいたのかとほんとうに驚き、強く惹かれました」と話している。

さてこのＳＴＰは、室蘭、天童、下関でも開かれていたが、そこでは受験勉強の塾と見なされていたのか、午前の授業が終わると子どもたちはさっさと帰って行った。ところが浦河では午前の部が終わると全員が残り、持ってきたお弁当を食べて午後の部に臨んだ。午後のプログラムはレクリエーションだった。英語のしりとりゲームや歌、トランプ、バレーボールとよく遊んだ。浜や森林公園にも行き、最後の日には堺町グランドで浦河恒例大運動会まで開かれた。

参加した元中学生たちは口を揃えて言う。「とにかく楽しく遊んでくれた」「大学生たちは一生懸命私たちを楽しませてくれた」と。そんな日々だったから英語の勉強よりも、〝憧れの大学生と出会って過ごした一週間〟の印象の方が誰にとっても強烈に残った。

「美人で頭がよくて親しみやすくて…そんな大学生にすごい憧れを持ちました」

「全国にはいろんな人がいることを知りました。上智大との出会いがなければ、私が静岡へ嫁ぐことはなかったかもしれない。あの時、人間どこにいても同じだと感じたんです。あの一週間でわたしの考え方が変わったんです！」

「このときの出会いは感動でした。みんなすごく熱かった」

「上智大の先生たちはいつまでも私の憧れだった。いつか東京へ会いに行こうとずっと思っていた」

浦河の中学生にこのように強い印象を残したサマースクールだったが、先生を務めた上智大の学生にとっても、それは青春の輝きのなかでの素晴らしい体験だった。長いこと神奈川の高校教師をしていた栗原光弘は、学生だった昭和五十年から三年間、浦河でのプログラムに参加したという。二年目に参加した時の様子を聞くと次のようだった。

五十一年七月二十九日、浦河ＳＴＰに参加する二十八名が東京駅に集合。そこからバスで埠頭へ行き、フェリーに乗って苫小牧へ向かった。船の中では若者の特権でもあるかのように遊び歌いふざけながらグループ内を固めていった。フェリーで二泊し、苫小牧から国鉄の〝えりも一号〟に乗ってやっと浦河に着いた。駅を出ると、昨年の受講生がたくさん迎えに来ていた。前年も来ていた学生の周りは女子中学生が取り囲んで賑やかだったが今年初めての学生の周りには誰もいなくて……。

学生たちは町教委が用意してくれたバスに乗り宿舎の〝研修センター〟に向かった。そこに一週間泊まり込んで中学生に英語を教えるのだ。夜になると自分で作ったテキストや教材を持ち寄って、グループごとに授業の打ち合わせをした。このミーティングは毎晩行われた。

翌朝、スクールバスに乗って会場の第一中学校へ行き、割り振られた教室で授業を始めた。浦河の子どもたちは素直で純真で伸び伸びとしていた。子どもたちに英語を教える喜びをここで味わった学生も多かった。この年の運動会のプログラムでは、総勢二一〇名の中から選ばれた小林得二君の選手宣誓に始まって、ラジオ体操、借り物競走、二人三脚、玉送りゲーム、クラス対抗リレーのほか〝浦河ＳＴＰで発案されたミステリアスなゲーム〟が並んだ。

それはトイレットペーパーで先生の体をぐるぐる巻きにし、どの組が一番早くミイラを完成させるか競う等といったものだった。最終日のお別れパーティでは体育館に大きなカルタ札を並べての大カルタ会、バンブーダンスや〝大きな栗の木の下で〟を踊り、ギターマン登場にあわせて歌やパフォーマンスを披露。〝君といつまでも〟〝遠い世界〟〝エーデルワイス〟を全員で歌い、〝ジェンカ〟で幕を閉じた。

青春のエネルギーに満ちていた学生たちは、英語の授業もさることながら中学生たちと一緒に楽しむことに全力を注いでいたのだ。そして一日の終わりには研修センターの前にたつ〝海の少女像〟の台座に座り、太平洋に沈む夕日を眺めながら皆でフォークソングを歌った。潮見が丘の夕日と歌と仲間たちの顔は、学生たちの心に深く深く刻まれていった。

東京へ帰った学生たちは浦河で撮った写真を中学生たちに送り、中学生からは「来年も来てください！」という熱いメッセージが続々届き、その後も長いこと文通を続けた人もいた。

「浦河のSTPは大学生冥利に尽きるなぁ」と彼等は思い出のアルバムに書き残し、卒業後に英語の教師になるものが多かったという。

それから三十数年がたった平成二十年八月二日。大通三丁目のウェリントンホテルで〝浦河STP同窓会〟が開かれた。小池と小木曽が浦河を訪ね、東京でその報告会を開いてからトントン拍子に話が進んで、お互いの会いたい思いを実現させたのだった。先生だった元学生は九名、生徒だった元中学生は六十名が集まっていた。先生たちはみな東京周辺や愛知県など遠方からの参加だった。なかにはニューヨークで弁護士事務所を開いている滝川玲子がいた。しかも「三十二年前と同じワンピースを着て、とても楽しみに来た」のだという。中学生の側も静岡、東京、札幌と、各地から参集していた。

「いやあ、あの時はほんとに楽しかった！」「よく遊んでもらいました！」会場は一瞬のうちに時を超えて〝あの日〟にもどり、ミイラのゲームや仮面ライダーのパフォーマンスが繰り広げられた。たった一週間の出会いが、三十数年すぎてもつながっている。それだけお互いに密度の濃い時間を過ごし、しっかり心に刻まれたからだろう。冒頭の二人は言う「私たちはとにかく浦河が好きです」。浦河と東京の間に結ばれた沢山の糸は、年月と場所を越えて、今もしっかり結ばれている。

［文責　小野寺］

【話者】

栗原　光弘　南富良野町北落合　昭和三十年生まれ
宮坂　歌子　浦河町東町かしわ　昭和二年生まれ
ＳＴＰ同窓会参加の皆さん

第八六話　トクさんがいた

——義理人情厚い天下の自由人

　昭和三十～五十年代、浦河の町なかでよく見かける一人の男がいた。温和な丸顔で背は低く、押している自転車には交通安全の旗やら何やらいっぱい飾りを付けていた。通りがかりに声をかけるとどんな人にもニコニコと話に応じて来た。浦河でこの男を知らないものはない。名前は小林徳太郎といったが皆からはトクさん、またはオンバコのトクと呼ばれていた。

　トクは大正九年ころの生まれで、父親は不明。母親はオンバコと呼ばれる女性で、オンバコには四人の子がいた。上の二人は別れた夫が引き取り、父親の違う次男栄吉、三男徳太郎と一緒に東栄で暮らしていた。オンバコには知的障害があったが、末っ子のトクを可愛がり、肌襦袢《はだじゅばん》のなかにトクをぺろっと入れ、腰紐をしっかり巻いて落ちないようにして仕事に出ていた。トクが大きくなってもそうやっておぶっていた。「いっつもトクをおんばっていたから、オンバコのトクって言うんだべさ」と東栄の人は言うが、本当のことは分からない。

オンバコは一時共栄で長さんと暮らしていたが、昭和十四年に長さんが急死すると浦河の町へ行った（浦河百話第九七話「長さん地蔵の話」参照）。一家は大通五丁目の浜側に廃屋となっていた魚粕工場を見つけ、なかの室《むろ》にムシロをたらして住みついた。仕事を持たないその日暮らしのオンバコ一家だが、その頃にはトクだって二十歳近くになっていた。学校に行かず全く教育を受けていない栄吉とトクだったが、見たり経験したことは体で習得していた。

トクの住まいの数軒先に大衆館という映画館があって、館主のダッタン（村岸利助）は義侠心が強く貧しい者を助ける人だった。ダッタンはトクを呼んで大衆館の雑用をさせた。当時映画だけでなく、歌や芝居などの色物も多い時代だった。あるときダッタンは、やってきた旅芸人の一座に「勉強してこい」と言ってトクをつけてやった。トクは道具運び、看板たて、幕引きなどの雑用に使われ、三、四年修業して浦河に戻ってきた。その間にふれた芝居や浪花節にトクは人の哀れや義理人情を感じとり、しっかと体に染み付けてきた。

かつて濱口光輝の家は大通二丁目にあったが、母親はトクが来るとイモやカボチャを炊いて持たせてやっていた。十六年に濱口が三石町役場に勤めるようになると、トクは時々三石まで会いに来た。ある寒い日シャツ一枚で来たトクを見て、濱口は自分が来ていた上着をトクにやり、店から丼ものを取って二人で食べてから帰したという。

二十二年、濱口が札幌の狸小路を歩いていると「助役さぁ～ん」と呼ぶ声がした。振り返るとチンドン屋が大声で叫びながら濱口の方に駆けてくる。びっくりしてよく見ると、化粧してカツラをかぶり、ピエロのような服を着たチンドン屋はトクだった。「チンドンやってるんだぁ」と言う。そばにいた親方は、「ウチで雇ってやってる。トクはウチの宝だ」と。「トクちゃんエライ、出世したな。頑張れよ」濱口はそういって狸小路を練り歩くトクを見送った。

その翌年、濱口のところへ警察から一本の電話が入った。五丁目のカフェで無銭飲食をした男が濱口助役の名を口にしているから来てくれという。行ってみるとトクだった。身分不相応な立派なコートを着ていたので聞くと、浦河に帰りたくなったから親方のオーバー着て帰ってきたという。

トクは濱口のいる役場にもよく行った。職員が夜勤しているところへ行っては雑談の輪に入った。トクの話題の豊富さや記憶の良さは群を抜いていた。時には浪花節を語り、時には町の人物評をした。文字が読めないトクの浪花節は聞き覚えだったから話はトンチンカンだったけれど、節回しは上手く聞く人は手をたたいて面白がった。また街なかで会った人たちについても語った。あるとき「山寺は立派だよ。誰もいなくてもちゃんと仏さん見てるもんな」と言う。「どうして分かるんだ?」と聞くと「ローソクの減り方を見てると分かる」とトクは答えた。役場では夜勤のあとでラーメンを食べるのが常だったが、トクがいるときは必ずトクの分も注文した。しかしトクはラーメンが届くと丼をもってオンバコのところに走り、また戻ってきた。

トクは昭和三十一年まで、常盤町の奥にあった火葬場で隠坊焼《おんぼうや》きをやった。そんなときはお酒や食べ物をいっぱい貰えた。しかしそれは毎日のことではなかったから、合間にいろんなことをやった。薪割りや網はずしなどの拾い仕事をしては、食べ物を貰って帰っていたし、浜を通ると漁師たちが商品にならない魚をくれた。また一家は墓地にもよく行った。常盤町だけでなく、井寒台や東栄、荻伏の墓地にも行き、お彼岸やお盆など墓前にあげられた供物をガンガン(缶)に集めて持ち帰った。それらは保存され、米飯は洗って干して冬に食べた。

東栄龍神社の祭りでチンドンをするトク(阿部英昭 蔵)

　トクは何ものにも縛られず自由だった。自分とオンバコの食べものを手に入れさえすれば何をしても良かったし、トクは何にでも手を出した。なかでもチンドンと太鼓たたき、浪花節や講談などの芸ごとはトクの性に合った。トクはよく放浪の旅に出ていたが、祭りの頃になると必ず帰ってきて町内の神社を廻り太鼓をたたいた。〝祭りのときには、トクさんいるのが当たり前〟と多くの人が記憶している。チンドンは全道大会で二等を取った事もある腕前だったから、商店の売り出し、映画館の興行、はては浦河消防署の防火週間の宣伝にも駆り出された。トクのチンドンの道具は今も老人ホーム(現・ちのみの郷)に残されているが、太鼓の上にはカネならぬフライパンが吊られている。

　大黒座はトクの大好きなところだった。二代目館主の三上ヨネにはよく面倒を見てもらった。長い放浪の旅から帰った時は、何処でどうしていたかヨネに仔細に語り、映画や芝居の宣伝にチンドンをし、芝居や浪曲などの色ものがかかるときには幕引きや雑用を手伝った。「トクが拍子木打って幕引く兼ね合いはバツグンだった」と観客たちは驚いていた。

山寺（光照寺）にもよく行った。住職も奥さんも食べ物を分けてくれた。しかしトクは恩を受けると掃除をしたり雑用をこなして礼をすることを忘れなかった。

トクは親しみのある笑顔を知り合いの家にも見せた。盆と正月には町の助役をしていた田中肇の家に行って、用意されたお膳や酒を心ゆくまで味わった。そんなとき自転車の荷台には必ず土産のミカン箱を載せていた。役場で衛生係長をしていた宇田武次の家にひょっこり顔を出したこともあった。その前の数年、トクは浦河を離れており、冷凍人間になったという噂が町中に広まっていた頃だったから宇田もビックリし「トク、生きていたのか！」と家に上げて一緒に喜びの杯をあげた。濱口の家では食べ物だけでなく、着るものや日常のこまごましたものも貰った。濱口の奥さんは道路に石を並べてトクに数を教えた。

トクは東京からきたきれいな先生とも会った。先生の名は佐藤愛子と言い、トクの話を聞いて「オンバコのトク」という小説を書いた。それがトクの名をさらに広めた。

昭和五十年代、トクは柏団地に住み、社会の常識や規則に縛られること無く、お腹がすくと食べ物を求め、祭りがあると駆けつけ、どこかへ行きたくなったらフラリと旅に出た。

しかし昭和六十年、トクは荻伏の祭りに行って倒れ、救急車で日赤病院に運ばれた。その翌年六月、トクは周囲の世話で町の養護老人ホームちのみ荘に入った。ホームに入っても夏祭りにはチンドンの恰好をし、盆踊りの太鼓を叩いた。そして盆と正月には必ずかつて世話になった人々の家を訪ねた。ホームではトクが帰ってこなくて探し回ったことも度々だった。天下の自由人にとってルールのなかで暮らすのは窮屈だったに違いない。それでも守ってもらわねばならないことがあった。ホームとトクとの間で折り合いが付かないときには、職員が「濱口さんの奥さんに電話して聞いてみる」と言うと、それで決まったという。トクは終生、濱口家に忠誠を誓っていた。

平成九年、トクは体調を崩した。トクの好物は塩おにぎりと魚のソーセージだった。具合が悪くて給食を食べられない時でも、それを出すと全部食べた。が、十一月二十四日、老人ホームの職員に「世話になったのに何もお返し出来ない。感謝してます」と言って亡くなった。七十七歳だった。

［文責　小野寺］

【話者】

浜口　光輝　浦河町昌平町　大正四年生まれ（平成二十二年没）
長岡　亮治　浦河町東町かしわ　昭和十年生まれ
長尾　保行　浦河町井寒台　昭和十八年生まれ
宇田　憲市　浦河町堺町東　昭和十五年生まれ
田中　恭子　浦河町常盤町　昭和十一年生まれ

第八七話　浦河青年会議所

――発言を求めた若者たちの熱狂

昭和四十八年から九年にかけて、浦河の若手経済人や企業経営者とその後継者のあいだで、旋風のように激しく巻き起こった運動があった。ともすれば揶揄されがちな二代目、三代目といわれる町の若手が、こぞってこの活動に身を挺した。その有様は熱病に冒されたかのようであった。浦河青年会議所の誕生である。

四十八年の春、北洋塩業浦河営業所に転勤してきた野田豊という男がいた。営業マンらしい如才のない人物で、本店の函館から苫小牧を経て浦河にやってきた。商工会議所青年部や自民党青年部にも出入りし、またたくまに青年たちの仲間入りを果たしていた。青年部という言葉が示すように、家業や事業の実権は父親が握っている。従っていわば修業時代にある青年たちの集まりであった。

親しくなって半年、会議が終われば、いつものように行きつけのスナックで酒を呑むか、マージャンをして無聊を慰めるのがパターンとなっていた。

「……人口も減りはじめているし、オレたちもなんか考えなきゃなんないんでないのか。たとえば町民がもっと楽しめる町にするとか……」

「そんなこと、役場が考えることだべや」

「いや、あいつらに任しておいたって、前向きにはなんにもしないのよ。町議なんていったってほとんどサラリーマンだからよ。歳費を生活費にしてちゃダメよ」

「苫小牧におもしろい団体があるのよ、JCといってよ……」

野田が話すところによれば、日本青年会議所(略称JC)といって、役所や国に対等の立場で発言や提案をしている青年組織だという。現に苫小牧では市の政策にも採用されているし、メンバーも街で、あるいは市の各種委員会で発言しているし身をもって行動しているという。半信半疑ながら、苫小牧青年会議所に電話を入れた。野田の言葉を裏付けるやりとりが交わされた。これを受けて、その活動ぶりについて町内の青年団体と話し合いをもつことになった。数日して苫小牧のメンバー七名が来浦した。品田光男、小林亮夫、斉藤隆、大針道生など九人がこれに対応、たくさんの資料の提供を受けただけでなく、具体的な活動の説明を受けた。日常に埋没して鬱勃《うっぼっ》としたかれらの気分に火が点いた。未来が見えるように思えた。

翌四十九年一月、ホテルニュー王子で行われた苫小牧青年会議所定時総会に、オブザーバーとして六名を出席させたのを皮切りに、一年間というもの考えもしなかった研究、学習、出張の毎日が続いた。無我夢中だった。のちにその当時の気分を回顧して、初代理事長だった品田光男は次のように語っている。

……今まで経験したことのない毎日でしたが、規律に満ち、こんなに素晴らしい団体ならば是非創り上げ、立派に運営したい……、（中略）そしてあの式典の感動的なフィナーレを迎え「若い我等」の歌声に乗せ友情の輪が会場いっぱいに広がり、メンバー一人一人と力強く握手をし喜びを分かち合った充実感は、いまも私の心にあたたかく残っています〈浦河JC十周年記念誌より〉

十年後のかれをさえ、これほどまで感動させた浦河青年会議所の結成となったのである。推薦者苫小牧JCの献身的なサポート、浦河JCの設立メンバー（チャーター）の昼夜を置かぬ挺身といったものが、その思いを一層深めたのだろう。その感動は四十九年四月の創立総会、それに続く数カ月間の準備を経た九月二十四日、日本青年会議所からの認承証伝達式をもって最高潮に達した。認承番号560番、全道では四十五番目、当時日高からは浦河町だけだった。

六十二名もの人間の集まれる場所は当時福祉センターしかなかった。全体の例会が月に二度、総務、広報、会員開発、指導力開発、社会開発などの委員会が週一度の割で開かれた。議論し、提案し、実践する、毎年交代する理事長の掲げるテーマに添ってこの原則が貫かれた。それは町おこしのイベントであったり、アンケート調査であったり、電話インタビューであったりした。より豊かな郷土をつくるためになにをすればいいのか、すべてがその目的に集約されていた。着実にスケジュールをこなすために求められる努力は並大抵なことではなく、初期の会員のほとんどが、毎夜必ず何かの会議に出席していて、まともに家にいたためしはなかった。

10周年記念式典（「浦河青年会議所創立20周年記念誌」より）

熱病のような陶酔のなかで、時日が過ぎていった。これまで地道に家業に励んでいただけだった漁業関係者や商工業・農業関係、とりわけ軽種馬生産農家の青年が表舞台に登場していた。銀行や保険関係の若者もいた。町にとっても産業界にとっても、その登場におおきな期待が寄せられた。声高に理想を叫ぶ人士はいても、町民に近いところで身をもって実践してゆく団体はこれまでなかったからだ。

青年たちをここまで惹きつけたものは一体なんだったのか。面白い指摘がある。会員個々の略歴のなかに学生運動の経験がないことがあるという。当時の認識に従えばこのＪＣ運動と少し後になって現れる松下政経塾は、広く新保守主義運動と受け止められていることだ。自衛隊への一日入隊や北方領土視察の継続もそうした体質の表れだろう。町の人口が漸減しているなかで、町を維持発展させていくための骨格的な理念をそこに見出していたに違いない。そのことは昭和四十年代に入ってからの左翼運動の退潮と無関係ではないだろう。

〝若いもんが毎晩遊んで歩いて〟〝お坊ちゃんたちになにができんのよ〟など町民の受け止め方は、かれらの思いに対して皮相的だ。数十人もの若者の集団が街を闊歩する。醸しだされるエネルギーは町民を威圧するには十分な数だ。長靴で日常を過ごしていた層には、これまでの経験からネクタイ、スーツ姿にある種の胡散臭さを感じてしまうところがある。その壁は実践のなかでしか越えられない。

豊かな町をつくるというテーマのもとで、かれらにより改革された事柄はたくさんある。大規模な町民意識調査、港まつり、観光マップ、サラブレッドの観光資源化、学校教育への接近等枚挙に暇がない。こうした発言や実践の中から、町の各種委員会や調査・研究活動に幾多の人材を送り込んだ。その様相はまさに一時代を築いたといってよい。ＪＣにあらざれば人にあらずといった風潮さえ生まれた。これに気づいた七代理事長佐々木孝雄は、自らのテーマを「ＪＣの自己満足、自画自賛への反省」として取り組んだほどである。

しかし、十年を経過した五十九年、当時の町長濱口光輝は次のような祝辞を寄せている。

（前略）丘と海の牧場「浦河町」の具体的実現にあっては「郷土浦河を知る」「町づくりに参加しよう」をテーマとして、セミナーの開催や電話アンケート、作文コンクールの実施の他、献血運動、美化運動など歴代理事長を中心に会員一丸となった積極的な提言と実践は、正にＪＣ運動そ

のものであります。〈浦河ＪＣ一〇周年記念誌より〉

〝年齢制限があってまったくよかったよ。でなきゃオレも会社もまいっていたな〟と述懐する面々が少なくない。二十歳以上四十歳までという年齢制限は発足当初の大多数のメンバーにとっては、四、五年で卒業になる。この間全力疾走が強いられるが、それまではガンバルというのが本音だった。高い会費もあるが、全国、北海道地区、ブロックなどでの交際費が高くついた。理事長に選出されると、年間百万円以上の出費は覚悟しなければならなかったという。発足当初のメンバーがすべて六十歳を越えた現在、〝今だったらできないな〟という。かつてかれらの活動を支えるだけの財政力が町にあったのである。

ただ人生の一時期、全力疾走で目的に向かって邁進したことは無駄ではなかった。全道的に広がった交流のなかで、老境にさしかかった現在でも付き合いのある人間が一、二にとどまらないこと、政治が身近になったこと、身についた規律や技術が今なお有効なことを思えば、それは満足のいく黄金期だった。

現在浦河町内のさまざまな団体や企業、町の諮問機関や委員会の大多数のリーダーが浦河青年会議所出身の会員によって占められている。見識をもった企業人、公共人をつくるという、かれらの当初の目的は達成されていると見るべきだろう。さりながら、産業の弱体化による人口の減少だけは、かれらとて手の打ちようが無かった。別次元の問題だったというべきか。

［文責　高田］

【話者】

小林　亮夫　浦河町堺町西　昭和十一年生まれ
大針　道生　浦河町常盤町　昭和十七年生まれ
荒井　信一　浦河町浜町　昭和二十年生まれ
赤沢　正三　浦河町大通　昭和二十二年生まれ
小西　俊充　浦河町浜町　昭和二十三年生まれ

第八八話　りんごの花咲く丘

――ソ連にも輸出してやるべ

上向別の奥の丘陵地に、日高では見かけることの無い風景が広がっている一帯があった。ゆるやかな傾斜地に同じ種類の木々が枝を伸ばしている。誰も手入れする人がいないのか、折れたり枯れたりしているものもある。さらに二、三年後には丘を割って道路がとりつけられ、その林相はさらにみすぼらしくなっていた。その木々がりんごであるのを知ったのは、それから数年後のことである。東北地方から物好きがやってきて、浦河は世界で最高のりんごの適地だと近所に語って、この土地を手に入れ、りんご農園を拓いたのだという。

あるときまったく偶然に、そこでりんご作りを手伝っていたという坂本辰男を知った。たまたま世間話をするなかで、件のりんご園でりんごを作っていたのだという。かれの話によれば、そのりんご園をやっていたのは昭和三十年代の終わり、岩手県からやってきた七十近い寺牛洋一という人物だった。

寺牛のいうところによれば、浦河は余市や壮瞥以上にりんごの適地なのだという。気候、土質、水質、どれをとっても青森以上で、将来一大産地に変貌する見込みがある。良いりんごを作り、ゆくゆくは野菜も果物も無いシベリアに輸出してやろうという気宇壮大な夢だった。この場所はそうした寺牛のおめがねに適った南面向きで水はけのよい黒土の傾斜地だった。そこへ盛岡から取り寄せた富士、レッドゴールド、スターキング、まゆみ、津軽など二十種からの苗木を百本以上も植え付けた。四十年代初めのことである。

仕事は雪のある二月の剪定から始まった。寺牛は自らカンジキをつくり雪の中で鋏と鋸を使って、花をつける枝を選び、その花に満遍なく太陽が当たるようにすることを教えた。花をつければ花摘み、受粉が終わって実をつけ始めたら摘果、さらに商品にするための実を残す本摘果、下草刈り、水遣り、施肥、葉摘み、実に糖度と色どりを与えるための玉回しと、実をつけ始めたとはいえまだ商品にもならないうちから、随分と手間のかかる作物だった。後五年もすれば売れるようなりんごが育つという。まだ五年もかかるのかよ、と言うのが辰男の本音だった。

五年後、木はようやくそれらしい実をつけるようになった。まだ商品としては今ひとつの感じで、これらは当初から世話になっている近所や知人に配られた。

「来年はもっと良いものができるぞ」

「はい……」

「来年は実の消毒もやって、袋掛けもやらんならんな。いよいよソ連（現ロシア）だ」

〃ほんとの話かいな……〃辰男は内心そう思っていたのだが。

翌年、二メートルを越えるようになったりんごの木の剪定が念入りに行なわれ、施肥も摘花も水遣りも去年以上に丁寧に行なった。木々はそれに応えて、昨年よりひとまわりも大きい実をつけた。消毒もした。袋掛けもした。後は袋のなかで大きくなり、太陽さんに当てて紅く色づかせるだけだ。秋が近づくにつれ辰男の胸にも、言い知れぬ充実感が押し寄せてきた。

五十二年十一月号の〃広報うらかわ〃がここにある。その写真には、寺牛と思しき人物が脚立に登り、手にした御用籠にりんごをもぎとっている。かたわらにやはり籠を手にした女性二、三人が、その様子を見上げている。一本の木に直径十センチにならないくらいの、まだ小さいが、百も二百も赤い実をつけたりんごがある。寺牛の弁、〃木も実も小さく商品価値はまだですが味は格別。来年はもうひとまわり大きくなります。この土地は北海道一のりんごが作れる所です。夢は日高りんごとして浦河港からソ連に輸出することです〃

この言葉が嘘でなかったことは、辰男によれば、先生と呼ばれるロシア人と学生二人がやって来て、二週間以上りんご園に滞在して作業を手伝い、周辺の地質や気候を調べていたという。このときすでに寺牛はサンプルをソ連のどこかに送っていたらしい。

寺牛が住んだ家は昭和二十六年戦後入植で住野谷京一（仁市とも）が建てた家だった。しかし三十年代の後半にはすでに無住になっていて、これをその開墾地とともに寺牛が買い受けたものである。そして数年間、かれは一人でその地に黙々とりんごを植え続けたのである。

最終的には植えた苗木は二百本を越えるものになっていた。りんごは成木になると一本の木から一トン近い収量があるという。二百本全部で二百トン、りんご箱で一万箱に達する量となり、そうなればたしかにソ連への輸出も見られない夢ではない。

調べてみると寺牛洋一にはもう一つの顔があった。青森県と岩手県の境界線のあたり三戸町にりんご生産のかたわら牧場を持っていて、そこで競走馬をつくっていたのである。しかもその生産馬ダイゴホマレは昭和三十三年の第二十五回ダービーを制している。その母馬トキフジが杵臼の本巣慎の生産馬であった。トキフジはトキノチカラを父として昭和二十一年に生まれている。数年後に寺牛洋一がこの馬が六勝してダービーに出走し、

りんごの取り入れをする寺牛洋一
（「広報うらかわ」より　浦河町立図書館 蔵）

の牝馬を購入し、三十年にダイゴホマレを生産した。優勝を飾った。

本巣牧則によればどちらが先に接触したのか不明だが、父慎はダイゴホマレの強さの秘密を探るために青森の寺牛牧場を訪ねたという。かれが見た光景はまことに貧弱なたたずまいであった。傾斜地で道は屈曲し、馬を走らせるのは難しいと思われた。ならばどのようにしてあのような強い馬が生まれたのか。寺牛との話のなかでかれが確信したことは、餌に秘密

がある、おそらく周辺に植えられたりんごにあると見た。競走馬にはりんごがいい。

これを機に本巣家と寺牛家の交流がはじまった。本巣慎は戦前からあったりんごの木を五十本ほどに増やし、数年後には寺牛がその剪定や花摘みを行っていたという。四十年代に入って、寺牛は腹を決め、本巣と相談の上現在地の購入を決めた。息子である岩手県一戸町小繋在住の寺牛正美によれば、当初こそ青森の牧場と行ったり来たりしながら準備を進めていたが、数年を経ずして浦河に居を定め、本格的にりんご園づくりをはじめたという。辰男も競馬関係の人物が通年出入りしていたことを覚えているところをみれば、農園を整備する一方で岩手で軽種馬の生産も行っていたのだろう。

しかしながら、りんご農園の計画は突然打ち切られることとなった。昭和五十三年七月、寺牛洋一はお盆を郷里で過ごすために岩手に帰り、そこで倒れ不帰の客となったのである。八十三歳だった。残されたりんご園を引き継ぐものは誰もいなかった。辰男も仕事としてはいいが、自分で経営ということでは自信がなかった。こうして丘の上のりんご園は放置され、寺牛洋一の夢もその木とともに朽ちてしまった。

［文責　高田］

【話者】

坂本　辰男　　浦河町東町ちのみ　昭和二十七年生まれ
寺牛　正美　　岩手県一戸町小繋　昭和十七年生まれ
本巣　牧則　　浦河町杵臼　　　　昭和二十五年生まれ

第八九話　イーハトーヴの夢

——大井昭子に寄せる挽歌

忘れられない情景がある。富士石油がまだ一丁目にあったころのこと、一台の空色のオープンカーが歩道を横切って勢いよくスタンドに入ってきた。左ハンドルのドアを開けて、車と同色のセーターを着てジーンズにブーツといった、まさに颯爽とした長身の女性が降り立った。油やらオイルを手早く指示すると、馴染みなのか奥にいた社長ににこやかに笑いかけながら近づいていった。まるで映画の一シーンでも見るような一瞬だった。

人口二万当時の白昼の浦河の街なかでのことである。後から聞いたところでは、その女性が大井昭子という町内では誰一人知らぬ者がない著名な牧場主だった。荻伏の小さな牧場が生産したシンザンという馬が、中央の競馬で大活躍していた頃のことだ。

昭和十八年、彼女は長野県から疎開をかねて、浦河という町で仕事をすることになった父に従い、幌別のヤシマ牧場で生活をはじめた。父がこの牧場の獣医兼場長となったからである。女学校を卒業していた彼女はまわりの進学の勧めを断り、父守雄のもとで牧夫として働いた。父の応召後は母とともに牧場を守った。七人兄弟の長女だった。

昭和二十年代後半、内地資本とはいえ日高のヤシマ牧場はボストニアン、ハクリョウ、ハクチカラを生産し、日本ダービーをはじめ重賞レースを総なめにした牧場だった。これらの名馬の生産育成に深く携わっていたのが大井父娘だった。

三十三年、父大井守雄はこれまで重賞馬の生産に関わってきた娘の技量と功績に報いる気持ちから、彼女の希望を容れてその独立を認めた。彼女は自ら向別の緑町に牧場を開き独立した。オーシャン牧場のはじまりであった。

牧場に適さないということで離農した生産者の、傾斜地の多い跡地を買い、馬の飼育だけでなく、栗、梨、りんごなどを植えて土の流失をくいとめ、折から導入が図られていたジャージー種の牛を入れ、ハンプシャー種の豚を入れ、その糞尿で堆肥をつくり、これを使って土壌の改良を図った。順当な普通の農業作業をやったまでである。しかしそのこととはべつに、彼女が当時珍しかった女牧場主であることからその行動一つ一つが注目され、マスコミの話題となっていた。当時の北海道開発庁長官だった山口喜久一郎が訪れて草地養豚を称揚する、三十四年には彼女がヤシマ牧場で育てたダービー馬ハクチカラが遠征した米国のレースで優勝するなど、話題に事欠かなかった。

三十一年十一月十日の朝日新聞北海道版続北方随談という囲み記事で、二十八歳の昭子が

見学者を迎えて(歌代紀雄 撮影)

語っている。〃いまのわたしの夢は家畜を主とした小さな動物園をつくることです。いろいろのかわいい動物に囲まれた自分を想像するだけで、もうとてもうれしいんです〃

こうした彼女の吐息のような小声の発言は、その後も続くマスコミの取材のたびに洩らされている。しかし世は高度成長の真っ盛り、彼女の吐息に気づく者もいない、というより世間はそれを無視して憚らなかった。地元紙のみならず、雑誌、テレビと、彼女のまわりからマスコミが消えることは無かった。

浦河に移住する以前、一時室蘭の栗林商会の牧場に家族で身を置いたことがあった。このときから後に政治家となる南條徳男と大井家との交際がはじまったが、かれは昭子の声望に目をつけた。川村清一北海道議会議員が参議院議員に転じた日高の道議の空席に彼女を充てようと考えたのである。

三十九年、NHKの紅白歌合戦に、初めての地方審査員北海道代表として乗馬服姿で登場して、噂どおりの美貌を全国に披露している。キャリア、知性については申し分が無い。彼女自身にも浦河に寄せる思いがあってフッとその話に乗った。

戦後日交ハイヤーにいて、進駐軍払い下げのフォードのジープの面倒をみて以来、大井守雄と親子づきあいをしていた石田将郎は、南條の所有する本桐牧場の場長をしていた田中光雄と、彼女の後援会づくりのために選挙の一年も前から日高中を走りまわることとなった。

浦河の町は同じ自由民主党でも衆議院選挙では、南條徳男派と篠田耕作派が活動しており、その南條の後援組織がそのまま彼女の後援母胎となった。そうしたなかを分刻みのスケジュールで遊説をこなしていく。後に彼女は〝それでも、牧場の忙しい仕事からはなれて、久しぶりにのんびりできました。日高中歩いて、頭をからっぽにして……。神さまがくれた機会だったかも知れない〟と語っている。

しかし結果は惨敗だった。定数二に対し立候補者は四、彼女は第三位だった。当選者は原清重(初)、杉本栄一(四期)。石田は一年間身近に彼女と接してみて、演説は下手だったが誠実で選挙に出るには長所のありすぎる人だったと評している。

タイトルで記したイーハトーヴとは、宮沢賢治がその作品の中でしめした楽園のことである。彼女が開いたオーシャン牧場は当初からそうした思いに貫かれていた。幼いころからの動物好き、五歳になるかならぬうちから馬の中で暮らした経緯、自身の牧場開設時から、馬のみならず牛や豚、ニワトリ、アヒルなど他の小動物とともに生活したことから見てもそれは明らかだ。たしかに牧場としてシネマゴースト、ハクゲキなどを送り出してはいるが、経済動物としてだけ捉えられる馬の境涯に彼女は疑問を感じはじめていた。

石田将郎は、オーシャン開設当初からの顧客でグラシャニーという神戸の貿易商の夫人がいたことを覚えている。知り合うことになったいきさつは、中央競馬会から連絡があり、米人の女性馬主三人が十日間ぐらいそちらに滞在するので、千歳に迎えに行って欲しいと頼まれたことにある。一人がグラシャニーで二人が女優だった。聞くと、グラシャニーは神戸市の動物愛護協会の会長だという。こうした影響もあってか、昭子は競走馬の生産から一切撤退することを決意する。昭和五十八年、彼女は五十五歳になっていた。父守雄はすでに五十一年に亡くなっている。

競馬業界はまだまだ上昇の機運の中にあったが、彼女は自分が生産した馬もふくめ、競走馬として生まれた馬のうち、デビューして五年も経てば数%も残っていない現実を知らないわけではなかった。ましてやあちこちのレースに出場しファンを感動させ、少なくない賞金を獲得していた駿馬でさえ、繁殖牝馬や種牡馬として残されるのは一握りにすぎないことも知っている。馬主たちの中には功労のあった馬について、引退後生産牧場に帰してかいば料を払って余生を送らせる向きもあったが、生産数が増えてくると、生産者の馬房に空きが無くなり結局は処分されることになってしまう。

昭子の思いを共有する関係者は存外あって、功成り名遂げた馬だけでなく、行き場を失った馬がぽつぽつとオーシャン牧場に入厩した。メジロの名を冠した北野一族、中央牧場の小宮キミ子、前述のM・グラシャニーなどの持ち馬である。しかし月五万円程度の預かり料では経営が成り立っていかない。当初こそ敷地の切り売りなどして凌いでいたが、六十三年、ついに四十数年を過ごした浦河を立ち退き登別に、さらに平成二年白老町が計画した引退馬保養施設を羽田孜元首相が視察したことをきっかけとして、東京の不動産、倉庫業者など四社が出資してイーハトーヴ東京会を結成し《イーハトーヴ・オーシャン牧場》を設立、引退馬保養施設構想が動き出した白老へと拠点を移した。

経営環境が変化していくなかで、昭子は一貫して馬を中心とした動物への愛情を語り続けたが、平成十六年九月、脳梗塞を病んで他界した。七十七歳であった。惜しむらくは、浦河にもう少し度量と生産馬への感謝があって、彼女が浦河を出て行くのを押しとどめることが出来ていたらと思う。浦河は馬産地として他を圧して名望家を輩出した土地柄なのである。

［文責　高田］

【話者】

石田　将郎　浦河町東町ちのみ　大正十五年生まれ
歌代　紀雄　白老町石山　昭和二十三年生まれ
小林　亮夫　浦河町堺町西　昭和十一年生まれ

第九〇話　山の上のセンセエ

——佐藤愛子と東栄の人々

東栄の住人のあいだに、別荘建設の噂がたったのは昭和五十年のことだった。

「聞いたか？　東京のえらいセンセエが東栄にウチ建てるんだってよ」

「何処によ」

「スタリオンからあがったとこサ。もうユンボが入って山削ってるべ」

「えーっ、あのたきぎ取りの山かぁ？」

「あんなとこに家なんて建つのかい？」

そこは、国道から七百メートルも上っていった山の中腹で、「電気だって水だって、ないべや」

と皆が言うように、人が住む所とは誰も考えていなかった。しかし噂が飛び交っているうちに、家はどんどん姿を現していった。家だけでない。電気を引くために電柱を十三本、水を上げるためのポンプ小屋も山道沿いに三つ建った。

「ゼンコ持ってる人だなぁ」

皆は驚き、あきれて山の上を見上げた。

家の建築を請け負ったのは荻伏の平井建設で、東栄の浜野谷実とは行ったり来たりの仲だったから、浜野谷の口から少しづつ真相が伝わってきた。荻伏牧場斉藤卯助の紹介で、作家の佐藤愛子という人が夏に住む別荘を建てていること。その人は直木賞というものをとった人で、その父親も大のつく作家で名前を佐藤紅緑と言うこと。その人が馬好きで調教師の武田文吾と親しく、その武田文吾と卯助が親しかったことからこの話が成り立ったことなど、話は賑やかに東栄の短い通りを駆け巡った。

さて有名人の別荘ができるなんて、東栄にとっては一大事だ。なにしろ東京からくる偉い人なんて見たこともも聞いたこともない漁師町だ。名前を聞いたって一度で覚えられるものでない。

家が完成すると自治会長の山口澄雄は新築祝いのため東栄を代表して一人で別荘を訪ねた。居間で遠藤周作から贈られたという百万円もするフランス製の椅子に座ったが、コチコチだった。澄雄は言う。

「緊張したなんてもんでない。東京の偉いセンセエなんて雲の上の人で、会えたり話できる人ではないと思ってたもな」

別荘のお披露目は浜東栄じゅうの人を招いて行われた。自治会の女たちはジンギスカンの野菜や肉を切り、男たちは宴会場を作った。といっても前庭に炭火をおこしたコンロをいくつも置き、その前にサッポロビールの箱に板を載せた腰掛けが並ぶだけで、青空のもと東栄の人が全部来ても何とかなるあつらえだった。寿司のコーナーもあった。そこで東栄の人たちは、東京から来たえらいセンセエと初めて会ってジンギスカンを食べた。

しかしこのセンセエ、あっというまに雲の上から降りてきて、東栄の人たちと知り合いになった。センセエは七百メートルもある山の上から歩いて降りてきては買い物や用足しをしていく。それが東栄では話題になる。なにせみんな百メートルのところでも車で移動するのが当たり前だったからだ。そうやってセンセエが歩いていると漁師たちも「センセエ、カレイ食べるかい？」「ななつぼし食べるかい？」と声を掛けるようになる。こうして親しくなるにつれ、別荘へ遊びに行く人も出てきた。

初めて行ったとき緊張して話しも出来なかった山口澄雄は、阿部昭雄や浜野谷実、亀山弘美など近所の人を誘ってセンセエの家に行くようになった。行くと酒を勧められ、呑むと舌の回りも良くなった。自分たちの失敗談、東栄の出来ごと、街で聞いた面白い噂話などしゃべった。センセエはそれを拾って本に書いた。皆は「しゃべれば、すぐ小説に書くもな」と言うものの、だからといってしゃべるのを止めることもなかったし、ことさら書いた小説を読むこともなかった。澄雄は「東栄さ来たら心配ないから。一生心配ない。死んでもセンセエの面倒見てやる」と言うほどセンセエと親しくなった。

センセエは東栄の運動会や祭りにもやって来た。そのころ東栄は人口も多く、九月十三日

山の上の佐藤愛子宅
（小野寺信子 撮影）

の東栄神社の祭りでは、まず宵宮に浜や広場で盛大に運動会が行われた。センセエは東栄の人と一緒になって走った。翌日の本祭りには御輿がでる。神社を出た御輿は、まず大漁旗で賑やかに飾られた船に乗せられ、大音量の演歌を放つお供の船数隻と共に前浜を二周する。その後陸に上げられて、大漁旗に飾られた国道を若者たちに担がれワッショイワッショイと練り歩くのだった。

センセエが来てからというもの、センセエの家まで車で御輿をあげ、庭でワッショイワッショイとまわり、焼きそばなどをご馳走になるのが常だった。

ところがあるときセンセエは言った。

「車でお御輿あげるなんて情けないわねぇ。たまには下から担いで登ってきなさいよ。それが出来たら十万円あげる！」

〝十万円〟に目が眩んだ東栄の人たちは、すぐさま車に御輿を乗せて山を下り、七百メートル下からワッショイワッショイの掛け声とともに真っ赤な顔をして家まで登ってきた。驚いたセンセエは奥の部屋に行って十万円を持ってきた。受け取る側もいざとなると悪い気がして「いいのかい、そんなことしてもらってぇ」「いやぁ金なんて貰わなくていいんだ」と口々に言ったがセンセエも引っ込めるわけに行かない。結局その金は子ども御輿の費用になった。

もっと大金を寄付してもらったこともある。昭和五十六年の八月、東栄はひどい暴風雨に見舞われ、絵笛寄りのカーブのところにあった龍神さんのお堂が吹き飛んだ。再建には百二十万円が必要だった。そのときセンセエは五十万円もの大金をポンと出してくれた。早速新しい龍神堂が建てられ秋祭りには完成して、トクが得意のチンドンで祝ってくれた。

このトクもセンセエに世話になった一人だった。浦河の知人の紹介でセンセエはトクのことを知り、雑誌に「オンバコのトク」という小説を発表した。それがその月に発表された小説のなかで最も優れていたと賞を受けた。遠藤周作からも浦河へ行った甲斐があったと電話がきた。

取材が終わった後もセンセエとトクは親しかった。あるとき浜の荷捌《にさば》き場で祭りの宴をしていたらトクがやって来た。トクは浦河中の祭りにでかけタイコを叩くのが常だった。ところがその日は世話役がトクにタイコを叩かせなかった。するとセンセエは言った。

「トクさんタイコを叩きたいのに、どうしてやらせないの？　トクさんにやらせないなら、私帰るっ！」

祭りの世話役たちは「センセエを怒らしてしまった！」と、慌ててトクにバチを握らせた。するとトクはタイコを叩きながら「ちょいと出ました三角野郎がぁ～」のメロディにあわせ即興で佐藤愛子さんの替え唄を歌い、一件落着となった。晩年トクは老人ホームに入ったが、センセエがトクを訪ねては小遣いを握らせたり、トクが「東京からきたセンセエに会いたい」と言うとホームの職員が家まで連れて行ったりと、トクが死ぬまで行き来していた。

現在、東栄の阿部商店横に「子授け地蔵案内所」と書いた看板が立てられているが、これもセンセエが書いたエッセイが元だった。東栄へ来て間もない頃、阿部英昭はセンセエに龍神堂の横にあるお地蔵さんの話をした。こうやって拝んだら子どもが出来たと。するとセンセエはそれを本に書き、読んだ人がお参りに来るようになった。子どもが欲しいと切望する人は日本全国にいる。そのうち旅のガイドブックやネットにまで載るようになった。そこで町の観光協会が看板を立て、阿部商店の主人は商売そっちのけで全国から訪ねてくる人の案内をするようになった。

別荘が建ってから三十八年が過ぎた。センセエも東栄の漁師も歳をとった。「東栄の自治会もセンセエには世話になったぁ」と山口は言う。今も毎年夏になるとセンセエは東栄にやってくる。東栄の人たちは別荘に灯りがつくと「ああ、今年もセンセエ来てるんだな」と思うのだった。

［文責　小野寺］

【話者】

山口　澄雄　浦河町字東栄　昭和三年生まれ
阿部　英昭　浦河町字東栄　昭和七年生まれ

【参考文献】

一天にわかにかき曇り　佐藤愛子著　昭和五三年　文化出版局
日当たりの椅子　佐藤愛子著　昭和五八年　文化出版局

第六編

百花繚乱から停滞への移行

[昭和五十年代から終章へ]

四十年代、五十年代は戦後の完成だったのだろうか。街も人も一人々々が輝いていたように思える。戦後開拓は崩壊したが、国道拡幅や港湾の拡大、築地埋立地の造成、大通り商店街の近代化と大型工事の計画が目白押しだった。青年やさまざまな団体が仕事や趣味、スポーツ、遊びに生き生きと取り組んでいた。いろんなことが毎日新しく街のどこかで始まっていた。

三十四、五年をピークに人口は着実に減少していた。開拓政策が失敗に終わって開拓民は離農した。所得の向上から家々の子弟は進学に、高収入を求めて就職にと外へ出て行った。そうした人口の減少がここにきてボディブローのように効いてきた。大型プロジェクトも次々に完成したが、形骸化も始まった。後に〝無策の十年〟と呼ばれる国の不況も始まった。アエル、天馬街道も完成してくる。

第九一話　かぼちゃ石

——武四郎も見た浦河銘石

松浦武四郎の「竹四郎廻浦日記」の中、ムコヘツ(向別)の条に次のような一節がある。

　此川東の岸に埴生の有る処有。此処より上に図する処の補塞石《かぼちゃいし》と云うもの出る也。余も一つを得たり。此石ウラカワの会所にて見たるは廻り三尺も有る大石なりしが、我が得たるは一尺五六寸と二三寸と二尺斗なるを得たり。按ずるに是は螺の化石なるべし。

前記廻浦日記の他の項にかぼちゃ石・化石に触れている箇所はない。ただ同氏の「東蝦夷日誌第五編」でイカンタエ(井寒台)近くの小川でかぼちゃ石について書いているだけでなく、同第一編の山越内領遊楽部川の項に貝石のほか、利別川以後に貝殻の出る崖、同第四編で静内川支流シュンベツ川で木化石、釧路の項で木葉石・貝石に触れている。しかしかぼちゃ石については浦河の銘産とまで言い切っている。よほど珍しい物であったに違いない。

話は一気に現代に移るのだが、昭和四十二、三年、井寒台の国道の付け替え事業が行われ、海辺に沿って走っていた国道が山を越える峠道となった。この開削のときに四トンもある巨大なアンモナイトが掘り出された。あまりに大きすぎて四つに割って運んだ。どこに納められたのか今では知る由もないが、このことが新聞に報じられて、全国から化石マニアや研究者が集まった。その数は百人にも達し、周辺ににわかにテント村が出現したのだという。

昭和十八年生まれの梶野鉄雄はこのとき二十三、四。二十歳過ぎからぽつぽつと化石集めを始めていた。柏団地で親しくしていた中津弘のコレクションを見せられ、眼をみはった。色も形も大きさもさまざまなアンモナイトが、所狭しと広げられている。親指の爪に満たないものからバスケットボール大のもの、硬い深成岩質のものから壊れやすい砂岩質のもの、泥岩のなかに石英質になって浮き出たもの、たくさんの巻貝の種類から二枚貝まで雑多な化石群が目の前にあった。

梶野鉄雄に化石集めを教えた昭和五年生まれの中津弘は、その後様似町で暮らしたが、もともとは浦河に住んで本間漁業や大石漁業に勤め、転換船に乗ってベーリング海で漁をしていた人間だ。誰に教わったかもう覚えていないが、コレクターの道を歩みはじめたのはベーリング海の深海からときどき底引き網にひっかかってくる、まるで黒松のような形をした北の海の珊瑚だった。深海松《みる》、黒珊瑚、虹珊瑚などと呼ばれる。昔から高級僧侶の数珠などに使われ、現代では漁師の疑似餌、釣り人の超高級ルアーの材料として高値で取引されるものだという。ワシントン条約で規制されている生物である。

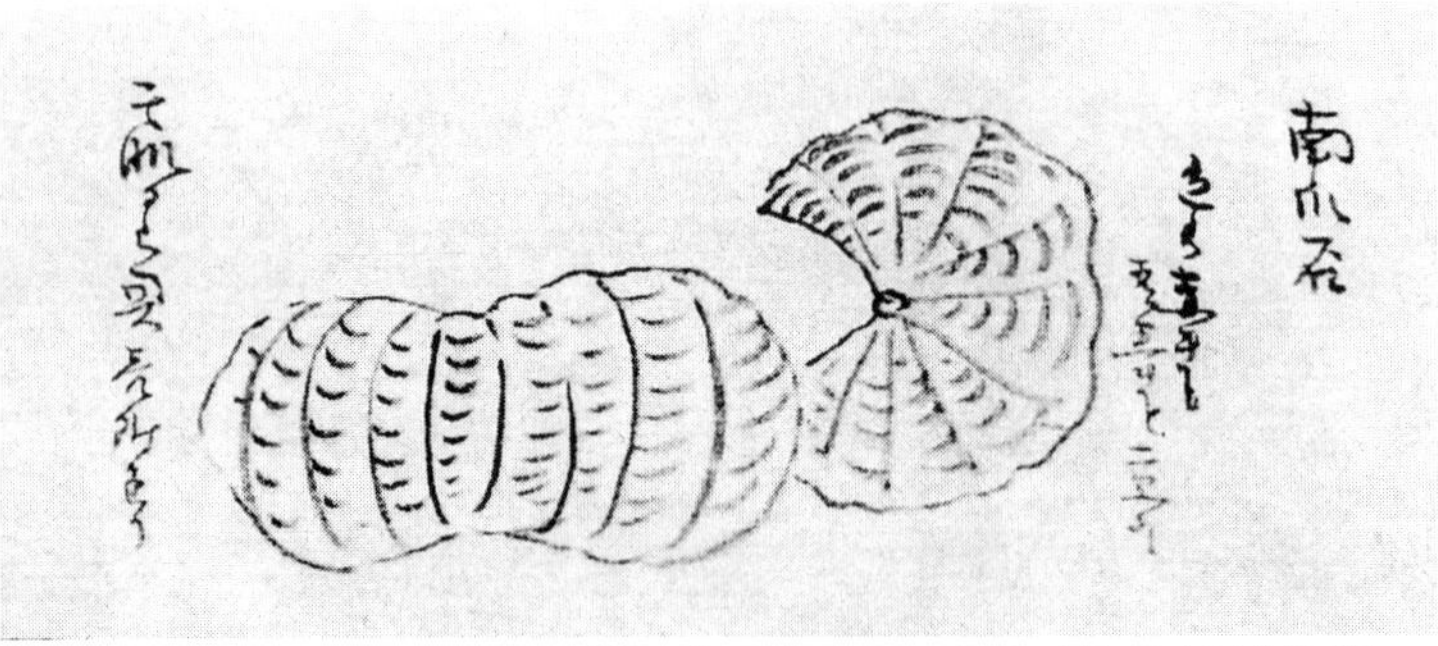

武四郎描くところのかぼちゃ石(「竹四郎廻浦日記下」より　浦河町立図書館 蔵)

転じて、陸に上がった中津は船長資格を生かして谷開発や南組に勤め、港湾浚渫《しゅんせつ》や防波堤築造をおこなった。その作業中、土砂とともにアンモナイトが隠れている大きな亀甲石が次々とあがってくる。これを取り置き、後で外被を取り除くとかぼちゃ大のアンモナイトが現れてくる。このときの興奮がえもいわれぬものだった。

銘石とよばれる趣味の世界がある。庭石や飾り物、工芸材料として珍奇な美しい石が珍重される。鉱石から宝石となる貴石類、趣味の庭石まで無数の種類があるのだろうが、アンモナイトもそのなかの逸品として趣味人に愛されたものなのだろう。床の間や玄関飾りとして石が置かれている家を至るところで見るが、中国起源の趣味として東洋、とりわけ日本ではステータスシンボルとしてもてはやされた。しかし浦河では別の意味で注目される。これらの化石が一部趣味人の手元にあるだけでなく、町内のほとんどの家にあることだ。浦河小学校や堺町小学校、東部小学校に通った子どもなら世代に関係なく、課外授業として化石探しをした経験をもっている。いずれも学校の敷地内や周辺で容易に化石を探すことがる。

できるのだ。地学や地質学、古生物学を学ぶのに格好の素材となるからだ。

子どもたちにとって、土器の破片や化石を手にすることは、毎日の生活や遊びの世界とはまったく異なった世界を目にすることである。学校の授業の中でしか知ることのない世界が、ある実感をもって迫ってくる。自分が採掘し収集したものを通して、具体的に一億年前後も前の生物の生態、縄文人の生活にじかに触れているという実感を手にする。それは一つの陶酔といってよいし、別な意味でそれは純粋に〝知〟の入り口に立っていることを意味する。

昭和二十年代から現在に至る変転きわまりない六十余年、浦河で小学生時代を過ごした子どもたちは―大半は男子、共通の経験として化石に夢中になった時代を共有している。こんな経験を町民として共有する町など聞いたこともない。現在、父親の勤務の都合で新冠町の中学にいる大野君も、堺町小学校四年の清水畑君も、六十八歳の梶野鉄雄と同じ世界を生きているのである。岡内猛も堺町小の教員時代、〝大昔のくらし〟の授業や、遠足で井寒台に行きアンモナイトの写生をさせた記憶をもっている。

絵笛川左岸、堺小裏山、浦小裏山、乳呑川婆ごろし、東部小裏山、ピスカリ山稜、メナシュンベツ川中流域、鵜苫川右岸等々、浦河には発掘され尽したといえない化石の適地が無尽蔵(?)にある。浦河人のかなり特殊なこの共有感覚は、まだまだ百年以上も続きそうな気がするのである。

［文責　高田］

【話者】

梶野　鉄雄　日高町富川西　昭和十八年生まれ

中津　弘　様似町本町　昭和五年生まれ（平成二十三年没）

第九二話　べてるの家のはじまり

——福祉の世界に拓かれた新しい地平

向谷地生良が浦河に来ることになったのは、まったくの偶然にすぎない。大学も四年になって、本来なら就職活動に目の色を変えている時期だが、現実を知れば知るほど自分ごときがソーシャルワーカー（以下略称ＳＷ）になれるわけがないと思い込んでいたこともあって、ここ数年続けてきた〝北海道難病連〟のボランティアと卒論に打ち込んでいた。

秋に浦河赤十字病院から大学に精神科のＳＷの求人が寄せられていたが、応募する学生がいなかった。そんなとき、〝ちょっと、浦河を受けるだけ受けてみないかい〟〝じゃあ……〟そんなやりとりがゼミの担当教授とあって、とにかくかれが浦河に出かけることになった。

日赤を訪れると、澤石定男事務部長が言うには、面接と一週間の試用のうえ決定するという。しかしかれは精神科部長中尾衛医師のお眼鏡に適ったようだった。

そんないきさつがあって、かれは日赤ではじめて採用するＳＷとして医療社会事業部医療相談室に着任した。五十三年四月のことである。

当時の精神科の病床は九十床、このうち三十床がアルコール中毒患者だった。かれが着任してからも病床数は増え続け、一時は百三十床になることもあったという。社会的入院患者が増えることは病院収入にもかかわることであり、病院の経営方針でもあった。ここを医師がひとりでカバーしていた。当然手が足りなくなる、そこでのＳＷの採用であり、看護婦の増員だった。

その背景に、中尾医師らは患者の家族会や、回復者のクラブや杉の芽会という断酒会を立ち上げるなど、病棟を一歩外に出た地域精神医療にも着手しはじめていたことがある。病院内での相談や診療が当たり前だった時代に、外へ出てまで退院者や家族の支援にあたるなど、先駆的な精神医療を展開していた。向谷地はその活動の担い手としての役割を期待されたのである。向谷地が着任して最初に気づいたことは、アルコール依存症の多かったことである。病院の中で、あるいは地域に出て患者やその家族に接するなかで見えてきたものは、貧困と民族差別の問題だった。

日赤病院の精神科は西舎地区に抜ける町道に面していて、浦河高校と向かい合っている。当時病棟の窓という窓はすべて鉄格子がはまっていて、病棟も薄暗く、入口の扉には小さな明かり窓があるだけの、見るからに閉鎖された空間であった。五体満足ながら、一度入ったら二度と娑婆の空気は吸えないというイメージが、町民のあいだにはあった。

佐々木実(現・社会福祉法人べてるの家理事長)が五十三年七月に日赤を退院した時、向谷地はかれの退院祝いをかねて、回復者クラブの活動について話し合う機会をつくった。退院者がこの町で生きていくために何をすればいいのか、心の病を抱えながら日常をどう生きていくかが課題だった。井上仁によれば、この時に〝どんぐり会〟の名前が決まり、初代会長に国鉄保線区に勤めていた岡博昭が就任したという。

退院者は退院を期にすぐさま生活の問題が立ちはだかってくる。

佐々木実も退院後、中村板金に勤めていた。かれにはこのほかにも食品会社や警備会社などいくつもの職歴がある。かれだけでなく、発症から十年も二十年も病院と職場を、出たり入ったりする生活を当事者のほぼ全員が経験している。病歴が知れて給料の切り下げ、時間延長に遭ったりもしている。

就職二年目の五十四年、向谷地は当時牧師不在だった浦河教会の管理を引き受けて、病院の寮から旧会堂に移り住んだ。教会をベースとする活動のはじまりだった。

ここで旧会堂にあらためて佐々木実が入居した。翌五十六年には綿貫晴朗が入居する。五十七年十一月に向谷地が増田悦子と結婚のため退去。五十八年春、早坂潔が入居する。そして秋には牧師夫人宮島美智子とほそぼそと昆布の袋詰めというその後の作業所べてるの家の主要な事業となっていく内職がはじめられる。

一方、病院の精神科では抜き差しならない問題が生じていた。向谷地が医師との方針の対立から精神科勤務をはずされ、正面玄関前にある病院受付の片隅に追いやられていた。伝統的な診療体制のなかで、既成の概念にとらわれない向谷地の縦横な活動は、受け入れがたかったのかもしれない。

そこへ川村敏明（現精神科部長）がインターンとして赴任（五十七年）して来る。かれは患者目線に立った診療という新しい風を浦河に持ち込んだ。精神科医療の理想を語り合う中で、川村と向谷地は意気投合し、肝胆相照らす仲となっていった。当事者本位を理想とする向谷地の手法に魅せられた川村は、普通一年の研修期間を二年に延ばすほどであった。しかし向谷地が精神科の相談業務から外されたのを期に、かれは札幌医大の医局に戻った。だが精神科で起きたある暴力事件をきっかけに、六十三年、乞われてふたたび固定医として浦河日赤に赴任することになる。

一方、精神科で相談業務からはずされた向谷地だったが、しかしかれにはいまや回復者クラブがあった。佐々木実が教会の旧会堂に住んで以来、精神科退院者のどんぐり会の面々がそのもとに集まるようになって、べてるの萌芽のようなものが動き出していた。

べてるを紹介する初めての本
（平成4年刊）

そして五十九年、宮島牧師は住むに耐えなくなっていた旧会堂を改修し「べてるの家」と命名する。べてるの家関係者が〝元祖べてるの家〟と呼ぶ施設だ。

向谷地の活動の全体を説明するのは難しい。おおまかには病院、教会、べてるの家(どんぐり会を含む)、断酒会だったが、そのいずれもが不可分に結びついている。それは一衣帯水のこととかれは受け止めていた。職場を浦河日赤に決めたのも、町並みの寂れようにうろたえた自分を恥じて〝浦河に自分を押し込めよう〟と決心したからだった。

妻悦子によれば、まだ交際中のことだったが、断酒会のメンバーの家をかれが訪ねて、飲酒中の当事者である父親に殴られることがあった。嫌気がさしてもう行かないかと思っていると、ことさらに訪ねてゆく。その家の子どもを教会の日曜学校に連れてくると、父親が教会へも酔っ払って怒鳴り込んできた。そういうことが一度ならずあったという。分不相応な九人乗りワゴン車を買い込み土曜、日曜ごとに子どもを集めてくる、それが日増しに増えていく。ご飯も食べていない、風呂にも入っていない。それらの子どもの世話をするのが、いつのまにやら悦子と牧師の妻美智子の役割になっていた。

「わたし、もう疲れたわ……」

「えっ、どうして……」

逆に怪訝な顔をされる始末だった。子どもが増えていくのが素直に嬉しそうだったし、それが逆に向谷地に活力をどんどん与えている感じがした。

病院の精神科にとどまらず、そのとりまく環境すべてに広がってゆく活動領域の源になにがあったのか。素朴な疑問が湧いてくる。

「それがソーシャルワーカーの理念だと思います」

現在、向谷地はそう語る。凡俗には顔の赤らむことばだが、社会的弱者の基本的人権の保護がその原点だと言い切る。ひとりの弱者に向かい合うこと、全人格を持って向かい合うなら、その対応は無限に広がる。常人ならとっくにどこかで折合いをつけるのが常識だと思うが、かれにはそれがない。

澤恒明は教会の関係者だが、向谷地が赴任してきてから、ノンノ学校や日曜礼拝などもかれによって再活性された。対象者の多くは精神科入院者や退院者、生活保護者の子どもたちである。その献身ぶりは目をみはるものだった。

かれがキリスト教に出会うのは中学二年の時である。持ち前の熱心さで教えを学ぶなかで、十和田市の三本木教会で田岡伴治牧師から洗礼を受け、次第に社会的弱者のために生きることを志してゆく。その紹介で北星学園大学を知り、社会福祉を学ぶ。卒業後浦河日赤に赴任し、精神科に属しながら退院者や家族関係者ともかかわりを深め、さらにこれを教会に結びつけ、独自な社会福祉団体として日本中に広がりをつくってゆく。

こうした初期の活動の多くの部分にかかわった牧師夫人宮島美智子は、かれの活動を〝召命〟（神の意思を実現するのに選ばれた人）という宗教用語でしか説明できないという。ソーシャルワーカーの理念のもっと奥にキリスト教的なもの《愛》があることを認めている。「その世界（社会的弱者）に降りていこうと思った」というかれのことばはそのあたりを言い表しているのかも知れない。

［文責　髙田］

＊　奇しくも同じ五十三年知的障害者施設「向陽園」も父兄たちの協力のもとに設立されている。

【話者】

向谷地生良　浦河町潮見　昭和三十年生まれ
向谷地悦子　浦河町潮見　昭和三十五年生まれ
宮島美智子　浦河町潮見　昭和十三年生まれ
佐々木　実　浦河町昌平町　昭和十六年生まれ
早坂　潔　浦河町昌平町　昭和三十一年生まれ
井上　仁　浦河町荻伏　昭和二十八年生まれ

第九三話　アラブ馬小史

――サラブレッドの陰にいた主役

六十歳以上の人なら二十、三十年代、映画館とパチンコ屋が雨後のたけのこのように増え、大勢の人間がそれに群がっていた情景を記憶しておられるだろうと思う。またニュース映画や新聞の紙面で、国や地方自治体が主催する競輪・競馬という公営賭博がもたらした貧困の悲劇を数限りなく見てきたはずだ。

かつての儒教立国日本にとって、スポーツにしろ賭博にしろ、見る側にもやる側にも妙なきまりの悪さがついてまわった。働きもしないで、というネガティブな感覚である。新旧のモラルの対立を端的にあらわした事件が、東京都知事美濃部亮吉がおこなった都が事業主体の公営賭博事業からの撤退である。昭和四十八年、高度成長期に入って財政の回復した東京都がおこなった施策であった。知事は教養人として、この政策にずっと居心地の悪さを感じ続けていたのだろう。マスコミの論調もおおむね好意的であった。

公営競馬は経営主体である地方自治体にとって、恒常的になっていた戦後の財政難を解決する方法として、非常に有効な手段だった。てっとり早くレースを開催するとすれば、サラブレッドよりもアラブ馬を活用するのが順当である。コースも一二〇〇メートルあればよかったし、一日に二レースをこなすこともできるという持久力もあった。したがって厩舎もサラブレッドに比べれば少なくて済んだ。馬の値段も安い。全国的にも軍馬生産時代の生き残りがいわば農耕馬として働いていた。また生産する体制も人も技術も、そして基礎牝馬も種牡馬もそのまま残っていた。終戦時にはおそらくサラブレッドの何十倍ものアラブ馬が北海道を中心に全国にいたことだろう。

いまでこそ競馬といえばサラブレッドというのが常識だが、昭和といわれる時代までは全国で行われる競馬の主役は、大袈裟にいえばアラブ馬と呼ばれる種類の馬だった。特に二十年代なら全レースの七割が、三十年代前半でもその半分以上はアラブ馬のレースだった。

浦河に日高種馬牧場（後の日高種畜牧場）のあったことが、浦河を馬産地として全国に有名にした。日露戦争以後、日本政府は各地に軍馬改良の拠点を作ったが、その一つが日高種馬牧場だった。ノルマン、ギドラン、サラブレッド、アラブ、トロッターなど各種の馬を各国から輸入して交配を重ね、軍事目的に応じた馬の生産に意を注いだ。当初軍はサラブレッドのスピードに着目し、騎兵あるいは将校の乗馬としていたが、耐久性や強い癇性に問題があるとして、後にひとまわりこぶりなアラブ種を選定した。扱いやすく、耐久性があり、小型ながら挽馬としても活用できた。昭和五年のことである。

これに呼応して東京を始め全国各地の競馬クラブもそのためのレースを編成し、能力検定の機会とした。以後三十年以上、日高種馬牧場で種牡馬改良事業が続けられ、とくにアラブにサラブレッドを掛けたアングロ・アラブ種はスピードにも優れ重用された。

こうして戦前から二十年代にかけてアラブ系を中心として生産が多くおこなわれたが、その当時実績を残した牧場が現在に続く競走馬生産の幹となっている。

昭和十年代、中央のレースで十一戦して九勝二敗だったバラミドリも、西舎の岡部平次郎の生産馬だった。のちにタマツバキ記念として名を残したタマツバキも、終戦の年の春、幌別の三好四郎（後の幌別牧場）のところで生産された。二十九年春に生まれたセイユウは十五連勝という大記録を樹立（後にセイユウ記念）するが、この馬も日高種畜牧場の生産馬だった。

昭和二十八年農林省畜産局が出した「民有軽種種牡馬名簿」に、アングロ・アラブでアサノボリ（向別　小田幾太郎）、グットニュース（西舎　富田巌）、ニューバラッケー（東蓬莱米田亀右衛門）、ヒエン（西幌別　三好四郎）、アラブ系で国光（絵笛　長嶺正人）、タマツバキ（西幌別　三好四郎）、ホウセイ（鵜苫　徳永忠男）、ミキノヒカリ（幌別　三好四郎）などを、日高東部の有力種牡馬としてその名をあげている。

日高軽種馬農協編纂の資料によれば、二十九年のアラブの牝馬は日高全域で四九一頭、それが十年後の三十九年では八百頭強になっている。同様に日高軽種馬農協の会員数の推移を見ると、創設の翌年二十四年の会員数が一七七、二十九年四二六、三十四年六九二、三十九年一〇九八、四十三年一四九八という急増ぶりだった。増加する生産者の大半がアラブ馬をそのはじまりとした。副業としてやっていくのに、経験的にも技術的にも取り組みやすかったのである。

しかし生産頭数でアラブ馬はサラブレッドに追い越されるときが来る。三十七年、日高の全生産頭数は一五九二、そのうちアラブが七五九、サラブレッドが八三三となった。需要の飛躍的な拡大があったのにもかかわらず、五十八年ころにはアラブは全生産頭数の三十％弱を維持するだけになっていた。以後日を追ってアラブ種の生産割合は減少に転じてゆく。象徴的にはサラブレッドのコダマ、シンザンの中央での活躍で、取引価格、懸賞賞金などがアラブの十倍にも二十倍にもなっている現実と、実績のない牧場のサラブレッドがビッグレースで高額賞金を獲得するのを間近に見ていたこともあったろう。

種畜牧場の馬群
（「牧場五十年のあゆみ」より　浦河町立図書館 蔵）

こうしたことに追い討ちをかけたのが農業基本法の制定（昭三十六）だった。高度成長が始まって都市労働者の所得が上がり、工農間の所得格差が拡大。これを是正するために作られたのがこの法律だった。たしかに農業の機械化が進み生産性は上がって所得も向上したが、一方で米の過剰生産が問題となり減反政策が始まった。浦河をはじめとして日高の各町はこれを先取りする形で、水田や畑をつぶし軽種馬生産専業へ傾斜していった。三十九、四十年頃である。水田を柱とする兼業の形がくずれはじめたのである。日高ではそれはサラブレッド化の流れでもあった。

終戦直後、中央でのレースはすべて競馬法にもとづいて国が主催していたが、昭和二十八年日本中央競馬会法を制定し、農林省所轄のレースを日本中央競馬会に移行した。その中央競馬会がおこなっていた事業に抽選馬の販売がある。レースの開催計画にもとづいて、日高を中心とした各地のセリや生産者の庭先で買い付けた二歳未満の馬を競走馬に育て、希望する馬主に抽選で販売するのである。同じことを地方競馬を開催する地方自治体もおこなっており、競走馬の生産を下支えした政策であった。

一方、高度成長を背景として、かつては馬産家といわれ道楽の世界にいた馬主も、競馬をあらたな投資対象とする階層が加わって増加を続け、競走馬の需要は拡大していくが、その対象はやはりサラブレッドだった。従って馬主の抽選馬への希望もサラ中心になっていく。

そうした馬主の意向が端的にあらわれたのが、平成三年に出された日本中央競馬会あての中央競馬馬主協会連合会の要望書である。このなかで中央馬主会は、〝……レース施行上、アラブは興行的色彩が失われた〟として、今後アラブ抽選馬の購入を中止し、レースを廃止して欲しいとの要望を突きつけた。アラブは競馬で使っても金にならないから、抽選馬販売もレースも中止しろということである。

戦後の競馬史六十年余、観客は主催者が組んだレースを漫然と見ているのでなく、よりスピードのある馬の組み合わせによるスリリングなレースを望むようになる。馬の売買価格にしろ、懸賞金の高額化にしろ、戦後の競馬はアラブからサラブレッドへサラブレッドへと動いてきた歴史でもある。馬券がより大衆化して売り上げが伸張するのに歩調を合わすようにサラブレッドの増加が続き、アラブ馬を衰退に追い込んでいった。

こうした馬主側の動きに対し、日高の生産者はこぞってこれに反発、アラブ馬の購入中止、中央でのレースの中止要望に対し、平成三年生産者大会を開いて気勢を上げた。このとき門別軽種馬生産振興会の発言は簡にして要を得ている。

アラブは丈夫で育てやすい。小規模生産者にとってだけでなく、日本競馬の繁栄の立役者だったはず。日高の生産者約一五〇〇、サラ・アラ兼業はその五五%以上。もし中央競馬会がアラブの抽せん馬レースを中止すれば、南関東も他の地方競馬もこれに追随するだろう。そうすれば日高の五五%だけでなく、東北以南のほとんどの生産者が壊滅する。長いあいだの改良事業により、アングロ・アラブというより、ジャパニーズ・アラブになっている。この優れた品種を消滅させていいのか……。（青年部長三浦啓一）

こうした生産地の対応は中央競馬会も予想できていた。その対策として馬主会、生産者、学識経験者による懇談会を準備し、一年間かけて結論を出すこととした。しかし初めから勝負は見えていた。顧客である中央馬主会と、地方競馬会の意向なのである。以後、アラブ馬の生産は日を追って減っていく。

浦河地区は日高管内全体のアラブ馬の生産量の二十五％以上を常に維持してきたものが、四十年代に入るとにわかに生産量を落としていく。先進地として中央の動向をいちはやく掴んでいたこともあったし、コダマのダービー制覇以来、生産者の目がサラブレッドに向いていたこともあった。そして三十九年のシンザンの活躍が決定的だった。サラブレッドのほうが儲かるのである。

中央競馬会がアラブ重賞レースの開催権を地方に移しはじめた五十九年は全国的にはアラブ馬の生産のピークだった年だが、浦河地区の管内での生産量はすでに八％、中央競馬会がアラブ特別基金創設と引き換えに、アラブ馬購入中止の方向を発表した平成三年には、生産量を六％にまで落としている。その種類にかかわらず、馬が経済動物であることを深く認識していたのだろう。

この後、中央のレースでは平成七年のアラブ大賞典をもって、アラブのレースは中止され、タマツバキ記念、セイユウ記念などの著名な冠レースも地方競馬に移行された。地方とて在厩頭数の激減からレースを組めなくなり平成十五年、益田市・兵庫県・福山市など、地方競馬の雄もアラブ系のレースを中止した。同二十一年九月、福山競馬場での〝開設六十周年記念アラブ特別レジェンド賞〟をもって、アラブ単独のレースはすべて終わった。この時点で、全国の競馬場すべてで登録されていたアラブは五十頭。地方自治体としてアラブ馬が財政的な役割はすでに終えていたとしても、その歴史を思う時、どうしてもある種の感慨は残る。

［文責　髙田］

【話者】

小笠原敏雄　浦河町堺町東　大正十二年生まれ
藤田　泰蔵　浦河町野深　昭和二十五年年生まれ
岡部　　誠　浦河町西舎　昭和四年年生まれ

【参考】

優駿のふるさと日高　昭和四十五年　日高軽種馬農業協同組合
アラブ系母馬別競走成績書　昭和五十七年　日本中央競馬会
民有軽種種牡馬名簿　昭和二十八年　農林省畜産局競馬部
軽種馬当歳名簿　平成十八年　日高軽種馬農協

第九四話　浦河仙人伝外伝

——ヒグマと闘った男のはなし

九月になると、日高の山域は春の山菜採りに劣らぬ人々がきのこ採りに入り込む。そのなかでも沢筋ごとに名人とも称される巧者がいる。この名人たちの噂話のなかで、畏敬をこめて話されるひとりの男がいた。通称〝キョウシロウ〟と呼ばれ、その逸話や語感から〈狂四郎〉の文字を連想させる人物だった。昭和五十年代のことである。生きながらにして伝説として語られる話とは次のようなものだった。

九月のある午後、仕事が午前中で終わって狂四郎はマイタケ採りに野深の奥に入った。夕暮れまでにはかなりの収穫を手にして、これを麓の林道まで下ろして草むらに隠しておき、ふたたび山に入り境界を越えて三石町歌笛に達し、ここでも夜中には麓の林道に相当のマイタケを隠し、真っ暗な中また奥に入り夜露を凌げるような大木の陰で少し眠った。翌朝、東の空が白み始めるころにはすでにかれは動きだしていて、春立の奥の農屋《のうや》の林道にこれまでのようにマイタケを隠し、昼過ぎにはかなりのマイタケを背負って静内町田原の御料牧場近くまで下りてきていた。電話して友達に軽トラックで迎えに来させる。昨日来あちこちの林道に下ろしておいたマイタケを拾い集めて野深に帰ったときにはマイタケは荷台の半分以上になっていた。

日高に住む人ならこの逸話に記された地名から、その里程が常人では考えもつかない距離であることが実感できるだろう。

こうした狂四郎についての逸話が、まことしやかに町のきのこ採りのあいだで伝えられていた。一度かれといっしょに行ったことがあるという男も、跳ぶようにというか走るように山を歩くかれについて行けず、途中から戻ってきてしまったという。夜、真っ暗な林道を車で奥地の山のとりつきまで送ってやったという男もいた。車から降りると、鼻をつままれても分からない暗闇をかれはすたすたと山に入って行った。送ってやった男は、襲ってきた闇と静寂に居ても立ってもいられず、逃げるように帰ってきたという。

またある人の話では、サケが川を遡上している時期のこと、川に上るサケは当然自分が取るべきものとかれは考えていて、堤防のところで屈託無く漁にいそしんでいた。すでに何本かのメスザケを上げている。そこへ密漁監視の警察の車が見えた。逃げている隙はない。こちらに向かって歩き出す姿が目に飛び込んできた。迷わずかれは水の中に身を沈めた。人によると十分以上かれの姿は水面から消えていたという。しかも水温十三、四度の時季である。ここでもかれは魚なみの人という評判を得ていた。こうした人智を超えた行動のできる仙人、というより超人といったほうが妥当なイメージが、狂四郎にはついてまわっていた。

これらの話を初めて聞かされてから三十年も経った最近、偶然友人を介してかれに会うことができたのである。

〝えっ！〟蛭川牧場の居間で出会った平野清博は思いがけず若かった。仙人という通称で三十年間抱き続けてきた、高齢で痩身短躯白髯というイメージがガラガラと音を立てて崩れてしまった。まだ六十になったばかりだという。ということは、伝説を初めて聞いたころ、かれは二十代後半か三十代に入ったばかりのころだということとなる。またその逸話から〝狂〟という文字が似合ったその名前も、実はキヨヒロという常識的な名だったのである。

一枚の写真がある。鉄砲を抱いたかれのうしろのヒグマは、かれが中学を卒業した年に、たまたま近所の高岸牧場（野深）に熊が出た時、兄の銃を借りて駆けつけ仕留めたものだという。この時から、かれとヒグマとの因縁浅からぬ関係がはじまった。鉄砲の免許は二十五になって手にしたが、これは無免許で鹿を撃っていたのがばれて、取得が遅れたもの。

「山で熊と遭ったら逃げるな。そばまで来たらかならず立ち上がり、人間ば脅して吼える。そんとき必ず口あけるから、火が点いた棒っこでもアオダモの木でもつっこんでやれ。それで逃げてくから。熊なんて弱いもんなんだ」

父のことばをまだ鵜呑みにする小学生の頃の話である。しかしこの話がその後のかれのヒグマにたいする基本的な態度になった。

まだ二十五、六の時、崖の途中でひっかかっていた子熊を捕ったことがある。生け捕りにするつもりで麻袋を持って下におりていった。ロープを下ろして袋に入れた子熊を吊り上げてもらうつもりだった。袋を被せようと近づいたところ、嫌がるどころか逆に子熊はかれにしがみついてきた。胸元にピッタリ抱きついて、袋に入れるどころではなかった。肩の上に子熊の顔があったが噛みつくようすはない。そればかりか背にまわした両手に力をこめるあまり、かれの背に爪を立てた。その傷跡が背中に今も残っている。

清博が撃った熊(平野清博 蔵)

これを手はじめにかれはハンターとして活躍する。本人の弁では十年間で七回新聞に載ったという。子熊の剥製が五十万円で売れることもあったし、害獣駆除で熊なら八万円、鹿なら五千円といったように予期せぬ収入になることもあったが、生活を維持できるものではなかった。牧場勤めも大していい稼ぎにならないしつまらない、岩魚や山女を捕ったほうが収入は多かった。また元浦川筋には天然きのこを商売としている人間が三人はいる。かれの生活は自然とそうした方向へ移っていった。春の椎茸から晩秋のなめこまで、山にはいつもなにかしら金になるものがあった。いきおい山へ入る機会が増えていった。

ある年の秋、野深の奥にマイタケ採りに入って、ヒグマに出遭った。午前中のこと、ヒグマは根曲がり竹のあいだで寝ていたという。普通は熊の寝姿など絶対に見られるものではない。無防備な姿を人前にさらすことなどしないのが野生だろう。うろたえたヒグマは怒り、喉をゴロゴロ鳴らした。〝そこから先には来るな〟ヒグマがそう言っている。

それにかまわず、かれは山用に改造したマキリ一丁をふりまわしながらなおも進んだ。立ち止まったらやられる。頭のどこかに〝熊なんて弱いものなんだ〟という父のことばが聞こえる。その時ヒグマは鼻から勢いよく白い液をかれめがけて飛ばした。かまわず進む。ヒグマはそれをみてかれに向かって走り出した。数歩手前で急ブレーキをかけザザっと停まった。人間が立ち向かってくる……　ヒグマにはそう思えたろう。

「こら、オレみたいな強い男に向かってくるのか……」

叫びかけたかれの声にヒグマが驚いたように立ち止まり、クルッと後ろむきになると逃げだした。かれがなおも追いかけると根曲がり竹の上を飛ぶように逃げ失せたという。

またある時は、手になんの得物もなく、仕方なく木に登ったところ、下からヒグマがよじ登ってきた。ちょうどそこへ一緒に山に入っていたアイヌ犬ドルが戻ってきて、烈しく吠え立てたので助かったということもあった。

また別の時、雪よけをはずしたスキーのストックを持って山に入っていてヒグマに出遭ったことがあった。例によってかれがヒグマに近寄ってゆく。立ち上がったヒグマめがけてストックを突き立てる。喉か顔のどこかに刺さったと思った瞬間、ヒグマの太い腕がストックをへし折っていた。ドスンという衝撃がかれの胸にきて、そのまま気を失って倒れた。気がついてあたりを見まわすと折れたストックがころがっていただけで、ヒグマの姿はなかったという。

ヒグマの口に手を突っこんで舌を握ってしまえば、熊は窒息して死んでしまう、という父の教えはさすがに実行できていないが、ヒグマも弱いものだという実感はかれのなかでは日増しに育ってきている。

オレは商売できのこを採ってるんだ。商売は戦いなんだ、熊が来るんだったら戦うさ、邪魔はさせない。熊見て引き返すようだったら二度と山には来ないよ。

深酒がたたって四十代で身体をこわし、鉄砲も早々とやめてしまったかれにはきのこ採りだけが楽しみになったが、それまでに骨粗しょう症や崖からの転落からくる背骨の損傷、足や腕の骨折はかぎりがない。自分で副木を当てて帰ってくることもしばしばだった。つい三年前もヒグマに叩かれて肋骨が折れ、その先が腕に刺さるというようなこともあった。医者がいうには、さまざまな怪我や損傷で普通なら寝たきりでも不思議はないといわれる身体だが、コルセットを二重にも三重にも巻いて、今でもマイタケやマツタケを採りに山へ入る。それでも常人を超えるスピードで歩く。山で死ぬ気なのである。

［文責　髙田］

【話者】

平野　清博　　浦河町野深　　昭和二十五年生まれ

寺江　清　浦河町大通五　昭和十八年生まれ
蛭川年明　浦河町上絵笛　昭和二十三年生まれ

第九五話　「紋」

――時代の拠点だった名物喫茶

都会で暮らした経験のある人なら、生活や仕事の周辺に必ず一軒や二軒の喫茶店があったはずだ。田舎で暮らす人間の交流には、家庭の茶の間や縁側、庭先で十分だった。都会暮らしをした者がそうした新しい都会風の風俗を持ち込む。いつの時代も同じことである。浦河の喫茶店もそうしたものの一つだった。飲食店は集落が出来れば必ず発生する商売だが、喫茶店だけは客を特定せずに始めなければならない。都会帰りの若者や、営業マンやサラリーマンがこれを支持するようになってはじめて、事業として定着する。「紋」もそのようにして始められた店のひとつだった。

経営者の村岸澄《きよむ》もそうした都会帰りのひとりで、水商売の経験のあるかれは大通三丁目のマーケットの一角で洒落たカフェバーを始めた。長身で、おしゃれといっていい着こなし

マスター夫妻のスナップ

のセンス、リーゼントに撫でつけた髪、決して逸らさない丁寧な話しぶりといったものが人気を呼んでまたたくまに客を集めた。そうしたなかにこれまでの飲食店とは異なったタイプの面々が、固定客としてかれの店に集まるようになっていた。昭和三十年代後半、産業として力強く勃興してきた競走馬の生産に携わる人々である。かれらが〝昼間使っていないんだったらコーヒーでも出せや〟と口にするのを聞くにつけ、〝それもあるな〟と高校を出てまもない義理の妹に、昼間コーヒーを出させたのがこの道に入るきっかけとなった。

まだこの町の中心が大通三丁目にあった時代、マーケットと呼ばれた一角にあったこの店は、役場や支庁、銀行、郵便局、労働会館などが林立した街区の中にあって、いずれからも数分の距離にある便利さだった。昼食を終えたサラリーマンが食後の一服に利用するのにはお誂え向きだった。町民にそうした習慣があったと思えないが、転勤族の多い公務員、銀行マン、そして中学・高校を野球部のエースピッチャーとして送ったかれの人脈が生きた。バーなら男中心になってしまうが、コーヒー店なら女性もなんとか入れる。ウエイトレスだった義妹が地元高校の出身でもあり、キューピーのような愛らしさで同級生を集める、といった具合で、昼間の客のほうが多くなった。

決断するのは早かった。こうした趨勢を見越したかれは国道の改修を機に飲み屋をやめて純喫茶を開業した。しかし町民のおおかたの見方は、喫茶店をいわば正当な事業として認めるものではなかった。山崎火薬やわかば、熊野電器、みどり、青山など数軒の同業者はあったものの室内の装飾といい、器といい、コーヒーの味といい抜きん出たものだった。本来のセンスの良さに加え、遊び人として磨いた審美眼が異彩を放っていた。こうした趣味を愛したのが、都会からやって来た調教師、馬主といった人々である。

四十年代、競走馬生産はようやく産業として町に認められつつあった。浦河町長が重賞レースに優勝した馬の祝賀会にはじめて出席したのは四十五年になってからのことである。競走馬の生産を博打の片棒担ぎとして白眼視する気分は、このころまで町民の間にも残っていた。競馬好きの店主村岸のもとに競馬ファンが、そしてその生産や販売、流通に関わる者がここを情報交換の場、面談や交流の場とした。また金融機関が集中するこの街区にあって、中小企業主が日常的にやって来てこの店に立ち寄る、そして新し物好きの若者たちが。

作家の佐藤愛子、映画スターの高倉健、田中邦衛、歌手の前川清などの著名人が浦河に来るたびに立ち寄った。牧場に馬を見に来た馬主や調教師を〝ちょっとお茶でも〟と地元の牧場主が連れてきた。苫小牧の宮野組の親分も始終立ち寄った。危ない店ということで、高校生や若い女性は家族から固く出入りを禁じられていたものだったが、その女性も利用するようになってようやくこの店も大衆のものとなった。

〝そうはいかんたい（井寒台）の村岸さん〟と古くから地元の軽口で呼び習わされてきた旧家の出というかれの背景もまた、客の興味をそそった。明治中期、井寒台地区で水産業に着手して以来、幾多の事業者を輩出してきた家柄に現れた鬼っ子だった。客の誘いに応じて、ゴルフだマージャンだ牧場回りだと始終店を空けた。色の白い目鼻立ちの整ったかれの妻とその姉妹があとを守った。当時の常連客のだれもがかれの入れるコーヒーを賞味した。ほかの誰が入れても、その味が出せなかった。豆の選び方から始まり、焙煎に口を出し、保管にうるさかった。温度、時間、蒸らしと、かれの繊細さとこだわりが遺憾なく発揮されたコーヒーは、〝絶品〟だったと今でも人々は断言する。簡単な食事を提供することで売り上げを倍増できたにもかかわらず、トーストとサンドイッチだけにとどめた。食事はコーヒーの香りを損なうというのが、その理由だった。

〝コーヒーは文化の味だ〟というのがかれの口癖だったが、競馬産業が陰りをみせはじめた昭和六十三年、その流れと歩調を合わせるように、それまでの人づきあいとこだわりがたたって、店は人手に渡り、普通の清潔で明るい喫茶店になって女性客だけが増えた。

負債だ、保証だといまでも恨みを言う人間はいるが、そうした人々でさえかれの味に寄せる愛着を口にする。不思議な符合だが、「紋」の倒産以来、町の財政の地盤低下、浦河の競馬産業は着実に衰退に向かって歩み始めたように見える。

［文責　髙田］

【話者】

古市　昂平　浦河町常盤町　昭和十八年生まれ

山岸　智子　浦河町浜町　昭和十八年生まれ

前谷すなお　浦河町堺町東　昭和十七年生まれ

第九六話　全道青年大会

――人脈は最大の財産

　昭和四十七年八月二十五日、全道から堺町グランドに集まった三千五百人の青年たちの前を、〝青年の火〟最終ランナーに選ばれた笹島政信はトーチを片手にトラックを一周した。牧草作業で赤銅色になった肌にランニング姿で駆け抜ける笹島はカッコ良く、聖火台に駆け上がってひとしきり観衆の声援を受けたあと、聖火台に点火した。と同時に花火があがり五百羽の鳩と五百個の色とりどりの風船が大空に放たれた。第二十三回全道青年大会開会式のはじまりだった。

　笹島は絵笛青年会の会長だった。当時は町内に十四の地域青年会があって三百人余の会員がいた。というのも農漁村地域では中学や高校を卒業して家に残る者は自動的に青年会入会となり、結婚して会を抜けるまで所属するのが常だった。

昔から時代や地域が異なっても、集落ごとに若者が組織され、地域への奉仕を通して規範を学び人間性を高め、楽しみながら若いエネルギーを発散させ次のステージに上がっていく場としていた。それを昔は若者組等と呼び、今は青年会と呼んでいる。そこでは神社の当番、演芸会の開催など、若者が受け持つ役割が決まっていて、好むと好まざるとに関わらず顔を合わせて事を進めていくように仕組まれていた。だから皆幼なじみであり、その人の良いも悪いも知り尽くしており、喧嘩や仲たがいをすることがあっても召集がかかると出て行き、そのうちお互いの良さがわかってきて認め合う、そんな付き合いだから、てらいもプライドもなく素のままの人間関係があった。

そのような町内の青年会をまとめる組織として浦河町青年団体協議会(浦青協)があった。それは日高青年団体協議会(日青協)、北海道青年団体協議会(道青協)へと繋がるものだった。全道青年大会は道青協が主催するもので、道内の市や町で持ち回りで開かれており、浦河でも昭和三十六年に第十二回大会を開いて千四百名の参加を見ている。しかし浦河に福祉センターができた翌年、大勢の人が集える場ができたこともあり、もう一度全道青年大会をやろうという話が持ちあがった。昭和四十五年には全道婦人大会を開いて千三百人の人を集めている。青年大会はそれ以上の参加があるし、人が集まれば町に金も落ちる、青年たちにもいい経験になる。

全道青年大会は八月二十五日から三日間と決まった。さあ、それまでトラクターのハンドルや草刈機など農機具しか手にしたことのない青年たちが、福祉センターの一室に設けられ

開会式での「青年の火」点火
（「第 23 回全道青年大会集録」より　浦河町立図書館 蔵）

た大会事務局に集まって、事務仕事をしなければならなかった。それも昼間の仕事を終えてからの集まりだ。人生経験が未熟な青年たちにとっては何もかも初めてのことが多かった。事務局の仕事は山ほどあった。二百十八市町村の青年団体に案内を送り参加を取りまとめ、受け入れ態勢を整えていかねばならない。青年を九つの部に分け、社会教育係から応援の職員が兼務で派遣された。

まず三千五百人もの参加者に対し町内の宿泊施設では半分も収容できなかった。宿泊部の青年は町内の旅館に行って協力依頼をしたが、言葉が足りなかったのか翌日には教育委員会に苦情が来たこともあった。それでも町内の旅館等を全部周り宿泊数をまとめた。足りない千五百名分は一般家庭に民泊させてもらうしか手はないと、新聞や広報の協力を得て、宿泊を受け入れてもらえる家を探した。今でこそ宿泊や移送部門は旅行会社に委託するのが常だが、そのころはパソコンもケータイもないなかで、すべてを自分たちでやらねばならなかった。しかし商工会議所や役場の人たちがずいぶん力になってくれた。

また四十七年といえば札幌オリンピック開催の年で、二月に聖火が浦河の町を通って行った。〝あれを青年大会でもやるべ！〟となった。〝青年の火〟と名付けられた聖火は、前年開催地十勝の士幌町で採火され、日勝峠を通る西回りコースと、大樹やえりもを通る東回りコースを設けて、日高管内九町の青年が西と東から走って浦河までリレーし、開催地浦河だけでなく日高の青年全員でこの大会を開催すると言う意識を定着させた。その準備に管内の青年たちは幾度も顔を合わせて会議を重ねた。

浦青協の会長を務めていた今井秀樹は「大会を成功させなきゃって意気込みが強すぎて、何度も意見がぶつかり合い火花を散らしたな」と当時を振り返る。またこの頃仕事と青年会活動との板ばさみになって苦労した人も多かった。今井は「家ではよく叱られたけど、最後には親父も、もういいから（大会事務局へ）行け、って言ったもな」と笑う。トラクターに乗って居眠りばかりしている息子にあきれ果て、心配したのだろう。他にも牧草の陰で父親に起こされるまで眠ってしまった話など、失敗談が毎日のように報告されていた。

施設部では二百枚以上の看板を用意しなくてはならなかった。一番大きいのは開会式が開かれる陸上競技場に掲げるベニヤ三十枚の看板だった。そのほか十一会場の表示や案内板、歓迎の看板や市中パレードのプラカードまで全て手作りだった。この施設部には絵笛とその周辺の青年たち十数名が所属していたが、柳沢和男が本職の大工だったので、難しいところは彼に教えてもらった。皆は六月から二カ月間、牧草刈り取りの一時期だけ休んでほぼ毎晩、カンナ、ノコギリ、カナヅチなどの道具持参で福祉センターへ集まり、夜の八時ころから十二時過ぎまで、垂木を切り、ベニアを貼り、白地のペンキを塗って、字を書いていった。昼間の仕事で疲れているうえでの連日の作業だったから、あるとき会員の一人が電動ノコギリにTシャツの裾を巻き込まれ、あわやということもあった。が、被害はTシャツ一枚をボロにしただけで終わった。そんな施設部員のために接待部の女性が夜食を作っては応援した。こうして地域の青年たちが大会事務局へ出てきて一緒に仕事をしていくうちに、友情の輪を広げ視野を広げていくようになった。

　さて大会の会場は十一に分かれていたから接待係の要員だけでも百五十人は必要だった。それは町内の婦人会に協力を仰いだ。打ち合わせ会議を開き、青年だけでは足りないと役場職員にも入ってもらった。競技部は町陸上競技連盟や体育協会、学校関係者の協力を、文化部は審査もふくめ町文化協会の協力を得た。その連絡調整に役付の青年たちは昼間から狩り出されていた。

　青年の火のリレーにはじまり、冒頭の開会式、堺町から浦小までのパレードや夜の交歓フェスティバルも含め、三日間でスポーツ六種目（陸上競技・バレーボール・卓球・柔道・剣道・相撲）、文化芸能五種目（音楽・演劇・郷土芸能・意見発表・展示部門）が町内十二カ所で開かれた大会は無事終了した。この三日間、各機関の協力を得て総勢五百名以上の態勢を組んだが、青年達は縁の下の力持ちよろしく陰で走り回り、順調な進行に力を注ぎ、トラブルが起きると駆け回った。

浦河町内の多くの青年が関わり、役場や婦人会、商工会議所などあらゆる機関の協力を得てなしえたことだったが、選手たちの宿泊を快く引き受けた一般家庭の協力も大きかった。家族総出で迎え、なおかつその選手の応援に駆けつけたり、せっかく浦河へ来たのだからと牧場を案内したり、温かい思い出をたくさん胸に抱いて帰っていった選手たちも多かった。大会の収録に「あの時の青年会員の真剣な目と、熱気を帯びた気持ちの塊を持てば何事にも打ち勝てる」と今井が書いたように、大会の成功は青年たちの自信になった。

しかも大会終了後も事務局は町の人たちを楽しませた。麦茶やレモンなど大会当日の残り物や、絵ハガキ、ポスター、ペナントなど大会グッズの売れ残り品、そして多かったのが垂木やベニヤ、釘など、大量に作った看板をバラしてベニヤ五十円、垂木百円、釘一山五十円などで売ったのだ。材料類は開場三十分で完売し、合計五万五千円を売り上げた。

二年の月日を重ねて準備してきたこの大会で、青年たちは普段出来ない経験を重ね、ひと回り大きくなったし、青年たちの絆は地域を越えて結ばれ、強くなり、その後の町づくり、地域づくりに大きな役割を果たしていくこととなった。

「この大会に始まって後に続いた人脈は、自分の人生最大の財産になった」と笹島は語る。

しかし地域の若者は激減し、いまや青年会は成立しなくなっていた。

〔文責　小野寺〕

【話者】

今井　秀樹　浦河町向別　昭和二十三年生まれ
笹島　政信　浦河町絵笛　昭和二十六年生まれ

第九七話　今も旅の途次

――五百羅漢を彫った男

優駿ヴィレッジアエルの敷地に羅漢洞と書かれた木造の建物がある。中に入ると正面に木彫りのお釈迦さまと弟子たちが幾段にも重なり、独特の雰囲気の木像が見るものを圧倒する。それらを彫ったのは洞の主、堀敏一だ。

堀は昭和二十二年島根県大田市波根に生まれた。両親は満州で結婚し、ソ連参戦の噂を聞いて島根に引き揚げてきた。長崎育ちの母は波根の田舎が肌に合わず、大浦天主堂近くの実家に帰ったが、家人に諭されて波根に戻った。その三日後に原爆が落ちたという。

大工だった父は一旗あげる夢を、満州から大阪に移して単身で出かけていった。母と二人の子どもは畑で野菜を作り静かに暮らしていたが、五年ほどたつと生活の目処がついた父は家族を大阪に呼び寄せた。行ってみると十二人の弟子を抱えた工務店をやっていた。このとき堀は小学四年生だった。

波根の田舎から大阪の小学校に転校したものの、大阪弁は全く分からなかった。話せないし話しかけられもしない少年は無視され、成績は落ちた。他所で面白い催しがあると学校を休んで見に行くようになった。その頃柳宗悦の第二期民芸運動黄金期で、あるとき百貨店の特別展で円空と木喰の粗削りの仏像を見た。これくらいなら俺にも彫れると、堀は家の作業場から木片を拾ってきて彫った。

学校の宿題にその木彫りを出すと、美術教師の目に留まり、天王寺美術館の作品展で金賞を取った。周囲の子どもたちは、あいつ言葉分からないけど面白いんじゃないのと声を掛けてくれるようになった。堀はほっとした。居場所を見つけ、ここで生きて行けると思った。

しかし中学になっても堀は孤独だった。木彫りや版画は続けていたが、凝り性なところがあってその後も図書館で円空や木喰を調べ、修験道の本も読んで、和歌山県高野山の奥にある大峯山にも出かけていった。

母は大阪に来て以来、工務店で働く十二人の職人たちの洗濯や飯の仕度に明け暮れていた。母親っ子だった堀は、飯場の賄い婦のような母を助けようと何かと手伝っていたが、疲れが溜まった母は四十六歳で亡くなってしまった。堀が高校生の時だった。

一年後に父は再婚したが堀は反発し、糸の切れた凧のように家から離れ、出歩くようになった。幼少期を田舎で暮らした堀は自然が好きだった。海よりも山の匂いが好きで、以前から六甲山などを歩くようになっていた。母が心配するから日帰りで、という配慮も要らなくなって、春夏秋冬大峯山に行ってはそこに居た僧たちと一緒になって修行し、徐々に山歩きにのめり込んで行った。高三の冬に北海道へ行き、サロベツ原野から利尻島に渡って利尻岳に登ろうとしたが、一週間吹雪かれて足止めをくらい、自分の装備と技術の甘さに気づいて帰った。

登山技術を学ぶには大学にかぎると思った堀は大阪工業大学の夜間部に行き、入学式の日に山岳部に入部した。父は工務店を継がせたがったが、自分には個性的な職人たちをまとめる力はないし性格的に向いていないと家を出、釜ヶ崎の安アパートの四畳半に移った。

堀は部屋のなかにテントを張り、そのなかで如何に上手に暮らすか気をつけ、飯は飯ごうで炊いた。昼間は梅田の建設事務所で図面を書いていたが、通勤には背負子にブロックを二つ積み駅の階段は二段づつ上がった。海外遠征のために生活を切り詰めて金を貯めた。一度山に入ると三カ月や半年もこもることがあったから、職場も三度変わった。日常生活のすべてが山登りのためにあった。

大学時代一番の思い出はキリマンジャロに行ったことだった。アフリカ最高の単独峰で雪や氷に覆われているこの山は、少年の頃読んだ「少年ケニア」以来の憧れだった。五人の仲間たちと頂上に立った後、堀は単独でアフリカを歩いた。

アラスカにも行った。山の近くまでブッシュパイロットに小型飛行機で送ってもらい、「隠れクレバスに気をつけろよ!」と言われていた。が、登頂を果たしすっかり気が楽になった一行はザイルも付けず下りていた。そのうち誰かが「堀がいない!」と叫んだ。堀は最後尾を歩いて隠れクレバスに落ちていた。しかしテントのポールを背中にしょって、それが引っかかって下まで落ちるのを止めていてくれたのだった。

こうして山登り三昧の八年が過ぎ、堀は考えた。釜ヶ崎は泥棒やヤクザなどワルばっかりだけど貧乏同士で部屋の鍵は要らなかったし、メシ屋は朝の四時から開いていて味噌汁一杯五円だった。背広を着ては入れない所だが、堀にはヌクヌクと暮らしやすかった。しかしこのままここに居たら抜け出せなくなる。どこか行くなら沖縄か北海道と考えた。高校時代に訪ねたサロベツの冬はカーンとした明るい雪の原で、山陰の暗く湿った冬と対照的だった。あの乾いた明るさが好きだ、北海道のどこかの山小屋で暮らせたらいい。それに木喰も円空も木彫りを始めたのは北海道だった。よし北海道へ行こうと決めた。昭和四十八年のことだった。

木彫の大日如来と羅漢さん（小野寺信子 撮影）

一斗缶ふたつに生活用品を詰め、その上にアタックザックを乗せた四十二キロの背負子を担いだ。それに金が二十万円ほどあった。堀の版画を気に入った画廊の主人が、個展を開いてくれたときの売上金だった。これが大阪を出るときの堀の全財産だった。

北へ向かい、まず函館で下車して千軒岳、駒ケ岳、無井根山、樽前、不風死岳、幌尻、ペテガリ、カムイと来たところで足止めを食らった。熊が冬眠から覚めて出歩くから危ないと営林署の登山許可が下りなかった。ではどこかで働こうと遠縁を頼って尾岱沼の土産物屋で働き、本物の木彫りが見たいと阿寒湖畔、二風谷と移り住んだ。不思議なことに尾岱沼・阿寒湖・二風谷と自分がそこへいく度に出会う女性が居た。浦河から姉や母の経営する土産店に手伝いに行っていた遠山悦子だった。二人は二風谷で結婚した。堀はアイヌの人たちに迷惑をかけないようアイヌとは異なった作風のペンダントやレリーフや器をつくり、お地蔵さんや仏像を彫って悦子が店番をする土産店〝パイカラ〟(アイヌ語で春の意)に並べた。

あるとき新冠の馬頭観音寺の山口順昭住職が店にきて仏像を一体注文し、堀に仏像を彫るなら僧侶の資格をとったらいいとすすめた。すでに大峯山で修行を重ね基礎的な勉強はすませていたから、吉野山金峰山寺大僧正で阿闍梨の山口順昭によって堀は得度し、法名壱行を授かった。

昭和五十二年、二人は土産物店を閉めて浦河にいる悦子の母、遠山サキの近くに引っ越した。そこで堀は木彫りのみやげ物を作り阿寒湖などの観光地に卸していた。そのうち単なるみやげ物作りが馬鹿らしくなって止めてしまい、木彫りの注文が少なかったので木材会社の山子や土木作業で生計をたてた。

あるとき堀が山に登って帰ってくると、サキは「なにとって来た?」と聞いた。堀にとっての山登りは頂上を極めることだった。しかしサキにとって一人前の男が山に行って手ぶらで帰ってくるのは不思議なことだった。山は頂上に登るのではなく、神さまが恵みを与えてくれるところだった。堀の山への畏敬の念が変わっていった。

そんな生活の中で堀は考えた。遠山の家はそんなに金は無いのに皆いつも腹いっぱい食べ満たされて心が豊かだ。アイヌの人たちは昔話をするときいつも「自分はカムイに満たされているのだから何も求めなくていい」というフレーズを最後に付けている。そうか資本主義社会では求めるから足りないものが出てくる。しかしアイヌは必要なものはカムイがくれるから何も求めなくていいんだ。

堀が木彫りを続ける中で木を使って表現しようと思った時、自然と「五百羅漢」が記憶のなかで育っていた。島根で育った少年のころ、世界遺産の石見銀山が遠足の場所だった。その近くに羅漢寺があって何度か五百羅漢を目にしていた。京都や他の寺でも出会った。彫るなら槐《エンジュ》の木で五百羅漢！　と考えた。だが時間と金がないから自分には無理だろうと思った。しかし北海道へ来て、遠山家の生活を見ていて踏ん切れた。ここなら金がなくても暮らすに困らない。求めず、そこにあるものを工夫していくといい。それは山で実践していたことだ、山の生活をそのまま持ってきたらいいのだ。

「食えないから出来ない」から「食えるから大丈夫」に転換して五百羅漢を彫り始めた。昭和五十八年の秋だった。一年に二十体、二十五年かけて彫る計画を立てていたが、予定より二年早く平成十五年に、釈迦如来と十大弟子を含めて完成した。

羅漢を彫りだした頃から木彫り一本で生計をたてていたが、金子みすずの詩からイメージを得て六十体の少女象を彫って個展を開いたり、注文に応えて仏像やレリーフを作った。大峯山で一緒に修行した僧侶が力を持つようになって、仏像の注文が入るようになったし、京食の各地の工場におくレリーフも作った。そのほかフクロウや北向きダルマや馬力ダルマ、オクトパスなどいくつも話題になった作品を作り出しては、本人が楽しむと同時に町の人たちも楽しませている。

平成十六年からはアエルの建物を借り、羅漢洞と名を付けて作品を並べながら販売をしている。浦河に異なった色の風を吹かせた堀敏一。話を聞いてみると、島根での幼いころの生活が彼の芯をしっかりと形づくり、大学までの経験がそこに衣をかぶせ、その後住むところを変えても決してぶれることなく今に至っている。山登りでは〝荷が重くなると動きが鈍くなる〟という鉄則がある。「木彫りをするのに、今も刃物の数は増やしていないんだ」という言葉に、浦河が一番長くなったけれども今も旅の途次だという堀の姿勢が見て取れる。

［文責　小野寺］

【話者】

堀　敏一　浦河町字姉茶　昭和二十二年生まれ

第九八話　津波をめぐるふたつの伝承

——鯨の漂着した大津波について

浦河町史に杵臼と野深の二カ所で、大津波が集落を襲い壊滅的な被害を受けたと想像できる伝説が採録されている。

伝説の項第七話に「カムイヌプリの鯨骨」として、これまで無かったような大津波がきて、海の大鯨が奥山カムイヌプリに打ち上げられ、いまもその骨が残っているという伝説がある。更科源三の〝北海道伝説集・アイヌ編〟でもこの話は取り上げられていて、この津波でポロイワ集落の人々が全滅し、低い山にいたハライエチキキ集落の人々が助かったとしている。また後日編まれた〝荻伏百年史〟ではこの山はカムイヌプリより二十キロも海に近いポロイワ山であるとしている。

また第十二話には「杵臼の津波」として、白狐が関与する予知夢が、集落の人間を低い山に逃げて助かった人々と、高い山に逃げて助からなかった人々がいたと伝えている。この時も大鯨が打ち寄せられ、集落の一番高い山、つまり人々が助からなかった山に接岸し、いまも苔むした岩となって残っているという。前出の北海道伝説集では多少異同があって、人々の被害については記述がなく、高い山の名をやはりカムイヌプリとしている。

右下の小山が鯨という（小野寺信子 撮影）

浦河町内の二河川の流域に、同じような伝承があることはそれが決して想像上の事柄でないことを示しているかに見える。津波伝説は浦河だけでなく日高各町、広く太平洋岸一帯にアイヌの共通の伝説として残されていることを考えれば、いつかは分からないが、どうしても巨大津波が太平洋岸を襲ったに違いないと想像したくなる。

アンモナイトの収集家梶野鉄雄を取材中、ふと話題が地質のことになった時、意外な話をはじめた。化石を集めはじめた昭和四十年頃、母方の叔父である山村某という人物に連れられ、浦河・様似境の山中で鯨の骨を見せられたという。それは半分ほど地中に埋もれていたが、体長が十《メートル》近くもありあきらかに鯨類のものだったという。浦河ではかつて鯨が水揚げされ、港で解体処理されていた時代もあって、肥料とするのか野ざらしとなった鯨骨を町中の人が見ている。漁師の息子のかれが見まちがえるとは思わない、というよりそれしか思い浮かばないはずだ。

この話を杵臼地区で話題にしたところ、多くの人がその話を耳にしていた。大別すると、その伝説はオロマップ川沿いにある二つの岩山（平坦地にあるが、うしろの高い山の尾根の末端）について語られており、その低い岩山が、鯨がそのまま固まったものとしている。異様な二つの小山はいかにも伝説を生み出しそうな姿をして鎮座している。

もう一方は、前述の梶野の語った骨が残されているという伝承である。伝説となるにはもう少し歴史的な時間が必要と思っていた時、〝自分もそれを見た〟という人物が現れた。

西幌別に住む岡本幸紀は小学校六年生の四十七年頃、父に連れられオロマップの山に入った。多分マイタケ採りに出かけたときだろうとしている。この時、頂上付近の広い笹原のゆるやかな南斜面でのこと、かれがちょうどいい高さだと太い木の切り株に乗っかっていたところ、突然父が〝それは鯨の骨だぞ〟と叫んだ。びっくりして飛び下り仔細に見ると、こびりつくように苔の密生した巨大な動物の背骨のようなものだった。苔をそぎ落とすと黒っぽい灰色のがさがさした地肌があらわれた。父はこのことをかれに伝えておこうと連れて来たのだという。父はこの時鉄砲を背負ってきていた。

下山した後、〝明日、学校の友だちを連れて行く〟と言うと、〝バカヤロ　ここは熊の巣なんだ。子どもだけで来るもんじゃない〟と叱られたという。

また、杵臼の工藤泰広の祖母小春がある年の五月、山菜を採りに山に入って鯨骨とおぼしきものを発見したという。小春は二十数年前に亡くなっているが、生前、おおかたの家族がその話を聞いている。しかし山菜に趣味がなく、誰もその話の確認ができていない。ただ午前中の農作業の後、ふらっと山に入っただけだから、それほど深い場所ではないだろうと推測している。

これらの話で問題となるのは、鯨骨のあったオロマップ山の位置である。梶野・岡本らの記憶をもとに高さを考えると、その場所は西舎の家並みが川向こうに見渡せたという点、小広い、木の少ない丘状のたいらな草地という点などを考えると、高度二〇〇メートルから四〇〇メートルの高地なのである。その高さに達する津波など想像も出来ない。かといってその物体が化石であったとした場合、海が隆起したとされる日高山脈の造山時代となると、五〇〇〇万年から五〇〇〇万年前の化石ということとなる。

骨だとしたら通常カルシウムを中心とした成分で出来ているから水で分解するのではと思われるが、考古学や地質学では一万年以上前の骨資料の分析も行われている。そうなるとここに在ったのはそのどちらなのか、いずれにしても現物を確かめぬかぎりこの問題の決着はつかない。またそのどちらであったにしろ、センセーショナルな遺物ということは間違いない。どうしても発見される必要があるのである。

〔文責　高田〕

【話者】

梶野　鉄雄　日高町富川町　昭和十八年生れ

岡本　幸紀　　浦河町西幌別　昭和三十五年生まれ
工藤　泰広　　浦河町杵臼　　昭和二十七年生まれ

第九九話　そして、誰もいなくなった

――浦河町戦後開拓の帰趨

浦河町の戦後を語る時に、ある種の苦味を感じずに語れないのが町内全域に広がっていた戦後の開拓地の問題である。

敗戦を機に、政府はアジア全域に広がっていた軍隊と海外移住日本人の引き揚げに取り組まなければならなかった。その総数は五百万人とも七百万人ともいわれ、その結果、都市には働くあてのない失業者が溢れることになる。

日露戦争以後は取得した樺太、第一次世界大戦後は南西太平洋諸島、昭和に入ってはとくに中国東北部（満州）への積極的な移住が推奨された。満蒙開拓少年団といって、小学校や青年学校の教職員が推進役になって、卒業生多数を中国大陸へ送り込んだ例は浦河にもある。

食わんがための移住であってみれば、帰国したところで衣・食・住に困ることは目に見えている。そこで政府が取った政策が食料統制であり、引揚者・農家の次、三男による新規開拓事業であった。

こうした着想は戦時中からあって、その構想は戦後も引き継がれ、道ははやばやと終戦後の九月、北大農学部学生を主体に市町村・農業会職員を加え、全道の耕作可能地調査をおこなっている。さらに五年計画で三十五万町歩、七万戸の入植を策定していた。

こうした国や道の動きを受けて、二十一年一月、大衆館(後のセントラル劇場)で〝国有林野解放町民大会〟が浦河の労働団体の手によって開かれ、日高幌別川上流にあった日高種畜牧場解放を狙いとした要求書をもって農林省、衆議院に陳情することが決議され、二月にはこれを町議の高尾、西口、原田、鎌田という面々が上京して、道南選出の代議士手代木隆一、南条徳男に手渡している。

昭和三十二年の統計だが、「引揚者給付金支給等支給法」制定にもとづく調査が行なわれた時、浦河町在住の引揚者統計は五六三世帯、一三七八人を数えている。また調査年次は不明だが、石田明の調査では六〇八世帯としている。

さてこれらの一五〇〇人近い人々の住居を用意し、仕事を探し、収入を確保することを国は望んでいた。軍の訓練施設があったことで縁故のない引揚者多数を引き受けた町にとっても、大きな牧野をもつ日高種畜牧場用地(全面積一万町歩)の解放は緊急の課題だった。

浦河における最初の戦後開拓は、荻伏地区の東栄・共栄で始められた。まだ浦河に残っていた第七師団(旭川)の船舶工兵部隊暁部隊の留守隊の久松福一郎中尉以下二名と、地元農家の子弟九名が部隊解散後の二十一年に、二十二年には、海軍大佐澤勇夫が樺太引揚者四名と共にこの地に入植している。

同じ頃、樺太からの引揚農民熊谷啓など約二十戸が、引揚者援護会に南瓜・馬鈴薯などの栽培地の借り受けを強く申し入れ、町から上杵臼地区日高種畜牧場の周縁部ムロコベツ川下部の一部を借り受け、引揚者住宅に住みながらの通い作りを行なっていた。

そして肝心の日高種畜牧場用地については、折からの革新勢力の伸張を背景に、共産党、社会党、幾多の労働組合などが町に対して結束して引揚者救済＝種畜牧場解放を迫った。町は道に、道は国にと要求は押し上げられ、こうした動きに後押しされ、町はまず日高種畜牧場の一部と同牧場への五十町歩の古い貸付地の返還を取りつけ、あらためてムロコベツ川流域に田中、高橋、熊谷(啓)、熊谷(徳)、熊谷(武)、横田などが、シマン地区に高橋、中居間、岡本、門上などの開拓を認める。

二十四年秋になって事態は急速に動き出す。町・支庁のあいだで入植計画が成立。これに伴い道・町有林、種畜牧場用地等一八〇〇町歩の買収、所属替えがおこなわれ、明けて二十五年、審査の結果、一五四戸に入植許可が出された。これら入植者を出身地別にみると以下のとおり。

樺太	五三戸	日高各町	三六戸
千島	二戸	管外	三戸

満州　　　　六戸　　　　　　他府県　　　　　一戸

浦河町内　二九戸　　　　計一三〇戸（一四戸未入・離農　三十二年度現在調べ）

一方、荻伏地区約二二〇町歩の入植は、先行していた東栄に加え、野深滝の上に田端、川戸、桜木、斉藤、畑中、奥沢、田中、上野、永沼、奥沢、吉田など農家次男・三男等十一戸が二十六年に、富里では赤心社牧場の解放地を周辺農家の増反分として二十七年にそれぞれ開拓が始まっている。全部で戸数二九、人口一五六だった。

上向別一四六町の入植は種畜牧場解放による入植計画に沿ったもので、二十六年に、明神、植田、吉田など樺太・満州の引揚者七戸、地元から六戸が入植している。この地区は土質も良く町に近いこともあり、待機者の多い地区だった。

こうして二十六、七年ころまでには、浦河町全域の開拓地で引揚者のあらたな生活が滑りだした。草小屋、拝み小屋とよばれる仮住居を建て、立木を一本づつ倒し、伐根を抜きとり、そこにヒエ、イナキビ、アワを植えた。一本の木を片づけるのに七日から十日かかったものだという。こうして伐り出された材は有料だったが、製材されて自家用に使うこともできたし、売ることもできた。また人によっては炭に焼くこともでき、入植当時の人々の生活を支えた。

東栄の小島哲雄は当時の引揚者の生活を次のように述懐している。

引揚者の人たちは農家生まれのわれわれより、なにかにつけて無理があったように思う。作業能率はわれわれの半分くらいだった。生活といえば、物資不足のせいもあるが、皆が豚かニワトリか人間か分からないような生活だった（「拓跡」より）

そうは言いながらも開墾補助金、一戸約十万円（杵臼初期五万？）の住宅補助金（十坪内外で新築二十万）で、一応の体裁は整えられていった。開墾したばかりの土地にまず自分たちの食うものを、それから大豆・小豆を植えたが、秋には鹿にすっかり食われてまるで収穫にならないなどというなかで、徐々に生活をつくりあげていった。

一方で二十九年、浦河高校を卒業して上杵臼小学校に代用教員として赴任した大脇徳芳は、当時の開拓地の印象を次のように語っている。

部落はあらたに農業で身を立てようとしている人々で溌剌としていた。まだ炭焼きが主体の生活でいたるところに伐根がゴロゴロしていた。地元の人々の諧謔で〝木を食ってる〟という地口があった。五年期限の開墾補助金（反当り一〇〇〇円とも二〇〇〇円とも）の支給もあり、開かれた畑地に芋、南瓜、トウモロコシが植えられていた。まだ離農者はおらず、こどもたちの服装もこさっぱりしていていて、どこか豊かな感じがあった。

こうしたなかで、二十七年に、開拓農協監事桜岡幸助が不正経理問題で監査請求をおこなったことから、三代組合長竹中耕平を中心とした平輪開拓農協とに分裂。竹中側からの訴訟で開拓農協・町・道を巻き込む形で裁判が泥沼化した。三十二年、竹中は道庁の集合煙突に登り〝開拓行政に不正あり〟と訴えて全道にアピールし、問題は一躍顕在化。道は竹中を不正経理の責を問い、入植資格の取り消しを行うなどして対抗した。後日、開拓農協の勝訴

開墾前の入植地の状景(「拓跡」より　図書館 蔵)

で決着がつくが、これが機となって開拓民の結束が強められ、各方面への発言力が増すことになった。

この間二十八、二十九、三十一年、北海道を冷害が襲う。これにうちのめされた農家が次から次へと離農しはじめた。当初、一戸当たり六～七町歩の用地が割り当てられていた。しかも、開墾地は払い下げたが立木は有償という。開拓を続けるにしても家を建てるにしても、資材・建材・燃料として木材は必需品だった。また、開墾をしてはじめて気づいたのは、この拓殖計画が机上で作られたプランで、現地の実情をまるで考慮していないものだったことである。山林、河川敷、道路、用水路などを差し引くと、畑地として経営するに足る面積を確保するのが難しいということが明らかになってきた。

これに加えて、開拓民の半数近くが農業未経験者だったこと、官員、鉱山労働者、事務員等々を交えた混成部隊による開拓だった。ただ上杵臼地区は荻伏地区とくらべて外地引揚者の割合が高く、開拓農協の総会や記録類のなかには新天地と未来にむけた意欲と讃歌が随所に記されている。教育に対する要望の強さもその表れで二十七年に上杵臼小・浦河二中上杵臼分校、続いて二十八年には女名春別分校の開設を見ている。また開拓簡易郵便局、開拓婦人会、開拓保健婦、婦人ホームを次々と開設している。

一五四戸のなかにはここで一旗揚げようとするもの、美しい田園を夢見るもの、からくもこの地に逃げ込んできたものなど、雑多な人々がその時々の農業政策に応じて、炭を焼き、乳牛を飼い、豚を飼い、ニワトリを飼った。亜麻を植え、アスパラガスを育て、薄荷をつくるなど、五目飯農業と呼ばれるほどのものだった。冷害資金の借り入れや、一年分の米代借り入れを浦河町議会に要請するなど、この時期の苦境を示す行動は枚挙に暇がない。

場所により時期に差はあるが、志満地区の前川直治が水田をつくったのは三十七年、女名春別川からみて山麓に近い場所に割当地をもらった中村政治が、水田をつくりそこでできた米を食ったのは四十二年のことだった。それまで米は買って食べるものだった。

三十三年、上杵臼開拓地他の請願にもとずき、町内全域の開拓地の貧しさを改善するために、浦河町は開拓営農振興対策協議会をつくって本格的にこれに対応する。町のこの開拓計画作成当初から上杵臼を戦後開拓のモデル村にしたいという強い希望は裏目に出て、離農者の群れを目のあたりにしたのである。三十年度までにすでに離農・未入は二十四戸を数え、定着は百三十戸だった。

一地域への入植としては、おそらく道内で一、二番の規模だったゆえに、注目度も高かったろうし、政治的な介入や圧力もあったことだろう。離農の原因を確かめ、必要な助成を行っていくのが開拓営農振興対策協の役割だった。しかしそこで出された結論は、むしろ積極的に離農を助成することで、残った開拓民に耕作地の再配分をおこない経営効率をあげるというものだった。こうした流れの中で、三十五年、浦河町は道内ではじめて上杵臼開拓転出助成金五万円の支給を決定した。この金額は当時で白米十俵分に相当する額だったという。しかし、この前後三年間の離農者の数は劇的といっていい。

昭和　三十三年度　二戸（ブラジルへ）

同　三十四年度　十三戸（うち二戸ブラジルへ）

同　三十五年度　二十戸

町の決定が機になり、国・道も三十七年度から離農奨励金十万円を支給。一層離農が進んだ。さらに四十年からの五年間で、ふたたび離農希望者を募り三十五戸が、こうして四十五年二月の時点で、三十年次から見て八十八戸が離農し、残ったのは四十二戸だった。政府が一応の目安とした二十年後の姿である。

こうした状況は荻伏・上向別地区も同じで、開拓民の営農・生活のすべてだった荻伏開拓農協、上向別開拓農協は四十六年、上杵臼開拓農協も四十七年に解散し、それぞれ荻伏農協、浦河農協に吸収されいかにも戦後的なその歴史を閉じた。国の農政を云々する任にはないが、この二十年間に神武景気があり、岩戸景気があり、所得倍増があった。集団就職があり、金の卵があった。農業基本法がつくられ、米の減反政策が始まっていた。こうした背景を考えると、開拓農政とはこんなものだったのかという苦い感慨が残る。

浦河町内で単に〝カイタク〟という呼称が使われていた時代があった。もちろん地域を指し示す用語でもあるが、荻伏や上向別の開拓地を示す意味で使われていたようには思えない。カイタクといえば町内では暗黙裡に上杵臼開拓地を指し、ひとつの政治的圧力、異郷、異質

という イメージが付いてまわっていたような気がする。その時からさえ、すでに四十年という年月が流れている上杵臼開拓地で、現在なお在住しているのは十五戸、このうち農業を続けているのは八戸だけである。

［文責　高田］

【話者】

中村　政治　浦河町上杵臼　大正十四年生まれ
前川　直治　浦河町上杵臼　昭和二年生まれ
熊谷　徳男　浦河町上杵臼　昭和四年生まれ(平成二十四年没)

【参考】

拓跡　荻伏・浦河町上向別開拓農協解散記念誌　浦河町上杵臼開拓・開校二十周年記念誌合本　同各誌編纂委員会編　昭和四十七年
私本浦河町戦後史　石田明著　平成五年
省みて語り合う仲間たち　石田明著　私家版　平成九年
ともに生きて　原田了介の生涯　原田シゲ・克著　一九八三年

第一〇〇話　天馬街道の完成

――百年続いた日勝線によせる想い

最初にお断りしなければならないのは、国道二三六号天馬街道は当初国鉄路線として計画されたものだった。その構想は明治末期から昭和二十年代までの五十年間、浦河・広尾（後日大樹村）両町民のあいだで温め続けられてきた。

明治三十五年十一月、赴任まもない西忠義日高支庁長の意を受けた西舎・杵臼地区長蛎崎清彦が、地区の住民五人と測量技師等と共にニオベツの沢を遡って野塚岳基部に至り、そこから低い鞍部を越えて豊似・広尾に至る探索を行った。こまかな記録はすでに失われているが、一〇〇年も前杵臼の吉田幸助が若い時分、子どもの頭ほどもある握り飯を幾つも作って焼き握りにし、これを背負ってこの探索行に参加した話を息子の吉田文夫にしている。子どもも心には大きな白米のおにぎりが羨ましかった。

ただ当時、函館本線(函館―札幌間)もまだ完成していなかったし、王子軽便鉄道さえ無かった日高で、流通の大動脈を担うのはまだまだ船舶で、漁場開発の観点からも港湾設備の充実が焦眉の急だったにちがいない。

しかし明治二十九年に北海道鉄道敷設法がつくられ、道内の鉄道網が示された。新広尾町史によれば、同町では旭川・帯広・釧路間敷設構想の優勢なのを見て、広尾港の経済的地位の低下を憂えて帯広・広尾・日高鉄道計画を逆提案して、明治三十三年に内務大臣に陳情をおこなっている。西支庁長浦河赴任の一年前のことである。これを機に広尾町は浦河と密接な関係を築いてゆく。これを受けて西忠義が動いたと考えるのが妥当かもしれない。さらに大正七年、広尾町は札幌で日高、十勝、胆振の有志を集めて〝日勝鉄道大会〟を開いて気勢を上げている。

九年には十勝側から踏査がおこなわれ、一行は広尾川を遡り広尾岳に達し、そこから日高の幌満川上流に出て、様似川、幌別川上流部を踏査し、幾多のアクシデントを抱えながら無事浦河に到着して京谷旅館に投宿。宮城浦河町長等から盛大な歓迎を受けたとしている。

この事実から考えると、広尾町が浦河に至る鉄道敷設を願う心情は浦河側より数倍強かったように見受けられる。果たして昭和五年にも、分村(昭和三年広尾町と分村)したばかりの大樹町が大正九年の時と同じコースの踏査を行っているのである。

その機運に転機が訪れるのは、昭和五年荻丹栄が浦河町長として赴任してからのことである。前述のように広尾町からの働きかけは続いていたようだが、日高線の敷設が現実のものとなり、富川、静内と延びてくるにしたがい、浦河以遠をどうするかが緊急の課題だった。

昭和七年七月、荻町長は議会にも働きかけて鉄道の路線調査を決行する。町史によれば参加者は町長を筆頭に十二名だった。議会や役場職員のほかに鉄道省、軍関係者、測量技術者、写真師清澤源勝、大樹村職員、ガイドとして杵臼の鱗川ヤキネクル、富菜金四郎、小川由太郎などが参加している。

浦河を日高の袋小路にしない、日高線を十勝へ抜くという町内の世論を醸成しながら、運動は一気に進展した。鉄道省工務局はこののち九年六月、四十日間かけて本格的な調査を行い、路線計画を確定している。この時の工務局の予定路線は現在の天馬街道とは異なってい て、幌別川本流の右岸、春別と呼ばれる地域を遡り、ソガベツの滝の上部を通るものだった。また一方で政府への働きかけも奏功し、国会もこの路線の鉄道路線計画編入を採択している。ただこの計画では様似町までの鉄道延伸は予定されてなかった。しかしこの計画は十二年に勃発した日中戦争によって、様似駅開設を引き換えに中断させられてしまった。この構想が復活するのは戦後になってからである。

敗戦後の日高の復興を後押しするという目的で、当時の日高支庁長土橋武士の肝いりで日高実業協会になぞらえて日高開発期成会(昭二十三)がつくられた。この期成会の目標のひとつとして、戦後初の民選町長蛎崎敏夫は前述の鉄道路線計画を復活提案した。父蛎崎清彦がかつて踏査した計画である。また、明治四十年農林省の種馬牧場が開設された時、この場所は明治四年に入植した熊本開拓団が開墾した地域で、その土地を明け渡すことで種馬牧場開

昭和６年の踏査行（小川政雄 蔵）

設に協力した尾田、山崎、高橋などの一党が移り住んだのが、現在の大樹町尾田地区だった。そのお礼の気持ちをこの路線と結ぶことで示したかったからだという。

折よくというべきか、浦河とともにこの運動を推進する大樹町の町長がこの移住者の息子、杵臼生まれの高橋新市だった。話はトントン拍子で進み、昭和二十六年十一月、浦河・大樹両町のほか、大樹・帯広の土木現業所、開発局浦河出張所、浦河・広尾の営林署、北海道新聞社など、女子職員をふくめた総勢三十名以上の人間がこの調査行に参加した。隊長は当時青年助役と評判だった濱口光輝、職員として池田一夫、手取恒夫、議会から辻志平、吉田清、本巣愼、青年団体として中島亘、田中堅一、田中ミツル、谷口貢などの名が上げられている。

戦前の調査と大きく異なっていたのは、鉄道案が退けられ、時代の趨勢として産業道路案に変更されたことである。これにより新たにルートが検討され地元猟師などの意見を入れた野塚岳案が浮上してきた。標高も低く獣道として多くの鹿が利用しているという。こうして調査行のルートは大樹の片上農場から野塚岳の鞍部を越えるものに決定したのだった。

万歳、万歳で送りだされた一行はバスで襟裳を迂回し、広尾から汽車に乗り換えて大樹に達し、そこで大樹町グループと合流して一泊。翌十一月二十六日早朝、一行はバスで登山口まで行き沢筋にそって遡行を開始した。広尾営林署がガイドを務めた。しかしこれが遭難騒ぎのはじまりだった。

戦後のまだ何もない時代でろくな防寒具も装備もなく、しかも素人の集団である。猟師や営林署職員は別として、意欲だけがからまわりする山行となった。〝南無阿弥陀仏〟と唱えながら超えるガレ場、登行を阻む根曲がり竹、地図、鋸や鉈の鞘まで燃した雪中の野営、食料不足、歩行不能なハイマツ帯、ヒグマの出現などアクシデントは枚挙の暇もない。帰還予定が大幅に遅れた。留守を守る役場で遭難がひそやかれ、救援の一隊が出向くなどして、なんとか無事に帰還できたという顛末もふくまれる。

このことが機縁になって陳情が熱心に行われ、風向きは次第に好転し二十八年にはこの路線に調査費がつく。これに向けて十一月再度町職員他の手で踏査が行なわれ、二十九年には北海道開発局開発調査課の手でこの路線の経済効果調査が入った。この後さまざまな紆余曲折を経て、四十一年六月、浦河町日勝産業開発道路建設促進期成会を設立、同様の団体を大樹町もつくっている。四十二年、浦河・大樹・広尾三町の合同調査隊が野塚岳に入っている。

また四十一年から四年かけて、北海道開発局の手で実施設計がおこなわれ、四十五年八月一般道浦河大樹線の認定を受け、同年九月二十七日ニオベツ林道入り口で、上杵臼―上豊似間三九・五キロの起工式がおこなわれた。三町の各界の代表、上杵臼小学校児童などを集め、五段雷花火、二百羽の鳩の放鳥(町内愛鳥家提供)、風船上げ、テープカットなどの式典がおこなわれ、七十年来の思いが結実した日を祝ったのであった。

しかしながら、野塚トンネル(四二三二メートル)を初めとして四トンネル、八覆道、三十八橋の設備を完成させ、平成四年の楽古トンネルの崩落事故を経ながら、最終的に全長七十三キロメートルが開通したのは平成九年九月二十五日のことだった。

［文責　高田］

【話者】

濱口　光輝　浦河町昌平町　大正四年生まれ(平成二十二年没)
小川　政雄　浦河町西舎　大正十五年生まれ
吉田　文夫　浦河町上杵臼　明治三十九年生まれ(平成十四年没)

あとがき

　実は本書を出すという計画がどのように始まったのかについては、私はまったく門外漢だった。ある日、突然図書館の小野寺さんが〝ねぇ　次の百話やらない〟と持ちかけてきたのだ。どうやら彼女の退職後の生活設計のなかにこの企画がすでにあったようなのだ。町の依頼で平成三年に浦河百話を出し、それが非常に好評だったことはわたしも知っていたが、それからすでに二十年も経っている。当初こそ、これについてさまざまな所から問い合わせやら取材の申し入れがあったが、近年そういうこともまるで途絶えていた。で、忘れるともなく忘れていた矢先だった。晴天の霹靂である。

　私事ながら、前作を始めたころ父が亡くなっており、本業の環境も大きく変わっていた。さらに現場を仕切ってくれていた母が引退し、工場の運営さえわたしがやらざるを得なくなっていた。経営も難しい局面にあった。

しかしまえがきでも書いたが、心残りというより前作を書き終えた後にも強く心に残っていたことが、一人一話という思いであり、この町に年代記が書きつづけられればいいという述懐だった。本を出した後も町のお年寄りがいろんな話を持ち込んできていた。あいつに話しておこうということであったのだと思う。〃あの人　百話の人〃という認識のされ方だった。

しかし書き手がいなかった。前回生活をなげうって協力してくれた河村和美さんはすでに札幌の人である。小野寺さんがいうには郷土史に詳しい強力な書き手が一人加わってくれるという。そのうえ河村さんが全面的に協力を申し出ているという。小野寺さんの熱意が伝わってくる。前回数編の執筆とすべての雑事をうけもってくれた彼女に、百話に寄せるどのような想いがあったのかは聞いていないが、かつての仲間がおおいに乗り気になっている。ここでわたしが断ったらこの企画は潰える。仕方ないか……。これが出版されたら、その功は小野寺さんにある。彼女の熱意がすべてを可能にしたのだ。

また山や浜をまわる日が始まった。〃おっ　百話で来たのか〃あれから二十年も経っているのに、話者の家を訪ねると開口一番にそう言われる。二十年という歳月はほんとうにあったのかと訝しく思う瞬間が襲ってくる。田舎で一つ作業を続けるということはそういうことなのだ。

札幌在住の河村さんは、二カ月に一度は浦河にやってきて取材を行なうだけでなく、新しい取材範囲を切り開いた。札幌浦高会・浦河会という中学・高校を浦河で卒業していたり、浦河で長い勤務経験を持つ人々で、現在札幌に在住している人々の団体だが、そこで積極的に取材を進めたことである。ずっと浦河に住み続けている人より、はるかに強いノスタルジックな感情を持っている人々であった。それだけでなくこの町の現在や将来を憂える人士だったが、かれらが持つ記憶がほとんど変化することなく記憶の缶詰となっていて、浦河に在住した期間が当時の印象のまま精確に残されていることである。貴重な証言だった。

このたびの企画は、こちらからの提案をうけて町がこれを認めたという経緯がある。項目の選定にしても話者の探索にしても、一から十まで自分たちでやらねばならなかった。まずそうしたことがズシッとのしかかってきた。庶民史を作るという原則は確認していたものの、書きたいことより、書かねばならないことのほうが重圧だった。現代に近い分だけ、書かれた事柄について知る人も多く関係文書も多い。正確を期すため当たらねばならない人や文書が膨大に増えた。

　前作が敗戦を終章としているので、本編は二十年八月十五日以降というつもりでいたが、一部に前作で書ききれなかった戦前の数編を加えたため、結果としては昭和といわれる時代の全体をカバーすることになった。だから本書は昭和編と呼ばれるべきかも知れない。

　続浦河百話の刊行が認められ、取材を開始してからまる四年以上経ってしまった。二度目だからそんなに時間はかからないだろうと高をくくっていたところもあり、安易だった。前作から二十年、人も時代も大きく変わっていたし、取材陣も縮小していた。何よりも話者をとりまく環境がより複雑になっていた。第一に戦前にくらべれば、個人がつきあう人の輪が大きく広がったこと、生活を取り巻く諸事が増え広がったことだ。

　取材に当たって、さまざまな事柄のターニングポイントとなる局面を確実に拾い上げることに注意していたが、問題は農業、軽種馬生産、漁業、そして風俗や家庭、娯楽、町並みなどの変化の早さである。技術や生活となると、その変化は早すぎて捉えようがない。そしてそのスピードは日を追うごとに早まっている。とくに技術の進歩は字義どうりの日進月歩で、それが話者やわたしたちの生活をより複雑であわただしいものにしている。

今のお年寄りは、衣食住のほとんどがゼロに近い地点から、想像もできない高みにまで到達した六十年間を経験している。先日、ヒマラヤの小国ブータンの国王夫妻が来日されて話題になったが、国王は民度を測るのにGDPだとか所得水準ではなく、幸せ度という基準を公表して議論を呼んだ。また〝三丁目の夕日〟という映画が、ものの不足が不幸せの原因ではないという景色を描いて好評を博したことも記憶に新しい。

さてこのたびは、当初予定していた二十四年十二月という刊行期日を大幅に遅れることになってしまったことをお詫び申し上げたい。また本書の成立に当たって内外の沢山の話者、元北海道新聞社の前川公美夫氏やライオン株式会社史料室など、資料・写真などを提供くださった方々をはじめ、町立図書館、町立郷土博物館、日高軽種馬農協、日高中央漁協、浦河鮮魚商組合、札幌浦高会・浦河会などの団体や大勢の町民の協力があったことを記して、心から感謝申し上げる。

［高田　記］

平成二十五年三月

[著者略歴]

小野寺 信子 ——————————

昭和21年斜里町生まれ　根室市出身
昭和44年明治学院大学社会学部卒業後、浦河町立図書館勤務
平成19年浦河町立図書館退職
現在は、小学校や老人ホームを訪問してお話を語ったり、高齢者の音読教室などボランティア活動を行う
現住所　浦河郡浦河町字富里99

河村 和美 ——————————

昭和29年網走郡津別町生まれ
昭和50年北海道札幌女子教員養成所卒業後、恵庭市立柏小学校、北見市立相内中学校に勤務(昭和56年退職)
昭和62年から平成3年まで浦河町に在住
平成5年より倶知安、札幌で学習塾「くもん教室」のスタッフを務める
北海道古文書サークル会員
現住所　札幌市手稲区

髙田 則雄 ——————————

昭和19年東京生まれ　昭和26年から浦河在住
昭和42年二松学舎大学文学部卒業　高校教諭(東京)、通信社(東京)記者を経てUターン　現在水産物卸加工業
社会福祉法人　浦河べてるの家理事
現住所　浦河郡浦河町築地3丁目6番4号

続 浦河百話——愛しき、この大地よ

発行日　平成二十五年五月二十五日
編　集　続 浦河百話編集委員会
　　　　代表　高田 則雄
著　者　小野寺信子・河村和美・高田則雄
発行所　共同文化社
　　　　〒060-0033　札幌市中央区北三条東五丁目
　　　　電話（011）251-8078
装　幀　須田 照生
印　刷　(株)アイワード
製　本　石田製本(株)